走向老子哲学世界

彭定安 著

东北大学出版社

·沈 阳·

图书在版编目（CIP）数据

走向老子哲学世界／彭定安著. -- 沈阳：东北大
学出版社，2024. 10. -- ISBN 978-7-5517-3680-0

Ⅰ. B223. 15

中国国家版本馆 CIP 数据核字第 2024QD7347 号

出　版　者：东北大学出版社
　　　　　　地址：沈阳市和平区文化路三号巷 11 号
　　　　　　邮编：110819
　　　　　　电话：024-83683655（总编室）
　　　　　　　　　024-83687331（营销部）
　　　　　　网址：http：//press.neu.edu.cn
印　刷　者：辽宁一诺广告印务有限公司
发　行　者：东北大学出版社
幅面尺寸：170 mm×240 mm
印　　张：29. 25
字　　数：434 千字
出版时间：2024 年 10 月第 1 版
印刷时间：2024 年 10 月第 1 次印刷
责任编辑：牛连功　孙德海　刘振军
责任校对：杨　坤
封面设计：潘正一
责任出版：初　茗

ISBN 978-7-5517-3680-0　　　　　　　　定　价：120. 00 元

自序

　　这部解读、诠释老子《道德经》的著作，定名为《走向老子哲学世界》。所谓"走向"，意指仍然只是向着这个方向、对着这个目标，眺望着、行进着、试解着，初识堂奥，有待深入。

　　然而眺望间，依然显现出它的轮廓、形象；它是那样宏伟、博大、深邃，它是那样风光旖旎、丰富多彩，并具有一种引人深思吟咏的启发性、形象性，引人推测悬想的"恍恍惚惚"而又诱人深思的模糊性、象征性、想象性。这不能不引发思索与求解的冲动和心意。

　　老子之著，真正是"仰观宇宙之大，俯察品类之盛"，广及天地人神，深察世间人生，观察深究"道、天、地、人"。他特别指出："道大，天大，地大，人亦大。"并且申说："域中有四大，而人居其一焉。"（《道德经》第二十五章）这里体现了"人的发现"。这是老子哲学的宏论深思。老子不仅杜绝了通向宗教之途，而且把"人"从向来在天、上帝、神与皇帝的统辖管束之下，独立出来。他还提出帝王侯爵，要"以百姓心为心"，他更提出百姓之深愿，乃"百姓皆谓：'我自然'"（《道德经》第十七章）。

这表现了老子哲学深刻的庶民性，体现了"存在哲学"的深沉内蕴。

老子的哲学之著，短篇而诗性，大不同于西方康德、黑格尔以至人类"四大文明"另三个哲学系统，他不是长篇大论，皇皇巨著，却只是短短五千言，并创造了一种诗体韵文。这固然产生"诗哲学"的美感效应，却不免增加了解读诠释的难度。

因此，为了解读与诠释，不得不将老子哲学文本《道德经》划分成几个思想–文化的界域，来进行统筹下的分解。

为了这个目的，本书划分为这样几个解读、诠释的界域：

一、老子的宇宙论、知识论、政治哲学与人生–生命哲学；

二、老子辩证法思想的具体表现及其特色、优长与鲜活性，特别是优于黑格尔"头脚倒立的辩证法"的特色与亮点；

三、老子哲学叙事文本的构造与叙事范型，此亦其特色与亮点；

四、老子《道德经》中的词语，进入民族小传统，作为民间谚语、习用语与引用警句，进入民族文化–心理基因的例句（计22条）；

五、纳入"轴心时代'四大文明'"的哲学系统中，理解与诠释老子；

六、体认、揭示老子在"四大文明"中的地位与意义；

七、老子与海德格尔比较研究，及其"济西方'形而上学哲学'之穷"的思想–文化伟力；

八、老子哲学的当代意义与现实价值；

九、老子哲学文本的内蕴构造与叙事策略；

十、在这些之前，初步探讨老子哲学产生的地理环境与历史–时代条件，指出老子哲学是中国南方哲学、楚国浪漫主义哲学，与孔子的北方哲学、鲁国现实主义哲学，"双峰对峙"、南北辉映，体现了"黄河文化"与"长江文化"南北交会混溶，而成中华民族传统文化的恢宏博大深邃、富于生命力的整体。

许倬云在《万古江河》中，对黄河以"黄河九曲，夭矫如龙"形容；而以"长江水系，支流复杂，多姿多彩，也许更近似文化长河的变化景象"来概括长江。借此论述，来分论孔老，甚为恰当。

我正是以"走向"之势，试图对老子楚国哲学－诗哲学的"水系－复杂－多姿－多彩－变化－逶迤"之势，进行多方位、多元化、多陈述的解读与诠释，藉以描述、论证与诠释老子。

在这里，必须诠释老子把"思"与"诗"不仅结合，而且混溶，如海德格尔所形容："澄明着又遮蔽着之际把世界端呈出来，这乃是道说的本质存在。"老子对宇宙与世界、人间与人生的真谛，既"澄明着"，又"遮蔽着"，"思"与"诗"的结合汇融，"澄明"中有"遮蔽"，而"遮蔽"中也含有"澄明"。这需要解读与诠释者，去揭示、猜度、想象、推测，如罗兰·巴特所说，以文本"原意"为基础与依据，揭示与创获"意义"。为此，在解读与诠释中，我既做了这方面的工作，又进行了对老子文本语言与"诗意"的揣度和试解，犹如海德格尔所言："在通向语言的途中"亦即"走向"的途中。

现在，终于完成了这部晚年之作，并且交付出版了。感触之深沉、思绪之纷繁、内心之激动，无可言说。犹记去年（2023年）3月，开始写作，既起头即无法停步，于是每天上午 4 小时、下午 4 小时、晚上有时 2 小时，日复一日，按计划大纲在电脑上撰写。每天如此、日作不息。即使在两三次旧病复发住院期间，也未曾中断。至 11 月，历经 8 月余，终于完稿。

撰写过程，内心充溢一种潜在的激越、奋进的情愫。

何以如此？

其一，我已届鲐背之年，虽仍然未曾深感"廉颇老矣"，但各方面都有力不从心的表现，更加病患时袭，数次入院治疗，如此状态，潜心写作，不得不激发内在潜力，"拼命向前"，奋发为之。其二，更重要的原因和推动力，则是在阅读、研习《道德经》的过程中，深深感到，一直以来，存在一种扬孔抑老的倾斜，比如中国哲学史，除了胡适早期撰写的《中国哲学简史》、张岱年撰写的《中国哲学大纲》外，均是违背年齿先后的顺序，先孔后老，而内容，也是孔长老短，其相差之数有达十数倍甚至更多者，即使近年之著，也不例外。这种状况，不仅存在学术上厚此薄彼的有欠公允，更在于学术和思想文化上的一种重大损失。因此，我意欲表达一种心意，尝试尽一己之微薄，发微音以申老子之学，供世人参阅评鉴。

如此年岁，如此沉重撰写任务，日复一日、夜以继日，从生理上说，真可谓呕心沥血，"舍命求法"。但我乐此不疲，朝于斯、暮于斯、乐于斯，倾心属意于此，唯见撰写计划之推进与逐日实现，久蓄心中的"释老心意"，见诸文字表述，内心之愉悦与畅快，满溢胸臆，不是自以为佳，实乃抒写了心中积蓄，抒发了胸中块垒，而深感欣慰。

我是按预先草拟的撰写纲要进行写作的。这纲要，具有针对性，也有自我抒发的因由。所谓针对性，有两个方面，一是就我已经习读的众多解读、诠释《道德经》的著作来说，大多数是对《道德经》按章按句，解字、释词，以及章意简释，或有对每章内容、旨意加以解说诠释的，或有长篇大论，加以申说解析的，颇具独见卓识；也有作各种形式的长篇解读诠释者；不过所有著述，均按章趋进，未对老子哲学思想作全面、系统、连贯性的诠释论证。

另有释老方式，则就某一章、某一内容、某一论题，作宏观、全面的解读诠释，虽内容周全细致，但只限若干章节或一二论题，也未曾作统揽全局的全面、周详的解读诠释。据此，我便想按一种系列的、全面的、按旨分置的论旨与范畴，作系统、连贯的陈述、论证与解读。

另一个针对性，就是有感于前述向来的哲学史著述，均是"重孔抑老"，明显的尊崇孔子，对老子则显现一种"不待见"之态。这不仅是思想、学术上的一种偏失，更加是思想文化上的一种严重损失。在这方面，我也想陈述一点浅见和研习心得。

除此之外，我还想纳入更广大宽泛、世界性长时段历史境域之中，来读老、习老、释老。前者，指雅斯贝斯所论证的"人类历史的'轴心时代'"；后者则是西方现代哲学语境。

将老子纳入现代社会生活中，来揭示老子的现实意义和当代价值，也是我私心寄意的重要方面。就读老习老来说，这是一个重要的方面，也是其思想文化价值的重要论证范畴。

老子《道德经》的词语，进入中国思想文化小传统，成为全

走向老子哲学世界

民习用并传播的成语、谚语、经典词汇，也是老子进入民族文化基因中的重要体现；是老子思想文化进入民族心性与文化心理构造的重要贡献。其作用与意义，延续数千年，至今仍然起着氤氲濡化中华民族心性的深沉作用。此点，甚为孔子所不及。著有多卷本《中国科学技术史》的英国科学家、中国科技史研究专家李约瑟曾说："中国人性格中有许多吸引人的因素都来源于道家思想。中国如果没有道家思想，就会像一棵某些深根已经烂掉的大树。这些树根今天仍然生机勃勃。"本书故特辟一章，列举老子《道德经》中进入民族小传统，成为中国人氤氲、表达心性和"心中道德律"以及知人论世圭臬的规训、名言、谚语与俗谚民谣。它们至今仍然在发挥这种思想-文化的伟力与作用。我从《道德经》中，剔抉、选用了 22 则词语，显示老子思想文化进入民族文化-心理结构的例证。

老子《道德经》的叙事结构与诗性语言，言简意赅、字少意丰，富于形象性、意象性、象征性、启迪性，更具有或音韵雅致，或意象丰厚，或想象奇崛，或描绘极致，其文本之超拔温润、想象之绮丽思深，在世界哲学论著中，绝无仅有；其思想之光、哲学之思、文化之深，文采之熠熠生辉，也独步世界哲思文坛。这也是我读之兴味盎然、欣赏备至，而意欲加以剔抉、列举、诠释的。

《道德经》文本的结构与诗性语言，亦是独步中国与世界哲学系统的杰出文本，故对其叙事结构、语言特色及其提示、想象、类比、隐匿之"诗哲学"特性与内蕴，也作了力所能及的解读、诠释与赏析。

在研读《道德经》进程中，我起先是"思"为之兴、"情"为之动、"赏"为之振，乃随读随写下感触，名之为"关于老子的认知与抒情"，计 83 则。这是我释老之发轫，现纳入本书第十七章，略具个性特色之意，可谓"读老心迹"。

老子之著，历经千百年来历代思想文化浪潮的淘洗、考验与选择，至今保持其鲜活的伟力，为世界人们所认同。据统计，西方的《道德经》译本达 30 多种，也有说 100 多种的，并被尊为现代人类的"绿色圣经"，其现实意义于此可见。本书特辟"老子哲学的当代意义与现实价值"一章（第十五章），以申说之。老子的当代价值与现实意义，为"轴心时代"其他几处人类文明所不及。

关于本书种种，陈述如上，诚心乞方家指正，读者匡谬，为幸！

感谢东北大学出版社热情接待，欣然接受出版，并认真负责处理编务，力求使拙著高质量问世。在此谨致衷心感谢！

本书引文甚多，且多为古语文言，还有少量英语。核校纠错，任务繁重。高秀凤同志对此用力甚勤，认真仔细，查错、查重、查漏、查缺、查语意欠明顺，以至英语单词的核校，无一缺漏，成果显著，对保证本书文本质量起到很好作用。在此特表感谢。

最后，有拙吟一首，移此以为结：

暮年偶咏

（2024年4月于中医二院）

恪守初心而不逾兮

恐年岁之迫促；

犹思问学以服元元兮

惜身心之拘束；

焉随时风以顺流兮

不欲变心而从俗；

平生碌碌无为兮，

乞暮年拳拳以修不足。

彭定安

2024年6月24日

目 录

CONTENTS

絮　语 / 001

一、一篇最短的传记 / 001

二、一个有意味的"传说" / 004

三、一部最短的哲学杰作 / 006

四、一个值得思索的"中国哲学论著书写"现象 / 007

第一章　老子哲学思想的地理环境渊源 / 012

第二章　老子哲学思想的历史-时代渊源 / 021

第三章　博学多识，观察天象——守藏室的阅读、观察与思考 / 030

第四章　老子：隐士哲学、楚国-南方哲学-浪漫主义哲学 / 034

第五章　老子"道"的释义与意蕴 / 041

第六章　纳入春秋时代解读老子——时代-社会-政治状况-人民生活 / 044

第七章　老子的哲学时代——从神话思维到逻辑思维（对"思考"的思考）/ 047

走向老子哲学世界

第八章　老子的宇宙论 / 051

一、道可道非常道 名可名非常名 无名天地始 有名天地母 / 054

二、生而不有 为而不恃 功成而不居 / 064

三、道冲用之不盈 渊兮万物之宗 / 069

四、玄牝之门天地根 绵绵若存用不勤 / 072

五、天长地久 不自生故长生 / 075

六、功遂身退 天之道也 / 077

七、视之不见 听之不闻 搏之不得 / 080

八、微妙玄通 若客若释若朴若谷若浊 / 083

九、致虚极 守静笃 夫物芸芸 各归其根 / 087

十、惚兮恍兮其中有象 恍兮惚兮其中有物 窈兮冥兮其中有精 / 089

十一、人法地 地法天 天法道 道法自然 / 094

十二、万物恃之以生而不辞 万物归焉而不有 / 103

十三、淡乎无味 视之不见 听之不闻 用之不足既 / 106

十四、道常无为而无不为 / 108

十五、上德不德，是以有德 下德不失德，是以无德 / 113

十六、反者道之动 弱者道之用 万物生于有 有生于无 / 117

十七、明道若昧 道隐无名 夫唯道善贷且成 / 123

十八、道生一 一生二 二生三 三生万物 / 127

十九、道生之 德畜之 物形之 势成之 / 131

二十、天下有始，以为天下母 / 134

第九章　老子的知识论 / 148

一、有无相生 / 150

二、有之以为利 无之以为用 / 152

三、万物并作 吾以观复 / 153

四、大道废有仁义 六亲不和有孝慈 / 156

五、见素抱朴 少私寡欲 / 157

六、曲则全 枉则直 洼则盈 敝则新 少则得 多则惑 / 159

七、欲歙必固 欲弱故强 欲废故举 欲取故与 / 161

八、反者道之动 弱者道之用 / 164

九、不出户知天下 不窥牖见天道 其出弥远其知弥少 / 165

十、为学日益 为道日损 / 168

十一、古之善为道者 非以明民 将以愚之 / 170

十二、知不知 尚矣 不知知 病也 / 172

第十章　老子的政治哲学 / 176

一、使民不争 民心不乱 为无为 则无不治 / 179

二、悠兮其贵言 百姓皆谓"我自然" / 183

三、重为轻根 静为躁君 / 185

四、去甚 去奢 去泰 / 188

五、勿矜 勿伐 勿骄 勿强 / 192

六、君子居左 恬淡为上 / 195

七、无名自宾 知止不殆 / 197

八、处事取"微明" 柔弱胜刚强 / 200

九、物或损之而益 或益之而损 / 204

十、至柔驰骋至坚 须知无为有益 / 206

十一、甚爱大费 多藏厚亡 知足不辱 知止不殆 / 210

十二、躁胜寒 静胜热 清静为天下正 / 213

十三、知足之足 常足 / 216

十四、无为而无不为 足以取天下 / 218

十五、以百姓心为心 为天下浑其心 / 220

十六、无为好静 无事无欲 / 222

十七、方而不割 廉而不刿 直而不肆 光而不耀 / 226

十八、治人事天 莫若啬 / 230

十九、治大国 若烹小鲜 / 232

二十、以静为下 各得所欲 / 236

二十一、不以智治国 国之福 / 239

二十二、以言下之 以身后之 以其不争 / 242

二十三、不武 不怒 不与 用人配天 / 244

二十四、无狎无厌 不自见 不自贵 / 246

二十五、民不畏死 奈何以死惧之 / 248

二十六、以柔胜刚 受国之垢 受国不祥 是为天下王 / 250

二十七、小国寡民 甘其食 美其服 安其居 乐其俗 / 253

第十一章　老子的人生-生命哲学 / 257

一、生而不有 为而不恃 功成弗居 / 259

二、后其身 外其身 不生而长生 / 264

三、上善若水 不争无尤 / 266

四、适时而止 功遂身退 / 270

五、生而不有 为而不恃 长而不宰 / 272

六、为腹不为目 去彼取此 / 276

七、宠辱若惊 以身为天下 / 280

八、浊以静之徐清 安以动之徐生 / 284

九、致虚极 守静笃 / 288

十、如婴儿之未孩 我独顽且鄙 / 293

十一、不自见 不自是 不自伐 不自矜 / 298

十二、勿企 勿跨 勿自见 勿自是 勿自伐 勿自矜 / 302

十三、善行 善言 善数 善闭 善结无绳约 / 305

十四、知雄守雌 知白守黑 知荣守辱 / 308

十五、去甚 去奢 去泰 / 313

十六、知止不殆 / 316

十七、知人者智 自知者明 自胜者强 / 319

十八、处其厚不居其薄 处其实不居其华 / 321

十九、上士闻道 勤而行之 / 325

二十、知足不辱 知止不殆 / 328

二十一、躁胜寒 静胜热 清静为天下正 / 330

二十二、莫要“生生之厚” 争取“无死地” / 332

二十三、塞兑闭门 挫锐解纷 和光同尘 以达玄同 / 336

二十四、治人事天莫若啬 深根固柢长生道 / 339

二十五、为无为 事无事 味无味 / 342

二十六、无为无执 慎终如始 辅万物之自然 / 345

二十七、言事有宗君 被褐而怀玉 / 348

二十八、愿执左契 不责于人 / 351

二十九、甘其食 美其服 安其居 乐其俗 / 353

三十、信言不美 知者不博 为而不争 / 356

走向老子哲学世界

第十二章　老子的辩证思维 / 359

一、老子辩证思维的突出特色 / 359
二、老子辩证思维、辩证法的具体表现与论证 / 362
三、老子辩证法的精粹 / 378

第十三章　老子《道德经》的叙事架构、理论路径与叙事
　　　　　范型 / 381

第十四章　首尾衔接，从古代到现代、从东方到西方、从
　　　　　"道"到"存在"——老子与海德格尔 / 400

第十五章　老子哲学的当代意义与现实价值 / 414

第十六章　老子哲学构成中华民族思想文化基因的成分
　　　　　——《道德经》进入民族小传统的词语 / 424

第十七章　关于老子哲学的认知与抒情 / 432

第十八章　纳入"轴心时代"看老子 / 445

终结语　"中国先秦诸子中，老子最对得起老百姓" / 451

絮 语

在进入"老子哲学世界"之前，先作一些有关说明，作为读者了解这本书的内容和"格局"的导引。这里还不涉及老子哲学的内涵；但与老子的人生经历以至他的学术命运有关，故絮叨于前，作为探索老子哲学的前沿。

一、一篇最短的传记

司马迁在仅有 900 多字却为多人合传的《史记·老子申韩列传》中，仅以 500 多字的短小篇幅，简单记述老子一生。结尾以"莫知其所终"五字了之，不及其他，无引述，无评语。其轻慢之态，显露而突出。

但孔子则赫然进入世家系列，全文长达 9300 多字，二者悬殊何其大也。而且孔子传的结尾，如此颂扬：

太史公曰：诗有之："高山仰止，景行行止。"虽不能至，然心响往之。余读孔氏书，想见其为人。适鲁，观仲尼庙堂车服礼器，诸生以时习礼其家，余祇回留之不能去云。天下君王至于贤人众矣，当时则荣，没则已焉。孔子布衣，传十余世，学者宗之。自天子王侯，中国言六艺者折中于夫子，可谓至圣矣！”

据《史记》记载，以孔子学术修养与显赫之地位，曾屈尊问学于老子，且事后与众弟子述晤面谈论问学状况时，对老子赞誉有加。

《史记》载：

> 孔子去，谓弟子曰："鸟，吾知其能飞；鱼，吾知其能游；兽，吾知其能走。走者可以为罔，游者可以为纶，飞者可以为矰。至于龙，吾不能知，其乘风云而上天。吾今日见老子，其犹龙邪？"

称老子为"龙"，这一细节，反映出当时关于老子的学识与地位，流传应不会稀少。何以史学大家司马迁，不取用有关资料，却仅仅以不足千字篇幅，便把老子打发了？这只能有一个解释：对老子不待见。何以"不待见"？也只能有一个解释：尊孔轻老。

进一步思考，如果老子出关前，没有任何声名，关令尹喜，又何以会强求撰述？

不过，事有因、情有源，从《史记·老子申韩列传》中，还是能够窥见缘由的。《史记·老子申韩列传》如此论述："世之学老子者则绌儒学，儒学亦绌老子。'道不同，不相为谋'，岂谓是邪？"司马迁说得颇为清楚明白：重视并详述孔子，表明他是儒者；作为儒者的史家，其尊奉孔子而"绌老子"，是自然的也是必然的，是可以理解的。

不过，后世之研读、解析老子者，就老子出身、身世多所发掘，补司马迁之"怠慢老聃"。这里仅简介学者牟钟鉴对老子生平比较详细的介绍，以利于我们了解、理解老子生平及其思想，故引录于后。他说：

> 司马迁在《老子列传》中记述了老子的生平和主要事迹，有以下几项需要作些说明。第一，关于老子的籍贯、姓名和官职。司马贞《索隐》曰："苦县属陈。春秋时楚灭陈，

而苦又属楚，故云楚苦县。"据张扬明考证，李氏原为理氏，始于皋陶之子孙，本以官为氏，纣时改为李氏，春秋之世又改为里，而理、李、里三字通用，又姓氏不分，故太史公合姓氏而言（《老子考证》）。"耳"是其名，"聃"字据张守节《正义》云："聃，耳漫无轮也"，因以为字。"老"者，寿考之称，"老聃"者尊其年老，标其耳长，故合而称之。先秦典籍无不以"老聃"称之。至庄子起称"老子"，盖弟子尊师之意，后世沿袭之。司马贞《索隐》说：按藏室史，周藏书室之史也。……掌管周朝的图籍文件、四方之书，即今日之国家图书馆和档案馆的馆长。[①]

这段考证梳理，有几点可予注意，这有益于了解和理解老子及其生平、思想。其一，苦县本属陈，楚灭陈之后，始属楚。据此，可知老子先属陈，后又属楚，他生平事迹之前期以至思想，有"属陈"之迹，又有楚的根基。其二，老子之名与称谓，与他的姓氏以至外貌形象有关（以外貌而被命名或成外号，今亦有之）。据此可知，老子之外形、形象有特异之处，非同一般。其三，先秦典籍均以"老聃"称老子；而"老子"之称，始于庄子（尊师而定名，后世沿袭）。其四，"藏室"是图书馆和档案馆合一，职务、职责与接触面，均大于、丰厚于后世之图书馆。这对理解老子任守藏室史所承当的职务与职责以及他在任上所能得到的知识、资讯，均有很大关系。

又，关于"关尹""关尹子"之称谓，以及关尹其人，亦均有考订，颇可取，亦转录于下。牟钟鉴说：

第三，关于老子出关及著书。老子西去过关，一般认为是函谷关。高亨说："盖秦末汉初，关字用为专名，通指函谷关"（《老子列传笺证》），汪中说："秦函谷关在灵宝县，正当周通秦之道"（《述学》），此说可取。"关令尹喜曰"，据刘汝霖说，令尹乃楚官名，周秦无之，且先秦诸子书有称"关尹"或"关尹子"者，无"关令尹"或"关令尹喜"之称谓，可能后人妄增"令"字，原文当为"关尹喜曰"，即关尹（守关之官）喜悦而发言。

关于"关尹"其人其事，亦有颇为重要的考订，亦转录如下：

> 关尹为谁，其姓名已隐，后世遂以官职称之。《庄子·天下篇》言"关尹老聃"同为"古之博大真人"，《吕氏春秋·不二》有"关尹贵清"，《汉书·艺文志》有"关尹子九篇"，即其自著书。则关尹当为一隐于官的学者，其学近于老子，故见老子来而喜，求其著书。②

以上诸多考证，详备周全，颇有益于了解、理解老子出身、思想及其著作。从中还可以想见，关尹并非一般等闲之辈，他挽留老子，求他著书，也就不是一般的喜好、慕名求书，像当今所谓"粉丝"追捧名人明星，求签名赠书那样。可能，他深知老子之不求闻于世，乃索取其著，以流传后世。如果老子《道德经》之问世，确为如此这般如《史记》所记，则关尹功莫大焉。

《史记》于老子之身世、著述，简略甚，为更多一些了解老子生平事迹，乃转录摘引如上。

二、一个有意味的"传说"

《史记·老子申韩列传》记载《道德经》的产生过程，很值得注意研究，并思索其含义。《史记》云：

> 老子修道德，其学以自隐无名为务。居周久之，见周之衰，乃遂去。至关，关令尹喜曰："子将隐矣，强为我著书。"于是老子乃著书上下篇，言道德之意五千余言而去，莫知其所终。

一篇千古宏文，一部诗一般的哲学著作，一部开中国哲学之先河的鸿篇巨著，竟然会是如此被逼无奈、不得不写的急就章，这应该是不符合事实的，而只能当作一个美好的传说视之吧！试想想，如此深邃的思想、如此严密的逻辑思维，而又以诗意充溢的语言抒发出来，能是一个急就章所能完成的吗？

令人颇感奇怪的是，历来的哲学研究家、历史学家，对此均深信不疑，照本记叙！

故，我们只可以和应该，把司马迁的这一段短得不能再短的传记中，关于《道德经》诞生的契机，当作一个传说来看待。而实际上，《道德经》是一部早已成型，且已流传世间的著作；只有如此状况，老子及其学术、思想，才会在当时流传。否则，以孔子之尊是不会去问学老子的；关尹也不会扣留他，逼令他写出《道德经》来。

再从《道德经》的文本来看，以诗性的韵文，娓娓而言，或铿锵朗朗上口，或委婉比譬启人深思，成为一代宏文、千古哲思，中外重视，流传至今。这岂是一篇急就章能达之者？

也许不妨推测，老子去周，乃对周王朝极度失望，遂离去，而其重要的且是唯一的哲学著作，仍未问世，当到临函谷关时，为关令所劝阻，他劝说老子留下大著《道德经》，以传世。老子允，乃留下《道德经》而去。"不知所终"，隐去也；但留下了本欲藏之深山、留诸后世的宏文经典。如此臆测，也许还比较合理，更符合事实一些？

后世研究《道德经》者，为数甚多，对其产生之缘由、经历，多所论述，均弃"关中逼令纂著"说不取，而多所推测。此即以历史事实否弃了关尹逼写《道德经》之说。

也许，不妨推测或曰臆测，这个故事出自关尹，为了让已经放弃涉世问政，而决定隐居的老子，将他那拟藏之深山、留为后世的宏博深邃之哲学著述入世示人，以润泽世人以及王侯，便杜撰了这样一个故事来说出《道德经》之问世的缘由？

是耶非耶，已经不可追其"究竟"，此臆测不过是"臆测"而已。

三、一部最短的哲学杰作

老子一部《道德经》，仅以 5000 多字论证宏博深邃的哲学思想，这是世界哲学史上最最短小的哲学著作；然而其内涵之广大、厚博、深邃，涵盖天、地、人三才，涉及宇宙论、知识论、政治哲学以及人生哲理，而在其涉及的范围之内，其论述则是恢宏博大、深邃细密，比譬机巧、启人深思；而且全文以诗性韵文出之，以形象思维渗入逻辑思维之中；以诗的语言，陈述与论证哲学的思想，既供人于吟诵诗性语言中，领略审美的愉悦，又在逻辑的论述中，细思其博大深邃的哲思。作为出身楚国的哲学创始者，老子在其哲学著作《道德经》中，蕴含了楚国的文化特色。他的诗性的哲学著述中蕴含的民间谚语、传说、故事等，都洋溢一种浪漫主义的情怀和质素。

这是中国哲学以至世界哲学中，绝无仅有的、唯一的，辉映古今思想-文化空际的绝代哲学篇章。

纵观世界哲学史，大约仅有德国杰出哲学家尼采的《查拉图斯特拉如是说》稍可比美，但惜乎它并非纯粹的哲学著作。

是以老子其著《道德经》，闪耀睿智之光、开启性灵之辉，娓娓语言之美、灼灼思想之花，耀遍古今；耸立中华哲思高峰，独步世界"哲学世界"，闪光世界思想文化领域；为中华思想文化之继承传播，筑路铺道，为中华思想文化服膺世界、哺育人类献礼。

深研老子哲学且在诠释老子的学术境域中，卓有谳论的哲学家陈鼓应先生说得好："五千言的一本《老子》，充满了不少深沉的智慧之言，就像德国哲学家尼采所说的那样，'像一个永不枯竭的井泉，满载宝藏，放下汲桶，唾手可得'。"③

然而，这一状况和这一论点，均未在中国哲学史论著中得到稍微一点的反映，更莫说充分的和适当的反映。这不能不说是我们民族哲学史和思想文化上的一种损失。近些年，注译、诠释老子《道德经》的著作不断出版，有的受读者阅读的影响颇大的论著，如中华书局版陈鼓应先生的《老子注译及评介（修订增补本）》（2009年第2版），到2023年，达到第27次印刷，印数高达248000册之多。仅此即可见老子的阅读群是何等广泛。此外，还有众多《道德经》的绎读本问世。这种读书界对老子的热衷，却并没有在中国哲学史的著作中，得到应有的反映，更不要说反应了。这是一种何等可惜的现象，但这更是应予深思的思想文化现象。何以"轻老抑老、尊孔敬孔"，如此之甚、如此之久？不是颇值得深思而需考虑加以扭转的吗？

老子《道德经》在西方的译本，有30多种，这种看重，似更应引起我们的思索与重视。[④]

四、一个值得思索的"中国哲学论著书写"现象

然而，在中国哲学史的著述中，老子的《道德经》并没有得到它应有的尊重和地位，尤其是在"孔老之间"，"尊孔轻老"或曰"尊孔抑老"的倾斜度是颇为醒目的。究其源，盖始于司马迁。

关于老子的哲学思想，我国研究《道德经》的著名哲学家，均有恰当而重要的论述。这里且借重张岱年、陈鼓应、任继愈几位先生的论述，以见其重。

张岱年先生指出："认天为一切之最高主宰的观念，为老子所打破。……老子却作了一次彻底的思想革命。""老子是中国宇宙论之创始者。""中国宇宙论之初祖，当推老子。"[⑤]

任继愈先生说："老子《道德经》……是一部空前的哲学著作。""老子思想是中华文化的瑰宝。"[⑥]

陈鼓应先生指出："老子是中国哲学之父"，"中国'哲学的突破'始于老子。""中国古典文化译成外国文字，以《老子》

的译本最多，时至今日，每年仍有多种不同的《老子》译本问世。"⑦

林语堂说："西方读者咸认为，孔子属于'仁'的典型人物，道家圣者——老子——则是'聪慧、渊博、才智'的代表者。""老子的隽语，像粉碎的宝石，不需装饰便可自闪光耀。"⑧

在哲学领域，孔老相比，老居上，以上诸家已予论定。

然而，在中国哲学史的纂著上，就我目前已经看到的哲学史著作来说，除了胡适早年所著《中国哲学简史》中，是按年岁长幼排序，"老"先"孔"后之外，其他著述，均是先孔后老，而且在篇幅上厚孔薄老，相差巨大。厚此薄彼，何其突出而偏颇。这种"厚孔薄老"的书写，在民族思想文化上，应该视为一种重大损失。

何以产生这种哲学的、思想文化的偏向、偏差，大概与老子的"无为"主张有关，而实际上则是对老子"无为"学说的误读误解；也与他在终篇时提出的乌托邦理想国的"小国寡民"而又遭致误读误解有关。这两点，均属不得人心的节点。然而，细读深解老子之本意，就会发现，此中多误解。何为"无为"、何为"小国寡民"，本著将试释之，以冀解析千年的误解、千年的文化"冤案"，不期冰消前识，只是抛砖引玉，参与讨论而已。

老子的被"不待见"、轻忽、误解误读，也与历代封建统治者除个别帝王之外，均冷眼漠视有很大关系。至于在廊庙之外、江湖之中，士子文人均是得意时礼拜在孔老夫子门下，以继承儒学、奉行儒家、尊拜孔子为上为荣，及至失势，才向老子趋前顶礼膜拜。而此等时势，其崇老之言与行，皆属冷门闲言，听者稀，应用者更付阙如了。这是老子的"历史命运"，其有后继，亦不为怪。

近期，有论者指出："从诸子学派发展史看，一开始即以'孔'为主或'孔'占主导地位是不争事实。与此相关，战国早期孔子言论明显也更为'知名'。包括墨子和非儒、排孔，其实也从反面说明孔子及其言论的'知名'度。相对来讲，《老子》就显得寂寂无名（《墨子》根本没提到），这恐怕很大程度上也促成了孔先老后认识的形成。"接着，还指出："简单来说，《老子》的流行与经典化，主要靠思想本身的魅力和吸引力，而孔子除了思想本身外，还有成体系的孔门师说传授系统，有众多弟子的宣扬，这在孔子思想经典化过程中所起的作用较之其学术本身可能更为重要。后世封建社会尊儒的官方政策，同样也是'书'外的因素，就所起的效能看，较之弟子又过之。相对来讲，老子就不具备这样的优势：不但老子本人很低调，尤其没有孔子这样传承有序、广倡其说的弟子群体。这就导致虽然他们的作品（言论结集）大体都是春秋战国之际，但孔子思想、言论无疑更早流行和'知名'，而《老子》由于缺乏弟子群体的宣扬，仅靠作品本身的魅力，要它流行开来，达到经典的程度，就需要更长的时间，因此'知名'要拖后一个阶段。"⑨这段历史的评述，厘清了时代-学术-主客观条件的理路沿革，以及学术发展的时代趋势与社会状况，所促成的学术思想的社会接受境遇与各界学术大家自身"运命"的各种因素及其所起的作用。这是合理而正确的学术史评论。不过，就历史发展的沿革与因缘来说，是如此；但现代的中国哲学史书写，自不应循此"沿革"与"学术规范"去作了。如此，就既不是新子学，更不是现代学术境域与视域了。

我研读近期出版问世的中国哲学史论著，仍然依循"旧制"与"规范"，先孔后老、尊孔抑老，不免遗憾与惊诧。

看来，尊孔抑老，自司马迁始，后续有人，继起者众，有其深厚的历史原因与学术"沿革"。不过，值得深思的是，历史如此，现实却仍然赓续而为，违背年纪的大小先后之别，而且违反事实与年齿的顺序，硬是先孔后老。这就不是历史的规范约束，而是思想认识、学术规范的问题了。时值今世，《老子》为世人所热读，研习之风甚炽，世界影响甚巨，被誉为"当代人类的'绿色圣经'"，我们的学术视域，自应"改弦更张"，纠偏补罅，给老子一个应有的位置，"扶正"在学术与思想文化领域的"老子/孔子"的位置与论述了吧。

自从建设"新子学"的建议提出后，这一现时代的学术建设，正日益发展，"子学"之新见新释，时有所见，学术视域日渐扩展，新见新释，正在日益积累；其中，对老子之新见新释，也时有所见；这是好现象，期望此种新的学术规范与识见，能够反映于续出的哲学史著作中。这不仅是对老子的新释，更是对中国现代学术的新建设、新积累，其意义与作用，不仅在于更好地诠释老子，而且有益于新子学的建设与发展，也对中国哲学研究具有重要意义。

李约瑟曾说："中国人性格中有许多吸引人的因素都来源于道家思想。中国如果没有道家思想，就会像一棵某些深根已经烂掉的大树。这些树根今天仍然生机勃勃。"[10]此语颇值得我们深思。保护这棵道家思想的"大树"，是我们后人的重大责任；尤其是从事学术研究、道家思想研究的人士，更加值得注意，认真对待，特别是在中国哲学史的撰写中，给老子以应有的、必需的位置，而不再重复"尊孔抑老"的书写旧路。这是应负的责任，更是新子学建设的重大任务。

张祥龙为兰喜并著《老子解读》写序，而论及老子，颇具学术力度，谨引证如下：

> 吕文郁著《老子》是奇特的。全书无一个专名，只沉浸于对源头的摸索。古希腊哲学家也找源头（arche），但找到了形而上者那里，认变化后面的不变者为本原。古印度人却看出，有名相（names and forms）者不会是本原，所以不要说那些可观念化者，就连神祇也还不够，只有在瑜伽中直观到的梵与大我才是终极真实。老子则体会到，一切可对象化者都不是源头。不管是"什么"。不管它如何辉煌、深刻、独存，只要它可得、可持、可道，就不是得（德）本身和道本身，而只是在这一切对象之上的又一个对象，一切非源头之后的又一个非源头。这思想让人绝望，让一切东西化为枯骨，让一切说道成为谎言（非恒道）。但是，说一切说道都是谎言的说道是谎言吗？在这里，奇异点出现了，也就是说，这被说者不可能还是对象，它成了一种背反着的悖动，一个"两者同出而异名"的"玄"晕之点。于是，"反者道之动"了，芝诺讲的"（不可能动的）飞矢"在思想中不能不动了，阿基里斯也有板有眼地赶上了乌龟。道成了开道，摸索本身融入了源头。[11]

张祥龙还特别指出："在中国传统思想衰败之时，《老子》却'反'出了国门。近二十年前，当我在美国听说《老子》的英文译本有七十种之多时，深受震动，而现在已该有百种了。"⑫

这段文字，颇令人欣慰，当然，更引人深思。西方对老子如此青睐，而他的故国学人，却在中国哲学史的著述中，为尊孔而抑老。此种学术事态，似应"纠偏"；在新子学的建设中，正可付诸实践。

以上"絮言"，算是一个前言，权起"引子"的作用，意在阐明，本书之"言"与"研"老子，有以上的学术状况作背景，所思所言，皆不离不弃此一背景语境。

注释：

①牟钟鉴：《老子新说》，金城出版社，2009，第318页。

②同上书，第319-320页。

③陈鼓应：《老子注译及评介（修订增补本）·老子哲学系统的形成和开展》，第2版，中华书局，2009，第48页。

④兰喜并：《老子解读·张祥龙〈老子解读议〉》，中华书局，2005，第2页。

⑤张岱年：《中国哲学大纲》，商务印书馆，2015，第60-61页。

⑥任继愈：《老子绎读（汉英对照）》，商务印书馆，2009，第7-8、9页。

⑦陈鼓应：《老子注译及评介（修订增补本）·二次修订版序》，第2版，中华书局，2009，第8页。

⑧林语堂：《老子的智慧·绪论》，湖南文艺出版社，2011，第7、9页。

⑨宁镇疆：《由老孔先后问题说到诸子学的开新》，《光明日报》，2023年6月10日，第11版。

⑩转引自牟钟鉴：《老子新说》，金城出版社，2009，第96页。

⑪兰喜并：《老子解读·张祥龙〈老子解读议〉》，中华书局，2005，第1-2页。

⑫同上书，第2页。

第一章　老子哲学思想的地理环境渊源

　　大凡作家、文人、思想家、哲学家，都有他产生的地理环境。这出生、生长的故土，对哲学家的思想、品性、文化-心理结构的形成，具有深沉浓厚的影响。我们虽然不能持"地理环境决定论"，但却必须承认并探究地理环境对作家、思想家、哲学家的思想-心理塑形的最初的重要影响和渊源作用。不过，向来的哲学研究不像文学作家作品研究那样，追索哲学家地理-故乡的渊源。

　　本书且尝试在老子研究中，对其地理环境的思想渊源，作一初步的探索。

　　梁启超论历史，曾有云："历史者，因空际、时际之关系而发生意义者也。吾尝言之矣，曰：'史迹之为物必与'当时'、'此地'之两观念相结合，然后有评价之可言。'故于地理及年代托始焉。"①

　　这里所谓"当时"和"此地"，就是时代与地理环境。我们要探索和探讨老子的思想渊源，就需要尽可能在一定程度上，"还原"其思想形成的"时""地"条件。就"时"（即时代）来说，是普遍的、广泛的、外在的；而"地"则是具体的、笃定在某个具有独自自然条件的、传主独自生存的环境。故本章先尽可能探索老子从出生到成长的地理环境的状态，以及它对老子可能产生的影响。

　　文学上讲每一位作家都有他生长的故乡，这是他创作的基地和基底，是他生活和思想情感的最早渊源。研究和诠释其作品，他的故乡是可以追索根源的出处。鲁迅有他的绍兴鲁镇，茅盾有他的浙江乌镇，老舍有他的"北京胡同"，列夫·托尔斯泰有他的"亚斯纳亚·波利亚纳"，肖洛霍夫有他的顿河哥萨克村庄。同样，哲学家也是如此，也有他的故乡，那是他出生与成长的故土，也是他的哲思的渊源。我们拟走进"老子哲学世界"，也需要了解他的出生地、成长处，他的思想的故土和始初的渊源。

据《史记·老子申韩列传》记载，老子为"楚苦县厉乡曲仁里人"，苦县即今之河南鹿邑，地处河南省东部偏南，与安徽省西北突出而伸进河南的一极小部分紧靠，如不从行政区划看，而以自然地理环境视之，鹿邑可视为安徽境地。故从自然环境观之，老子是楚国人，即中国南方人。故老子哲学，可视为"中国南方哲学"。而孔子生于山东，则为北方哲学。按王国维所说，北方的《诗经》是现实主义的代表，南方的《楚辞》则为浪漫主义的代表。据此，我们不妨视孔子儒学乃北方具现实主义精神的哲学，而老子则是南方具浪漫主义精神的哲学。故其文《道德经》，实为诗性哲学或曰哲学诗，或谓"楚辞哲学"（"楚辞"即楚歌的意思）。可以想象或推断，老子在出仕周室担任守藏室史之前，曾在当时仍然在新开发而相对落后却保持着自然风貌和素朴状态的楚地隐居，究天人之际，思考天地人三才，以及它们之间的隐秘深邃的关系，而思考、探求其究竟。

老子出生于楚国，在他出任东周守藏室史之前，应是在楚地成长，筑就了他思想品性、心理素质的基因。楚文化养育了他，濡化了他，他心中贮藏着楚文化的质素。这是他后来著述《道德经》的思想-文化基底和质素渊源。

楚国在春秋战国时期的众多大诸侯国中，是唯一地处南国的侯国，也是后起之秀。它在诸多侯国中，是最具有独特历史-文化气质的，它"特立独行"于众多侯国之中。它融汇了南方苗夷蛮诸族的文化特质，它是代表和引领南方文化的文化旗帜。梁启超在他的《中国上古史》中，论及楚国时，指出："读《春秋》者鲜不疾楚，谓其以夷猾夏，灭国最多也。……楚自武文成庄以来，以锐意北向争中原故，力革蛮俗，求自侪于上国，春秋中叶，既甚彬彬矣。然后出其所新获之文明，被诸所灭之国，广纳而冶化之，缘地运民情之异宜，卒乃孕育一新文明统系，与北方旧系相对峙相淬厉，而益骈进于高明，微楚之力，何以及此？楚子囊颂共王之言曰：赫赫楚国，而君临之，抚有蛮夷，奄征南海，以属诸夏。（见宣十三年《左传》）言举蛮夷以属诸夏也，楚于是乎有大功于中国矣。"②梁启超所论，有几点值得注意。第一，楚国地处南国，地理、历史、文化，均不同于当时属于多数的北方众多侯国。第二，楚在南方纵横捭阖，吞并、消灭了众多南方苗夷的部落和邦国，从而汲取了他们的迥异于北方众多诸侯国的、具有特色的文化习俗、思想意识。第三，楚国以强力战胜、吞并了众多苗夷边地部落和小国，它是在征战中，以血战获胜而强大起来的。第四，它始终怀着的目标是挺进中原，进入周王朝的领地和统治区，进身中原诸侯国的系列。据此可知，楚国之兴盛并进入春秋十数之内的大国，是靠勇猛战斗、血肉拼搏才取得的。楚国是南国蛮夷之地独一的侯国，不仅与中原诸多侯国地理悬隔，而且思想性格、文化心理与北方诸侯国差异巨大，它先落后，后靠血战、抢夺、吞并而卓然独立，并窥视中原。所以引发诸侯国的嫉妒与仇视。正如前引梁启超所说："读《春秋》者鲜不疾楚。"

白寿彝主编的《中国通史》如此描述春秋时代的楚国："苗族被禹战败后，退出黄河流域，……曾在长江中游建立起一个大国。这个大国当是一个大的部落联盟，是许多部落的集合体，其中较大的是荆楚。东周初期，楚愈益强大"，"楚在春秋时先后吞并四十五国，疆土最大。楚国君臣自称是蛮夷，专力攻伐华夏诸侯，五年不出兵，算是莫大的耻辱，死后见不得祖先。因为楚国好战，又经常获得胜利，国境扩大了，居住在国境内的长江流域蛮人、淮河流域夷人以及被征服的华夏诸侯国人，经长时期的文化交流，融合成巫文化中渗入华夏文化的楚国文化。原来局限在黄河流域的华夏文化，通过楚国伸展到吴、越两蛮族国。长江流域的初步开发，楚国曾起着巨大的作用。"③

张荫麟、吕思勉在他们合著的《中国历史大师谈》中，这样介绍和描述楚国："江水在四川、湖北间被一道长峡约束住；出峡，向东南奔放，泻成汪洋万顷的洞庭湖，然后折向东北；至武昌，汉水来汇。江水和汉水界划着一大片的沃原，这是荆楚民族的根据地。周人虽然在汉水下游的沿岸（大部分在东北岸）零星地建立了一些小国，但它们是绝不能凌迫楚国，而适足以供它蚕食的。在楚的西边，巴（在今巫山至重庆一带）庸（在今湖北竹山县东）等族都是弱小得只能做楚的附庸；在南边，洞庭湖以外是无穷尽的荒林，只等候楚人去开辟；在东边，迄春秋末叶吴国勃兴以前，楚人亦无劲敌。从周初以来，楚国只有侵略别国别族的分，没有惧怕别国别族侵略的分。这种安全是黄河流域的诸夏国家所没有的，军事上的安全而外，因为江汉流域的土壤肥美，水旱稀少，是时的人口密度又比较低，楚人更有一种北方所仰羡不及的经济的安全。"④

这里所论述的是楚国的地理优势和发展历程，它是占据地理优势，又在吞并几十个小国而发展起来的；它凭此雄踞南国，既具自然地理的优良条件，又有凭借武力征伐吞并弱小诸国的力量；它的发展壮大，是靠武力、兼并、吞噬弱小邦国而成的。

接着，又论述了楚国人的思想性情、文化样态的特殊与优势，其特征大不同于北方诸国："这两种的安全使得楚人的生活充满了优游闲适的空气，和北人的严肃紧张的态度成为对照。这种差异从他们的神话可以看出。楚国王族的始祖不是胼手胝足的农神，而是飞扬缥缈的火神；楚人想象中的河神不是治水平土的工程师，而是含睇宜笑的美女。楚人神话里，没有人面虎爪、遍身白毛、手执斧钺的蓐收（上帝的刑神），而是披着荷衣、系着蕙带、张着孔雀盖和翡翠翎的司命（主持命运的神）。适宜于楚国的神祇不是牛羊犬豕的膻腥，而是蕙肴兰藉和桂酒椒浆的芳烈；不是苍髯皓首的祝史，而是采衣姣服的巫女。再从文学上看，后来战国时楚人所作的《楚辞》也以委婉的音节、缠绵的情绪、缤纷的词藻而别于朴素、质直、单调的《诗》三百篇。"⑤

这里可以说把楚国的文化优势与特征，尤其是与中原文化大异其趣的方面，说得鲜明透彻。而其主要特色与优势，就是充满幽美情趣、浪漫色彩，活泼优雅，精彩纷呈。

接着还指出了楚国在语言方面的特征，与中原地区差别很大：“楚国的语言和诸夏相差很远。例如楚人叫哺乳做谷，叫虎做於菟。直至战国时北方人还说楚人为'南蛮鴃舌之人'。"⑥

史书记载：“春秋中后期的楚国以其广大的疆域和雄厚的经济、军事实力称霸于诸侯。作为南方的泱泱大国，在人文景观上显示了楚文化浓郁的地方特色和独有的魅力。荆楚文化以大海融纳百川的恢宏气势，荟萃了中原文化、荆楚文化以及群蛮百越文化，从而使荆楚文化更加丰富多彩，美不胜收。"⑦清人洪亮吉曾著《春秋时楚国人文最盛论》，对楚国人才胪列甚详，兹援引如下：“春秋时人才惟楚最盛。其见用于本国者不具论，其波及他国者，蔡声子言之已详，亦不复述。外此则百里奚霸秦，伍子胥霸吴，大夫种、范蠡霸越，皆楚人也。刘向《新序》：'百里奚，楚宛人。《吴越春秋》：范蠡，楚宛县三户人；大夫种，亦楚人。他若文采风流，楚亦较胜他国，不独左史倚相能读《三坟》《五典》《八索》《九丘》也。'"⑧

又，陈鼓应引徐仁甫《广释词》云：“《老子》四十六章……'可欲'当释为'多欲'。疑'可'读为'夥'。……《史记·陈涉世家索隐》引服虔曰：'楚人谓多为夥'。老子、屈原皆楚人，正合用'夥'（'可'）字。"⑨

特别需要提到的是，春秋时期，东周还出现了两种文化现象：一种是文化下移；另一种是文化南移。

前一种文化现象的产生，是由于周室的南迁和王室统治的衰微。周平王将首都迁到洛阳后，起初还有大约六百里的土地，后来由于有的赐予诸侯国，或封给王族、公卿大夫作采邑，或者土地被占据、侵夺，王室的土地更进一步大为减少。王室如此衰微，已经养不起宫廷素来赡养的众多公卿大夫与百工了；于是他们不得不走出周王室，进入诸侯国，做官、为师、献技，这样，诗书技艺、文化知识便泛化下传，扩大和增加了文化的相对普及化。从而逐渐形成宋国、鲁国以及日后的楚国三大文化中心。

再就是鲁昭公二十二年（前520）周王室发生王位争夺战。战争绵延四年之久，起事争夺王位的王子朝失败，便率领旧宗族以及百工，带着王室的丰富典籍，逃奔楚国。于是楚国大获其益，原初文化与异域文化结合，一跃而居三大文化中心之一，与另两个文化中心宋国与鲁国并立。

楚国文化的杰出特点，就是"水纳百川"式地接纳、融汇了南方各地各民族的特色文化，又汲取了中原厚重质朴的文化因素。南北浑融，乃成其大与丽。

以上，就是老子出生、成长的地理环境。它不仅是雄踞南方又觊觎中原的泱泱大国，而且是中国文化的另一个中心。老子就是在这样的地理环境、社会状况中成长的。所有这些外部条件，都不能不影响到他的思想、情感与心性，他后来著述的思想基因，就此种下。当然，这种普遍因素也影响到老子的同时代人，但感受、影响、思想成长和特色特点的形成，却是大有差别的。具有敏感性质和深沉心性的人，感受会极深刻、反应会极强烈、思索会极透彻，老子便是这种人的代表。他的热爱和平、反对战争，主张卑弱与谦下，反对以大并小、恃强凌弱，主张知止不殆，以及强弱互换转变，他的高举"上善若水"的思想旗帜，重视"水"的利万物而不争的品性，皆与他在楚国的出生与成长的生平经历，有着密切、深沉、刻印难消的关系。

一方面是战乱频繁的区域，楚国在血腥吞并众多小国和部落中成长起来；在这块土地上，楚国消灭、欺凌、剥夺几十个小国，其中必然充塞着战争、侵略、吞并，弥漫着血腥、死亡和苦难。这是一个充满以大欺小、恃强凌弱，以至大国先后吞并众多小国和部落的地方。

在这样战乱频繁、杀伐征战不断，邦国之间你争我夺，硝烟弥漫天际、生灵涂炭不断的地域和岁月中，人民苦不堪言：民不聊生，饿殍遍地，生灵涂炭，尸横遍野，惨不忍睹。老子在此种地域环境中成长，应是触动很大、印象深刻、触及灵魂的。这奠定了他的思想基底，埋下了反战、提倡和平的思想元素。

因此，在老子的心灵中，种下了反战的思想情愫，酝酿了倡导和平的思想基因，种下了反强暴，反对恃强凌弱、以大并小、横行不止的思想基因，从而滋生了主张和平相处、提倡雌弱卑下，提出"知止不殆"的思想元素。《道德经》在这些方面的哲学思考与倡导，其源盖出于楚国大自然的启迪与区域动荡争战的社会现实。

另一方面，则是楚国山山水水，启迪了成长中的老子，养育了他的心性与文化心理结构。

"楚国有森林和海，树林里面有动物和植物，海里面有生物，都可以作为食物，所以他们祭拜的是伸手可及的大自然。"[⑩]南国的山山水水，或秀丽妩媚，或奇诡卓异，或引人入胜，启人心性；或心神投入，忧思飞翔；其中，尤其河湖港汊、清泉溪流，或清流逶迤，或泉水娓娓，或瀑布悬洒，处处引发诗情画意、优美思索。水的形象，水在人们生产、生活中不可或缺的、多种多样而巨大的作用，水在大自然中的作用和意义，以及在南国优美景色中的作用和意义，均起到蕴育培养人们文化-心理构造的巨大、深邃的作用。还有，那南国诸多蛮夷部落或小国，诸多轻歌曼舞、迷狂巫术，丰富复杂的神话传说，神话思维的委婉与思绪飞扬、曲折奇诡，等等，都养育了老子的心性与文化-心理结构。这些思想性格、神话民俗，注入了成长中的老子精神世界和思维活动之中。日后便注其神魂于《道德经》之中。——故老子之著《道德经》，而以诗性语言出之，成为一篇美文被传诵，以人类唯一的一部诗性哲学闻世，至今不衰，盖有因焉。

南方多水，河湖港汊遍布境内，水与人的生产生活关系密不可分、作用巨大；水的川流不息、温顺氤氲，渗入人们的精神和意识中成为心性的基因。可以想象，老子心目中水的意象和作用，渊源于此。故其哲学思想常以"水"揭示，甚至以"上善若水"之句，将"水"的形象和意涵树立得崇高而深邃。

又，楚国多神话传说、多民歌俚曲（即楚辞），老子生于斯长于斯，多识于民歌俚曲，故其哲学论著《道德经》以诗性行文出之，多用想象、比喻、隐喻、象征、暗示等手法，以诗性语言启人思索并据以理解、领悟其哲思宏论，令读者心领神会，得其要旨，受其精神，却难以言传表达。此老子之多义而诠释不易且多异的因缘，以至造成误解歪曲，从古至今，绵延不息。

《道德经》语言也具有独特的风格与神韵，为其他所有中外哲学家的著作所不具备。——唯德国杰出哲学家尼采的著作《查拉图斯特拉如是说》或企及之，但斯著却是散文简篇，不是系统理论著述，更不是哲学论著。老子《道德经》却是完整的哲学诗

走向老子哲学世界

篇，它系统完整地叙述和论证了哲学思维所应涉及的范畴。显然，《道德经》充分显示了楚国的浪漫主义精神与情怀，具有楚国的语言气度，具备诗的特征和风范，读之可以以文学欣赏的心情，来吟诵、理解和诠释。正如海德格尔所描述的："实际上，诗人甚至能够达到这样一个地步，即他必得把他在语言上取得的经验特别地亦即诗意地带向语言而表达出来。"①这似可应用来描写后来老子撰写《道德经》时候的情景。

总而言之，《道德经》者，源自楚国的浪漫主义精神情怀和哲思的诗性抒发与表达；《道德经》者，杰出诗人屈原《楚辞》之先声也。

下面，雅斯贝斯的这段描述，就好像是写的老子，也颇为适用于老子的《道德经》：

> 他可以放弃世上所有的财富，深入荒漠，去往森林，走入深山，作为隐士发现孤独所具有的创造性力量，然后以知者、智者、先知的身份重入世间。在轴心时代，后来被称作理性（Vernunft）和人格（Persönlichkeit）的东西显现了出来。

> 这些个人达到的境界，显然不可能转移给所有人。当时，人类潜能的顶峰与大众之间的距离是巨大的。但是，个人取得的成就间接地改变了所有人。人性在整体上实现了一次飞跃。②

雅斯贝斯的这段描述，可以设想为老子在楚国成长时的经历；也可想象为老子对周室失望，出关隐居去了。

以上，了解老子的出生故土的地理境域，对于我们解读和诠释他的唯一著述《道德经》，就有了重要的一个方面的依据，以及他那清泉美溪似的思绪与语言的最初渊源。他的诗性的哲思与哲学诗性质的哲学著作，他的以"水"的形象与作用注入哲学思维与哲学论述，并给予崇高哲学与美学的赞誉和评价，均渊源于南方的地理环境的养育与影响，以及提供物象与思想的素材。

他在雅斯贝斯提出的人类历史–文化的"轴心时代"，在东方古国，创辟了人类历史上的"四大文明"之一的东方灿烂思想光辉，其熠熠闪光的思想-文化之清泉，至今犹在浸润着人类新世纪的思想文化。

注释：

①梁启超：《中国上古史》，商务印书馆，2016，第 313 页。

②同上书，第 137-138 页。

③白寿彝：《中国通史》，延边人民出版社，2006，第 17-18 页。

④张荫麟、吕思勉：《中国历史大师谈》，安徽人民出版社，2012，第 48-49 页。

⑤同上。

⑥同上书，第 49 页。

⑦吕文郁：《春秋战国文化史》，新世界出版社，2018，第 77 页。

⑧同上书，第 78 页。

⑨注：本书作者籍属江西鄱阳，家乡话中，言"多"即"夥"，如说某部著作字数多，就说："夥夥！个个（这个）书个（的）字数真夥耶（也）。"

⑩许倬云：《许倬云十日谈》，广东人民出版社，2022，第 199-200 页。

⑪海德格尔：《在通向语言的途中》，孙周兴译，商务印书馆，2004，第 149 页。

⑫雅斯贝斯：《历史的起源与目标》，李夏菲译，漓江出版社，2019，第 12-13 页。

走向老子哲学世界

第二章　老子哲学思想的历史－时代渊源

如果揭示地理环境对哲学家思想渊源的探究，具有重要的意义，那么，追索其历史－时代的影响，则具有更为重要的作用和意义。前者是思想渊源和基底性的，而后者则具有基筑、形成、丰富其思想文化的更为重要的作用和意义；哲学家在他的思想－著述中，会自然地纳入、融汇历史的、时代的、社会的各方面的内涵和质素。

恩格斯在《自然辩证法》中曾指出："每一个时代的理论思维，包括我们这个时代的理论思维，都是一种历史的产物，它在不同的时代具有完全不同的形式，同时具有完全不同的内容。因此，关于思维的科学，也和其他各门科学一样，是一种历史的科学。"[①]老子的哲学思想，也是一部历史的科学，即诞生于春秋时代的思维科学。

因此，在探讨老子思想的"地"（即地理环境的作用和意义）之后，再进入老子思想形成的"时"（即时代的状态与作用）的探索。前者可称横的方面，后者可称纵的方面。

老子身处春秋时代，即周平王元年（前770）至周敬王四十四年（前476）。老子虽无生卒年记载，然可据孔子之生卒年，推定其出生的大致年代。据史家推定，老子约长孔子二十许，孔子生于周灵王二十一年（前551），如以长孔子20年计，则可推定老子之生年约为周灵王初年（前571）。这个推算，自然不是确数，但可认定为约数。据此可知，老子活动的时代是春秋末期，即战国前夕。这意味着，春秋时代的形势已届尾端，而战国时代的气息则已露端倪。

际此历史时期，春秋的文化氛围在消逝，战国的硝烟则已弥漫。历史进入另一个阶段。打开《左氏春秋》，开篇《隐公·隐公元年》劈头就是：

> 三月，公及邾仪父盟于蔑。夏五月，郑伯克段于鄢。……九月，及宋人盟于宿。……

这三月份短短一个月，就两次结盟；还有一次"郑伯克段于鄢"，即皇族血亲之间为争夺王位权势而展开的生死搏斗。可以说整个《春秋》之作，就是诸侯国之间的你争我夺、以强凌弱、以大并小，以及侯国统治者内部血亲之间的争权血战，其中不乏父子兄弟、内亲外戚之间的血亲厮杀。

《春秋》的结尾，是《哀公二十七年》，其中，主要记事是："晋荀瑶帅师伐郑，次于桐丘。郑驷弘请救于齐。齐师将兴，……乃救郑。""悼之四年，晋荀瑶帅师围郑。"

春秋岁月，以战争始，以战争终。

春秋时代，是一个大动荡、大战乱、大搏斗、大吞并、大流血的时代，它开辟了战国时代到来的历史条件和"历史元素"。但又是一个思想创辟的时代、思想交流的时代、"百家争鸣"的时代（梁启超有言："所谓百家，实只十几家。"），创辟了中国思想文化的一个光辉灿烂的时代。它开启了中国尔后数千年思想文化的发展路径和文化-思想的基因与原点。老子、孔子以及诸子均诞生于春秋这个历史阶段。它是战国这个"后果"的"前因"。它提供了战国时代到来的一切前提：社会条件与历史因缘。

梁启超论及春秋时代时，指出："周东迁后，政治重心渐失，各地方分化发展，诸夏以外之诸民族亦渐形活动，然借封建之势，各地皆以诸夏所建国为中心，以吸收同化境内诸异族，而此诸夏之国复次第合并，由数百而数十而六七，以归于一。故此期实为中华民族混成时代，亦因分化之故，思想、言论皆极自由，社会活态呈露，故文化极高度且极复杂。"[②]

此处所论，有几点可以领悟并以此探索老子思想的历史渊

走向老子哲学世界

源。

其一，诸侯国由数百而数十而六七地次第递减。其二，递减的过程不是自然淘汰，也不是各自萎缩，而是战争、杀戮、并吞的结果。其三，整个周室天下在混战中颠簸震颤，统治力衰弱；无力整饬天下，而是任其杀伐征战、兼并自大。其四，周室东迁之后，政治中心已经失去，也就是王权的统治力衰弱了，社会的自由度增加了，人们的思想较以前灵动了，士阶层的思想及其社会传播，也活跃起来和传播开了。这才有所谓"百家争鸣"局面出现。

总的状况是：平王迁都洛阳时期，还有大约六百里的土地；后来有的赐给所谓"立功"的诸侯，有的则被侵夺；天子自己拥有的土田，所剩无几了。东周王室地域缩小，朝贡也少，可谓宫廷贫弱、帝国衰微了。春秋初期，诸侯国有 140 多个，但经过不断的大国兼并小国，大国扩大疆域，小国不断减少，土地人口物产等均随兼并而并入大国，逐渐地，到春秋末季，只剩下几个大侯国，即齐、晋、宋、秦、鲁、楚等七国进入战国时代去进行血肉搏斗，拼死厮杀，实现统一。

但春秋末期社会生产力却大有进步。铁制农具已经使用，而且使用牛耕，农民（小耕农）也随之产生。井田制度日趋衰萎，私田不断增加，统治者不得不施行"初税亩"。自耕农产生了，农业生产力大为进步，商业也随之发展。社会阶层日趋复杂，已经出现了地主；被统治阶级已经发展为由农民、工匠、工商业者和奴隶构成；士阶层则有了学士（儒、墨、道、法诸家）、方士或术士，在他们之中上等的皆是天文、历算、地理、医药、农业、技术等各学科的专家。[3]

何以至于如此？梁启超指出："其一，列国篡弑攻伐之祸也。当时存者尚百数十国，……皆叠有篡弑之祸。""其二，戎狄之猖獗也。""其三，兼并之盛行也。……兼并最盛者齐、晋、秦、楚，尤盛者实晋、楚。"[4]

"而楚兼并之锐烈，实足使诸国民无复喘息之余地。"[5]

"东周王国与宋、鲁是当时三个文化中心，……因为王室衰微，不能养活众官，有专门知识与技术的王官百工，陆续分散到诸侯国，有些人做官，有些人为师，扩大了文化的传播。公元前520年（鲁昭公二十二年），周景王死，王子朝结合一批丧失职位的旧官、百工，起兵争王位。经四年战争，子朝兵败，率召氏、毛氏、尹氏、南宫氏等旧宗族（自然也有百工），带着王室所有典籍，逃奔到楚国。这是东周文化最大的一次迁移。周人和周典籍大量移入楚国，从此楚国代替东周王国，与宋鲁同为文化中心。在这三个中心地区，鲁国孔丘创儒家学派，宋国大夫墨翟创墨家学派，战国时楚国李耳创道家学派。"⑥

"东周是一个动荡的时期，在动荡中，各阶级、阶层都起了变化。特别是家族制度的地主阶级开始出现，政治、经济、文化逐渐受这个阶级的支配，由此产生地主统治的封建社会。……东周和战国，正在进行着两种统治的交替运动，东周则是这个运动的开始。"⑦

由于王室和诸侯国自身的状态和它们之间复杂、纠缠、争斗的关系，生活状况发生质的变化，阶级、阶层构成也起了质的变化，其状况大抵如此：其一，统治阶级：王国贵族、诸侯、卿大夫、士、大商人。其二，被统治阶级：庶民、低级庶民、工商、奴隶。⑧特别是战争的残酷，造成人民的极度苦难，远不仅是"民不聊生"可以描述的。比如，春秋时代没有一日停止的战争，其造成人民的苦难，今人无法想象。仅据《墨子·守城法》："城下比较不重要的地方，每五十步置壮男十人，壮女二十人，老小十人。城上守兵每步一人。"他们守城有责，但待遇极低。每天只吃到现在计量的大半升米。"有时甚至穷困到'易子而食，析骸以爨'（《左传·宣公十五年》）。"

但是，这个时期，由于周室统治衰微，各诸侯国处在互相争战、交叉搏斗中，统治阶级的统治力下滑，思想文化相对活跃，各种思想群落纷起，逐渐酝酿走向学派纷呈局面。"在春秋末年中原和平时期中，最值得纪念的是学术思想的发皇。"⑨

如前引《左氏春秋》所载，劈头首页《隐公元年》就是："三月，公及邾仪父盟于蔑。夏五月，郑伯克段于鄢。……九月，及宋人盟于宿。"所记即结盟与杀伐。结尾，《哀公二十七年》则是"晋荀瑶帅师伐郑，次于桐丘。郑驷弘请救于齐。齐师将兴，……乃救郑。"悼之四年，晋荀瑶帅师围郑。"依然是战争杀伐。它预示着春秋即将结束，战国就要开始。

春秋时期，起初的一百四五十个诸侯国，经过以血腥吞并为主要手段的大国灭小国，到终期只剩七个大国，进到战国时期再去进行秦统一前的大战斗。"这些大小国相互间的关系，除了'强凌弱，众暴寡'，别的关系是很少的。"⑩

在这个争战杀伐、血流遍野、饿殍遍地、尸横遍野的时代中，楚国是一个主要的国度。梁启超指出："晋楚争霸，春秋史之骨干也。"⑪顾颉刚、童书业共著的《国史讲话·春秋》中也指出："晋、楚两国的历史是一部春秋的中坚。"⑫

这是一个什么时代氛围与时代精神？这是两个相连接时代的过渡期，也可以说是前期（春秋期）的一切矛盾、斗争、战乱、社会震动与震颤，都已经达到顶点。这是诸侯混战、天下大乱的前夕。"山雨欲来风满楼"，战争烽火遍地燃。老子身处乱世，历经战乱，目睹着烽烟弥漫、战争频繁、生灵涂炭、饿殍遍野的社会现实。

吕思勉在其《中国通史》中，如此描述和总结孔老诸子所处的时代："随着世运的进展，井田制度破坏了。连公用的山泽，亦为私人所占。工商业愈活跃，其剥削消费者愈深。在上的君主和贵族，亦困其日趋于腐败、奢侈，而其剥削人民愈甚。习久于战争就养成一种特别阶级，视战斗为壮快、征服为荣誉的心理，认为与其出汗，毋宁出血。此即孔子和其余的先秦诸子所身逢的乱世。"⑬

另有史家也指出："春秋，是个野蛮到文明的过渡时代。这时代的思想，便是由神本的宗教进化到人本的哲学；同时各项学术也都渐渐脱离宗教的势力而独立。我们研究春秋时代的文化史的结果，终于不能不这样说！"⑭

而这段历史"内涵"的实现，则是通过"诸侯国争霸"的历史形态来"落实"的。梁启超说："霸政为中国春秋时特产，求诸他国史迹无有也（希腊颇有相类者，然精神不同），即中国前乎此后乎此亦无有也。"⑮

对于这种社会变革、时代精神所造成的思想文化境况，以及它与道家思想产生的渊源关系，黄朴民、林光华合著《老子解读》，做了很恰当的论证，他们指出：

> 道家与隐士有直接的渊源关系。……《论语》中也提到一些不赞同孔子主张和做法的隐者或狂人，如接舆、荷蓧丈人、长沮、桀溺等等，他们都是这个特殊群体的代表，其生活大多困苦潦倒，但思维敏捷、精神活跃、人格独立，不汲汲于功名利禄，不迷信礼乐文明，按照自己的意愿自然而然地生存，自由洒脱，不落俗务，表现出一种特殊的人生立场和态度。这类人物，大多活动在大国齐、楚、晋争霸之间的缓冲地带——陈、蔡、宋（今河南中南部、安徽北部）。换言之，春秋战国之际的夹缝地带，乃是当时隐士生活的集聚地，也是道家学说的发祥地。⑯

接着还指出这类隐士——道家人士产生的时代背景和社会根源：

> 由隐士转化为道家不是偶然的，而是由春秋战国之际的社会现实所决定的。春秋战国之际全面激烈的社会变革，引发整个社会的剧烈动荡，极大地改变、调整了各种社会阶级关系，可以说是"社稷无长奉，君臣无常位"。……在这个社会大转型时期中，相当一部分贵族丧失了往日的显赫地位和种种特权，下降成为平民和小生产者，此外还有不少依附于官府的文化人，也因"学在官府"格局的瓦解而失去了正常的生活秩序和生存保障。这些没落贵族和失意士人被社会边缘化，促成了隐士群落的出现，他们具有较高的文化素质，既万分失望，也对未来充满深深的忧虑感，他们需要自己的集中代言者，需要反映其愿望、要求的思想理论，这也是《老子》一书产生的社会原因之一。……由于这些人经历了跌宕起伏的生活磨炼，自身又具有相当丰厚的文化素养和相当高的智慧，因此能站在哲学和历史的高度，对宇宙、自然、社会、人生进行深入思考与探讨，对社会现实提出批评，对人生意义进行探究，对生存方式加以反思。这些思考

的结晶，就是先秦时期个性鲜明、长领风骚的思想流派之一——道家的形成。从这个意义上说，老子本人是这些人的隐秘的"教主"，而《老子》这部著作是这一群体心态和意愿的表达。⑰

"争霸"和由"争霸"而引发不断的战争，这就是春秋的时代特色与历史风貌。

以上，就是老子所处的时代及其特征，以及老子哲学思想形成和《道德经》产生的社会原因和时代背景。归纳起来就是思想文化由王室下移、社会思想活跃、诸家纷起、"百家争鸣"，其中，特别是哲学思维萌发滋长，进入民族思维的新阶段。白寿彝指出，这个时代是中国古代哲学的第二阶段："周室东迁前后，官学崩溃，这是古代哲学思想的第一阶段。周王东迁以后的思想，以至春秋邹鲁缙绅先生的《诗》《书》传授之学，是古代哲学思想的第二阶段。"⑱

在民族思维方面，则可以说是从神话思维时代向逻辑思维时代转化中、转化了的时代，它产生了伟大的民族哲学思维的开山祖老子和孔子以及他们的经典著作《道德经》和《论语》。

按照雅斯贝斯提出的"轴心时代"的历史定位，这个时期的中国古代哲学，则是人类文明承前启后、首耀哲学之光、立定民族思维的起点，它是映照与启迪后世数千年的辉煌时代。

总而言之，老子，地理环境哺育了他，养育了他最初的心性与思维、文化-心理结构的原素，萌发了他心灵的最初因子。而历史，则灌输了社会现实、生活辙迹、人世万象，留下了历史刻痕与社会感应。历史成就了他、社会现实铸就了他、人民的生活与苦难刺激了他。这些主观与客观的现实，奠定了他的深邃哲学思想最初的因子、现实的"基底"。他的反对战争、主张和平，他的倡导"不争"、"柔弱"、"知止"甚至"愚"、"牝"与"雌"与"婴儿"，皆与此有关。

老子就出生在、成长在并思想发展、创立学派在这个伟大的时代。从实际到抽象、从具体到一般、从现象到逻辑，老子吸纳社会存在的现实材料，观察并思考人的存在的苦难与忧伤、困厄与灾难，社会各个阶层都承受着他们的社会地位所赋予存在的困境与现世苦难，他不得不思索：何以至此？为什么要互相残杀？为什么要倚强凌弱、以大并小？人应该怎样生存、应该有什么样的生活、获得怎样的存在？统治者应该如何治理国家，才能让百姓过上温饱安定的生活？于是，反对战争、希望和平，主张睦邻，反对倚强凌弱、以大并小，主张邦国之间睦邻友好；企望人能够过上温饱、安稳、和平的生活，人的存在应该如此。对历史、对社会、对人的存在的种种思索，得出了抽象的、一般性的、普遍的规律性的认知与谋划。当然，这些都是初步的，带着朦胧的、模糊的，甚至模棱两可的状态。这些都是哲学思维前期的预备、思考的动态与灵感、逻辑思维与形象思维的混合。这些都是为《道德经》的产生所准备的思考碎片、零星积累；而后数十载的观察与阅读——观察天象、阅读传统古典文献，感受社会生活、思索人生真谛，而酝酿成熟，而日积月累，终于凝聚成《道德经》的哲思论述。

他立足于社会现实，立足于人民艰辛苦难的生存，针对周王室与各诸侯邦国压迫、剥削、残害人民的封建统治，同情广大庶民阶级，并将这一切社会现实纳入广袤宏大的思维领域，其广其大其深，涉及"天地人神"，上及浩茫宇宙，下至人间世事，深入人的心灵世界，均加以论证、评析、展望，并设想发展变异，规划未来前程。其思维所及，广阔、深邃、细密、周到。所有这些，都与他的出身地、与他所处的时代，有着思想、情感、心意的深深的联系。因其所著，如斯宏阔慎密、结合社会现实、切入人生实际，因此而为古今中外广大人众所喜读并接受。

注释：

①恩格斯：《自然辩证法》，人民出版社，2018，第42页。

②梁启超：《中国上古史》，商务印书馆，2016，第322页。

③参见梁启超：《中国上古史》，商务印书馆，2016。

④同上书，第150-153页。

⑤同上书，第159页。

⑥白寿彝：《中国通史》，延边人民出版社，2006，第17页。

⑦同上书，第15-16页。

⑧同上书，第16-17页。

⑨顾颉刚、童书业：《国史讲话·春秋》，上海人民出版社，2015，第130页。

⑩白寿彝：《中国通史》，延边人民出版社，2006，第19页。

⑪梁启超：《中国上古史》，商务印书馆，2016，第170页。

⑫顾颉刚、童书业：《国史讲话·春秋》，上海人民出版社，2015，第107页。

⑬吕思勉：《中国通史》，群言出版社，2015，第222页。

⑭顾颉刚、童书业：《国史讲话·春秋》，上海人民出版社，2015，第239页。

⑮梁启超：《中国上古史》，商务印书馆，2016，第149页。

⑯黄朴民、林光华：《老子解读》，中国人民大学出版社，2011，第5页。

⑰同上书，第5-6页。

⑱白寿彝：《中国通史》第一卷《导论》，上海人民出版社，1989，第257页。

第二章　老子哲学思想的历史—时代渊源

第三章　博学多识，观察天象

——守藏室的阅读、观察与思考

　　老子曾任周王室的守藏室史。守藏室就是图书馆和档案馆。这一职务可以就近方便地广泛阅读古今典籍、著述和档案材料，又需要时时观察天象，并分析、揭示其对地上人间的"对应-反映性"的灾难祸福，以及王室如何决策应对。这使老子得以经常阅读与观象，并思索与探究其中的意义和预警。

　　因此，博览古籍经典，观察天象变幻，这是老子在皇家守藏室的工作、生活与活动。近水楼台，国家图书馆古籍收藏丰厚，职务所在，尽可规范阅读，择要深研；守藏室还是国家档案馆，此处历史档案丰富、现实材料鲜活，阅尽世事风云变幻，了解人间万事莫测，社会生活的历历万象，尽收眼底。身为守藏室史，自应将观测天象地势之所得，以及自己的分析、破译以至对策建议，向皇室奏呈，并应对皇室责询，江山社稷平稳安适、世间祸福避趋，以及社会庶民，安稳服帖与否，如此等等，均是守藏室史之职责所在。老子居此，日行其事，必尽其职，奉公守法，既完成职责使命，又达到上研天时、下究地利、俯察社会民情，既奏呈王室，又私下研究思索，为其博大精深之哲思，提供实际资材与思想源流。

　　老子曾任周王室守藏室史，这个职务，对他哲学思想的形成和后来《道德经》的纂著，均起到重要的作用。这有几个主要方面：（1）主管图书，其间主要任务就是阅读古书、研究统治之道，以备需要时敬答王室的垂询，或主动上奏折；（2）"守藏室"又不完全如后世的图书馆，它除管理图书之外，还有观测天时地利的任务，即观测天地的运行与变化，这是当时的王室所十分注意的，因为那时的人们特别是王室，十分注意"天时地利人和"中天与地的运行变化之迹，因为天时的运行表现，体现上天对世间一切祸福的决定和预示；（3）同时，了解和观察民间动态（即民心民意），也是需要执行的任务，因为天意－世事是相互关联的，人间的事情，都由上天的意旨和喜怒决定。与此相关联的，自然还有对民情民心民意的了解与观察。那时的观念、王室的"天地人"关系，都是既有天意又有民心向背的。《诗经》的产生，就是王室为了了解民情民意而设置的专门机构，收集民歌、民谣而集成的。

于此可见，老子李聃，在其任内，需要和可以：一、观察（也许还有记录、呈报）天文地理的日常运行状况和异常变化，以及它对社会、民间的影响，以至对王室统治的启示与暗示；二、广泛阅读古今图书，这既是管理工作的日常任务，又是作为守藏室史的任内任外的工作；三、收集民间舆论，包括民歌、民谣、谚语、流行语以及风行的警句等。可以推见，老子在任内，是颇为注意和认真执行这些任内任外的事务的。而且，他不是一般地执行公务那样完成这些事务；他观察天象、了解民心民情、积累知识储备的心意，也会主动地、认真地、带着研究心意地去进行。

可以想见，老子在守藏室史的任内，在这几个方面，是做了不少工作，也积累了丰富的知识，了解了社会状况和民心民意的。更重要的是，他亲历周王室的衰萎，亲见它的统治无力、诸侯国霸主横行、诸霸主势力日盛，在"春秋无义战"的状况下，小国日渐消失，诸侯国日渐壮大，由数千而数百而至数十、数个。面对这些世事、生活状况、社会状态，他逐渐酝酿成熟期的哲学思想。

牟钟鉴就老子的思想学术渊源说：

哲学发展"不是呈直线上升趋势的，而是上下起伏的、反复曲折的"（《老学先于孔学》，载《哲学研究》1988 年第 9 期）。当然，我们说老子是源，庄、列、杨、稷下黄老是流，是就道家作为一个学派的存在而言的，……在社会激烈变动的震撼下，一些好学深思之士，已经总结出物极必反、骄奢必损、俭让有益等一系列辩证观点，成为老学形成的思想营养。例如《老子》书中引用了古人的话，四十一章"建言有之"下"明道若昧"数语，五十七章"圣人云，我无为而民自化"数语，六十九章"用兵有言，吾不敢为主而为客"数语，七十八章"是以圣人云，受国之垢是谓社稷主"数句，都是对前人的借鉴。《左传》隐公元年（前722年）郑庄公说："多行不义必自毙"，与老子"富贵而骄自遗其咎"相似；隐公六年（前717年）陈侯引周任之言曰："为国家者，见恶如农夫之务去草焉，芟夷蕴崇之，绝其本根，勿使能殖"，与老子"图难于其易，为大于其细"相似；宣公十五年（前597年），伯宗引民谚云："高下在心，川泽纳汙，小薮藏疾，瑾瑜匿瑕，国君含垢，天之道也"，与老子"受国之垢是谓社稷主"一致；《吕氏春秋·慎行》引古逸诗曰："将欲毁之，必重累之；将欲踣之，必高举之。"《战国策·魏策》任章引古《周书》曰："欲将败之，必姑辅之；欲得取之，必姑与之。"与《老子》三十六章类同。可知老子思想并非无根之木，其源有自。但前于《老子》者，零散不成系统；后于《老子》者，褊狭不备大体。《老子》作为道家创建之作的地位是不可替代的。如徐梵澄所说："老子盖由洞明历史而成其超上哲学者。旷观乎百世之变，而自立于九霄之上，下视人伦物理，如当世之哓哓者，若屑屑不介意，独申其还淳还朴之道。"[1]（《老子臆解》）

以上引文所论证，其确甚佳，盖老子之思想，必非无源之水、无本之木，他在其故国楚国生活的时期，即接受了楚国古籍经典的熏陶，成为其早期的文化积累与思想酝酿。而入周室守藏室期间，更是广读皇室图书馆、档案馆所藏丰富的典籍、档案，而奠定其深厚的文化积淀；尔后撰著《道德经》，这些文化典籍便成为传达其思想的文化支援。正如徐梵澄所言，他"洞明历史""观乎百世"，乃能以旷世之伟著，润泽古今中外之思想文化领域。

　　在这里，我还略补一小资料，以窥老子之思想渊源。老子很重视"知止"，多次论到"知止不殆"。世务处置、建设发展，以至兵家战事，均存在"始于所当始，止于所当止"的原理原则，兵家所谓"穷寇勿追"即此之谓。《易经·贲卦·第二十二》有云："文明以止，人文也。"老子《道德经》第三十二章："始制有名，名亦既有，夫亦将知止，知止可以不殆。"提出了"知止"，而且强调"知止可以不殆"；其思想渊源，殆可追索至《易经》。

　　以上略举老子思想与古典经籍的渊源关系，略窥其任守藏室史期间，可能博览广涉古典经籍，而丰富了其思想宝库，从而建树其思想、文化积淀而助成其《道德经》之撰述。

注释：

①牟钟鉴：《老子新说》，金城出版社，2009，第328-329页。

第四章　老子：隐士哲学、楚国-南方哲学-浪漫主义哲学

前已述及，老子为地处南方的楚国人，而地理环境对哲学家思想的产生具有重要的影响。老子的哲学思想，受地理环境的影响，具有浓重的楚国的、南方的性质和特色，包括思想内容和语言表达。老子的《道德经》与孔子的《论语》，无论是思想还是语言表达，都具有鲜明的、风格迥异的差异。

老子的哲学，可以称为隐士哲学、楚国哲学，以及浪漫主义哲学。何以如此称谓？何谓"隐士哲学"？

老子可能曾经为隐士，后出任周王室守藏室史；后来不满衰落溃败的东周王室，而出函谷关，不知去向、不知其踪。此其为"隐士哲学"。"隐士"而"哲学"，超脱、超越、超前、超拔，站得高、离得远，远眺近观，向天凝视，向内审视，从而看得清、眺得远、视得透，而为哲学。故其视野开阔，纵览宇宙天地；其审视深邃，进入社会肌肤腠理；其思理恢宏凝聚，大至宇宙天地，细入深心脑际；心中含宇宙，眼中看世事、思想及"道"理。老子曾隐居，后确隐居，世不知其所终。此其为"隐士哲学"也，此何以能不称隐士哲学？！

何谓楚国哲学？老子李聃，出生于楚国、成长于楚国，悉知楚国地理境域，濡染楚国思想文化、风俗人情，获楚国苗、夷、狄诸多边地民族的诗歌舞蹈、民间故事传说、传统神话的熏陶影响，故其所著，虽属哲学，逻辑思维也；而其陈述表达，则属韵文，娓娓吟哦，诗性充沛，意境深远，其中每多想象、比譬、暗喻、借喻，以物象释哲理、以形象附逻辑、以比喻启哲思，可谓

寓哲理于形象、藏神思于比譬，终以逻辑思维寓于形象思维之中，以形象思维育逻辑思维于其中。从而显示了一种独特的哲学思维的光辉，独步中外哲学世界，映照古今中外。

老子的"哲学诗"，或称"诗哲学"，既具《诗经》之风范，又酝哲思于其中，韵律规整，而又灵动活泼，令人有一唱三叹之感。王国维曾详论南方人诗歌浪漫之性情，他说："南人想象力之伟大丰富，胜于北人远甚。彼等巧于比类，而善于滑稽：故言大则有若北溟之鱼，语小则有若蜗角之国；语久则大椿冥灵，语短则蟪蛄朝菌；至于襄城之野、七圣皆迷；汾水之阳，四子独往：此种想象决不能于北方文学中发见之。"①

王力称《诗经》韵律"韵式多种多样""韻密"，此两点，老子《道德经》皆有。前者历见于《道德经》各章，后者亦散见于多章。

老子何以要以诗性语言来表达、陈述他的广袤深邃的思想？因为诗以象征性、隐含性、具象性的语言陈说，涵盖广袤、内蕴深细，引人思索。许倬云说："南方的语言，形之于文字，由于散文说理未必能显露地方色彩，但诗歌抒情，多为可吟唱的韵文，必难掩藏当地文化的特色。楚国发展的辞赋，即与北方的《诗经》大为不同，多了不少拖长的字音，也用了当地的表现方式，例如香草美人的比喻。"②老子的《道德经》即如此，显露南方楚国的特色，有的词句确为拖长的字音，虽然没有香草美人之喻，但也富于"母""婴儿""水"以及动植物的比喻和象征。可以誉为可以吟唱的韵文——散文诗。不妨说，《道德经》者，《楚辞》之先声也。《道德经》，诗性的哲学；《楚辞》，蕴哲思的诗歌。

罗兰·巴尔特说："意义（semic）代码提供文化固定型式；……而象征代码引导人们从本文细节推移到象征解释。"③老子《道德经》的本文，正是如此。他的象征代码，"引导人们从本文细节推移到象征解释"。正如海德格尔所说："诗与思的近邻关系"，"道说乃是诗与思的同一个要素"，"因为诗与思在能够开始进入相互面对的状态中之前就已经相互归属了。"④而老子所为及他所撰写的宏文诗篇《道德经》也正如前引海德格尔所说：

"他必得把他在语言上取得的经验特别地亦即诗意地带向语言而表达出来。"

如此，则老子学术之论列，便充满烂漫色彩，灌输浪漫精神，满溢诗意诗情。此其为楚国哲学。

王国维曾云，中国文学有两大传统，《诗经》，北方诗歌，现实主义代表；《楚辞》，南国诗歌，浪漫主义代表。依据此说，就哲学的学域言之，则孔子之《论语》，北方哲学也，现实主义哲学也；老子之《道德经》，南国哲学也，浪漫主义哲学也。借用海德格尔赞誉诗人格奥尔格的话来形容老子的哲学诗："思忖着、适应着、热爱着，道说就是：一种宁静而充沛的服从，一种喜气洋洋的敬仰，一种赞美，一种颂扬，即：laudare［赞扬、赞美］。"⑤正是如此，老子《道德经》就是如此产生，就是如此横空而出的。

借用海德格尔论述、赞扬那种"而是最有缘构性的'诗'（dichtung）"的话来说，老子的"诗哲学-哲学诗"，是"语言本身，是原本意义上的诗"，而"这'原本意义'意味着，这诗不只是或主要不是'表达情感'的或'言志'的诗，而是究天人之际的缘构，即'真理的促成（馈赠、引发、创生）'和'让……出现'"。"真正的诗人不止于诗人个人灵感的结晶，也绝不止于传统意义上的语言的艺术。它要宏大浩荡得多！乃是天地神人、过去未来相交相缘所放射出的最灿烂的光明。"海德格尔紧接着还赞扬说："在这样的［诗的］语言之中，一个民族就历史性地领会了它的世界；而且，此作为被锁藏着的大地也被保存起来。"⑥

老子之作《道德经》正是这样的宏大浩荡、涉天地人神、喷射最灿烂的光明的杰作，它使一个民族历史性地领会了他的世界。那么，老子为何要以诗性的语言来陈述、论证他的深邃的哲思？就在于他要取诗性的语言的模糊性、形象性、可推测可想象性，这是因为，他所思考、处理的对象本身，就具有这样的品性。钱钟书说："纵极描摹刻画之功，仅收影响模糊之效。"⑦而老子却正是需要甚至追求这种以"描摹刻画""模糊多义"之语言，来求得、希冀受到"影响模糊"之效。他的哲思，非西方哲学那样的逻辑陈述论证，语言理论化、逻辑化，创制种种概念、名词，层层剖析，步步陈述，条分缕析，以澄明理路，宣示公众；老子非此，他却是要调动、启发人们的思考、想象、推断甚至猜测，以此去领会他的宏阔深邃的思想。这原因就在于：他认识思考的对象"天地人神"，即宇宙、万物、人、世界、社会、政治、人生等，涉及他们、它们的发生、生成、发展、变异及其规律。其中，有好些仍然属于不明确、不清晰的状态之中。这就导致他必须以相对明确、清晰而又带有模糊性、两可性、猜测推断性的语言来表达，方能传达、表述、显现；这种情况、这种陈述论证对象，唯诗性语言可以为之，可以达到。

怀特海在论述"思辨哲学"时曾指出："每一门科学都必须创造自己的工具。哲学需要的工具是语言。因此就像对物理科学原先存在的工具进行重新设计那样，哲学对语言也要进行重新设计。"⑧而这种语言设计的要求和期盼则是"未作明确定义"和"含混不清"的。怀特海指出："唯一可能的办法就是从这样一些语言表达出发，这些语言表达就其本身的通行的语词意义来说，是未作明确定义的，含混不清的。除了通过进一步讨论加以阐明以外，这些语言表达并不能用来作为直接进行推理的前提；它们力求陈述的一般原则将会在对经验事实的后继的描述中体现出来。这种后继的描述要阐明对所用的这些词语应赋予的意义。除了相应地精确掌握世界提供的形而上学背景以外，就不可能精确地掌握这种意义。"⑨从这段论述中，可以领会到老子为什么设计了他那种诗性的语言，来表达他那独创的、首次出现的广博而深邃的哲思；同时，也可以明了应该如何来合理地解读与诠释老子。

兰喜并说："读《老子》就是要通过这些'诗意'的语言，在模糊中来体悟'道'，而不能拘泥于求'道'之精确'界说'，不能执著于要把'道'说清楚。《庄子·齐物论》讲'道昭而不道'。王弼《老子指略》说：'《老子》之文，欲辩而诘者，则失其旨矣；欲名而责者，则违其义也。'这是读《老子》一书的关键。"⑩此论甚确。读老子之著，其读法，其理解、解析之路，以至其欣赏之意，均大不同于研读西方哲学。究其原因，就在于老子写的是"诗性哲学"甚至是"哲学散文诗",是以诗性语言来描摹、呈现、形容,确具"惚兮恍兮、恍兮惚兮"之意。其意也描摹许多方面,仍然是"惚兮恍兮、恍兮惚兮"的诸多对象。牟钟鉴说:"说到韵文,其形成也许较晚,而韵诗则古已有之,《诗经》便是证明。《老子》书与其说是论文不如说是诗,是哲理诗,可以归到诗的范畴,故其押韵不足为奇。其用韵近于《诗》,其简古近于《书》。"①

任继愈论老子哲学思想源流,甚详细准确,兹引录如下,以为老子哲学及其源流之结语。

老学源流

老子之学发轫于荆楚,但老子不是乡曲之士,他曾到过北方,当过周守藏史,熟悉历史文献记载,接触社会现实腐败现象。他的思想可以概括为三个来源和三个组成部分。

第一个来源,它继承荆楚文化的特点,贵淳朴自然,反雕琢文饰。

第二个来源,老子博学多闻,善于吸取古代文化遗产,总结前人经验。

第三个来源,老子亲眼看到春秋时期社会的混乱,旧秩序的崩溃,仁义口号的虚伪性。

这三个来源,很自然地构成了老学独特的思想体系,成为中国与儒学对峙并存、长达两千多年的两大流派。

这三个不同来源的思想,在《老子》书中都可以找到。⑫

接着,他便细列老子《道德经》中,在这"三个来源"方面的表现。首先是来源于荆楚文化的表现。

第一,突出的表现就是对水的歌颂。老子对水的歌颂与理解大大超过生活在北方邹鲁的孔子。老子以"上善若水,水善利万物而不争,处众人之所恶,故几于道"(《道德经》第八章),给予水至高无上的肯定和赞美,把水比作"道"——"水"-"道"。又赞誉"水"为"百谷王者"(《道德经》第六十六章),而且,"柔弱于水",却"攻坚强者莫之能胜"(《道德经》第七十八章)。

第二，《老子》中常借用植物生长的例子，说明"贵柔"的道理：植物幼苗柔弱而有生命力。

第三，《老子》中，还经常从前人经验和古文献中吸取有用的东西。书中所列"古之善为士者""建言有之""善摄生者""古圣人""古之善为道者""用兵有言"等，都表明老子对古文献的阅读甚广博且受益匪浅，而且他能够善于运用。但老子的特点是"能利用古文献而不特别看重文献"，故从未在文中对取用古典注明来路出处。

第四，老子对从周王朝到地方诸侯均混乱无序，很是失望，他抨击社会弊端，但提出的改革方案与孔子不同。老子深刻地看到在仁、义、礼等口号下产生的弊端，他的思想比孔子"更接近农民、接近农村，与官方朝廷保持一定距离"⑬。

任继愈还论述了老子哲学对中华民族影响的三大流向：其一，老子哲学的辩证法思想，在哲学方面，有极深远的影响；其二，老学在宗教方面影响也很深远；其三，对中国政治也有极深远的影响。汉初黄老之学，曾导致治理战后创伤的有效政策。老学还启发了中国重要的军事思想，以黄帝命名的《阴符经》为名义的兵书，即渊源于老子。最后作结论说："中华民族不只起源于黄河流域，说黄河流域是中华民族文化的摇篮是对的，但不全面。长江流域也是中华民族文化的摇篮。以黄河、长江两大流域为中心，由此向周边辐射出去，从而形成中华文化圈，影响到周边地区和邻国。"⑭

以上，任继愈先生以广阔的学术视域、深刻的历史观念、鞭辟入里的剖析，在孔老比较的视野中，论说了老子哲学思想的地理、历史渊源，特别是老学的实质真谛，以及在中华民族思想文化上的影响和作用，作了深刻卓越的分析与论述。对我们深入学习、理解老学具有重要的帮助。其中，特别指出不仅黄河流域是中华民族文化的摇篮，长江流域也是中华民族文化的摇篮之一，意义重大，这对认识、理解老子也是很重要的解读-诠释的要旨。

注释:

①王国维:《王国维文集》, 北京燕山出版社, 1997, 第 239 页。

②许倬云:《万古江河》, 北京日报出版社, 2023, 第 90 页。

③卡勒尔:《罗兰·巴尔特》, 方谦译, 生活·读书·新知三联书店, 1988, 第 93 页。

④海德格尔:《在通向语言的途中》, 孙周兴译, 商务印书馆, 2004, 第 180 页。

⑤同上书, 第 225 页。

⑥张祥龙:《张祥龙文集》第一卷《海德格尔思想与中国天道》, 商务印书馆, 2022, 第 211-212 页。

⑦转引自兰喜并:《老子解读》, 中华书局, 2005, 第 6-7 页。

⑧怀特海:《过程与实在》, 商务印书馆, 2012, 第 21 页。

⑨同上书, 第 24 页。

⑩兰喜并:《老子解读》, 中华书局, 2005, 第 7 页。

⑪牟钟鉴:《老子新说》, 金城出版社, 2009, 第 327 页。

⑫任继愈:《皓首学术随笔·任继愈卷》, 中华书局, 2006, 第 188 页。

⑬同上书, 第 188-192 页。

⑭同上书, 第 190-192 页。

第五章　老子"道"的释义与意蕴

在探讨老子《道德经》所展现和论证的哲学世界之前，我们首先需要探讨一下，老子何以使用"道"字来命名其哲学思想？

老子在《道德经》中提出了"道"的概念。

道——老子何以用"道"来命名其对宇宙的认识和理解、用"道"来命名其恢宏深邃的哲学思想体系？"道"字意义为何？

"道"字有多义：（一）它是唯一的道路，没有其他的道路与之同在；（二）它是直行之路，没有岔路和分道；（三）"道"字的造型，"像人在十字路口之状"。——十字路口，有一条直通无歧路之道，吾人可以循之前行，以达鹄的；（四）同时，如海德格尔所释，"此'道'（Tao）能够是为一切开出道路（alles beweegende）的道域。在它那里，我们才第一次能够思索什么是理性、精神、意义、逻各斯这些词所真正切身地要说出的东西。很可能，在'道路'（Weg）即'道'（Tao）这个词中隐藏着思想着的说（Sagen）的全部秘密之所在……"[1]这确实是体会到老子之"道"的含义与意蕴而提出的认知与诠释，颇有启发意义。

现在，我们再从汉字的词义上，来探其究竟。

（一）《尔雅》以多项释"道"字之义，分述如下：

1. 与"梗""较""庭"等字同列，统一释义为："……道，直也。"注释说明：

（1）"梗：本义为草木的枝、茎或根，引申有正直、耿直的意思。"

（2）"较（jué）：本义为车厢两旁板上的横木，引申有直的意思。"

（3）"庭：通'廷'，挺直、正直。"

（4）"道：本义为道路，引申为正直。"②

2. 与"迪""繇""训"同释："迪、繇、训，道也。"

（1）"迪（dí）：道、道理。"

（2）"繇（yóu）：通'猷'，道理、道术。"

（3）"训：教导、教诲。"

（4）"道：本义为道路，引申有事理、规律的意思。"③

3. 与"路""旅"同释："路、旅，途也。路、场、猷、行，道也。"

（1）"旅：道路。"

（2）"场：道路。"

（3）"猷（yóu）：道路。"

（4）"行（háng）：甲骨文作𬗋，象四通之路，道路。"④

（二）《说文解字》释"道"："道，所行道也。从辵，一达谓之道。"

"译文：道，人们行走的道路。由辵会意。完全通达无歧叫作道。"⑤

（三）《字说中国文化》从造字解"道"字之义：

"道𬗋，左边是古字的走之旁。下面是个脚趾的趾字，上面三撇表示走路较急。合意为用脚走路。右边是个首字，象形人的脸。在仓颉眼中，道是研究头与脚关系的学问。

"头与脚，在我们仓颉的眼中是一个阴阳关系——太极生阴阳，阴阳生万物。所以，头与脚的问题是涉及人间万事万物的大问题。道行天下绝不是大王一人之事，而是天下人——人人之事。"⑥

"道"还有一重意义："'道'在金文为'道'（𬗋）'，为（敌）人走在路上的意思，是'对方'向'我方'显示出了的路，但又非静观之'客体性'（对象性）的，而是要来'攻打'或'偷抢'我们的'路线'。'道'是天地向人显现出来的'度'。'我'所见到的'道'为'德'——'德'在金文为，以目直视易'首'。"

综上所述，"道"的含义很丰富；多义而互通；由此可知老子命名"道"的意蕴：其广义与深意。

注释：

①张祥龙：《张祥龙文集（第 1 卷）·海德格尔思想与中国天道》，商务印书馆，2022，第 43 页。

②管锡华译注《尔雅》，中华书局，2014，第 99 页。

③同上书，第 125 页。

④同上书，第 353–354 页。

⑤《国学经典彩绘·说文解字》，中国长安出版传媒有限公司，2020，第 54 页。

⑥漆小冬：《字说中国文化》，安徽人民出版社，2008，第 125 页。

第六章　纳入春秋时代解读老子

——时代-社会-政治状况-人民生活

提出人类历史长河中的"轴心时代"理论的雅斯贝斯曾说："每个哲学家都有自己生活的时代和文化空间。"①老子自然亦如此。那么，老子是生活在怎样的时代和"文化空间"，从而形成了他的哲学思想呢？

春秋时代，一语以概之："春秋无义战。"它是个战乱时代，诸多邦国战事纷繁，以大并小、大邦争霸，战事不断。西周初年，臣服周王的殷商方国和周王分封的诸侯国，多达1000多个，到春秋初年，就只剩下140多个，到春秋末期，更只剩十几个邦国了。这些邦国数量的短时期迅疾锐减，当然是在不断的、无数的战乱中实现的。这种频繁的战乱，会造成多么可怕的生灵涂炭、民不聊生、社会苦难、人生悲剧！这就是老子所处时代的概貌。面对这样的时代面貌和社会现实，老子自然地产生反战主和的思想。注目人民的苦难，他立下了"以百姓心为心"的思想基础和劝解统治者"无为-无妄为"的初衷。老子每以"兵事"起论、言事、说理，应亦与所处时代有直接关系。

老子所处的哲学时代，则是中国古代哲学的第三阶段。白寿彝主编的《中国通史》中指出：

中国奴隶社会的哲学思想，从殷代后期起，经历了殷及西周、春秋、战国三个阶段。殷周之际是古代思想的起源时期；西周则学在官府；周室东迁前后，官学崩溃，这是古代哲学思想的第一阶段。周王东迁以后的思想，以至春秋邹鲁缙绅先生的《诗》《书》传授之学，是古代哲学思想的第二阶段。孔墨显学，战国百家并鸣之学，周秦之际的思想，是古代哲学思想的第三阶段。[②]

这第三阶段的思想-文化以及哲学思想，面对的是一个什么样的文化境域？

在这个时期，西周的所谓"诗书礼乐"已经式微，文化下移，而让位于东周春秋时代文化-思想的进击与冲破的时代。"春秋时期的诗书礼乐，只是单纯的仪式，而没有内容。西周文化成为死规矩。"[③]

正此时期，"王官失守，学术下移"，孔子开私学，弟子三千，贤人七十。

老子即生活在这样的时代。他未曾像孔子那样兴办私学，但他却实实在在地在观察、思考周室的式微没落、诸侯的征伐吞并；也在观察和思考社会现实，那是王室衰退、诸侯争霸，而民不聊生、民怨沸腾的现实。他思索：问题何在？他上观宇宙天体，下视人间世事，并及人的存在，于是究天人之际，广涉天地人神、宇宙人间，涉及宇宙及宇宙与万物、与人间世事，以及与人自身的关系，涉及统治者应该如何统治才于民有利，涉及怎样才能使百姓生存温饱安稳。

那么，老子何以要采取诗性语言和韵文方式，来陈述、描绘和论证他的浩茫、深邃的哲思？这完全不同于他同时代的孔子，也不同于那时的西方哲学家。当时，他已经走出神话思维的阶段，虽然还留存着这种思维方式的遗痕；他已经进入逻辑思维的阶段，但他感到纯逻辑思维的表达，难以准确、完美地表达他的思想的内蕴；而他所要表述以至描绘的对宇宙、宇宙万物以及人间世事的认知与哲思，也无法以逻辑思维与逻辑语言来表达清晰。他觉得只有诗性的语言，诗一般的叙述、论证文本，才足以体现他的哲思内蕴与情愫氤氲，其中蕴含着模糊性、恍惚性、猜测性、想象性。于是，《道德经》的诗的哲学-哲学的诗，在中国大地产生了。

这在中国哲学史上，是唯一的；在世界哲学史上，也是唯一的。他的哲学宏论——诗哲学，是盛开在中国哲学史以至世界哲学史上的魅力俊逸的哲学之花。具有博大精深的独特性、独创性，具有文学的、诗情的吸引力与审美魅力。

注释：

①卡尔·雅斯贝斯：《历史的起源与目标》，李夏菲译，漓江出版社，2019，第 10 页。

②白寿彝：《中国通史（第一卷）·导论》，上海人民出版社，1989，第 257 页。

③同上书，第 259 页。

第七章　老子的哲学时代

——从神话思维到逻辑思维
（对"思考"的思考）

　　历史学家如此描述春秋的时代风貌："周人的宗教思想是天命论，至上神是上帝，亦称皇天，有福可怀，有威可畏。人受生于天，曰命。受天之命以统治天下，曰天子。人民疆土乃天子之所有，受自天，亦受自先王。故须敬畏天威，尊法先王，以祖先神与上帝相配合。"①天-天命-天子-臣民，这就是那个时代人们的认知系列，也是周王室与诸侯的统治思想与制度的系列。

　　这段历史的书写，反映了历史的面貌：那时，中国人思想的顶端，就是天，它虽不是一神教，但却实实在在是居于人们头顶上无形的至高无上的非神之"神"。中国古人的信仰，没有走向一神教的宗教，却具有一个敬天的非宗教之宗教。天授命、授权给人间的皇帝侯王，他们乃天之子，故称"天子"；他们拥有至高无上的权力，生杀予夺、巧取豪夺，均无所不达其极。这种人间化的天、天子，以及其他相关联的种种权与力与利，均奉呈给了天。这在思想文化上，已经脱离神话思维了：诸神让位，唯天是崇。这种崇天、拜天、祭天的认知与习俗，同传统的敬祖思想与习俗结合，就是那时中国人的哲学。它已经摆脱神话思维的羁绊，但却仍然未曾进入逻辑思维的哲学境界。民族思想文化的发展进程，需要前进一步，升高一层。这一民族思维与民族文化的历史重任，落在了老子和孔子的身上。不过，孔子之思，更偏重政治设计与设想，是为帝王出主意，教以如何进行统治为佳。正如鲁迅所指出的是"为统治者设想"；而林语堂则以调侃之笔讥诮之，这样写道："孔子学说的本质是都市哲学"，"一个摩登的孔教徒大概将取饮城市给照的 Ａ 字消毒牛奶"，"他过于崇尚现实，而太缺乏空想的意象的成分。"②林语堂此处之评孔，是得当的、中肯的。而老子则大不然，他崇尚自然，他玄天玄地探讨抽象的"道"；他论述宇宙，寻天道之规律；他究天地之究竟、索生命之真谛、研人世之规范。他的《道德经》不是"缺乏空想的意象的成分"，而是相反，充满这种思想漫游的成分。他之所著，是真正的哲学。诸多哲学家和他们的哲学史著作，都首肯这一点。

这个历史时期，是中国的思想文化天空急剧变化的时代，从思维领域来说是从神话思维向逻辑思维过渡的时代，又是雅斯贝斯提出的"轴心时代"的文明原创时代。老子正是应时代之所需，为民族思想文化之运命而"横空出世"的。他处于神话思维与逻辑思维的交叉点上，既遗留着神话思维的遗痕，又开创着逻辑思维的道路。"老子的类比思维虽然脱胎于神话思维，但已经充分显示出向新的更为抽象的逻辑思维转化的迹象，只是尚未达到亚里士多德第一次系统阐明的那种普通形式逻辑的规则水准，因而最能代表中国式的神话哲学的思维特征。"③这一论断总体上是可以接受的，不过感觉所论还是有些过，这是指其所说以为老子仍然处于神话思维阶段，只是"充分显示出向新的更为抽象的逻辑思维转化的迹象"而已，应该说，这一论断并不完全符合老子哲学思维的实际状况。老子的《道德经》，是一部诗性哲学著作，可以称为"诗-哲学"文本。他以形象思维的"手法"、笔触，裹挟逻辑思维于形象书写与描绘中，以表达他的深沉的哲思，这是老子哲学著作的特点，完全不同于一般哲学著作的文本风格。在世界哲学史上，《道德经》可谓独一无二的哲学文本。它也反映和代表了那个时期，即中国思想文化发展的转折期、原创期的水平和特征。整部《道德经》涉及神话内蕴并不多，老子例举"雌""牝""婴儿"以及"水""谷""江河"等，这都是人间事物、人间世事，但未见言及"神"、神话故事。

社会的急剧变化以及社会生活的动乱不定，政治的腐败、战争的频繁、人民的流离失所，无日安宁，都刺激、引发思考者追根索源的深思进而更上一层，也更深入一层的思索与追寻，由此而进入抽象的哲学思维。现实生活，推动了人们思想的深入与升腾，上索天际宇空、下究地上人间。时代与社会生活推动了思考者的思想与追索的空间，越过地上人间，升腾到宇宙天际。在这时代性、民族性思想的飞升时期，自然地也必然地会汇合、集中、凝聚到某些民族思考者的身上，他们作为民族的思考者与代言人，倾心发声，而成就哲学的思考，记录、撰述，便成文章。孔子的《论语》，应运而生。老子的《道德经》，也悄然问世。张岱年指出："至春秋时，社会的经济基础起了根本的变化，社会组织随而发生了动摇，于是旧的政治制度不得不陷于崩溃，人民的生活亦不安定起来。社会制度的变动，……遂引起了种种的哲学思潮。"④于是，老子、孔子便应运而生。不过孔子偏重于实际方面，直接宣言"子不语怪力乱神"。而老子却从地上到天上、从宇宙到人间，"上穷碧落下黄泉"，追索到宇宙、地上、人间，却言不及"怪力乱神"；也不曾涉及神话传说，只是从现实出发，立足社会、人生，而追索、思考，凝结为语言，而成《道德经》五千言。

　　社会生活和历史潮流，推动老子的思索，启发他的灵感，激起他的情愫；而那楚国的浪漫主义精神的积淀，促使他，成全他，竟以诗的语言来表达深沉的哲思，特立独行于世界哲学与文化史上，闪耀着睿智的深邃与光芒。他不像孔子，集学而言，娓娓道来，贯彻逻辑思维于教学训诫之中。他的哲思，借诗性语言来表达逻辑思维。这既是他个人的秉性所致，又是那个时代的"思维格局"所定：处于由神话思维向逻辑思维过渡的时代与民族思维发展阶段，老子"自然而然"地把神话思维-形象思维与逻辑思维融合汇流，在语言表达上，形成逻辑思维蕴藏于形象思维之中、形象思维体现逻辑思维的蕴含。这是老子哲学思维的特征也是特长。他的哲学思想，像闪电一般，闪过那个时代的思想天空，闪耀于千百年中华民族的思想天空，并辐射于世界各国的思想文化天空。这是老子的荣光，也是民族的光荣。

　　从此，中国思想文化的星空，闪烁着两颗明亮的星座：孔子-儒学与老子-道学。惜乎前者尊崇于廊庙宫廷、风行于士子文坛、传播于民间世俗，孔子进入至圣先师的崇高位置，而老子则限于部分知识分子群体，且大半是失意于廊庙，处于半显半隐状态者。"春风得意马蹄疾"时，是绝对想不起老子和他的《道德经》的。

这种状况的出现，固然与老子哲思的那种"离世而思"，由"宇宙"而人间的超拔、超脱、超前、超世的思想境界有关，但也与对于老子的误读误解有很大关系，其中主要就是他的"无为"之说和主张谦卑、柔弱、处下这种处世为人的倡导，以及卓然独立、自然而然的，以"上善若水"为最高境界的，得道圣人的人生目标等，这些思想–文化的哲思与倡导，有直接的和至关重要的关系。这种状况，不能不说是民族思想文化的失误与损失。

这种状况，近世似有所改变，但迄今似无根本性的转变。

但是，也应该看到另一种情况，即对《道德经》的阅读、诠释与传播，现在已有颇为可观的发展，但在根本性质方面，仍显旧貌，依旧尊孔抑老、孔繁老简。其实，就《道德经》与《论语》之篇幅相比，确实一繁一简，但内容却不能如此相比，文本内蕴之厚薄，不以篇幅长短论。

注释：

①白寿彝：《中国通史（第一卷）·导论》，上海人民出版社，1989，第258页。
②林语堂：《老子的智慧》，湖南文艺出版社，2011，第1–2页。
③萧兵、叶舒宪：《老子的文化解读》，湖北人民出版社，1994，第36–37页。
④张岱年：《中国哲学大纲》，商务印书馆，2015，第30页。

第八章　老子的宇宙论

宇宙论是哲学著述中必有的首要内涵。但老子《道德经》却迥异于所有中外哲学著述。老子亦有其宇宙论，但他不是如西方哲学著述那样，首开篇章即论述宇宙如何如何。他的宇宙论是"裹挟"在各个篇章中，与其他内容的论证混合在一起的，而且，有的论证、描述与其他内蕴，如知识论、政治哲学、人生哲学等内蕴混合、互相渗透，所以我们揭示其宇宙论，必须作提炼、摘取、"分化"的工作，而后再将分别的论述、描绘，归纳统合，联袂取义，而揭示、诠释其宇宙论的内蕴。

在诸多《道德经》注绎诠释著述中，或有指出老子著作中，含有宇宙论，并在有的章节的注释中，予以说明；但是，一般均止于为个别章节的注绎中，略一注出，而未做全面的、体系性的论证。本书试为之，以专章申述。

老子的哲学体系蕴含在他的《道德经》的"五论"之中，这"五论"是：（1）宇宙论；（2）知识论；（3）政治哲学；（4）人生-生命哲学；（5）辩证法表现。

我们首先来解读、诠释老子的宇宙论。

老子的宇宙论包含宇宙的存在、形成、特性、意义与作用等内涵，特别是宇宙与万事万物，尤其是与人的存在的关系，这是老子宇宙论的特点与重点。宇宙论与人生论、宇宙与人的存在紧密相连而不可分。这是老子宇宙论的高明与生命力之所在。其中存在着对人与人的存在的关怀与叮咛。

张岱年有言："中国哲学不重区分，所以宇宙论与人生论，在中国哲学中，本亦是不分别的。中国哲人的文章与谈论，常常第一句讲宇宙，第二句便讲人生。"①老子的哲学，正是如此，在一章中，甚至一段、一句中，往往包含宇宙论、知识论与人生论于其中，所以分别论老子哲学，既需要剔掘某章、某段或某句，以诠释其属于某种论说，又需要言明其中同时亦包含另类论说的意涵。本章讨论老子宇宙论，既需提炼其中宇宙论的成分，同时又需保留其中有关另类主旨的内蕴，而在另一论述的章节中重复运用。

所谓宇宙论，就是对宇宙的认知，包括其存在、组成、构造、结构及其性质、力量、作用等，特别是其与世界万事万物，尤其是与人类的生存的关系等内容的探索与论证。它是物理学、天文学及其他相关学科研究的对象。

宇宙论（cosmology），包括宇宙发生-起源论（cosmogony）和宇宙构成论（cosmography）。人类学家坦比亚（Stanley Tambiah）指出："宇宙论是一个概念和关系的构架，它视天地万物或宇宙为一个有序的系统，根据空间、时间、物质，以及运动来对其进行描绘，并且囊括神、人、动物、精灵、魔鬼等所有事物。"特别值得指出的是中国哲学的特色："有趣的是，早期中国宇宙论浑融不分地囊括所有这些神秘的、宗教的、哲理的、形而上学的、物理的、科学的因素。"②因此宇宙论是关于世界万物所由生，以及宇宙与人类的生存、生活的关系，它还包含宇宙万物与人类的关系。所以它在基础、起底方面，探明宇宙的形成及其规律，特别是其与人类生存、生命与生活的关系。由此，它的发展、成型，就会形成一个民族的基本思维格局和内蕴，成为其文明与世界观的基础。

至于哲学上的宇宙论，则是研究和说明：宇宙因存在而存在，因存在而为物，故宇宙表现为存在，体现为物。张岱年先生概略地指出："宇宙是一个总括一切的名词。万事万物，所有种种，总合为一，谓之宇宙。宇宙是至大无外的。"③"[《庄子·杂篇·庚桑楚》云：]'有实而无乎处者宇也。有长而无乎本剽者宙也。'宇是有实在而无定处可执者，宙是有久延而无始末可求者。

宇是整个空间，宙是整个时间。合而言之，宇宙即是整个的时空及其所包含的一切。春秋时及战国初年，尚无宇宙的观念，人所认为最大而覆盖一切的是天。天的观念，起源甚早，而最初的哲人孔子与墨子都把天看作最根本的。"④ 而老子则越出了这种思想的拘囿，突破了这种认识的局限，成为中国宇宙论的开辟者与先驱。"认天为一切之最高主宰的观念，为老子所打破。……老子却作了一次彻底的思想革命。" "最根本的乃是道，道先天地而有，乃在上帝之先。道更非谁之子，而是一切之究竟原始，道才是最先的。"⑤ 这样，老子就成为 "中国宇宙论之创始者。以天为最高主宰的观念打破后，宇宙哲学乃正式成立。"⑥ 胡适在 20 世纪初所作的《中国哲学简史》中也指出："老子的'天地不仁'说，似乎也含有天地不与人同性的意思。人性之中，以慈爱为最普通，故说天地不与人同类，即是说天地无有恩意。老子这一观念，打破古代天人同类的谬说，立下后来自然哲学的基础。"⑦

老子哲学中是否有宇宙论？对这一问题，有 "无" 与 "有" 两个答案：以为 "无" 者，且不论；而以为 "有" 者，也只是承认其有，均未见做详细论说，更没有专设段落予以论证者。

本著谨在此设专章立论，以窥老子如何描述、论证宇宙。

那么，老子在《道德经》中，是如何论证宇宙的呢？他确立和论证了怎样一种宇宙哲学呢？

当然，老子那个时代，有 "天" 的观念、"地" 的观念、"帝" 和 "天帝" 的观念，但是，还没有也不可能产生现代 "宇宙" 的观念和对它的认知。老子提出 "道" 的观念，才第一次描述、论证了宇宙观。老子首创了一个 "道" 的概念，而且做了多方面的论述和论证，而其论述，涉及到宇宙，纵观《道德经》各章所论，其内蕴与意旨，事实上提出了一个恢宏深邃的宇宙论。这是他的首创，是他的贡献——对中国哲学以至世界哲学的贡献。但是，据笔者的阅读范围说，向来的《道德经》注绎、解读和诠释的论著，以及中国哲学史著作，均未设立老子宇宙论的专论篇章，有的著述在有的章节的诠释时，涉及老子宇宙论，但也只是言及而已，未多申说，更未有专章论述者。本著分章论述老子哲学，并单立《老子的宇宙论》专章，提纲挈领、聚分集纳，集中论述，以观概貌、以探其幽、以释其义、以窥其意。论述中，对已有的老学著述，多所引证，甚至引证多于自论，自论亦未必有当，敬希方家指谬！

注释：

①张岱年：《中国哲学大纲》，商务印书馆，2015，第 275 页。
②转引自贾晋华、曹峰编《早期中国宇宙论研究新视野》，上海人民出版社，2021，第 1 页。
③张岱年：《中国哲学大纲》，商务印书馆，2015，第 55 页。
④同上书，第 56 页。
⑤同上书，第 60 页。
⑥同上。
⑦胡适：《中国哲学简史》，台海出版社，2017，第 41 页。

一、道可道非常道 名可名非常名 无名天地始 有名天地母

（可以用言辞来表达的道就不是常道　可以说得出来的名就不是常名　无名是天地的开始　有名是天地的根源）

《道德经》开篇，就陈述和描绘了"道"的性质、状态、形象和内蕴。

道德经·第一章

道可道，非常"道"；名可名，非常"名"。

"无"，名天地之始；"有"，名万物之母。

故常"无"，欲以观其妙；常"有"，欲以观其徼。

此两者，同出而异名，同谓之玄。玄之又玄，众妙之门。

可以用言辞表达的"道"，就不是永恒的道；可以说得出来的名，就不是永恒的名。无，是天地的原始；有，是万物的根源。所以常从无中，去观照道的奥妙；常从有中，去观照道的终极。无和有两者，同一个出处而有不同的名称，都可以说是很幽深的。幽深再幽深，是一切奥妙的门径。

此开篇第一章，老子劈头就讲"道可道，非常道"，这就是说，"道"是不可言说的，现在言之，只是姑且为之，知其幽深、领其玄妙，我们只能领会其玄妙之意、幽深之境，未可究其底、知其详。往后诸章的论说，均是探其幽深、觅其玄妙。这是我们后续研读、诠释、领会"道"之要领。往后各章言说"道"，均是描绘、比譬、模拟，而非逻辑的陈述与论证。这是老子的"玄妙"之处，也是高超之处；这也是老子用诗性语言来表达陈述的根本原因。

本章是《道德经》开篇第一章，老子在此首次论述他创造性提出的哲学观念"道"，他描述"道"的总体概念和总体形象。但他没有像西方哲学家那样，先厘定一些基本概念、术语，然后条分缕析、层层展开、逻辑论证，确立一个系列性概念体系并展开来全面论述。老子不是如此，他是以诗性的语言，吟哦式陈述了也是描摹了"道"的形象、性质和表现。它具有至高无上的威力，奥秘而又玄妙。老子以幽深玄妙的笔触，描绘了"道"的渊源、形象、表现和威力。

在这个开篇里，老子首先提出了如何认识和理解"道"。他指出，"道"是可以言说的，但是，可以言说的"道"，就不是永恒的道；可以说得出来的名，就不是永恒的名。老子在这里就论定"道"是不可言说的，我们现在只是"暂且"这样来说一说，以达到认识和理解"道"的初阶。

在开篇第一章，老子首先来陈述、论证"道"，就表示了对语言的局限性的疑虑和保留的态度。"道"之不可言说，是语言的局限性所致；而且他所欲探索的包括宇宙、天地人神、政治治理、人生时势和人之存在等。这更增加了它的"不可言说"性。

海德格尔对语言的言说，表达了许多存疑和"揭底"。他首先肯定了语言的作用和意义，称赞它说："语言是人口开出的花朵。"他说："人显示自己为说话的存在者"；但是，他又指出："语言本身从来都未曾有过发言权"，这就是揭示了语言的被动性和局限性。海德格尔紧接着又指出："反思语言，要求我们的是进入语言的说中，以便和语言共聚一堂，即，居于语言的说，而不是囿于我们自己的说话。""我们把说留给语言"；于是，"语言说话"。这对语言表达了他的信任度。不过，接着他又说："但说并不止于说出者"；"所以，如果我们一定要在说出的东西中寻求语言之说，我们就要好好寻觅某种纯粹被说出的东西，而非撷拾一点随口道出的材料"；而"纯粹地被说出的东西就是诗"①。从海德格尔这番关于语言的回环往复的论述中，我们可以体察到语言的有用性，但也领会到语言的局限性；可以更好地把内在的东西说出来的，就是"诗"。

在这里不厌其烦地引证海德格尔关于语言的论说，就是为了试图探究老子何以要以诗性的语言、散文诗式的陈说，来表达他的哲思，宣讲他创造性、开辟性的哲学。笔者以为这很重要，是启示、解读老子哲学著作（即《道德经》）的一把钥匙。从海德格尔的论述中，可以体察到语言的局限性，而只有诗的语言，才能够突破这种语言的局限性，而比较完好地陈述、呈现"道"的内涵。这应该理解为诗的语言，具有一定的象征性、启迪性、蕴藏性。据此推测以至猜测，老子以诗性语言、散文诗文本，来陈述、论证、描绘他的宽宏、博大、深邃，而又有许多难于言说和表达的内蕴，甚至还有不少他自己也还是处于猜测、推断、疑似以至尚处模糊中的情况，其中包括宇宙、天地人神等；故此，运用诗性语言，发挥其模糊性、象征性、想象性、启发性、多义性的特点与长处，以利于表达、论证，也利于阅读者的想象、猜测与推断。

以上，对老子为何采取诗性语言、散文诗体裁来阐述、论证他的深沉哲思，做一探索，陈述一点研究性臆测，以便从语言学角度，推断老子之深意，以利于研习、解读和诠释老子。这一点研究性探索，是否得当，诚乞方家教正。

在论说"道"之不可言说又权为之说之后，老子接着指出："'无'，名天地之始；'有'，名万物之母"。（"无"，是天地的原始，"有"，是万物的根源。）这就是说，"道"，开始的时候，它是"无"——没有、不存在的；而它"有"，即产生了之后，它就是万物的总根源——万物由它而生。老子接着又说："故常'无'，欲以观其妙；常'有'，欲以观其徼。"（所以我们常从"无"中，去观察"道"的奥妙；而常从"有"中，去观照、体认"道"。）也可以理解为，"无名"是天地的原始，"有名"则是万物的根本。

任继愈解读"道"有诸多特性、特征。他总结了老子"道"的特性、特征的具体表现。他说："老子的天道观，有以下特点"："'天'是无为的，自然的，没有意志。开始对天神上帝的崇高地位提出了怀疑。""'天道'是循环的。……'大曰逝，逝曰远，远曰反'。天道无时不在变化，不是静止的。""道——混沌不可分的，是'一'。道——本来就存在自然。道——构成万物的原始材料，朴。道——不同于任何具体事物，肉眼看不见，感官不可触摸，无形无象。道——事物规律。人、物、自然社会都离不开道。"

任继愈还论述"道"说："哲学提出的全局观点，是从老子开始的，后来不断发展丰富。""老子的认识已经是处在人类认识的最前沿。"②陈鼓应说："'道'是老子哲学上的一个最高范畴，在老子书上它含有几种意义：一、构成世界的实体。二、创造宇宙的动力。三、促使万物运动的规律。四、作为人类行为的准则。本章所说的'道'，是指一切存在的根源，是自然界中最初的发动者。它具有无限的潜在力和创造力，天地间万物蓬勃的生长都是'道'的潜藏力之不断创发的一种表现。"③

任继愈还特别提出，老子的"无"的概念之提出的重要意义。他指出："'没有'在未曾上升到概念时，只是一次性的客观描述，人类千百万年早已重复了无数次。老子提出了'无'，是一次飞跃。"④以上解读，解析了老子"道"的概念含义与意义，以及在哲学史、认识史上的意义。

张岱年指出："老子是第一个提起本根问题的人。在老子以前，人们都以为万物之父即是天，天是生成一切物的。到老子，乃求天之所由生。老子以为有在天以前而为天之根本的，即是道。"⑤

老子在这里所论述的"道"的性质、状态与能量，在基本认识方面，在认知与探索的方向上，正符合当代立足于物理学、天文学以至其他相关诸多学科的宇宙学理论。这个理论认为，宇宙本来无，它是由大爆炸产生的；它本来并不存在——无，但由于大爆炸的发生，它由"无"到"有"了；同时，现在还在对天地万物，包括无数的星系、黑洞，并且已经开始对原来尚无认知的暗物质与暗能量进行开辟性研究、探索，等等。此外，还提出，我们现在所认识的宇宙，只不过是一个更大的"大宇宙"中的微粒。那个更大的"大宇宙"，对人类现有的认识来说，仍然是"黑洞"。

老子还指出，"道"是"万物之母"。——这与现代宇宙学的学理也是相通的。地球、地球上的人类、多样性动物群、植物群，以及世界上的万事万物，都是宇宙所产生的。再从另一角度解读："无名天地之始"，即"无名"是天地的原始；"有名"是万物的根本。这也符合现在宇宙学的理论：当天地无名的时候，它是不存在的，因为既然是无名，就是没有被认识，它也就还是不存在。而当它有了名称之后，它就被认识，也就是存在了。

林语堂解说："以哲学观点而论，道可以概括如下：它是天地万物的主要单元（一元论），是'反面立论'、'阴阳两极'、'永久循环'、'相对论'、'本体论'的主体；它是神智，是复归为一，也是万物的源泉。"他又说："道家的道是宇宙的神智，万物的根源，是赋予生命的原理；公正无私，含蓄无形，看不见摸不着。它创造了万物，改变了万物；它是不朽的本体。道家不和我们谈上帝，只再三强调道不能名，可名之道就不是道，最重要的是：道给物质世界带来了一统和灵性。"⑥

刘笑敢总括地陈述了老子"道"的概念与意蕴，指出：道的概念在现代哲学中找不到适当的可以归属的领域，宇宙论、本体论、伦理学、政治学、价值论、自然观、社会学、人生论等都无法恰当对应"道"的复杂意涵，然而，道的意义又与这些领域都有某种或多或少的关联。老子之道究竟是一个什么样的概念呢？是宇宙论概念吗？是本体论概念吗？是伦理学概念吗？是政治学概念吗？是价值论概念吗？恐怕都不完全是，但也不能说都完全不是。道实在是一个太广泛，因而不属于任何一个具体领域的概念。⑦

这段文字中所提出的问题本身，实际上已经暗含着对问题的答案。这就是：对，就是这样：道不具体属于哪个领域，但它却又蕴含着这些领域的意涵；宇宙论、本体论、伦理学、政治学、价值论、自然观、社会学、人生论等，都蕴含其内。这正是老子"道"所具有的特性，它具有意涵的丰富性、深邃性、玄秘性，以至不可言说性。也可以说，这就是老子所属意的，这也就是老子道学的特殊的哲学属性。它是独一无二的。

老子的哲学是独一无二的，因此它辉耀中国与世界的哲学界与思想文化界。这正是老子之为老子的特殊所在，也是老子哲学的思想-文化的光辉。

刘笑敢对"道"作出了全面、系统的解读和诠释。他指出：道的概念，道的作用实在是贯穿了宇宙、世界、社会与人生各个方面。这里说的"宇宙"是指没有人类存在的时空，这里所说的"世界"特指包括自然界与生物界的共同存在，"社会"则显然是人类组成的各种各样的群体，"人生"则特指有关人类个体存在的领域。这里特别强调宇宙是因为老子反复讨论了"帝之先"（第四章）、"天地根"（第六章）、"知古始"（第十四章）、"天下母"（第二十五、五十二章）、"有生于无"（第四十章）等与人类社会无关的问题，这是老子哲学与儒、墨、法诸说明显不同的方面，是不应忽视的。这也是笔者不同意完全略去老子之道的宇宙论或本体论意义的原因。⑧

这段论述很确切地概括了老子哲学的宏阔、博大、深邃的内涵，以及它的独特的陈述与论证方式。它完全不同于西方哲学的内涵和陈述论证方式。它是完全中国式的哲学、中国式的思想方式与文化特质。它具有独特的中国哲学的优势与光辉。它也不同于中国的孔子、孟子等哲人。老子独一无二。

最后，刘笑敢总括性地提出了自己对老子"道"的理解与概括，他这样表述：经过反复考虑，笔者认为老子之道可以概括为关于世界之统一性的概念，是贯通于宇宙、世界、社会和人生的统一的根源、性质、规范、规律或趋势的概念（引者按：重点号是原有的）。概括起来，则包括统一的根源和统一的根据两个方面。也就是说，道的概念所针对的问题是宇宙万物一切存在有没有总根源、有没有总根据的问题。总根源和总根据似乎是形而上的，但也一直贯通到形而下乃至人生之中，或者说是从存有界贯通于价值界。在老子时代，古代圣哲们还没有认识到要区分实然与应然，也不认为形而上与形而下之间有什么不可逾越的界限。这不一定是中国古代哲学的弱点或错误，而是中国古代哲学的特点之一。⑨

刘笑敢还特别指出："'道'作为世界统一性的象征符号在现代西方文化主导世界潮流中弥久而常新，既非陈旧，亦非粗简。"⑩指出这一点很重要，它说明老子的当代意义和价值。

中国老子的"道"与西方世界的"上帝"有何区别？而区别又意味着什么含义？对此，刘笑敢论证了两者的相同与区别。这一论旨，既可使人从相同处看到"道"的含义、功能与价值，又从相异处可以窥见中西文化之异同轩轾。刘笑敢指出："基督教用来描述上帝的很多词汇或术语都大体可以用于描述道，如惟一的、纯粹之有（Pure Being）、整体的（wholeness）、永恒的（eternal）、不朽的（immortal）、绝对的（absolute）、不受任何影响的（impervious）、无限深远的（the infinite abyss）、内在于万物的（immanence）、超越的（transcendent）、不可言说的（ineffable）"等。虽然如此，但是，作为两种民族传统中的根本性观念，"道"和"上帝"却存在根本性区别。如刘笑敢所说："道是无意志、无目的、无情感的上帝，而上帝是有意志、有目的、有情感的道。""上帝是人格化的道，而道是非人格的上帝。"⑪这种区别轩轾分明，意蕴和社会作用以及人生意义均大为不同。最主要的是，一个是哲学思维、民族性格与精神信仰，排除宗教信仰；另一个则是笃实的宗教信仰。"道"作为中华民族的非宗教信仰的哲学思维与文化—心理构造，形成中华性格的基因与思想基底。这是老子的存在意义和深重的价值。

以上所引刘笑敢的论述，是很好的对"道"的论证和诠释，较一般论述更具体、更全面、更具个人识见。这段论述全面、细致、学术视域宏阔，是老学诠释中值得学习领会的。其中，特别指出的是老子哲学的宏阔、深邃、独特，它未曾区分"应然"与"实然"、"形而上"与"形而下"，未必是中国哲学的弱点或错误，而是中国哲学的特点之一。这对正确理解、接受老子哲学具有很好的启发意义，对进一步思考、诠释老子，具有启发和引导的作用。

以上诸多论述，很好地概括、表述、论证了老子的"道"与其哲学思想的巨大特点，以及与西方哲学之不同，还有其现代意义与现实价值。

总之，老子在作为道学的首篇的《道德经》第一章中，给"道"陈述、描绘了一个轮廓；这个宏观的轮廓，表明了"道"的性质、形象和生成机制，以及它的不可道、从无中产生，其本身混沌素朴，无形象、不可名，但它产生万物，它虚静微妙，玄之又玄。

老子指出这一点，为后续论"道"开辟了言说的路径。

"道"的提出以及道学的建立，为中华民族认识世界、理解世界、诠释世界，并由此进入体认人生与人的存在，开辟了道路，开始建立了中国人的世界观、人生观的初阶，道学与同时期出现的孔子的儒学，"携手并行"，在人类文明的"轴心时代"，开启了中国人走出神话时代，进入理性时代和建立理性思维的阶段。它为中国早期古代史的重要时期——秦汉时代的思想文化的建立与发展，奠定了基础，开辟了道路。

最后，对老子运用韵散结合的文体，而非逻辑论证的方式，陈述、论证其道学思想，做一点探讨。

可以肯定，老子之所以采取这种叙述与论证"无缝结合"的方式，来陈述与论证他的哲学思想，绝不是无意之为，更非一时兴起，欣然命笔那种文人创作文学作品时灵感勃发、性致兴盛而为的状态，他是经过酝酿、深思、构建而后执笔为文的。他那种韵散结合、"合辙押韵"的文体构成的哲学文本，绝非一时选择、临阵"操刀"而能完成的；他是深思熟虑、经营构建，"上穷碧落下黄泉"直至人间世事、人的存在，均在考虑、思索之中，如何表达、陈述内在的思想、意蕴以至情感，都需要运思谋求，方能达意。这种统摄"天地人神"、宇宙万物、人间世事、个体存在的宏大叙事、深邃追究的哲学文本，而且有许多方面、各种内涵，并且包含仍然处于无法认识、理解、更难于说明的域境，绝对要求语言、文本是具有蕴含性、形象性、模糊性、象征性甚至猜测性、想象性的，需要创造性、开辟性、独特性的语言体系和文本性能。综合这种多方面、多性质、多品性的叙事与论证的要求，他只能决定，使用诗性的语言，与散文体结合，而创造出《道德经》的独特的、韵散结合的、具有吟诵引力的语言与文体，来构成他的哲学文本。

王力说："道始，即无也。然云无耶？能动、可用。若云有耶？不知所在。故老子论及道体，辄作闪烁之辞。非无真知灼见也；道之本体，超越认识，虽欲厘析，势所不能，故不得不作闪烁之辞。"⑫鉴于"道"之若有若无、不知所在，难于言说，故取"闪烁之辞"，此论甚确；而所谓"闪烁之辞"，就是诗性语言。朱自清论诗，首义即诗之"多义"。而所谓"闪烁"则是"言此思彼""说东及西""似有若无""似无却有""有中有无""无中有有"。"道"之"闪烁""多义"，是老子取用诗性语言写散文诗式哲学文本的因由。我们从这"因由"中，就可以也应该体认到应该如何去领会、解读老子《道德经》。那就是揭开"闪烁之辞"的外在"烟雾"与"闪烁"，从多义性、描绘性、象征性、启发性、想象性角度和诠释学、符号学视域，去解读、诠释老子。虽如此，我们又绝不可以为"有一百个人就有一百个老子"；老子的论说中，仍然是具有确定性和准确性的，只是解读与诠释存在和允许多个文本解读系列而已。

前面单纯从语言学角度，探索了老子为何采用诗性语言来论证哲思，这里，再以其陈述、论证的内容方面，做进一步探索。

综上，我们看到，老子在论"道"中，全面、总体而又形象但概括地陈述了其基本蕴含，而其基本精神、认知方向，都是符合现代宇宙学的内蕴的。这可以说是"老子宇宙论"的开宗明义第一章。它引领我们去认识、理解宇宙，也就是他所吟咏的"道"。他的宇宙论是以特殊的、独创的叙事与论证文本出现的，这完全不同于中外其他哲学家所创建的哲学叙事与论证的文本模式。值得赞美的是这种文本的独特性、丰富性、多义性，蕴藏深厚而启人思索。

在《道德经》的第一章之后，还有八十章对"道"的论述与描绘，它们也都是这种韵散结合、具有诗性的语言的陈述与论证。它们构成了一部堪称"诗哲学"或"哲学诗"的浩大、宏博、精深的哲学文本存世，在几千年的历史上，发挥它的思想–文化的伟力，培养、提高、深化人们的思想能力、认知水平和人生境界。

老子《道德经》，南方楚国的哲学散文诗；后继者同是楚国的大夫屈原，则创造了楚国诗歌《楚辞》；一部哲学巨著、一部文学杰作，先后出现，交相辉映，映照中国的哲学与文学的天空。读《道德经》，读哲学亦读诗歌，读那种输幽深严密、深思回环哲学于散文诗的《道德经》；读《离骚》，读那种既文学亦哲学的诗歌——那种衷心爱国，诉忧思、抒幽愤、系元元的哲思于文学的《离骚》。这是中华民族养育哲思，提升思想、人品与人生境界的幽深之道；这是中华民族养育爱国情操、高尚人格与纯洁品性的温润之文。

李白诗云"屈平辞赋悬日月"，云老子则可吟"老聃哲学映古今"。

注释：

① 海德格尔：《人，诗意地安居——海德格尔语要》，郜元宝译，张汝伦校，上海远东出版社，1995，第 68-73 页。

② 任继愈：《皓首学术随笔·任继愈卷》，中华书局，2006，第 194-195 页。

③ 陈鼓应：《老子注译及评介（修订增补本）》，第 2 版，中华书局，2009，第 58-59 页。

④ 任继愈：《老子绎读（汉英对照）》，商务印书馆，2009，第 4 页。

⑤ 张岱年：《中国哲学大纲》，商务印书馆，2015，第 79 页。

⑥ 林语堂：《老子的智慧》，湖南文艺出版社，2011，第 14 页。

⑦ 刘笑敢：《老子古今》，中国社会科学出版社，2006，第 112 页。

⑧ 同上书，第 112-113 页。

⑨ 同上书，第 113-114 页。

⑩ 同上书，第 115 页。

二、生而不有 为而不恃 功成而不居

（生养万物不据为己有 养育万物不自恃功业 有成就不居功自傲）

道德经·第二章

天下皆知美之为美，斯恶已；皆知善之为善，斯不善已。

有无相生，难易相成，长短相形，高下相盈，音声相和，前后相随。

是以圣人处无为之事，行不言之教；万物作而不为始，生而不有，为而不恃，功成而弗居。夫唯弗居，是以不去。

这里说万事万物，都是由无到有，又由有到无，循环往复地运行的，而且，生成了却并不据为己有（"生而不有"）；有所作为却不居功矜持（"为而不恃"），事务成功了也不居功自傲（"功成而弗居"）；而正因为不居功自夸自傲，所以其功绩永在不去（"夫唯弗居，是以不去"）。

老子在这里所描述和论列的世界万事万物生死循环往复的状态，正是宇宙运行的状态和规律。宇宙生成了万物，却绝不会（不存在）生成了据为己有、做了就矜持、成就了就居功自傲。"天何言哉"——宇宙生成了万物，但默默而为，既不据为己有，又不居功自傲，它的功绩永在不去。这就是我们人类生存于其中的宇宙。人类不是每天面对着这个默默的浩大深邃、养育万物的宇宙吗？

接着，老子赞许圣人"行不言之教"，其未曾言说的"教"，就是按"道"行事，圣人按"道"行事，故能做到顺成无碍。这也就指出了人类按照宇宙的运行规律行事，不肆意妄为，乃能成功。刘笑敢指出，"道"的生成万物的作用，"是间接的、弱势的、缓和的"；而且，更重要的是："道的作用是无意识、无目的、无情感的"；它是万物生长的依据；道的这种伟力，和上帝是一样的；"然而道却不居功、不恃能，不主宰和控制万物，这是道与上帝的根本不同。"①这样，老子的"道"就和宗教绝缘，唯有"道"的"无私"创造和奉献。

老子在这里第一次提出了"无为"的概念："圣人处无为之事。"在这里，还是"顺便""夹在语句中"提出，"无为"还不是一个"单立独行"的独立完整的概念，它还只是"夹在"一个完整句子里的一个单词。但"无为"的概念，产生了、问世了。从这"初生"的语境中，我们可以体会到，所谓"无为"，既有"不为（不做、不行）"的意思，也还有"不为（不图）什么（利益）"的意思，也就是："万物作而不为始，生而不有，为而不恃，功成而弗居。"而在更高的寓意与语境中，"无为"更被纳入"道"的宏观范畴，其意蕴晋升为无所追求与安排，而遵从"自然而然"的原则，即按自然规律行事。

以后的章节中，会专门提出"无为"，那时再细解。

老子在这里，第一次提出了"圣人"这一概念，以后常于关键处，使用"圣人"这一忠诚于"道"，认真切实而且正确地行"道"、执"道"的形象。何谓"圣人"？在老子这里，"圣人"就是忠诚于"道"，认真、切实、正确地执行"道"，按"道"行事的高尚的人。《说文解字》释"圣"为："圣，通也"；司马迁说："夫圣人者，不凝滞于物而能与世推移。"（《史记·屈贾列传》）②此二说，一个揭示了圣人的思想、能力——"通"。司马迁则揭示其内涵曰：其一，"不凝滞于物"，就是不汲汲于物质利益、人事实惠等世俗的利益、好处；其二，既有前者，更具后者，即能够于时势、世事，以及种种人世的利害屈伸等，泰然处之。老子在以后的章节中，使用"圣人"概念，其含义皆是如此。

陈鼓应说："圣人：这是道家最高的理想人物，其人格形态不同于儒家。儒家的圣人是典型化的道德人；道家的'圣人'则体认自然，展开内在的生命世界，扬弃一切影响身心自由活动的束缚。道家的'圣人'和儒家的圣人，无论政治、人生、宇宙观点均不相同，两者不可混同看待。"陈鼓应还引钱钟书的说法："钱钟书说：'老子所谓"圣"者，尽人之能事以效天地之行所无事耳。'（引自《管锥编》第二册，四二一页）"③

黄朴民、林光华在他们所撰的《老子解读》中，区分了儒家与老子两家所立的圣人，指出："老子所说的'圣人'与儒家所说的'圣人'有很大区别，儒家的'圣人'主要是以道德修养高下为标准确立的最高人格典范，而道家的'圣人'主要是以是否领悟'道'或'得道'的程度为标准树立的最高境界的代表者。前者与伦理学意义上的'道德'相关，后者与修养境界意义上的'玄德'相关。'玄德'讨论的不是儒家的'道德'规范问题，不是从人性的善、恶出发而提出的概念，而是指自然、无为的境界。道家的'圣人'也就不是尧舜这样的人格范型。"④这种对儒、道两家"圣人"的区分很有意义，这是两种哲学思维特别是两种政治思想的区分，儒道分道扬镳，界限分明，成为中国几千年来在统治者和士子大夫中的两个思想派别，也是两种思想境界、人生与事业的不同境界。

儒家的"圣人"可谓"人间的""时势的""为人的"，而道家的"圣人"则是忠实于"道"的、诚挚执行"道"的，是使"道"人间化的高尚、高端之典范。

以上对于圣人的诸多解说，有助于我们理解老子"圣人"之形象与人格含义，据此，有利于后面涉及"圣人"如何如何之处，准确理解与把握老子的言说之意。

老子之创立、安排一个"圣人"的形象，适时地出现，是让他起一个导师作用和榜样意义，以引导人们领会道学的义理与实行、实现之道，是人格化的"道"；它所提升的人生与人格境界，大不同于孔子的圣人境界。一个是"人间的"，一个是"宇宙间的"；一个是执着于人生时势的，一个是执着于宇宙−人生的；一个黏滞于现实生活、存在，一个则是超拔于现实，而"居高临下"地生存−存在，一个是很现实的存在，一个则是颇为超脱的存在。两种境界，颇具高下之分，是"人生的"与"哲学的"之别。

在讲"作而不为始""生而不有""为而不恃""功成而弗居"之前，老子先举出了一系列事物的辩证关系，而在举出事物的辩证关系之前，又指出了一种事物正反相易的转变关系。他说："天下皆知美之为美，斯恶已；皆知善之为善，斯不善已。（天下都知道美之所以为美，丑的观念就产生了；都知道善所以为善，不善的观念也就产生了。）这就是说，人们有了美的观念，在对比之下，就知道、懂得什么是丑了；同理，知道什么是善，就知道与之相反的恶是什么样的了。这里，首次显示了老子的辩证观念。在生活中，在人们的观念中，有了"美"的观念，"丑"的观念也就产生了，因为"美""丑"是对立而生的：人们怎么会觉得某个东西是美的呢？因为他对比着看到"丑"了，所以显现了美。同理，善与恶的观念，也是这样互相对立（对称）地产生的。吴澄说："美恶之名，相因而有。"就是说美是丑的因、丑也是美的因。没有美显不出丑，没有丑也显不出美。善与恶的关系也是如此：二者"相因"（互相为因果）。老子由在生活中能见的美丑之分而又相反相成的形象启示，引发了下面一系列种种事物互相关联而又相反相成的现象，来申述"道"的形象与内蕴。

下面关于"善"与"恶"的关系，也是这样互为因果，"相因而有"。

老子接着便列举了一系列与此类同的事物、现象彼此之间的辩证关系："有无相生，难易相成，长短相形，高下相盈，音声相和，前后相随。"（有和无互相生成，难和易互相成就，长和短互相比照，高和下互相显现，音和声彼此应和，前和后连接相随。）老子列举这一系列彼此相连而又正反相异的事物和现象，突出地体现出它们之间正反连接、互换互成、"相因而有"的辩证关系。"有无相生"，有"有"，就自然也是必然会有一个"无"在那里与之对称；有了这个"无"在那里，才显示出"有"的存在。"难易相成"，则是另一种情况：有难的事情、事物在那里，就相比较有一个"易"的事情、事物在那里，如果没有"易"在那里对比着，就不存在"难"了，所以"难"与"易"是对立着，却又互相生成着。"长短相形"，长的与短的，也是互相比照，才彼此显现出来。长的立在那里，短的就显现出来了；另外，短的在那里，长的也是一比较，就显现出它的长来了。所以它们两者是互相比照的。"高下"是"相盈"，就是两者互相满足对方的条件而彼此显现出来。你高一尺、我高一丈，一比就显现出谁高谁低了。"音声相和"，"声"只是声音响了，如人声、风声、雨声，只是一种声响而已；"音"则是有节律的音响。《礼记·乐记》："声相应，故生变；变成方，谓之音。"其中，"方"是"响度级的单位名"，就是响声达到一定的高度之称谓。因此，"声"就是音响而已，而"音"则是达到一定响度而且有其节律，是乐声或曰音乐。所以，"声"与"音"是高低响度有差别，还有是否为乐音的区别，因此二者是高与低、长与短，互相和合而成乐音（音乐）。

　　所有这些现象，都是老子观察宇宙中万事万物，以及社会生活中的现象而总结出来的。所有这些现象，人人习见，但是，只有老子见之思之，并把它们提高、深化、升华为哲理思维，此则唯老子能为。据此，有人称老子是"辩证法大师"，此语不假，切合实际。实际上，老子应称中国第一位辩证法大师。

　　老子在这里，还申说了一个重要的宇宙中万事万物的正反互存、相随、互相转换的现象和规律。故他总结言之："圣人处无为之事，行不言之教"，而且"处无为之事，行不言之教；万物作而不为始，生而不有，为而不恃，功成而弗居"（以无为的态度处理世事，实行不靠言语的教导；万物兴起而不加干预，生养万物而不据为己有，育养万物而不自恃己能，功业成就而不自我夸耀）。这就是顺应"自然而然"的规律，任由客观事物按其自然规律生成、发展、变异。老子最后说的"圣人"循"道"而为，是这种现象；而圣人正是按"道"行事，方才如此。因此，可知此处老子所说圣人的行为，就是"道"的表现。

　　老子在此处，第一次提出了"无为"的观念，不过不是单独提出，而是夹在"圣人处无为之事"这个句子中提出的。意思是圣人以无为的态度来处理世事。这"无为"就是"不妄为"，也不"为了（某个目的）而为"。这是一种去除私利、抛除个人目的、不妄做非为的"无为"。此"无为"非不为，而是"为"其所"为"，即"无为之为"，也就是正确的为、不显示其为之为、顺应事物自然之为。

"无为"是老子哲学中一个至关重要的概念。此处只是夹在一个语句中提及；后面有专门正式、单独提出"无为"的专章，容后详细解读、诠释。

本章是老子明确、笃定的宇宙论。宇宙正是这样的"无为而为"。老子这段对"道"的论述，完全符合现代宇宙学理论的基本精神与认知方向。宇宙生成了万事万物，人世间一切自然的生存条件，空气、水和一切人类生存所需的自然条件，哪样不是宇宙的赐予，但宇宙何言、宇宙何曾居功自傲。老子此处虽然是指圣人之为而言，但圣人不就是行天道、执天道吗？圣人之道，"道"之"道"也。

注释：

①刘笑敢：《老子古今》，中国社会科学出版社，2006，第387页。

②参阅兰喜并：《老子解读》，中华书局，2005，第12页。

③陈鼓应：《老子注译及评介（修订增补本）》，第2版，中华书局，2009，第62页。

④黄朴民、林光华：《老子解读》，中国人民大学出版社，2011，第30页。

三、道冲用之不盈 渊兮万物之宗

（道是虚空而不盈满 深邃啊 它好似万物的宗祖）

道德经·第四章

道冲，而用之或不盈。渊兮，似万物之宗；挫其锐，解其纷，和其光，同其尘。湛兮，似或存。吾不知谁之子，象帝之先。

在这里，老子又指出了"道"的另一个特性，即它是一种"虚空"的状态（"道冲"）；然而，它的作用却永不穷竭（"而用之或不盈"）；它似深渊一般啊，好像万物的宗祖（"渊兮，似万物之宗"）；我不知道它究竟是谁的子孙，意即"我不知道它从哪里产生（"吾不知谁之子"）"，那就可以称它为天帝的宗祖（"象帝之先"），即在天帝之先它就存在了。这不就是宇宙形相的描绘和称道吗？它是一种虚空的状态，似乎无所有，但它却是万事万物的宗祖；我们不知道它从哪里来，我们可以想象，他是天帝的宗祖。

老子形容"道冲"，就是描摹"道"是虚空的；"道"又是"湛兮"，即似汪洋大海。这是很形象而又很准确地描摹了宇宙的形相。所谓"象帝之先（好像在天帝之先它就存在了）"，就是否定了在"道"之先还有什么东西存在，如"帝""天帝"之类。老子这就否弃了神话思维的"天"、"帝"、"上帝"等的神话、威力与权威，而把原先它们的一切，交给了"道"；"道"是总根源，是"宗祖"。于是，老子就引领人们走出了神话时代，而进入理性思维的时代。他用"道"取代了中国古代思维中至高无上的"天"、"帝"与"上帝"，这样，也就否弃了一切萌发宗教的可能。

这毫无疑问是中国思想史的一个大突破，而引领国人进入理性的逻辑思维的境界。

孔子也去除了迷信和上帝的存在，不过，他说得很委婉，他说："祭如在，祭神如神在。"把神、帝、上帝在与不在的主动权交给了人的主观意象，但在客观上，孔子是除去了对神、帝、上帝的迷信的，这也就排除了宗教的产生。中国远古两位大哲人，都排除了宗教产生的根源。这大不同于同时产生的、同为"人类文明的轴心时代"的西方和印度的圣哲们。他们最终都走向人格神的一神教，把人的生死祸福、喜怒哀乐之权，都交给天上虚无的上帝了。

中国在夏商周三代，都信奉"天""帝""上帝"，它们不仅掌握芸芸众生的生命、命运，而且决定人的喜怒哀乐、生死祸福；特别是它们更具有无上法力，侯王帝君之权力、使命、祸福、统治之安危，均由它们掌握。故侯王自称"天子"。老子却否定了这一切，而把它们都交给了"道"。这就不只是建立了宇宙论，而且辅生了进步的政治观。老子及他的道学，之所以为历代帝王所"不待见"，远不如对孔子之敬拜，其终究之因，盖源于此。但这不是老子的遗憾与"失败"，而是他的哲学思维的悠长之体现。

现代宇宙学对宇宙的描绘，大体正如上述。它就是如老子所描述的那样：虚空、幽冥、浩渺，但它是万物的宗主。据报道，欧洲的欧几里得空间望远镜于2023年7月1日发射升空，它的任务就是首次揭示宇宙中两大谜团：暗能量与暗物质；还要去求解宇宙95%区域的谜团，还将绘制"最宏大的宇宙地图"，它包含20亿个星系，如此等等。（据2023年7月3日《参考消息》）另外，同日《参考消息》还报道，科学家发现"太阳系边缘或藏着额外行星"。这又是对宇宙的新发现。所有这些新发现，启示我们：人类认识和探索宇宙的形象与奥秘，已经好几百年，或者自早期人类开始算，则有几千年，至今还在这样地观望探索。这不正显示宇宙的虚空、奥秘、深邃吗？老子斯时已经在对浩渺深邃的宇宙进行探索和思索了。

这是老子的一首宇宙诗篇或曰咏叹调，他吟哦式地说道："渊兮，似万物之宗……湛兮，似或存"；"吾不知谁之子，象帝之先"。据郭沫若考订，古"兮"字读"啊"，原是楚国方言①。那么，将之代入句中，将"兮"字读为"啊"音，朗读起来，此章就是一首具有现代韵味的吟诵宇宙之歌了。

注释：

①郭沫若：《〈楚辞·离骚〉注译》，人民文学出版社，1958，第54页。

四、玄牝之门天地根 绵绵若存用不勤

(微妙母性之门是天地之根　连绵生息它永不穷竭)

道德经·第六章

　　谷神不死，是谓玄牝。玄牝之门，是谓天地根。绵绵若存，用之不勤。

　　此处老子以赞颂之语指出："谷神不死，是谓玄牝。玄牝之门，是谓天地根。绵绵若存，用之不勤。"意思是："虚空的变化永不停歇，它就是玄秘的母性生殖之门；玄秘的母性生殖之门，就是天地的根源。它绵绵不绝，存在着，用之不尽。"

　　这里，又一次也进一步阐述、描绘了宇宙的形相、状态及其作用与意义。他的描述，概括、笼统甚至可谓粗浅，但符合现代科学对宇宙的认知和描述。宇宙，确实是虚空的，是变化永不停止的。现在的宇宙，还在不断地有新的星系、黑洞以及物质产生，像母性的生产之门一样，生成新的物质，绵绵不绝，永不停歇。即如上引《参考消息》报道中所陈述。

　　苏辙说："谓之谷神，言其德也。谓之玄牝，言其功也。牝生万物，而谓之玄焉，言见其生之而不见其所以生也。"（《道德真经注》）把"谷神之德"与"玄牝之功"分开来说，解析清楚了。严复说："以其虚，故曰谷；以其因应无穷，故称神；以其不屈愈出，故曰不死。三者皆道之德也。"这比较准确地解读了老子的本意。老子使用"谷神""玄牝"来形容、描绘"道"衍生万物，如母亲生育子女，颇为形象，又为日常人们所见所感，又具亲切感。这是深入浅出，是言浅意深、蕴含丰富深厚。

　　这是一个对"道"的系列描绘与论说："谷神"—"玄牝"—"天地根"—"绵绵若存"—"用之不勤"。这一对

"道"的联袂论述，就成为对宇宙本根论与生成论均蕴含其中的宇宙论的论述，这是老子的独创，也就是中国哲学的独特表现，它完全不同于西方哲学的宇宙论和本体论。

陈鼓应在本章的"引述"中指出："本章用简洁的文字描写形而上的实存之'道'：一、用'谷'来象征'道'体的'虚'状。用'神'来比喻'道'生万物的绵延不绝。二、'玄牝之门'、'天地根'，是说明'道'为产生天地万物的始源。三、'绵绵若存，用之不勤'，是形容'道'的功能，孕育万物而生生不息。"①老子的这段描写，将其中的"道"改为"宇宙"，完全适用。

在这段论述里，老子使用"玄牝"（即女性生殖）的比喻，来描述和论证"道"的作用与伟力。这透露出远古的女性崇拜、生殖崇拜的余音。也不妨说，老子借用了远古的文化遗产，"以古喻今"、借古表今。老子以诗性的语言来陈述与论证他深刻缜密的哲思，采用了女性生殖的机理，来呈现和描述宇宙的形象与作用的伟力。这正是他的诗性哲学的特色与优长。这种比喻性的描述，也符合当今人类对宇宙的认识与描述。

在上述两段论述中，老子更进一步也更系统、更全面地论证了"道"的秉性、作用及其作用的规律，乃至其来自何处。他进一步指出："道"看起来是虚空的，然而发挥其作用却不会穷竭。（"道冲，而用之或不盈。"）它是那样深邃，好像是万物的祖先；它是那样幽冥隐晦，好似死亡然而实际存在。它隐藏锋芒、超越纠纷、隐含着光耀、混存尘垢。它没有形象，好似死亡而实际存在。我不知道它从何处产生，可视为天帝的祖先。（"渊兮，似万物之宗；挫其锐，解其纷，和其光，同其尘。湛兮，似或存。吾不知谁之子，象帝之先。"）

这段完整的陈述也是论述、描绘了"道"的存在形象及其作用，以及它的渊源。这段描写与论述，在总体精神上，与现代宇宙学对宇宙的描绘与论述完全一致。我们肉眼完全看不见宇宙的形相，但它确实存在；它好像寂静如死，但它实际上确实存在，我们每时每日都感受到它的存在和作用。它的作用永不停歇。

美国著名中国学的学术大家本杰明·史华慈（Benjamin Schwartz）分析诠释"谷神"的意蕴说："山谷的特征完全是由中空的空间以及对流入的河川溪涧的被动的容受性所决定的，而这些特征又是和雌性的性别角色和生殖功能相联系的。"[②]中空的山谷、流动的溪涧、生殖的玄牝，都是现实之物象，老子以之比喻"道"的生存与生殖的伟力与成就。比喻既生活化，又意蕴深沉，引发遐思冥想，意蕴无穷。

读了老子这段具有诗意的对宇宙的描绘，我们似乎可以想象，老子当年，于夜深人静时，观察天宇，月明星稀，静默沉思，悬想宇宙之存在与伟力，那是哲人的神思妙想、诗人的运思畅怀。宇宙啊，生生不息，绵绵不绝，永不衰竭。它是万物之母，存在之根。

这里没有了上帝、上天的迷信与崇拜，堵死了一切宗教生成的路途。但萌发了自然崇拜的源泉。它才是万物之母。这里自然地产生了对大自然、对宇宙的敬仰、崇拜与爱护。因此它是回归自然、环境保护的思想认知之思想、意愿的源泉。所以西方学术界有"《老子》是现代绿色圣经"之说。这认识是很高的，有益于现代对宇宙、对环境的尊崇与保护。

从这里，我们也可以体会到老子哲学的深远意义与现实价值。

注释：

①陈鼓应：《老子注译及评介（修订增补本）》，第 2 版，中华书局，2009，第 82 页。

②转引自刘笑敢：《老子古今》，中国社会科学出版社，2006，第 165 页。

五、天长地久 不自生故长生

（天地长久 因为它一切都不为自己所以长生）

道德经·第七章

天长地久。天地所以能长且久者，以其不自生，故能长生。

是以圣人后其身而身先；外其身而身存。非以其无私邪？故能成其私。

在本章，老子提出了他的宇宙论的另一个原理、原则，这就是"不自生""后其身""外其身"。他说："天地所以能长且久者，以其不自生，故能长生。"（天地之所以能够长久，是因为它们的一切作为都不是为自己，所以能够长生。）这就是一种天道，即宇宙的特性，它生成万物，但无所求（"不自生"），它存在但无所求，所以它长生。宇宙正是如此，天地正是如此。而后，老子论述圣人之为，即顺道而行，"不自生""后其身""外其身"。作为宇宙论，老子在本章论证了宇宙的特性，即无所为，而为。

"天长地久"一语，明白如话，其意一见便明，它已经进入现代人的口语中，日常使用。这是老子的哲思语言，进入民族意识与语言之中的一例（关于这方面的内容，本书后面有专章记述）。这是老子对宇宙的一个基本认识，即它长久存在。

接着便解释为什么可以长久。"天地所以能长且久者，以其不自生，故能长生。"这就是说，宇宙是能够长久存在的；而宇宙之所以能够长久，就是因为它一切的活动、创造等，都不是为它自己。这论证了宇宙的性质，即它不断创造、生成，生生不息，却没有任何的目的追求。在这里，又一次否定了上帝的存

075

在。

老子以极其简洁的语言，描述和肯定了宇宙的存在与性质。

然后，便以宇宙的这种性质，来启发人的生存道理与原则，就是要像"道"（即宇宙）那样，生不为己，而这样即能"后其身而身先；外其身而身存"（自己隐退在后面反而能够受到尊敬；把自己置身度外反而能保全自身）。这原因，"非以其无私邪？故能成其私"（这不正是它不自私，所以能成全自己吗？）。这是以宇宙之道，来启迪世人，敬宇宙、勿自私。由此从"天道"进入"人道"。老子的宇宙论直接与人生哲学-生命哲学链接。

老子此处所言，是一种站在高处、立于高标准价值观的立场上，来论证人之得失。他以"道"的德性来启示人。"道"的德性是什么呢？那就是"不自生""后其身""外其身"。以此言"道"，就是"道"生万物而不"自生"，而圣人以"道"为行为最高准则、最终追求，所以"道"以及执"道"的圣人，都是"后其身""外其身"，而因此却能够"后其身而身先""外其身而身存"。这是一种自然而然的结果。"道"自然是如此，执"道"的圣人依"道"而行，也是如此。"道"的自身就是如此，圣人则是慕"道"执"道"而致于此。一者是自然如此、本性如此；一者是执"道"如此，一个是"自然"，一个是"自觉"。其出发点是"不自生""后其身""外其身"，但结果却是"而身先""而身存"；这结果不是他们自心所求，而是自然如此，从动机到结果，都是如此。这是老子所言"道"与圣人之行为的动机与结果。老子以此而论述"道"和圣人。

尔后，有人以为或攻击老子这是奸诈、权术，实在是误读误解老子之原意。当然，不排除有的人，会"后其身""外其身"，而谋取事后之利。这确实是奸诈、权术。这是误读误解老子者，希明其理。刘笑敢评论此事，颇为到位明晰。

他指出："老子的主张是一般在世俗旋涡中挣扎的人所无法领会的。'后其身''外其身'常被看作胆小，懦弱或无能，其实却是智慧、毅力与勇气的体现，是超越世俗的追求，超越一般人的价值取向，超越常规的处事方法的结果。"①诚哉斯论，释老子之"道"，明晰恰当；对那种"无法领会的人"的评析也准确。不过，这种人氏中，也不乏"后其身""外其身"，乃其表；实质上却是掩盖其真实目的，为了实得其利，而做出假面具。这是歪人把经念歪了，非"经"之过也。

老子所言，大都言简意深，而且意涵广泛，常常言此而亦可涉及彼，言天而能涉及人。此正是老子之诗性语言的"多意涵""多功能"之表现。不过这也常被误读误解，或人因秉持误读，而误解老子以至拒斥老子，比如说老子有所言是"权术伪诈"等。这是老子传播中的一种遗憾。

注释：

①刘笑敢：《老子古今》，中国社会科学出版社，2006，第172-173页。

六、功遂身退 天之道也

（功成业就隐身而退是合于自然的道理）

道德经·第九章

持而盈之，不如其已；
揣而锐之，不可长保。
金玉满堂，莫之能守；
富贵而骄，自遗其咎。
功遂身退，天之道也。

在本章，老子进一步申说"道"的秉性，即"功遂身退，天之道也"。他如此描述、如此申说："持而盈之，不如其已；揣而锐之，不可长保。金玉满堂，莫之能守；富贵而骄，自遗其咎。

功遂身退，天之道也。"（执持得满满的，不如适可而止；锋芒毕露，难保长久。金玉满堂屋，却无法守藏；富贵骄狂，自惹祸患。功业成就，隐身而退，符合天道。）在这里，老子先是申说、论证了适可而止、不穷尽索取的必要，然后归结为天之道，这就是"功遂身退"，即有功而不居并且隐身而退。

我们看到，宇宙的作用力正是这样发生和发挥的。宇宙成就了一切，但何曾居功？它只是不停地运行，成就、生养世界物象，包括地球上的山水林田、多样性的动物和植物，当然，还有人类和他们的生活。但是，宇宙完成了这一切，而不显山露水，却"功遂身退"。现代宇宙学所论证的宇宙的形象、作用、精神、德行不就是如此吗？

老子在这里提出了一对互相对立的对事物的态度，即"持而盈之"与"不如其已"（把持事物盈满，不如适时停止）。这可能是他观测天象所得的印象和结论。月满则亏、日满则落（满月之后，接着就是缺月，所谓一勾弯月，太阳将下山便是红日而且硕大）。老子描述了这一天象，即描述了宇宙之象；而且，他将之纳入人世、世事，提出"持而盈之，不如其已"；而且申说结论："持而盈之，不如其已；揣而锐之，不可长保。金玉满堂，莫之能守；富贵而骄，自遗其咎。"就如"金玉满堂，莫之能守"（金玉满堂，无法守住）。由此做出结论："（这是）天之道也。"他从宇宙的自然现象，引申到人世与人生，而劝诫说："功遂身退，天之道也。"（功业成就便隐身而退，这是符合天道的。）老子从天道即宇宙之道、自然之道，引申到人世，得出结论，谓之"持而盈之"，"不如其已"，也就是说，坚持着盈满的状态，莫不如适时停止。这是老子引天象盈亏之理，入于人生世态，得出的劝诫之言。

在本章，老子进一步申说"道"的秉性，即："功遂身退，天之道也。"他先是申说、论证了适可而止、不穷尽索取的必要，然后归结为天之道，这就是"功遂身退"，即有功而不居并且隐身退出。在这里，老子由天"道"而进入人事，并由此进入对"道"（即宇宙）的秉性的论证，就是"功遂身退"。

现代宇宙学所论证的宇宙的形象、作用、精神、德行不就是如此吗？老子在这里借教谕人们应该如何做事为人，才符合道的要求，而传输了对"道"的描述与体认。道持谦虚潜忍的自然之态，来对待万事万物。老子的这番教谕与陈述，正是对于宇宙的性状与自然之理的认知与陈述。这是老子宇宙哲学的又一个方面，它的主要精神就是"功遂身退"。老子以此种对于宇宙的描述，为他的宇宙论又增一页论证。

"功遂身退"后世转为更通俗易懂的"功成身退"，而成为流行成语，长期广泛地流传于中华大地，为中华子民所广泛接受，成为中华性格与文化-心理结构的固有内涵之一。这是老子哲学对于民族思想文化的重要贡献。

这体现了老子由哲学进入世事的热诚诤言。他是有感于亲见的春秋时代，诸侯帝王争权夺利、兼并不停，造成民不聊生、世事祸乱、社会动荡的现实，而提出的忠告。老子的哲学，总是这样贴近人世、切入人生。"功遂身退"，尔后演变为"功成身退"而成为中国流行的处世之道，为觉醒者所执持。中国几千年的历史长河中，功遂身退的名臣、将相有之，功成身不退者亦有之，他们留下的成功经验与沉痛教训，教育与告诫无数的后人。

中国数千年历史中，切实做到"功遂身退"并取得巨大成功而寿终正寝的，应数春秋末期越国的范蠡了。他辅佐越王勾践兴越灭吴，立下丰功伟绩，被封为上将军、上大夫。但他急流勇退，正是老子所言"功遂身退"；自动卸官罢职，辞去朝廷命官之尊，化名鸱夷子皮，遨游于七十二峰之间。而后，经商致富，却又"三富三散"——经商成巨富，又三散其家财。可谓商场"功遂"又自"身退"。后隐居于宋国陶丘（今山东省菏泽市定陶区西北），自号"陶朱公"。公元前448年卒，享年八十八；可谓高寿，身未败名未裂。他被史家尊奉为著名政治家、军事家、谋略家、经济学家，被史学界称为治国良臣、兵家奇才、经营之神、商家鼻祖，被中国民间恭奉为"文财神"。

这一章，四字一句，全篇五行，整齐划一，朗朗上口，可歌可吟，颇有《诗经》之风韵。亦是老子"宇宙咏叹调"又一首。

七、视之不见 听之不闻 搏之不得

（看它看不见 听它听不到 摸它摸不着）

道德经·第十四章

视之不见，名曰夷；听之不闻，名曰希；搏之不得，名曰微。此三者不可致诘，故混而为一。其上不皦，其下不昧，绳绳兮不可名，复归于无物。是谓无状之状，无物之象，是谓惚恍。迎之不见其首；随之不见其后。

执古之道，以御今之有。能知古始，是谓道纪。

这是老子论"道"的很重要一章。他在此章直接论"道"，颇有纵横捭阖之韵，读之令人神往。

老子在这里指出：看它看不见（"视之不见"）；谛听它也听不到（"听之不闻"）；摸也摸不着（"搏之不得"）。这三个方面均无法究诘，所以是浑然一体的（"此三者不可致诘，故混而为一"）。它上面不明亮（"其上不皦"），它下面也不昏暗（"其下不昧"），它混蒙不可名状（"绳绳兮不可名"），又回到不可名状的状态（"复归于无物"）。这就是没有形状的形状、没有物象的物象，叫作"惚恍"（是谓无状之状，无物之象，是谓惚恍）。这"惚恍"，迎面见不到它的头，后窥看不到它的背后（"迎之不见其首；随之不见其后"）。老子在这里，运用诗性的语言，娓娓而言，陈述、描绘了"道"的不可捉摸的形相。

老子在这里，用"夷""希""微"来形容、描绘"道"的形相。河上公注："无色曰夷，无声曰希，无形曰微。"故可知"道"无色、无声、无形。这正是宇宙的形象。茫茫宇宙，浩渺无边，不识其色、不闻其声、不见其形，但它存在，它生成万物、颐养万物，使这个莽莽世界、熙攘人间，得以生存、发展。"其上不皦，其下不昧，绳绳兮不可名，复归于无物。"（它上面不显得光亮，它下面也不显得阴暗，它绵绵不绝，无可名状。）所谓"绳绳"，河上公注："绳绳者，动行无穷极也。不可名者，非一色也，不可以青、黄、赤、白、黑别也；非一声也，不可以宫、商、角、徵、羽听也；非一形也，不可以长、短、小、大度也。""是谓无状之状，无物之象，是谓惚恍。"（这就是没有形状的形状，不见物体的形象，所以称它"惚恍"。）而且，"迎之不见其首；随之不见其后。"（迎着它看不见它的头；随着它又看不见它的尾。）因此，"执古之道，以御今之有。能知古始，是谓道纪。"（把握着自古以来存在的道，来驾驭现在的万事万物。能够了解宇宙的原始，叫作道的规律。）老子在这里层层推进、逐步深入，既陈述、描绘了道的不可名状、不见首尾、不明不暗的"惚恍"形象，又导引我们认识、掌握"道"，并且以此来驾驭现在的万事万物，了解宇宙的原始，而这就是"道"的规律。

这是"道"的什么规律呢？就是依靠早已存在的"道"，既驾驭现在的万事万物，又了解宇宙的原始。

老子在这里，第一次使用"惚恍"来形容、描绘"道"的形相，很形象又很准确地描述了"道"，它迷离恍惚，不可见、不可名，但它确实存在。河上公注曰："'一'没有形状，然而它能为天下万物做形状。'一'不具有物质的属性，然而它能为万物设立形象。"这很准确地描述了"道"的无形而有形、无物质而为万物产生的形象。在这里，"道"的无形而有形的形相，无形而产生万物之形象的"形象"、能量、作用，均恰当地表达出来了。

老子在这里描摹的"道"的形象和迷幻样态，以及"道"的伟力和作用，都正是雷同于宇宙的形象和样态。人类凭肉眼，不使用科学仪器，如高科技的望远镜之类，不使用现代高科技，是不可能"看到"、了解宇宙之形象及其内涵的。它是昏暗灰蒙的，晴天朗日，可以看见蔚蓝的天、变幻的云，夜空看见月亮和星星，但是宇宙的形象，我们不可能窥见。渺渺长空，只能供人类神寄玄想，而不知其详。

捧读老子的这段妙文，不禁令人遐想，老子曾经翘首观望，细察宇宙，然而只见迷迷蒙蒙，惚恍一片，难见其真面目。他是以诗人似的笔触，抒泄了他的感受，却同时倾吐了他的思索和思索中的渺茫。他于是写下了他的寓于诗性语言之中的逻辑思维和理性追索。

陈鼓应在本章的"引述"中，如此论说："本章是描述道体的。形而上的实存之道，和现实界的任何经验事物不同，它不是一个有具体形象的东西。它既没有形体，当然也没有颜色，没有声音。因此老子说：'视之不见'、'听之不闻'、'搏之不得'。又说：'迎之不见其首'、'随之不见其后'。这些都是形容道为我们感官所无从认识的，它超越了人类一切感觉知觉的作用。难怪老子会说它不可思议（'不可致诘'）。""道是个超验的存在体，老子用了一种特殊的方法去描述它。他将经验世界的许多概念用上，然后一一否定它们的适当性，并将经验世界的种种界限都加以突破，由此反显出道的深微诡秘之存在。"① 将这段对"道"的描述中的"道"，代以"宇宙"，完全适合。宇宙就是这样的。

老子在这一章中对"道"的描述，就是对宇宙的描述。这是他的宇宙论的重要一章，是宇宙本体论。老子的描述，颇有诗意，他好像是在眺望渺渺宇宙，思之、索之、感之、叹之，而后，一唱三叹：啊，宇宙，你是这样的渺茫不可知，看也看不见、听也听不到、摸也摸不着，迎面看不见你的头，随后见不着你的尾，你是"无状之状""无物之象"，全然是一个"惚恍"。这样一种对宇宙的描述，很具体，颇具形象性，又颇为神秘，然而令人神往。老子吟咏之，描绘之，将宇宙形象的一种状态，呈现于世人面前。

这是老子的"宇宙吟"又一章。我们现在把这章的文本拿来吟诵，就会感到是在以诗情诗意，吟咏宇宙之浩渺深邃，引人注目，发人深思，却又不明其象、不明其理，不知其究竟，只有感叹其"惚恍"而已。

注释：

①陈鼓应：《老子注译及评介（修订增补本）》，第 2 版，中华书局，2009，第115 页。

八、微妙玄通 若客若释若朴若谷若浊

（微妙通达 如做客像冰溶若素材似幽谷如浊水）

道德经·第十五章

古之善为士者，微妙玄通，深不可识。

夫唯不可识，故强为之容：豫兮若冬涉川；犹兮若畏四邻；俨兮其若客；涣兮其若释；敦兮其若朴；旷兮其若谷；混兮其若浊；孰能浊以静之徐清，孰能安以动之徐生。

保此道者，不欲盈。夫唯不盈，故能蔽而新成。

这一章是通过"古之善为士者"如何执道、行道，而显示"道"的形象，由此进入另一种对宇宙的描述。

老子通过"古之善为士者"如何执行"道"的教诲，来阐述和论证"道"的形象、性质和特点等；据此我们可以领会到宇宙的形相和特质。

老子这样写道："古之善为士者，微妙玄通，深不可识。夫唯不可识，故强为之容：豫兮若冬涉川；犹兮若畏四邻；俨兮其若客；涣兮其若释；敦兮其若朴；旷兮其若谷；混兮其若浊；孰能浊以静之徐清，孰能安以动之徐生。保此道者，不欲盈。夫唯不盈，故能蔽而新成。"此段文字，译为现代汉语就是：

古代善于行道的士子，微妙通达，深邃而不可认识。正因为不可认识，姑且勉强形容它：优游不决啊！好似冬天涉水过河；犹疑警惕啊！好似畏惧四邻；拘束严谨啊！好似做客为宾；轻松愉快啊！好似冰雪消融；纯厚质朴啊！好似未经雕琢的原木；空旷开豁啊！好似幽澜深谷；混沌不清啊！好似浊水；谁能够在动荡中镇静下来缓慢澄清？谁能够在安定中动作起来缓慢生成？保持这一"道"的人，不追求过多而自满。正因为不自满，所以能够去旧成新。

这里，最后的设问，潜存着一个提问与答案："谁能"？"道"！

此处所论述和描摹的，是"保此道者"如何行道，那是毕恭毕敬、诚惶诚恐的敬畏审慎之态。在这种描绘中，我们就可以体察到"道"的庄重与尊严；而同时却在客观上，反映、陈述、描写了"道"（即宇宙）的形象、行迹、能量与风格。因为"古之善为士者"，微妙通达、深邃不露，不易识别；悠游不决、犹疑警惕，既拘束严谨又轻松愉快，既纯厚质朴又空旷开豁；既像浊水又似清流；能够在动荡中镇静下来，又能够在安定中缓慢生成。不多求自满，因此能够去旧成新。

凭此描摹，我们可以沉思冥想一下，这同时不也是对宇宙天象的一种诗意的描摹吗？它引发人们翘首凝视天际，或蓝天白云，浩渺无极，或月色朦胧，微渺诡秘，玄想地球外的宇宙，是何等的渺远、瑰伟，神秘不可测又亲切包容，它乃人类生存寄旅的阔大无边、丰富多彩的伟大家园；人类生存于其中，足以神思飞扬、轻松愉快、醇厚质朴、空旷开豁，在动荡中安静、在安定中变动，从不自满，去故更新。

这里，描写了宇宙多种多样的新形态、气质、运作，以及它们的作用与效益。啊，宇宙，是那样的丰富多彩、跌宕起伏、变化多端，而又予人以有益多彩的环境。这是一首宇宙颂歌，今人谛听，亦足神往。老子这种对宇宙的抒情性描写，显示出与东西方自古至今其他哲学家的哲学著述均完全不同，它具有鲜明的特质。它是诗性哲学著述，是使用诗一般的语言，来陈述、呈现、描绘宇宙的种种形相、体态、体能及其巨大无比、存而不显的作用力。

陈鼓应指出，这章的内涵是："老子对于体道之士的风貌和人格形态试图做一番描述（'强为之容'）：从'豫兮若冬涉川'，到'混兮其若浊'这七句，写出了体道者的容态和心境：慎重、戒惕、威仪、融和、敦厚、空豁、浑朴、恬静、飘逸等人格修养的精神面貌。"①据此，也可以体察和认识到"道"的体型、体能与秉性、风貌。这是一而二、二而一的关系。从"体道之士"，到他所"体"之"道"，是从主观到客观，从主观感受到客观实际，从人到"道"。

老子在这里，实际上是描绘了一位体"道"、执"道"之士，也就是把"道"融会于心，又执着于"行"的道学的实行者。老子塑造了这样一个纯真、执着、对"道"深蕴于心并付诸实践的"善为士者"的具体形象，就是提出一个样板示人，以希冀人们效法之。

据《史记》记载，孔子曾亲赴老子工作的"守藏室，问理于老子"。老子竟然未予回答，盖以为此问无意义也。"理"，这本是老子一向所反对的，岂能作答。孔子离周返鲁，老子以言作别，云：明察秋毫，则因物议他人而遭忌恨，易自置于死地；故"博学多闻"，反而自置于死，莫如糊涂、不固执，似愚钝实智慧。这正是老子上述所云内涵的注释。"豫兮若冬涉川；犹兮若畏四邻；俨兮其若客；涣兮其若释；敦兮其若朴；旷兮其若谷；混兮其若浊"，这是何等的谦虚谨慎、低调守势，但却微妙深奥，难窥其底。

老子这"豫兮若冬涉川"七句，真是妙文绝句，优雅诗篇，写得多么精粹微妙："豫兮""犹兮""俨兮""涣兮""敦兮""旷兮""混兮"；"若冬涉川""若畏四邻""其若客""其若释""其若朴""其若谷""其若浊"；七个设问，七个比喻，七种状态，使"微妙玄通，深不可识"者，显现其身影、神态、形象，惟妙惟肖，生气熠熠。这也是一首音韵谐和、意境深远的诗篇。

接着，便是那走出国门的名句名言："孰能浊以静之徐清，孰能安以动之徐生。（谁能在动荡中安静下来而慢慢地澄清？谁能在安定中动作起来缓慢生成?）这是总结上面诸种状况、心态而提出的总结性话语。它以疑问形态，提出问题：谁能在动荡中安静而至澄静？谁能在安定中动作而达生成？这是从反求正：动荡中安静、安定中动作，以求澄静、生成。

其中，"孰能浊以静之徐清，孰能安以动之徐生"句，中国学者萧师毅曾为德国著名哲学家海德格尔以书法写下，加上横批"天道"，悬挂在海氏的书房，以为座右铭。老子哲学具体（不仅是移译《道德经》而已）走出国门，而且是在现代西方哲学界"执牛耳"之哲学大师海德格尔的书房；我们好像可以窥见在他的书房悬挂，闪动着老子哲学的光芒。萧师毅对此段文字的译文为："谁能安静龌龊而逐渐使它变清？谁能鼓动寂静而逐渐带给它生气?"这更明白如口语。海德格尔每天面对这一中文条幅，是否在悬想老子之"道"，并思忖自己哲思的转向？

老子说，古时候善于行道之士，"精妙玄通，深不可识"，故他勉强来形容它（"故强为之容"）；这"强为之容"，就是一种勉强为之的"强说"，所以便使用一种比喻的、象征的、模拟的说法，不可逻辑地追究、纯理性地诠释。而接下来的论述，排比句，抑扬顿挫，如诗如歌，真是一种优美的形容，而不是一般陈说。这段文字，也是玄妙、沉静、自信而谦逊，写出了行道之士的思想风范与境界及其"慎重、戒惕、威仪、融和、敦厚、空豁、浑朴、恬静、飘逸"等人格修养的精神面貌。这段对行道之士的诗一般语言的描绘，也是一首颂诗，优雅深沉、形象具体，神态熠熠。

在这里，本书关于"豫兮若冬涉川；犹兮若畏四邻"的解读，拟作一探讨。现有关于此二句的意义内蕴，均同于上述所作解读。我意尚可推敲商议。按以"谨慎"和"犹疑"释"豫"和"犹"是现代释义，老子当时，尚未有这一词组与意涵。此词组之产生，首出于老子本章所说"豫兮""犹兮"，其本意是说，像"豫"过冰川一样，这里的"豫"是动物大象的意思，而"犹"则是小猕猴的意思，总体意思就是，像"大象"要过冰川犹疑紧张，又像"小猕猴"一样畏惧四面的围击。这种描述，都很符合这两种动物的体形与品性。老子此语出后，孔子后有"所以使民决嫌疑，定犹与（犹豫）"（见《礼记·曲礼上》）句，于是而产生"犹豫"词组。据此，本章此二句，应按老子最初的意思，释为"小心谨慎像大象要过冰川一样""紧张犹疑像小猕猴畏惧四面围剿"。这才符合老子原意初衷。

注释:

① 陈鼓应：《老子注译及评介（修订增补本）》，第2版，中华书局，2009，第119页。

九、致虚极 守静笃 夫物芸芸 各归其根

（达到虚寂极致 守住清静笃实 万物纷纷纭纭，各自返回它的本根）

道德经·第十六章

致虚极，守静笃。

万物并作，吾以观复。

夫物芸芸，各复归其根。归根曰静，静曰复命。复命曰常，知常曰明。不知常，妄作凶。

知常容，容乃公，公乃全。全乃天，天乃道，道乃久，没身不殆。

本章原文译为现代汉语为："达到虚寂极致，守住清静笃实。万物纷纭并生，我看出往复循环的道理。万物纷纷纭纭，各自回归它的本根。返回本根是为静，静叫作回归本原。回归本原是永

恒的规律，认识永恒的规律叫作明。不认识这一永恒规律，轻举妄动就会有凶险。认识常道就能包容一切，能够包容一切就能够雍容大公，雍容大公才能无不周遍，无不周遍才能符合自然，符合自然才能符合于道，体道而行才能长久，终身没有危险。"

本章对"道"又有另一番言说与形容，云："夫物芸芸，各复归其根。"〔（宇宙）万物纷纷纭纭（生长发育存活），（最终）回归它的本根。〕而后，"归根曰静，静曰复命。复命曰常，知常曰明。"（回归本根叫作静，静叫作复归本原。复归本原是永恒的规律，知道永恒的规律就叫作明。）后一段，是一番迭进式陈述，"致虚极"——"守静笃"——"观复"——"归根"——"复命"——"常"——"明"——"知常容"——"容乃公"——"公乃全"——"全乃天"——"天乃道"——"道乃久"——"没身不殆"。在这里，"致虚"与"守静"是主要的、重要的基底和始源，由于它们，即做到它们，才可能有后续的发展与结果。

这段往还回复的万物芸芸，其生其死的规律，不就是宇宙万物，包括人类在内的生生死死、循环往复的规律（也是定律，即"死规矩"）的陈述与描写吗？世界万事万物连动植物和人类在内，其生死存亡、循环往复的运命，不就是如此这般吗！"致虚极，守静笃"，动静循环，这是道家的基本原理；而"虚极""静笃"则是老子提炼出的由"道"而来的认识自然、政治规识和人生圭臬的要诀。

张岱年指出："中国本根论之最大特点，可以说即在于：一、不以唯一实在言本根，不以实幻说本根与事物之区别。二、认本根是超乎形的，必非有形之物，而寻求本根不可向形色中求。三、本根与事物有别而不相离，本根与事物之关系非背后实在与表面假象之关系，而乃是源流根枝之关系。这几点实是中国本根论与印度哲学或与西方哲学根本不同的。"①

老子的认识，不同于西方和印度的哲学。本根，是超乎形与色的，它不是"表面"与"实在"的分置与区别，而是"源流"与"根枝"之关系。

在寻求、认识本根的基础上，老子提出人应该如何认知"道"，尊"道"而行。那就是要"复归其根"、"归根"而致

"静"；由"静"而"复命"，又由"复命"而致"明"。这就是尊"道"、行"道"，按永恒的规律行事。老子，由对宇宙规律的认识，而进入人间世事、人生规律的范畴。这是老子哲学的基本特点，就是"道"不离实际、"道"结合社会生活、切入人生。

注释：

① 张岱年：《中国哲学大纲》，商务印书馆，2015，第78页。

十、惚兮恍兮其中有象 恍兮惚兮其中有物 窈兮冥兮其中有精

（惚惚恍恍呵其中有迹象 恍恍惚惚呵其中有物体
暗昧深远呵其中有精气）

道德经·第二十一章

孔德之容，惟道是从。

道之为物，惟恍惟惚。惚兮恍兮，其中有象；恍兮惚兮，其中有物。窈兮冥兮，其中有精；其精甚真，其中有信。

自古及今，其名不去，以阅众甫。吾何以知众甫之状哉！以此。

本章又从另一角度，描述了也是论证了宇宙的形相与义理。

这是老子论"道"的最重要一章，它在交代"德"的德性是"惟道是从"之后，紧接着便以"道之为物"来陈述、论证同时描绘"道"的特别形相及其特质。这是直接地、专门地、突出地呈述、描绘了"道"的形相和内质。

其中，诸多词语、名词概念，需先作一些注释、解读。如下：

河上公注："【以阅众甫】阅，禀也。甫，始也。言道禀万

物始生，从道受气。"

王弼注："以阅众甫。众甫，物之始也，以无名阅万物始也。"

"俞樾说：'按"甫"与父通。"众甫"，众父也。'"

张舜徽说："《老子》所云'众父'，以喻道也。言其为万事万物之本，故曰众父。以父喻道，犹以母喻道耳。"①

参阅以上注解，且来解读、诠释本章原文。

"孔德之容，惟道是从"（大德的仪容面貌，只是跟随道来作为）一句，首先界定了"德"与"道"的关系："道"是基底，"德"是"道"的体现和实现。"道"生成万物的表现，就是"德"；人执行"道"、实现"道"，就是"德"。"道"生成万物、颐养万物，便是"德"的表现；"道"施予人间一切，它施予的一切自然万物，以及人为了维持生活、实现生存的目标，都需要"道"的赐予。这就是"道"之"德"。所以，"德"是"道"的实现与实践。

但是，"道"却是一种特殊的存在。老子由此进入对"道"的描述与论证。首先他论定："道之为物，惟恍惟惚。"（道作为一种物象，就是恍呀惚的。）虽然如此，但是，"惚兮恍兮，其中有象；恍兮惚兮，其中有物。窈兮冥兮，其中有精"（惚呀恍啊，那里面有物的迹象；恍呀惚啊，那里面有物体。深远呀幽暗啊，那里面有精髓）；而且，"其精甚真，其中有信"（那精髓是很真实的，而且其中有可信验的）。最后作结谓："自古及今，其名不去，以阅众甫。吾何以知众甫之状哉！以此。"［从远古到现今，它（"道"）的声名永不消去，依据它才能认识万物的本根。我怎么知道万物本根的状态呢？就是通过道认识的。］

老子在这一章，全面、系统、概貌性地呈述、描绘了"道"的状貌、生动的形相及其内质、伟力与作用。这种对"道"概貌性的描述，为我们呈现了"道"的整体状貌及其内质。这也是为我们描述了宇宙的形相与本质。

这是老子重要的宇宙论篇章。

首先提出："孔德之容，惟道是从"（大德的样态，以道为转移），然后即转入对"道"的样态的具体描述："道之为物，惟恍惟惚。惚兮恍兮，其中有象；恍兮惚兮，其中有物。窈兮冥兮，其中有精；其精甚真，其中有信。"这段文字极妙地描绘和论述了"道"的形相和内蕴。老子指出："道"作为一个存在，其形象是恍恍惚惚的（"道之为物，惟恍惟惚"），但是，在这种恍恍惚惚中，却隐藏着形象（"惚兮恍兮，其中有象"）；而在幽谧昏暗中，却蕴含着精气神（"窈兮冥兮，其中有精"）；这精气神很是可信的，自古代到现在，其名号不失去，依据它才可以认识万物的始初（"其精甚真，其中有信。自古及今，其名不去，以阅众甫"）。这里描述、摹绘了宇宙的表象及其内蕴：它恍恍惚惚，惚惚恍恍，但其中有着万物、有着精气神、有着可信的内蕴。我们依据它，能够认识万事万物的始初。

宇宙，我们日常面对和看到的宇宙，我们从物理学、天文学关于宇宙的知识中所了解的宇宙的作用与状态，不就是这样的吗？茫茫宇宙，笼盖四野、无边无际，恍恍惚惚、惚惚恍恍，或明朗敞亮，或幽谧昏暗，但我们深信其有、甚知其密，可信而不知其诡秘，其中还有精气神，它冲塞天地间，给世界、人类以精神、生气与力量。它的伟浩从不会失去，它的伟力从不会消失，它的内蕴既充塞天地间，又蕴藏于社会与人生之中。老子这诗一般的语言及其吟咏式的语言构造，就是一首宇宙的咏叹调。我们今天以之吟咏宇宙，仍然可以暂避科学的宇宙知识之"揭底"，而进入诗意的沉静的宇宙之思中。

在本章，老子描述了道的特殊性状，而其叙事与论证的路径是：由"德"进到"道"，先提出"德"，然后进到"道"，继之进入"道"的诠释。那么，"道"和"德"的关系是什么呢？答："道"是基底；"德"是它的实践和体现。

陈鼓应说："德：'道'的显现与作用为'德'。"他引《庄子·天地》说："物得以生，谓之德。"按德乃指事物从道所得的特性。《管子·心术上》说："德者道之舍，物得以生生。"韩非说："'德'者，'道'之功也。"（《韩非子·解老》）杨兴顺说："'德'者是'道'的体现，'道'因'德'而得以显现于物的世界。"[②]

陈鼓应还这样诠释"道""德"的不可分、有区别的关系：

"一、'道'是无形的，它必须作用于物，透过物的媒介，而得以显现它的功能。'道'所显现于物的功能，称为德。二、一切物都由'道'所形成，内在于万物的'道'，在一切事物中表现它的属性，亦即表现它的'德'。三、形而上的'道'落实到人生层面时，称之为'德'。即'道'本是幽隐而未形的，它的显现，就是'德'。本章和第十四章一样，都是描述形上之'道'的。形上之'道'，恍惚无形，但在深远暗昧之中，确是'有物'、'有象'、'有精'。'其中有象'、'其中有物'、'其中有精'，这都说明了'道'的真实存在性。"③

上述关于"德"与"道"的全面性分析与论述，完整、详备地诠释了"德"的意义内蕴以及"德"与"道"的内外"血肉相连"的关系；而这些诠释，完全适用于对宇宙的论述；将其中的"道"字易为"宇宙"，完全符合。宇宙正是这样的。我们每天、每时每刻面对天空、眺望天空，岂不是只见惚惚恍恍、恍恍惚惚的迷蒙景象，而不见其物？而事实上，却是在迷迷蒙蒙中，隐藏着"物""象""精"？

被称为"黑暗侦探"的欧几里德望远镜于 2023 年 7 月 1 日发射升空，它的任务就是绘制"最宏大的宇宙地图"，要"求解宇宙 95% 区域的谜团"，还要探索如何寻找暗能量和暗物质。同时还报道：太阳系边缘或藏着额外行星。(《参考消息·科技前沿》，2023 年 7 月 3 日) 这些报道反映了人类现代宇宙探索的进程和内容：人类还在继续不断地探求茫茫宇宙惚惚恍恍、恍恍惚惚中，其中有象、其中有信、信中有精的状态和内部情形；其中还有什么星系、什么物质、什么人类至今不知其形与象的物质、物体。老子两千多年以前的观察与猜测，以及他的论述，在在符合现代宇宙学的内涵，只是带着简单性、模糊性和推测性。老子在极为缺乏科技和天文知识的前提下，作出了这样具有高水平的宇宙论；他凭借的是初级的观察和天才的直觉与天才的猜测。我们至今阅读他的宇宙论，仍然能感受到他的天才的直觉与猜测的可贵。

阅读老子的宇宙论的诗性篇章，我们会感到一种阅读与感受的愉悦。他的诗性的哲学抒写，引发我们一种诗性的哲思。"正是在这种绘声绘影的语言中反映了种族的天性灵活而机敏的智慧。这个智慧能够借助这些词来表现种种细微的意义差别，这是比较拘束的语言所不能表现的"④。老子之所以运用诗一般的语言来陈述和论证他的浩阔深邃的哲学思想，可能就是考虑到、意识到，只有这种诗性语言，才能够摆脱"比较拘束的语言"的局限与束缚，而更好地表达、描绘、诠释他浩博深邃的哲思吧。其中包括他还只是朦胧感受到、依凭直觉猜测到的神秘的宇宙之谜。

老子使用"惚惚恍恍""恍恍惚惚"来描绘和形容"道"，实在是很符合宇宙的相貌；我们每天面对宇宙，冥想浩渺太空，正是感觉"惚惚恍恍""恍恍惚惚"，不知其究竟，而又浮想联翩，所思浩渺，而萌生诗意。老子之所以以诗句似的语言撰写这一章，盖有因焉。其中，隐蔽着他的天才直觉的猜想，而萌发诗意。

这是老子《道德经》中最重要的一章，它直接陈述、论述和描绘了"道"的形象和伟力，陈述了"道"的"精""真""信"。它以诗性的语言，带着吟诵的韵律和意蕴，把"道"，也就是宇宙的外在形相与内在气质、秉性，迷离恍惚地"吟咏"而出，引人入胜，免不得悬想"道"的形相和气质、秉性。其中，"道之为物，惟恍惟惚。惚兮恍兮，其中有象；恍兮惚兮，其中有物。窈兮冥兮，其中有精；其精甚真，其中有信。"写得多么好、多么形象化，而且带着动感，却又迷幻幽冥，诱人遐想，更诱人思索："惟恍惟惚——象？""惟惚惟恍——物？""窈兮冥兮——精？"那是一种开阔的冥思遐想，引人入胜，而又进入哲思境界。

可以想见，老子是饱含着无限的遐想、深挚的感情，以及文学的冥思，而书写了这段猜测、推断宇宙奥妙的哲思妙文。

这是又一篇重要的篇章，是老子直接陈述、描绘、论证"道"的主要形相、内涵、品性的一章。至此，老子对"道"（即宇宙）作了一个全面而系统的描述和论证。这一重要的论证，仍然使用了诗一般的语言来表达。它堪称千古妙文，不仅流传万世，而且流布世界。

注释：

①陈鼓应：《老子注译及评介（修订增补本）》，第 2 版，中华书局，2009，第 148 页。

②同上，第 145 页。

③同上，第 149 页。

④列维-布留尔：《原始思维》，商务印书馆，1981，第 184 页。

十一、人法地 地法天 天法道 道法自然

（人按照地的规律行事，地按照天的规律行事，天按照"道"的规律行事，"道"则按照"自然而然"的规律行事）

道德经·第二十五章

有物混成，先天地生，寂兮寥兮，独立不改，周行而不殆，可以为天下母。吾不知其名，强字之曰"道"，强为之名曰"大"。大曰逝，逝曰远，远曰反。

故道大，天大，地大，人亦大。域中有四大，而人居其一焉。

人法地，地法天，天法道，道法自然。

老子说，"道"是"混成"的，就是混沌状态，也就是混蒙弥漫，即前面所描述的"恍恍惚惚、惚惚恍恍"，它迷蒙模糊，看不清、见不明；它无比硕大，它寂静无声，它独立而不改变，循环运行而永不止息。（"有物混成，先天地生，寂兮寥兮，独立不改，周行而不殆。"）这种对"道"的诠释，在基本精神和基本内容上，均符合现代宇宙学的理论意蕴。现代宇宙学即定性宇宙由大爆炸而产生，它无边无际，人类肉眼只能看到迷蒙一片，不见其首、不知其边；它是世界万物的总根源（"天下母"）；世界上的万事万物，都是在宇宙之中、在宇宙的力量作用下产生

的，它们的一切都是宇宙所给予的。

老子描述"道"是"周行而不殆"，即循环运行而永不停止。这也符合现代宇宙学所论定的，宇宙一刻也不停止地在运行，周而复始；也符合恩格斯的"自然界不是存在着，而是生成着和消逝着"①这一论断。

"故道大"，也符合现代宇宙学所确认的：宇宙正是浩大无边，浩渺无际。而且，现代宇宙学更确认，我们所处的太阳系居于其中的宇宙，只不过是包容它的大宇宙中的"一颗渺小的微粒"。其"大"，我们人类是无法想象的。

那么，道（即宇宙）是如何运行的呢？"人法地，地法天，天法道，道法自然。"人按照地的规律行事，地按照天的规律运行，天按照"道"的规律运行，"道"则按照"自然而然"的规律行事——所谓"自然而然"就是事物自身的存在、运行的规律。"自然者，非神使也，非人为也，自己如此。道者自然而然，皆本性之必然也，王弼注云：'法自然者，在方而法方，在圆而法圆，于自然无所违也。'道顺任万物自然之势，不增加，不减少，不干扰，更不损害。"②

总之，"自然"者，就是让它自己成为"自己"，让它按自己的生存节律、自身的需求与期许，去生活、去生存，既不要人施人赐，也不期望天的施舍，这是一种自由自在、自生自存的状态。具体来说，就是按自身的生存条件和生活条件，按自己的生存节律，生活、生存。

"自然"是老子《道德经》中的关键词，是老子珍重地多次使用的专用词，是老子哲学思想的基本意蕴。其时，还没有现代语言中"自然"一词的物理学、宇宙学的含义，它不是自然界的意思；它不是指称物质，而是表明一种事物运行的规律，指"自然而然"而言，意思就是事物按它自身的内在机制（动物，尤其是人，则是其生命机制与生存需要）运行，"自己这样""自己如斯"。宇宙正是按照其自身规律这样运行的。这同样符合现代宇宙学的论定。

"自然"，老子赋予它重要的地位和重要的含义。因此，在这里，关于对"自然"的理解与诠释问题，再作较细的探讨。

因为对"自然"一词，老子并非贸然随意为之，他赋予"自然"珍重、独立、自珍自设的含义，深沉而厚重，然而，尔后之解读者却众说纷纭，分歧甚大。故予细究，以求得进一步理解。

"自然"一词，首创于老子，而此处出自"道法自然"，以"道"之宏大深邃，为"万物之母"，竟然"法自然"，而且还有"百姓皆谓：'我自然'"之句（第十七章），可谓语重心长，意涵深蕴，从字义到思想，均是言简意深。

我们先从字义上来探解。

"自"字的释义：

（1）《尔雅》载："遹、遵、率、循、由、从，自也。"这是以"自"来释其上诸字。而以上诸字，则分别释义为："遹"："遵从、遵循"；"遵"："沿着、顺着"；"率"："本义为捕鸟网，引申有率领的意思，再引申有沿着、顺着的意思"；"循"："沿着、顺着"。简言之，"自"字的要义就是"遵从""沿着""顺着"。③

（2）《说文解字》释"自"则是："'自'是个象形字。在甲骨文中，'自'形同鼻子。其本义即为鼻子。引申用作第一人称代词以表示自己。'自'又可以引申为亲自、自行之义。'自'又往往被借作介词用，同'从'之义。由介词又可以引申为连词，当'由于'讲。"④

再看"然"的释义：

（1）《尔雅》释"然"：

《尔雅》：以"然"释他词，由此可见其自身之义。

"俞、畣，然也。"（译文："俞：是叹词，表示应允；畣：同'答'，是酬答、应答；它们都有表示应答的意思。"）

[注释]："然：叹词，表示应答。《晏子春秋·内篇·杂下二十四》：'公见其妻曰："此子之内子耶？"晏子对曰："然，是也。"'《礼记·檀弓上》：'有子曰："然。然则夫子有为言之也。"'"⑤

（2）《说文解字》无释"然"字条。

依据以上对于"自"与"然"二字的释义，"自然"二字连缀组词，其义，当可释为："自己应答""自己应允"。在具体语境中，自可释为："百姓都说：'我自己应答自己。'"详细地说就是：我按我自身的条件和需要，按我自己的生命节律行事，我自如自在，等等。

陈鼓应引吴澄、蒋锡昌释义为："吴澄说：''然'。如此也。百姓皆谓我自如此。'蒋锡昌说：'《广雅·释诂》："然，成也。""自然"指"自成"而言。'"⑥这些释义均符合老子原意。

刘笑敢在其厚重著作《老子古今》（修订版）中，对老子"道法自然"中"自然"的含义、意蕴作了详细周到的辨析。他指出，《老子》中讲到"自然"一词共五处。"这五处实际上涵盖了总体、群体、个体三个层面，也就是揭示了自然的最高层面、中间层面和最低层面的意义。"他指出，对这里的"自然"的解读，有多种读法。不过为便于研讨，在这里，只取他所举的第一种读法，来作议题讨论。

刘笑敢指出："第一种是上文所引的最普通的句读和读法，即将'人法地，地法天，天法道，道法自然'四句全部读作'主-谓-宾'结构，其意思就是人类应该效法大地的原则，大地应该效法天所体现的原则，天应该效法道的原则，而道效法'自然而然'的原则。"他又指出："'自然'一词的字面意义或基本意义是'自己如此'，……其意义也还是自然而然的意思，没有大自然的意思。在古代，相当于自然界的词是'天'、'天地'或'万物'。虽然自然界的存在可以较好地代表自然而然的状态，但这种自然的状态并不能等同于自然界。所以我们反复强调，《老子》所讲之'自然'是人文之自然，而不是自然界之自然。"⑦这里提出"人文之自然"，很切题也很准确，很明确地将"自然"与"自然界"分开了，明确它们是两个不同界域、不同含义的名词。

接着，他还在此种对"自然"一词的意义界定基础上，诠释"道法自然"之义，学术视域颇为宏阔精到，故特引录如下："道法自然的道是宇宙万物的总根源和总根据，而这个总根源和总根据又以'自然'为价值和效法、体现之对象。道是老子的终极关切的象征符号，而'自然'则是这种终极关切所寄托的最高价值。这种最高价值所向往的是人类社会的总体上和根本上的自然而然的秩序，自然而然的和谐，而这种人类社会的总体和谐与自然宇宙也必然是和谐的，这一点从人法地、地法天的陈述中就可以看出来了。"⑧以上诸多解读与诠释，已把"自然"和"道法自然"之本义与意蕴解析清楚了。此词语与此句（"自然"与"道法自然"），在《老子》中是至关重要的词与句，解老者，这是必解必释的扼要与重点，故以上多所引证与研讨。

最后，还拟对"自"与"然"之组词，作一简略的探讨。

将"自"与"然"二字连缀而组成"自然"词组，是老子的首创与独创；中国古代原无此词，自老子创设以后，始有此词；然而使用者鲜。刘笑敢亦说："就现有的经典来看，'自然'一词最早出现于《老子》。《诗经》《左传》《论语》这些较早期的经典中都没有'自然'的说法。"⑨至于以后"自然"演化为"大自然""自然界"，则可能是由日本传入。日本常常以中文词语转移英文单词，如"政治""经济"，均是日本翻译英文"politics""economy"的译文；故可推测以"自然""自然界"译"nature"，始为日文所译。然后，转回汉字，而被接受，并回返故国而中国化。有此语言文字的因缘，而使国人常以"自然"为"自然界""大自然"之义，因而导致误读误释老子之"自然"为"自然界""大自然"。

接下来，探讨老子论"道"为"万物之母"。老子谓："有物混成，先天地生。寂兮寥兮，独立不改，周行而不殆，可以为天下母。"（有一个混然一体的东西，在天地形成以前就存在。听不见它的声音也看不到它的形体，它独立长存而永不休止，循环运行而生生不息，可以为天地万物的根源。）

世界万事万物，都是宇宙所产生的；现在地球上的一切事物，包括动物的多样性、植物的多样性、河湖港汊汪洋大海的多样性，以及现在人类还不认识的其他许许多多方面，都是具有多样性的。在人类认识的现阶段，还在不断地扩大、增加物质和物种的多样性。它们都是宇宙所产生的。现在的宇宙事物，一部分被人类认识了、命名了，但还有众多的其实是无数的宇宙物，如无数的星系、行星、恒星、黑洞等客观上存在，但不为人类所知，因而对人类的认识境域来说，它们处在"不存在"的境况中。这样，万物之中，有的被认识了、被命名了，就实际存在了；那么，命名就是它们诞生之母了。

陈鼓应解释说："乙、宇宙的生成。'老子认为，'道'是一切存在的根源（'万物之宗'），也是一切存在的始源。'道'是自然界中最初的发动者（The primordial natural force），它具有无穷的潜在力和创造力。万物蓬勃的生长，都是'道'的潜在力之不断创发的一种表现。"⑩

这样一个宏大无边的宇宙，无法命其名，就只好勉强称它为"道"（吾不知其名，强字之曰"道"）。这"道"，我又"强为之名曰'大'"（再勉强称它为'大'）。而"大"则如此情景："大曰逝，逝曰远，远曰反。（"大"广大无边周流不息，周流不息便延伸遥远，延伸遥远又回返本源。）

因此说：道大，天大，地大，人也大。宇宙间有四个大，而人是四大之一。（"故道大，天大，地大，人亦大。域中有四大，而人居其一焉。"）那么这"四大"是怎样运行的呢？——"人法地，地法天，天法道，道法自然。"（人取法于大地，大地取法于天，天取法于道，道则按照自然而然的规律运行。）

这样，就完成了对"道"（即宇宙）的形象、形态、性质及其运行规律，全面的、系统的、互相联系的规律性的描绘和论述。

老子的这一段对"道"（即宇宙）的论述，在中华民族以至人类的认识史上，具有重大的意义，在哲学史上具有开天辟地、首开真理之门的意义和作用。对此，历来哲学家、哲学史家，都有所论述，有众多理论性、文化性、哲学性的考订与论述。这里，转引一些重要者，以飨读者，以帮助我们深入理解老子的论述及整个哲学思想的脉络与理路。

（1）张岱年论述说："认天为一切之最高主宰的观念，为老子所打破。老子年代本先于孟子，但孟子仍承受传统观念而修正发挥之，老子却作了一次彻底的思想革命。老子以为天并不是最根本的，尚有为天之根本者。老子说：'有物混成，先天地生。……'最根本的乃是道，道才是最先的。天在道之次，而以道为法；道则更不以它物为法，而是自己如是。老子所谓天，指与地对峙的物质之天，取消了最高主宰的意谓了。在老子，尚无宇宙的名词，老子所谓'域'，其意谓即同于'宇'。"⑪这里指出了老子的"域"（即"宇"）的提出，消除了中国传统观念中"天"的至高无上的地位，消除了中国人向来对"天"的崇拜，也就是消除了迷信，建立起对客观存在的"道"（即宇宙）的认知。这在中国传统思想中，的确是"石破天惊"的新观念、新认知、新天地观。所以张岱年接着指出："老子是中国宇宙论之创始者。以天为最高主宰的观念打破后，宇宙哲学乃正式成立。老子以后，大多思想家皆受其影响，不以天为最高主宰了。"⑫

张岱年还指出："老子说：……人以地为法，地以天为法，天以道为法，道则唯以自己为法，更别无所法。"⑬

（2）"车载说：'"道法自然"一语，是说"道"应以"无为"为法则的意思。'（《论老子》）"⑭

（3）"童书业说：'《老子》书里的所谓"自然"，就是自然而然的意思，所谓"道法自然"就是说道的本质是自然的。'（《先秦七子思想研究》第113页）"⑮

（4）"冯友兰说：'人法地，地法天，天法道，道法自然。'（《老子》二十五章）这并不是说，于道之上，还有一个'自然'，为'道'所取法。上文说'域中有四大'，即'人'、'地'、'天'、'道'，'自然'只是形容'道'生万物的无目的、无意识的程序。'自然'是一个形容词，并不是另外一种东西，所以上文只说'四大'，没有说'五大'。老子的'道法自然'的思想跟目的论的说法鲜明地对立起来。"⑯

这里指出"自然"的词性是形容词，而非名词，这就从词性上论定了老子的"自然"，是形容"道"，而不是说明"道"。

另外，陈鼓应在本章的"引述"中，还论述本章论道的几重意义，指出：

"本章对于道的体用有几个重要的叙说：

"一、'有物混成'，这说明道是浑朴状态的。道并不是不同

走向老子哲学世界

分子或各个部位组合而成的，它是个圆满自足的和谐体，对于现象界的杂、多而言，它是无限的完满，无限的整全。

　　"二、道是个绝对体，它绝于对待；现象界的一切事物都是相对待的，而道则是独一无二的，所以说：'独立不改'。道是一个动体，周流不息（'逝'）地运转着，但它本身不会随着运转变动而消失。

　　"三、道是无声无形的（'寂兮寥兮'）。王弼说得好：'名以定形，混成无形，不可得而定。'事实上是无法立名的，如今勉强给它立个名。

　　"四、道不仅在时序上先于天地而存在，而且天下万物也是道所产生的（'先天地生''为天下母'）。

　　"五、道是循环运行的。它的运动终则有始，更新再始。

　　"六、用'大'来勉强形容道（强为之名曰'大'）。这个'大'，指幅度或广度之无限延展。宇宙有四大，道之外，加上了天、地、人。这四大的可贵处，就在于体察自然而行。所谓'道法自然'，就是说：道以自然为归；道的本性就是自然。'自然'这一观念是老子哲学的基本精神。"⑰

　　转引以上诸家评述，有利于我们理解老子的宇宙论，尤其是对于本章的论述与解析，对于掌握老子文本的深意与蕴含，颇有助益。

　　综合诸家之论，有一个共同的诠释：老子本章所论之"道"，就是宇宙；老子的"道论"，就是宇宙论。在本章，可以说，老子全面性地论证了宇宙，描述了宇宙，甚至蕴含着对于宇宙的歌颂，而其文体，又是诗的性质，故可谓对宇宙的吟诵，其所抒写，颇含诗意。

　　这首"宇宙吟"，表达了对"天"的崇拜与迷信的不取，扫除了中国人对于亦人亦神的"天""帝""天帝"以至天之子的"天子"（即皇帝）的敬畏、崇拜与匍匐其下，终生服膺。因此可以说，这是一种民族的精神解放。老子思想文化之功不可没。而且，老子还提出，人与道、天、地同为"大"，是"四大"之一，把人提到与道、天、地同等的、并列的地位，这是破天荒第一次。在传统的观念中，人是匍匐在天、神、帝的威权之下的，人生的祸福进退、生命的长短，率皆命定于他们的神威；然而，现在，老子却公然、理直气壮且重而复之地呈明："人亦大"，"域中有四大，而人居其一"。肯定了人的独立地位，与此前立于其上、具有至高无上地位与威权的天、地、神、帝同等地位。

"人"的意识觉醒，是老子的伟大贡献。

张岱年说："哲学家中，最初明白地说人有卓越位置的，是老子。"他又解释说："人亦一物，人体极小，在宇宙中犹不及沧海之一粟，这是不可否认的事实。然而人实有其特殊优异的性质，亦未可忽略。"⑱故可称"人亦大"。人具有特殊优异的性质，这就是"人亦大"的原因和根据。

老子的"人亦大"的观念，其"人"的意识觉醒之哲学，都是"轴心时代"其他人类文明初期的哲学大师所不及的，他们最终均把人的一切交给上帝掌管。树立一个人格神，来主管、主宰人的一切生存、祸福、运命以至人的存在的一切的一切。人，在精神上匍匐在神的威权之下。

但是，老子却提出人也是大写的"人"，人与道、天、地平行平等，皆立为"大"。这可视为人的意识觉醒。当然，还是"初醒"，但是，这是人的觉醒的第一声，震古烁今。

这是老子哲学的重大意识与认知观念的创辟，对于传统观念来说，也可以说是"石破天惊"，树立了"人"的独立自存、伟宏博大的形象和潜存力量，"人"与"道""天""地"一同具有"大"的形象与力量，居于同等地位。一个大写的"人"字，在老子的哲学中，在中国人的观念中，横空出世，卓然树立，响当当、雄赳赳、威凛凛，傲然挺立于天地与"道"之中。

注释：

①恩格斯：《自然辩证法》，人民出版社，2018，第 15 页。

②牟钟鉴：《老子新说》，金城出版社，2009，第 82 页。

③《尔雅》，管锡华译注，中华书局，2014，第 158 页。

④许慎：《说文解字》，杨建峰编，汕头大学出版社，2021，第 395 页。

⑤《尔雅》，管锡华译注，中华书局，2014，第 158-159 页。

⑥陈鼓应：《老子注译及评介（修订增补本）》，第 2 版，中华书局，2009，第

129-130 页。

⑦刘笑敢：《老子古今》，修订版，中国社会科学出版社，2006，第 78-79 页。

⑧同上书，第 79 页。

⑨同上书，第 78 页。

⑩陈鼓应：《老子注译及评介（修订增补本）》，第 2 版，中华书局，2009，第 5 页。

⑪张岱年：《中国哲学大纲》，商务印书馆，2015，第 60 页。

⑫同上。

⑬同上书，第 80 页。

⑭陈鼓应：《老子注译及评介（修订增补本）》，第 2 版，中华书局，2009，第 164 页。

⑮同上。

⑯同上。

⑰同上书，第 165 页。

⑱张岱年：《中国哲学大纲》，商务印书馆，2015，第 280、285 页。

十二、万物恃之以生而不辞 万物归焉而不有

（万物靠它生长而不止息，功德成就而不据为己有）

道德经·第三十四章

大道泛兮，其可左右。万物恃之以生而不辞，功成而不有。衣养万物而不为主，［常无欲，］可名于小；万物归焉而不为主，可名为大。以其终不自为大，故能成其大。

本章全文论述与描绘"道"（即宇宙）作为万物之生源、生养万物之功及其对此的表现和结果。这里论述的是道（即宇宙）的功能及其对自身功能的力量和作用的"不居功"的态度。表述这样一点"道"的特性，亦即宇宙的特性，足以说明宇宙之功劳大矣哉，然而它却丝毫不居功。

首先，称述"道"的无所不在："大道泛兮，其可左右。"

（大道泛流四方，无处不到。）然后指出："万物恃之以生而不辞，功成而不有。"（万物依靠它生长而不止息，有了成就却不自居有功。）"衣养万物而不为主，可名于小"（养育万物而不据为养生主，可以名之为"小"）；"万物归焉而不为主，可名为大。"（万物归附而不充主宰，可以称之为"大"。）终以结语谓："以其终不自为大，故能成其大。"（正因为它终究不自以为大，所以能成就它的伟大。）

这一系列排比句，连续地赞誉了"道"（即宇宙）的力量、能量、功德以及豁达的态度。它不同于向来崇敬和顶礼膜拜的"天"。天有意志，有喜怒哀乐，对人间世事与人的行为，总要给予善恶报应的惩处、喜怒哀乐的处置，人们对天，敬之、拜之、畏之、供奉之、侍候之。但是，道（即宇宙）却决不如此。它生养了万物、养育着万物，无处不在、无地不到地育养，却从不居功自大。而正因为它不居功自大，却成其为大。它无喜怒哀乐，它对人间世事，不表鼓励与惩罚；它施予，不取报赏，它施予万物，不自恃有功，也不要求接受施予者的"知恩图报"。它"功勋盖世"而无法陈述，但淡定无言，"云行雨施而无私无欲无求"。

老子在此，排除了、堵塞了通向宗教的路途和门径，而只对"道"（即宇宙）的力量与功能予以肯定和赞颂。此前对宇宙进行了多方面的描述和论证，现在则对其力量、功能予以切实的肯定和赞誉。这是老子宇宙论的进一步陈述和论证。它再一次描绘、肯定了宇宙生养万物的能量和功绩，也再一次论证和赞誉了宇宙的既功不可没，又从不居功自傲。这与中国人向来崇敬、膜拜的"天"是完全不一样的。

老子在歌颂、赞誉宇宙的同时，往往提出"执道之士"如何循道而行，这就是将"道之德行"与"人之所应为"联系起来了，要人们根据道的行迹、事迹、德行去为人处世。这是从"道"到"德"的过程与预期。老子之论述、论证与歌颂"道"，总是和统治者的统治和人们的处世为人紧紧结合起来，这是他的哲学的人间气息、他的哲学的实用意义与价值。

有论者评析此章指出："《老子》中呈现了各种相反相成的

关系，非常精彩，包括'无'与'有'、'虚'与'盈'、'无名'与'有名'、'无欲'与'有欲'、'可道'与'常道'（不可道）、'可名'与'常名'（不可名）、'逝'与'反'等等。本章举出的一对名称是'小'与'大'，二者皆可用来指称'道'，是老子独特思维的体现之一。这与西方哲学的'理念'（柏拉图）、'实体'（亚里士多德）、'物自身'（康德）、'绝对精神'（黑格尔）等概念都不同，它们都不能同时用'大'与'小'来形容。'道'却可以。"①这段评析，尤其将老子哲学与西方自古至今之哲学比较论之，很有意义，对老子的认识与理解，颇具助益。

老子在这里提出了"三不"："不辞""不有""不为主"。表达了"道"（即宇宙）的无私、无己的本性，这是宇宙自然的本质。老子揭示、肯定了这一点。而老子的宇宙论，总是与人生世间紧密联系。这"三不"，落实到人类、落实到人间世事，就是人要有克己为人的境界。

在老子的词汇中，"不""弱""柔""母""牝""婴儿"等，都表现了一种宏博、深邃、自守、自然、自制、"无我"、"无私"、纯真的精神。老子运用这些词汇，来表达"道"，也是赞誉"道"，表现了"道"的这种自然本性；同时也是示意人类亦应如此，人类社会、人世间亦均须如此。这就是"天道即人道""人道应（因应）天道"。老子述"道"，常常随即"落实"于"人道"（人之道），这是他的哲学的独特与优长之处，非其他中外哲学可比。

注释：

① 黄朴民、林光华：《老子解读》，中国人民大学出版社，2011，第163页。

十三、淡乎无味 视之不见 听之不闻 用之不足既

（淡得无味 看它看不见 听它听不到 用它却用不完）

道德经·第三十五章

执大象，天下往。往而不害，安平太。

乐与饵，过客止。道之出口，淡乎其无味，视之不足见，听之不足闻，用之不足既。

河上公注："【执大象，天下往】执，守也。象，道也。圣人守大道，则天下万民移心归往也。治身则天降神明，往来于己。"

成玄英注："大象，犹大道之法象也。"林希逸注："大象者，无象之象也。"①

故可理解"大象"就是"大道"的意思，"执大象"就是"执守大道"。

这里首先论述"道"（即宇宙）的种种功能及其不居功自傲的自然态度，接着论述"道"（即宇宙）发挥其力量、兴起作用时的状态。首先是执守大道的情况："执大象，天下往。往而不害，安平太。"（如果执守大道，天下都来归顺。归顺便不会互相伤害，于是大家都和顺安泰。）接着便论述道发挥作用的无声无息的状态，指出："乐与饵，过客止。道之出口，淡乎其无味，视之不足见，听之不足闻，用之不足既。"[音乐和美食，能够使路人止步。但"道"的表现却是淡而无味，看它不见影，听它不闻声，（但是）用它却用之不尽。]

老子在这里，描绘了道（即宇宙）的品德与风格，它淡而无味，看它，看不见，听它，听不到，但是使用、运用却永远用不完。这是道的自然而然的风格与品德。老子在这里，当然不是一般地作宇宙的"道德颂"，他是揭示道（即宇宙）的自身禀赋。

这种禀赋与能量是自然的，没有目的、不显身影、听不到声响、不存在气味，一切就是这样的纯净、沉静。宇宙就是这样显现其存在与风度、风格的。人类每时每刻都在承受、享受宇宙的这种不言恩惠的恩惠。

老子这样描绘、歌颂的宇宙，是一个辽远、渺茫而清静，却博大精深，无所不能、无所不为的存在。它创生了万物、养育了万物、呵护着万物，但却悄无声息、渺无形影，不显山露水，更不恣肆张扬。老子既是这样道说、描述"道"的自然而然的风格美德，又借此施与人的教诲；人应该慕"道"、习"道"，而成"真人"。

宇宙的风格品德是自然而然的，无目的性、无主观性，无所追求却万事亨通，成就世界万事万物，而不居功自傲。老子的这种宇宙颂，既是对宇宙的认知，又是对宇宙对人间之施与育养的赞颂。同时，也是对人类的规训。老子讲宇宙之道，常常联系到人间之道。理论联系实际，处处显现，这也是老子宇宙论的特点、特殊意义与现实价值。

本章更具有老子"诗哲学-哲学诗"的韵味，颇有"一以咏之，二而托之"的韵味，颇具《诗经》意蕴与格调，可供吟哦，能予欣赏。这种文学的质素、诗意的韵味，是所有其他中外哲学家的著述所不具备的。

注释:

① 陈鼓应:《老子注译及评介（修订增补本）》，第 2 版，中华书局，2009，第 196 页。

十四、道常无为而无不为

（道总是不妄为所以无所不为）

道德经·第三十七章

道常无为而无不为。侯王若能守之，万物将自化。化而欲作，吾将镇之以无名之朴。无名之朴，夫亦将不欲。不欲以静，天下将自正。

老子在本章提出了"无为"的概念，又与之相连地提出"无不为"。对此命题与范畴，历来误解甚多、甚深。需要仔细辨析，方能正确把握老子的本意与深心。

何谓"无为"？

王弼注："道常无为/顺自然也。而无不为/万物无不由为以治以成之也。"

老子说："道常无为而无不为。侯王若能守之，万物将自化。化而欲作，吾将镇之以无名之朴。无名之朴，夫亦将不欲。不欲以静，天下将自正。"（道常顺应自然而不妄为，但却没有不是它所为。侯王若能持守它，万物就能自生自长。自生自长而至贪欲滋生，我就用道的真朴来镇定它。用道的真朴镇定它，就不会滋生贪欲。不滋生贪欲而得以宁静，天下于是自然回归安定。）

这里将"无为"纳入整体文本的语境中，本义、本意就很清楚了。上引王弼的解读甚为准确，老子之"无为"者，顺应自然也。

这里提出了老子著名的论断和重要哲思，即"无为无不为"。这"一反一正"的命题，需加细思深研，才能悟透其真义深意。而正因未能心领神会，一向引发误读误解："为何'无为'而能'无不为'？既然无为了，就什么也没有做呀！"在此误读误解的基础上，而至反对、弃置，以至拒老。

老子以诗性语言为文，往往导致这种误读理解的结果。此亦老子之不幸，此亦后之享读者之不幸。

"无为而无不为"，是老子的著名论断与哲学命题，含义深邃而言简意赅，故自古至今误读误解者众，因此而误老、避老以至弃老者，所在多有。但这一老子的具有中心意旨的论说，我们很需要认真体会，深研细究，得其真意。

倘若细读深思，把握老子的语言特点，从理解老子哲学之整体与深邃入手，切磋琢磨，深思细研，殆可得其要旨。老子之所谓"无为"，即王弼注所说"顺自然也"。"顺自然"的旨意就是"顺其自然""不要妄为""勿额外多事"。先且简易理解与诠释之，大意就是"不要妄自作为，顺应自然而为，那就没有什么做不成的"。

依据这种理解，对老子之"无为"这一独特而至关重要的哲学命题，历代以至现代，研读诠释老子此宏阔深邃命题的学术大家与老学专家，多所诠解细释。陈鼓应先生在其所著《老子注译及评介（修订增补本）》中，多所引用。为了更深入细致地理解、诠释老子"无为而无不为"的深邃意旨，特辑录若干，以飨读者。

陈鼓应在"无为"一词于第二章"处无为之事"句中首次出现时，对之有详细的注释，对解读、诠释老子"无为"的前人、学者的解析多所引证，兹转录如下，以求对老子的重要、主要命题"无为"有比较深入、细致的理解：

> 无为：不妄为；不干扰。
>
> 张岱年说："无为的学说，发自老子。'无为'即自然之意。"
>
> 霍姆斯·伟尔奇（Holmes Welch）说："'无为'并不是意指避免一切行动，而是避免采取一切充满敌意的侵犯性的行动。"（《道家》英文本第三十三页）
>
> 陈荣捷说："无为是我们行为的特异方式，或更确切说是自然方式。……无为之道乃自发之道。"（《中国哲学史话》，收在莫尔编《中国人的心灵》）

史华慈（Benjamin Schwarz）说："严复也将老子关于统治者'无为'的思想解释为：好的统治者应使人民自为。在人民的体力、智力和道德力充分发展的地方，富强必将实现。"（《严复与西方》）

福永光司说："老子的无为，乃是不恣意行事，不孜孜营私，以舍弃一己的一切心思计虑，一依天地自然的理法而行的意思。在天地自然的世界，万物以各种形体而出生，而成长变化为各样的形态，各自有其一份充实的生命之开展；河边的柳树抽发绿色的芽，山中的茶花开放粉红的花蕊，鸟儿在高空上飞翔，鱼儿从深水中跃起。在这个世界，无任何作为性的意志，亦无任何价值意识，一切皆是自尔如是，自然而然，绝无任何造作。"① （陈冠学译、福永著《老子》）

张岱年对老子"无为"说，还有详细的论述，亦摘引如下："老子的无为，是损之以求益：其后身，乃所以先身；其外身，乃所以存身；其不贵生，乃所以全生；其守柔，乃所以胜刚。慎到则只知损而不知益，只知后而不知先。老子言救物而不言随物，其无为守柔是主动的。慎到则完全随物，想做到一种全然受动的无为。老子的无为，是人的无为；慎到则欲自同于物，其无为是物的无为。"② 陈鼓应在对本章的"引述"中，如此解读评说："本章提示出理想的政治在于无为而自化（Self－transform）——让人民自我化育，自我体现。'静'、'朴'、'不欲'都是'无为'的内涵。"③ 这一评析虽简短，却准确。以"自我化育，自我体现"释"无为"，简洁恰当。

在本章的"注释"中，陈先生引证多位老学研究家的评析论述，尤具启发意义，兹均转引如下，以飨读者：

无为而无不为："无为"是顺其自然，不妄为。王弼注："顺自然也。""无不为"是说没有一件事不是它所为的，这是由于"无为"（不妄为）所产生的效果。"无为而无不为"即是不妄为，就没有什么事情做不成的。"④

范应元说："虚静恬淡，'无为'也。天、地、人、物得之以运行生育者，无不为也。"

冯友兰说："老子认为，从道分出万物，并不是由于'道'的有目的、有意识的作为；'道'是无目的、无意识的。他称这样的程序为'无为'，他说：'道常无为而无不为。'（《老子》三十七章）就其生万物说，'道'是'无不为'；就其无目的、无意识说，'道'是'无为'。"（《中国哲学史新编》）

张岱年说："道是自然的，故常无为。道生成一切，故又无不为。"（《中国哲学大纲》）

胡适说："'道常无为而无不为'，这是自然主义宇宙观的中心观念。这个观念又是一种无为放任的政治哲学的基石。"（《中国哲学中的科学精神与方法》）④

转引这些哲学大家的解析与论述，可以体认到一个认知，就是大家所见皆同，即"无为"不是"不做、不作为"，而是取"虚静恬淡"的态度，不擅自妄为；而"无不为"则是"没有什么事情做不成"。而就"道"来说，则是它生成万物了，是"无不为"；但它却是无意识、无目的的行为，是自然而然的，即是"无为"。胡适说"这是自然主义宇宙观的中心观念"；福永光司指出"无为"就是"不恣意行事，不孜孜营私""舍弃一己的一切心思计虑"，甚至以柳树的发芽、茶花的开放、鸟儿的飞翔、鱼儿的跃起为例，揭示"无为"的真实含义，就是按本心本义，自然而然地行事。可谓深心细密，释解明敏透彻。综上所引，解析清晰透彻，应是揭示了"无为"的本义深心，其于"什么也不做"，可谓"风马牛不相及"。

由此可见，老子这一番论述，简略扼要，言简意赅。不同于一般哲学家的著述，条分缕析，逻辑严密，述说透彻清晰。老子则是言既简之，意却深邃，蕴含丰富，却需细审体会，并加以联想、推断、想象，启发人们的知识、理智、想象力与推断。这是读老解老之难处，但又是解老领略其语言与内涵之深意妙思的"运思之乐""解构之慰"。这是研读其他中外哲学家的宏论大著所无从得到的。

本章是《道德经》的"道经"之结束，下章即转入"德经"。不过为了阐明"德"，有时不能不涉及"道"，故虽入"德经"矣，犹须涉"道经"也。

陈永栽、黄炳辉总结"道经"的内涵、意旨、特征与主要词语、要言，特别是专属语与独创词语等，颇为详备、周全，他们指出："老子论'道'的永恒性、玄妙性、普遍的适用性、深广的伟大功能性、有无相生性、体用的一致性、无私无欲无名无偏无功不争的品性；揭示'道'的'夷'、'希'、'微'、'恍惚'、'虚极'、'静笃'、'朴素'、'不矜'、'不骄'、'不伐'、'恬淡'、'柔弱'、顺乎自然的形态特征；又论述'道'与阴阳、天地、万物、'德'、圣人、侯王的关系，又谈论'道术'的运用。《道经》内容十分深邃、复杂而丰富。但都由'道常无为，而无不为'这个核心思想所派衍和生发，所以'道常无为，而无不为'成为老子'道'思想体系的主轴。"⑤

这段对于老子《道经》的总结性评述，提纲挈领、详备周全，颇得要领，分析细密，对于总体性了解《道德经》前三十七章的内容、要义，以及词语、专属名词、独创命题性名词术语等，均罗列全备，解析到位，颇有利于读者掌握老子《道经》的总体精神与哲学思维。

刘笑敢则从语言学、老子用词的特征，分析、解读老子"无为"的概念真意与蕴含，颇具新意，也摘要引录之。他指出："无为实际上包括了或代表了无欲、无争、无事、不居功、不恃强、不尚武、不轻浮、不炫耀等一系列与常识、习惯不同或相反的行为和态度，也可以说是一系列非世俗、非惯例的方法性原则。可见无为不是一个清晰的单独的概念，而是一个集合式的'簇'概念，借用孟旦（Donald Munro）的术语，可以称之为'概念簇'（Munro 1977, Chap. 2.）。它包括或代表了一系列与通常观念不同的处世方法和行为态度，其内容不是单一的词汇可以定义或包括的。"⑥此处提出"概念簇"一词，其概念很富含义，用来形容老子的"无为"，甚为恰当。这说明"无为"者，包含众多的"无"字当头的词汇，均为"无"字所形容，定其意旨。如此解读、理解老子的"无为"，殆可深入一步。

引述至此，我仅补充一点：所有上述老子《道经》的内涵意

走向老子哲学世界

蕴，都是以诗性语言，独创词语，委婉曲折、幽深徊还、象征蓄意、提纲挈领、似吟类咏，以此种语言、语意出之，不同于一般、独特地陈述、比譬、引导、提示而出，大不同于中外所有哲学家的哲学著述，为老子所独创，前无古人，后无继者。对于后学的人们来说，其优点胜出在于此，其难懂易误读亦在于此。

老子的"无为而无不为"的深邃哲思，以其语言的深沉含蕴，虽然每每遭人误读误解，但它却是非常重要、非常深刻的命题，世人处世为人，在人间存活，实现自身的存在，若能体而用之，是能够处事成功、处世顺畅、为人善交、于己顺遂、于人友善、于事业成全、于社会有益的。这是中国人的高层智慧。从历史上看，有私意秉承施行者，得成功与成就，具有实例；"力为而拒不为"者亦有之：他们均为后人提供了教训与教益。

注释：

①陈鼓应：《老子注译及评介（修订增补本）》，第2版，中华书局，2009，第62-63页。

②张岱年：《中国哲学大纲》，商务印书馆，2015，第445页。

③陈鼓应：《老子注译及评介（修订增补本）》，第2版，中华书局，2009，第204-205页。

④同上书，第203-204页。

⑤原载陈永栽、黄炳辉：《老子章句解读》，上海古籍出版社，2001，第164页；转引自黄朴民、林光华：《老子解读》，中国人民大学出版社，2011，第177页。

⑥刘笑敢：《老子古今》，中国社会科学出版社，2006，第637页。

十五、上德不德，是以有德 下德不失德，是以无德

（上德的人不自恃有德是真实有德 下德的人刻意求德所以是无德）

道德经·第三十八章

上德不德，是以有德；下德不失德，是以无德。

上德无为而无以为；[下德无为而有以为]。

上仁为之而无以为；上义为之而有以为。

上礼为之而莫之应，则攘臂而扔之。

故失道而后德，失德而后仁，失仁而后义，失义而后礼。

夫礼者，忠信之薄，而乱之首。

前识者，道之华，而愚之始。是以大丈夫处其厚不居其薄；处其实，不居其华。故去彼取此。

本章是《德经》的首篇，老子开篇即直接进入主题，为"德"定义、定性、定规、定正误与得失。不过，其论"德"，亦涉及"道"，因为"德"是"道"的体现与实现。"道""德"本不可分，是"联体二分"格局。故《德经》论"德"的同时亦论及"道"，论"德"不可不论及"道"。

老子指出："上德不德，是以有德；下德不失德，是以无德。"（上德之人不自恃有德，所以是实际有德；下德的人尽意求德，所以没有达到德的境界。）这就是说，"上德之人"是自然而然地达到"德"的境界，是自觉地执"道"，而达到"德"；而尽意求德、显德之人，就不是真的"德"，达不到"真德"的境界，也就离"道"而去了。老子在这里把"道"与"德"的关系陈说得很清楚了：自觉而不自恃地执行、实施"道"，就是"德"，而且是"有德"；相反，尽意自恃有"德"，就是"失德""无德"。这里的界限，就是"有意""自恃"与"无意""无为"之分。

在这里，老子又一次"顺便"陈述了"无为"的真实含义——不要"求德""显德"，即"无为"，那才是真正的"德"。

老子接着由论"德"之真义、真意，连及"仁""义""礼"，指出："上仁为之而无以为；上义为之而有以为。上礼为之而莫之应，则攘臂而扔之。"（上仁的人有所作为而没有刻意表现；上义的人有所作为而是有意为之。上礼的人有所作为却得不到回应，就揎袖伸胳膊让人强从。）这里，区分真德、真仁、真义、真礼的界限，就是"无为"还是"刻意"、"有所为"还是

"无为—无所为"。"道"是体，"德"是用，执道施道，就是"德"，"道"是基底，"德"是实现、表现。有所为、有意为之、刻意表现，就不是真的"德"，非"道"也；无所为、无追求，就是真德，是实际、实在的"道"的体现与实现。

这里，实际上是以事实、实例，进一步诠释了"无为"的真义。在这论"德"的首篇，老子把"道"与"德"的关系申说得清楚明白。这是既说"德"又论"道"。从这里，可以进一步认识"道"的深意、"道"的本质，又开始理解"德"与"道"的"连体整合"的关系以及"德"的深意真义。因此，使人们既进一步认识、理解"道"，又初识"德"的含义，尤其是"德"与"道"不可分的关系。

在这里，老子还"顺理成章"地、连类而及地论及"仁"与"义"及"礼"。他指出："故失道而后德，失德而后仁，失仁而后义，失义而后礼。"（所以丧失道之后就会失去德，失去德之后就会失去仁，丧失了仁就会失去义，丧失了义就会失去礼。）最后，竟郑重而言："夫礼者，忠信之薄，而乱之首。"（礼这个东西，忠信的不足，祸乱的开端。）此处，重矣，老子之言，深哉，老子之意；但老子并非危言耸听，更不是或人们所说，老子"反孔"。老子的深意是，在春秋那个战乱频仍、道德崩毁、人心慌乱的时代，所谓"仁""义""礼"，都只是虚伪的作态，实际是反其道而行之，仁义礼其貌，实为"忠信之薄"，祸乱假其以酬，虚伪掩其面目，故难免为"乱之首"，是以老子猛烈抨击之、呵斥之，而呼吁"敦厚""笃实"。老子说："前识者，道之华，而愚之始。是以大丈夫处其厚不居其薄；处其实，不居其华。故去彼取此。"（所谓超前的预见，不过是道的虚华，从而是愚昧的开始。所以大丈夫立身敦厚，而不居于浇薄，存心笃厚而不居于虚华。所以舍薄华而取厚实。）

河上公注："【是以大丈夫处其厚】大丈夫谓得道之君也。处其厚者，谓处身于敦朴也。【不处其薄】不处身违道，为世烦乱也。【居其实】处忠信也。【不居其华】不尚［华］言也。"据此可知老子之所谓"处其厚"的意思，就是要处身敦实厚朴，而排除违道造乱；"处其实"，就是要守忠信；"不居其华"，就是不崇尚虚情假意、花言巧语。

老子针对那种"虚假掩饰真谛、成为愚昧的开始"的祸乱现象，提出针对性的纠偏立"德"的方略：以"敦厚"对"浇薄"、以"笃实"对"虚华"。

陈鼓应在本章的"引述"中评述道："老子从居心上来分'道'、'德'、'仁'、'义'、'礼'这几个层次。无形无迹的道显现于物或作用于物是为德（道是体，德是用，这两者的关系其实是不能分离的）。老子将德分为上下：上德是无心的流露，下德则有了居心。'仁义'是从下德产生的，属于有心的作为。已经不是自然的流露了。到了礼，就注入勉强的成分，礼失而后法（古时候'法'实内涵于'礼'），人的内在精神全然被斫伤。""在老子那时代，礼已演为繁文缛节，拘锁人心，同时为争权者所盗用，成为剽窃名位的工具，所以老子抨击礼是'忠信之薄而乱之首'。老子一方面批评礼对于人性的拘束，另方面向往于道的境地——自然流露而不受外在制约的境地。"①这里指出了"真德"与"假德"的用意与高下的分置。自然而然地笃实去做，是为真"德"；有意为之，"浇薄""虚华"，就不是真的"德"。

老子在此《德经》首篇，着重讲"道"与"德"不可分的关系：道是基底，德是体现，即"道是体，德是用"，因此，"用"（即"德"），同时，又要体现"体"（即"道"）的性质、方向、"风格"，这就是此处所表彰的"敦厚""笃实"，而弃置"虚华""浇薄"，弃置虚伪、作态，引发祸乱的伪作虚行，即"仁""义""礼"。由此可推论，老子在《德经》首篇宣讲的主题是"德"，但他首先论定"德"与"道"的"用"与"体"的从属关系、基底与体现关系；故此，他同时宣讲了"道"的基质品性，即"敦厚""笃实"。在此，老子还陈述了"有为"与"无为"的关系，就是去"有为"、取"无为"，即再次强调"无为"（即听任"自然而然"）的精神品性，以此使民回归素朴，而去除"虚华""浇薄"。

老子论"德"又进入"无为""有为"之辩。执德、行德，

亦同于"道"，行"无为"之"为"，不执"有为之为"。这是
"道"的本性，在"德"中的体现、实现。特别是老子对"仁"
"义""礼"作了沉重、严厉的批判：这三者均属"有为"，而这
种"有为"，在春秋时代的社会环境中，在"春秋无义战"的长
期战乱中，在人民遭受剥削、劳役、充军征战等困厄与灾难之
时，"仁""义""礼"，均成为虚伪、做作，以此三者为面具，
而行反其道而行之的遮羞布，所以必得批判之，以实现真实的
"德"，以实现真正的"道"。老子在《德经》首篇，便谆谆教
诲："是以大丈夫处其厚不居其薄；处其实，不居其华"，要"去
彼取此"。这是把"厚"与"薄"、"实"与"华"分置论列，
而重"厚""实"、去"薄""华"。

"处其厚""处其实"，就是大丈夫之"德"。谆谆教诲，遗
训于后，惠泽万世。

注释：

①陈鼓应：《老子注译及评介（修订增补本）》，第 2 版，中华书局，2009，第
211 页。

十六、反者道之动 弱者道之用 万物生于有
　　 有生于无

（道的运行是循环的 道的作用是柔弱的 万物生于有 有生于无）

道德经·第四十章

反者道之动；弱者道之用。

天下万物生于有，有生于无。

在《道德经》第四十章中，老子又提出："反者道之动；弱
者道之用。"（道的运行是循环的；道的作用方式是柔弱的。）接

着，便提出一个宇宙生成论的论断："天下万物生于有，有生于无。"（天下万物都生于有，有则生于无。）这一关于世界万物的生成论断，在当时真是有石破天惊之惊诧与危险，但是老子却以巨大的勇气，以简洁之至的语言，冲口而出：是的，有生于无，天哪地呀，都是如此，"生于无"！

这章的内容，简略而厚重，在对"道"（即宇宙）的诠释中，至关要冲。它提出并诠释了宇宙之中天地万物，从何而来，即万物的本根"为何物"，"它何在"。

张岱年指出："宇宙中之最究竟者，古代哲学中谓之为'本根'"；"老子是第一个提起本根问题的人。"①

老子不仅提出了一个宇宙的"本根"问题，而且给予了斩钉截铁的论断：这个"本根"是从"无"中产生出来的。前已述及，老子这一关于宇宙生成的问题的论断，是符合现代宇宙学理论的。

老子在这里还提出了一个新的哲学概念，即"无"的概念。这在哲学史上，也是一大贡献，也具有石破天惊的力度。对此，治中国哲学与中国哲学史的诸多学者，均给予了很高的评价和赞誉。胡适在他所著《中国哲学简史》中首先指出："老子是最先发现'道'的人。这个'道'本是一个抽象的观念，太微妙了，不容易说得明白。老子又从具体的方面着想，于是想到一个'无'字，觉得这个'无'的性质、作用，处处和这个'道'最相像。……所以老子所说的'无'与'道'，简直是一样的。"②

任继愈给予老子所创立的"无"的概念以崇高的评价，其长篇评价足可视为"论'无'"，现摘引如下：

> 老子提出了"无"，是一次飞跃。
>
> "无"这个概念具有"有"所不具备的"实际存在"，总称为"无"。"无"并非空无一物，它与"有"都具有总括万有的品格。老子称之为"无状之状，无物之象"（十四章）。它不同于"有"，所以"视之不可见，听之不可闻，搏之不可得，此三者不可致诘，故混而为一"。对这个"负概念"给以特殊的名称，有时称之为"无"；因为它具有规

118

律性，也称为"道"，"无"也是"道"，"道"也是"无"。

老子的"无"不是停留在描述性的"没有"的阶段，"无"并不是存在消极面的，而有它实际多样性肯定的涵义，有现实作用，有可以预测的后果，在日常生活、政治生活中一刻也离不开它。"无"的发现，为人类认识史上开了新生面，非同寻常。

楚墓竹简书写的"无"。同一部竹简上，前部简作"亡"，后部简作"无"。这个书写的改变，并非偶然。因为"亡"的涵义为"没有"，后起的"无"字，则表示哲学抽象概念的出现。……

老子思想深刻可贵之处在于从纷乱多样的现象中概括出"无"这一负概念，把负概念给予积极肯定的内容。……

总之，老子发现、提出了"无"是一大贡献，功不可没。[③]

这一对老子创立"无"的概念的重大的、划时代的意义的论述，郑重地论证了老子在哲学思维上的重大贡献与重大意义。

接着看老子如何运用"无"的概念，来论述他的深邃哲思。老子说："反者道之动；弱者道之用。天下万物生于有，有生于无。"此四句话，简略至极，仅仅21个字。但其蕴含却极为丰富、深沉、精粹，从宇宙学的角度看，简直是根本性的阐释。首先，认定道的运动形式是循环的（"反者道之动"）；而道的作用则是柔弱的（"弱者道之用"）。然后，得出结论："天下万物生于有，有生于无。"（天下万物都是产生于有，而有则产生于无。）

这最后一个论断——"天下万物生于有，有生于无"，短短一句话语，11个字，身怀万钧之力，具石破天惊之功，说出来是需要巨大的勇气的。

我们不妨倒过来理解和诠释，即先是"有生于无"。这从现代宇宙学的观点来审视，老子的观念、论断，是正确的，是真理。那就是：宇宙本来不存在（"无"），是在大爆炸之后产生的，其中，充满了物质与反物质粒子，等到这种物质冷却下来之后，就集合起来成为最早的星系，以后再陆陆续续产生了宇宙万物。这不就是"有"——宇宙及其产生的万物，都是从"无"中产生出来的吗？也就是说，先是"无"产生了"有"，而后"有"又产生了万物。这是宇宙论（宇宙从何而来）和生成论（万物生成之本根）两者的结合。

老子这短短一个判断短句，表述了一个"惊天动地""宏大无比"的大陈述、大论断，而他的语气十分肯定，语气决断、语意铁定，就是"天下万物生于有"，而"有"呢？则生于"无"。面对传统的上天生万物、主宰人类命运，生死存亡喜怒哀乐皆决于上天的观念，在传续久远、信仰笃实的民族思想信仰面前，如此反其道而断言之，确实需要手持真理而勇决无惧的气概，方能为之。老子坚定不移、简洁而决断地声称：天下万物生于有，而有生于无。而且，循环是道的运动，柔弱是道的作用。

老子说："反者道之动；弱者道之用。"接着，便提出一个宇宙生成论的论断，即"天下万物生于有，有生于无"。

这个结论，老子敢于如此坚决、直白地宣布，肯定是经过长时间对于天宇的观察和思考，不经深思熟虑，是绝不敢这样决断而言、肯定无误地宣称的。

但老子不仅提出了一个宇宙的"本根"问题，而且给予了斩钉截铁的论断：这个"本根"是从"无"中产生出来的。前已述及，老子这一关于宇宙生成的问题的论断，是符合现代宇宙学理论的。宇宙本无，是经历一次大爆炸，才产生了现在的宇宙。这个宇宙，经过以亿为单位的天文年，逐渐生成发展起来，陆陆续续产生了难以计数的星系星座和宇宙万物，包括地球上数不尽的，包括全部动植物在内、包括人类自身在内的物体；他们、它们都是宇宙的产物，都是从无到有地生成发展的。老子还未曾作出详细的接近现代宇宙学的陈述与理论，但是，确实已经从根本意义上，道及、说明这个宇宙生成发展的行迹、理路与原则。他确实写出了一个宇宙本根论的简洁篇。值得一说的是，这个简洁篇，是以诗一般的语言和结构文本，呈现于世的。它具有鲜明的特色与优点。

老子在这里，还提出了一个新的哲学概念，即"无"的概念。这在哲学史上又是一大贡献。治中国哲学与中国哲学史的诸多学者，均给予了很高的评价和赞誉。

张岱年详论"有"与"无"之间深刻微密的关系，指出："无乃天地之始之名，有乃万物之母之名。无是物之根本的原始，而不能生物；有乃能生成众物，而为万物之母。妙是微有，徼是微空，观无中之有，有中之无，然后知有无非绝对的对待，而实同出于道，不过一以名天地之始，一以名万物之母，分别指名道生万物之历程之二阶段而已。道是反之所以，由道乃有有无之对待，由道乃有由无生有之历程。老子又说：'有无相生'（《上篇》）/有生于无，无亦生于有。万物莫不复归其根，即莫不归于无。由无而有，亦由有而无。老子认为有无同出于道，道实超乎有无而为有无之所本。"④

陈鼓应则指出："'天下万物生于有，有生于无。'这里的'有''无'即意指道，和第一章同义。'无''有'乃是道产生天地万物时由无形质落向有形质的活动过程。这里是说明天下万物生成的根源。"⑤

我们还可以进一步深刻思考"无"与"有"的关系以及"无"的功用、哲学意蕴。社会运行中，创业开辟中，人生起步时，都有一个从"无"到"有"的过程，如何利用"无"，从"无"中开辟道路，创造出"有"来，而且在行进的途中，不断处理"无"与"有"的关系，均有一个从哲学思考到行为实践的过程。

老子这种"道"从"无"中生"有"的论断，排除了上帝创造一切的思维，阻断了宗教产生的路途。在认知方向上，符合现代宇宙学的理路。作出这一论断，也是需要坚持真理的大智大勇的。为宣布真理而直言不讳，而娓娓道来，老子突出地表现了这一点。

本章仅仅四句话21个字，却说出了这样有史以来的第一个论断，而且是关于天下万事万物从何而来的这样一个宇宙本根性的大问题，不经过细密观察、深思熟虑，确信已经掌握真理，是决不敢如此简言而决断提出的。这一章，是老子宇宙论的又一个重要论说，他的结论简短有力，斩钉截铁，无可疑义。

刘笑敢论说老子"无"的概念时首先指出："西方哲学从古希腊时期就开始了概念、命题、推理式的论证，而且成为他们的主流。中国哲学在很长时间内都以答问、格言、比喻、类比、寓言等形式为主进行说理和论证。严格意义的论文比较少，因此运用概念比较少。""老子把'无'改造成了哲学概念"。"以'无'作为宇宙的总根源是很高的理论思维水平产物，比四大（地、水、火、风），比梵天，比上帝都有高明和深刻之处。"他还指出："老子哲学似乎与科学毫不相干，但是二十世纪以来的天体物理学家却很容易发现老子之道以及老子的万物生于无的思想和现代宇宙论是相通相似的。"⑥这里指出的老子建立"无"的概念的意义，特别是他的"道"论与现代科学、现代宇宙论的"相通"与"相似"，其意义真是不可低估，也提高了我们对老子哲学的深入理解。

注释：

①张岱年：《中国哲学大纲》，商务印书馆，2015，第64、79页。

②胡适：《中国哲学简史》，台海出版社，2017，第42-43页。

③任继愈：《老子绎读（汉英对照）·前言》，商务印书馆，2009，第4-6页。

④张岱年：《中国哲学大纲》，商务印书馆，2015，第243-244页。

⑤陈鼓应：《老子注译及评介（修补增订本）》，第2版，中华书局，2009，第220页。

⑥刘笑敢：《老子古今》，中国社会科学出版社，2006，第451-452页。

十七、明道若昧 道隐无名 夫唯道善贷且成

(光明的道好似暗昧 道幽隐而无名称 唯道善施与万物使它完成)

道德经·第四十一章

上士闻道，勤而行之；中士闻道，若存若亡；下士闻道，大笑之。不笑不足以为道。故建言有之：

明道若昧；进道若退；夷道若纇；上德若谷；

大白若辱；广德若不足；建德若偷；质真若渝；

大方无隅；大器晚成；大音希声；大象无形；道隐无名。

夫唯道，善贷且成。

在这一章里，老子又用特殊的手法、比譬的隐喻、对比的手法、辩证的论说，陈述、论证了道的另一种面貌、另一种性质、另一种风范。在老子笔下，宇宙又以另一番风范临世显现。

首先是树立几种不同的对"道"的态度，以启迪后续的论列。他揭示："上士闻道，勤而行之；中士闻道，若存若亡；下士闻道，大笑之。"（上等人士闻听道，努力去实行；中等人士闻听道，将信将疑；下等人士闻听道，哈哈大笑。）然后，以反讽的语气说道："不笑不足以为道。（唉，不被嘲笑，那就不足以成为道。）

他以几种对"道"不同的态度开篇。上士、中士、下士三种人，表现了绝不相同的对"道"的态度。特别是描画了下士的态度——"大笑之"，说明其对"道"的无知、表现的态度之浅薄与恶劣。这是世俗中为数甚众的对"道"的认识和态度的写照。老子以"大笑之"一语，表达了对"大笑之"的人们的大笑之的回应。接着便指出："不笑不足以为道。"意思是，易于认知则无人失笑；不易认知，意涵深蕴，难为人知，故引发嘲笑。而事

实是应该引发嘲笑的人，就是那"大笑之"的人。

正因为有这样几种不同的对"道"的态度，反映了"道"的不易认知，而其中原因，就是"道"的体现形相有其特异之处。那么，"特异"的表现是一种什么形态？接着就具有针对性地陈述、论证道的性质、功能、作用与"风度"。他借用古之"建言"来申说这一系列的道理。

关于"建言"，任继愈注解说："'建言'可能是古代的现成的谚语，或歌谣。或以'建言'为书名，但老子博学，他有意不引古书，此说无据。"①

"故建言有之：明道若昧；进道若退；夷道若纇；上德若谷；大白若辱；广德若不足；建德若偷；质真若渝"（所以古时候的格言这样说：光明的道好像暗昧；前进的道好像后退；平坦的道好像崎岖；崇高的道好像低下的川谷；最纯洁的心灵好像含垢的样子；博大的德好像不足；刚健的德好像懦弱的样子；品性纯真好像随机变化的样子）。这是申说一系列事物内外正反的现象。接着又指出："大方无隅；大器晚成；大音希声；大象无形；道隐无名。"（最方正的好像没有棱角；贵重的器物总是最后完成；最大的乐音反而听不到音响；最大的形象反而见不到形迹；道幽隐而没有名称。）这一段描写揭示了一系列现象与事物的内外、正反的表现，它们均是内外不相符、形相内正外反。这一系列事物、现象的内外表现相反，揭示了一种事物、现象的辩证关系：所见是"暗昧""后退""崎岖""川谷""含垢""不足""懦弱""随机变化""没有棱角""最后完成""无音响""不见行迹"；事实上却是相反，它们是："光明""前进""平坦""崇高""纯洁""广大""刚健""品性纯真""最方正""最贵重""最大乐声""最大行迹"。老子列举这一系列事物、现象的外反内正的表现，是为了对"道"的形象、内质作一个类比的证明。故得出结论："道隐无名。"（道幽隐而没有名称。）最后，总结而言："夫唯道，善贷且成。"

河上公注："【夫唯道善贷且成】成，就也。言道善禀贷人精气，且成就之。"

王弼注："道隐无名，夫唯道善贷且成。凡此诸善，皆是道

走向老子哲学世界

之所成也。在象则为大象，而大象无形；在音则为大音，而大音希声。物之以成，而不见其形，故隐而无名也。贷之非唯供其乏而已，一贷之则足以永终其德，故曰'善贷'也。成之不如机匠之裁，无物而不济其形，故曰善成。"

故上句意为："只有道，善于施与万物使它得以成全。"

老子通过上述一系列事物、现象的辩证关系，揭示了"道"，也就是宇宙的形相，它的面貌是幽隐、暗昧、内敛、含藏的，不易辨识，难识真相，更不易知其内蕴。所以才有"中士"的"闻道"而"若存若亡"，以至"下士"的"大笑之"。

老子这样一系列的陈述，描绘、比譬了"道"的形相与内质，以及内在与外表的相反相成的形相。而这一切均可贴切地描述宇宙的真相。它与宇宙的形相基本符合。宇宙正是如此。它好似"暗昧"，但它是光明的；虽然我们肉眼看不到它，但它是光明的；不仅光明，而且其亮度是人眼所不能承受的，更不要说接受；它是前进的，而且天天、日日、时时、分分、秒秒都在前进，但是人类觉察不到它的前进，只觉得它好像在倒退（日出而升，日落而沉，好似在倒退）；进入道的道路是"平坦"的，人类使用高科技手段，窥测、观察宇宙可以做到这样，但是用肉眼观看，那是困难的，道路曲折；宇宙实现而产生的"德"，好像低下的川谷；宇宙无私无我产生的万物的心灵，好像含垢的样子；"道"（即宇宙）之实现的"德"，好像还有不足；刚健的宇宙好像懦弱的样子；宇宙的品性纯真，但看起来好像随着万事万物的变化而变化。这是宇宙变幻无遗、正反转换的形相。

老子在这里也是一种观察与猜测交融的陈述和描绘，为了突出这种宇宙形相的写状，他采用了比喻、比拟的陈述，说：这好似最方正的没有棱角、贵重的东西最后完成（露出真相）、最大的乐声反而听不到声响、最大的形象反而看不到行迹。这一切，就是"道"的幽隐的形状；"道"就是这样无心无形无迹地生成、育养万物。

老子的这一系列描写，绘声绘影地陈述、描绘了宇宙的形相与作用。

比如，"大音希声；大象无形"这两个短句，优雅深邃，意思是：最大的音乐声好像没有音响；最大的形象却反而见不到影像。这种辩证的意蕴，蕴含着绝妙的真谛。宇宙正是这样的。它有最大的声响，但我们听不见。比如，2016年科学家观察发现（谛听到）的引力波的声响，那是真正的"大音"，它是两个黑洞相撞而产生的声音，它在宇宙空间"行走"了13亿光年才到达地球，为人类所谛听到，但是，这个所谓"听到"，是科学家依凭高科技器械才听到的，人们自己凭耳朵是"听而不闻"的。这不正是大音希声的实际证明吗！"大象无形"（最大的形象反而看不见行迹），宇宙不就是这样吗？它宏大得无边无沿，人类无法测量以至形容它的宏大，但是，我们却看不见它的行迹，只是日见那蓝天白云变幻，那日月星辰的转换，而那宇宙中的无数行星、恒星，以及黑洞等，我们全都视而不见。宇宙正是这样，辅助万物发展、成长，但幽隐无名。

当然，老子那个时代，是不存在看到、理解并科学地揭示这一切的。这一切应该是一种推测、一种直觉。凭着这种天才的直觉和猜测，达到这样的高度，这正是老子哲学的觉醒和哲学的高明。

他达到了时代的最高峰。

老子的这一切陈述和描绘，都是以诗性语言，娓娓而言地吟诵式表达出来的。那从"明道若昧"到"质真若渝"的描绘；那从"大方无隅"到"道隐无名"的形容，是多么贴切而深邃，它们形象地、贴切地陈述了、描绘了宇宙的形相和特征。其诗性语句，四字一句，逐一排比，音韵调谐，语句敦促，意象变幻，构成诗性哲学、哲思连绵，实是中外古今唯一的诗哲学、哲学诗，辉耀中外哲坛的一朵美丽的思想之花。

这段诗性哲学篇章中，那句"大音希声；大象无形"，演变为中国美学的原创概念和规律，为中国美学家和艺术家的指导思想，被广为应用，成为中国各个种类艺术家的美学思想与创作意蕴的根本性思维。其中，"大器晚成"也成为中国对年纪较大后才成名的各类成功人士的赞誉词，是流行的成语，被广泛应用。这是老子的锦句名言进入民族小传统的又一例。

注释:

①任继愈:《老子绎读（汉英对照）》, 商务印书馆, 2009, 第 238 页。

十八、道生一 一生二 二生三 三生万物

道德经·第四十二章

道生一，一生二，二生三，三生万物。万物负阴而抱阳，冲气以为和。

[人之所恶，唯孤、寡、不穀，而王公以为称。故物或损之而益，或益之而损。人之所教，我亦教之。强梁者不得其死，吾将以为教父。]

在本章中，老子又提出"道生一，一生二，二生三，三生万物"的宇宙发生论与生成论的论证。

这是典型的宇宙发生论与生成论，对于此章内容的诠释，所在多有，各有异议。在此引述几种解读，以供参阅。

陈鼓应诠释为："道生一，一生二，二生三，三生万物：这是老子著名的万物生成论的提法，描述道生成万物的过程。这一过程是由简至繁，因此他用一、二、三的数字来代指。老子使用一二三的原义并不必然有特殊的指称。正如蒋锡昌所说的：'《老子》一二三，只是以三数字表示道生万物，愈生愈多之义。'（《老子校诂》）"①

这一释义甚为平实，殆符合老子原意。此处如以"一"代"道"，则二、三之义，就是由一而接续为二、三可矣，不必求实地追问，求释二是什么、三又是什么。老子之著，是诗性哲学，而非逻辑性、形而上学的论说，其象征性、模糊性、多义性，希冀解读者、诠释者去心领神会、猜度拟议者，所在多有，如句句

求实，则难矣哉解老！

此段，是老子哲学重点中的重点，是申明、论述道（即宇宙）的最重要、经典的论述。而对这段论述的解读与诠释，却众说纷纭，其中主要的是如何理解和诠释此处之一、二、三究竟何所指。而其所指不同，意义与意旨亦相背异，这对理解老子的宇宙论，也就颇为不一致。

关于老子的这段论述，有多种解读与诠释；但是，多种不同中，又有一致。张岱年认为："一是浑然未分的统一体，二即天地，三即阴阳和盅气，由阴阳与盅气生出万物。由道乃有阴阳之相反相生而化成万物。……道生一，既生一之后为有此一，未生一之先则无此一。一、二、三皆是有，一尚未生为无。有先于物，而无先于有。然有无实同出于道，道乃有无对待之所以。"

陈鼓应如此解读："本章为老子宇宙生成论。这里所说的'一''二''三'乃是指'道'创生万物时的活动历程。'混而为一'的'道'，对于杂多的现象来说，它是独立无偶，绝于对待的，老子用'一'来形容道向下落实一层的未分状态。浑沦不分的道，实已禀赋阴阳两气，《易传》所说一阴一阳之谓'道'。'二'就是指道所禀赋的阴阳两气，而这阴阳两气便是构成万物最基本的原质。道再向下落渐趋于分化，则阴阳两气的活动亦渐趋于频繁。'三'应是指阴阳两气互相激荡而形成的适均状态，每个新的和谐体就在这种状态中产生出来。"②

刘笑敢则如此诠释"一、二、三"："（其中）'道'、'一'、'二'、'三'是什么，老子没有讲明，我们也不必将其限定为具体之物或特定概念。老子所要表达的可能正是普遍的抽象的宇宙生成、演化的模式或公式，反映的是对宇宙从无到有、从少到多、从简到繁的变化过程的推论和认识。这种符号性和模糊性的表达正反映了《老子》作者思想的深邃和谨慎。"③这种解读，我以为比较符合老子原意。老子并无以一、二、三来具体所指何物的意思；如有所指，自可指出明言之，何以以数字表之，明言并无所忌亦无应避。

在另处，刘笑敢仍有进一步的探讨，颇富启发意义。他指出，按《说文》的释义，"生"，"进也"，像草木生出土上，

"生"在古代有生出、生育、产生、发生等意思。因此，"生"具有"在先"的意思，而不是"母生子"之义。④他还进一步诠释说："道之生是从原初的模糊不定的状态氤氲演化式的生，是从无到有、从简到繁、从少到多，逐步繁衍扩散式的生。"⑤

我们还可以以现代对"生"字的释义与平常使用"生"的意涵，来理解老子所说"生"的含义：现代生活中，人们时有所言，"别无事生事""无事生非""某某人、某某地，又'生'什么事了"等，均非"生产"之义，而是"发生"之义。

牟钟鉴则将此处"一、二、三"之义诠释为："老子认为原初宇宙是无的状态，此即是'道'；尔后由无转为有的世界，但混一未分，此即是'一'；从混沌中分化出阴阳两种对立的力量，形成天与地，此即是'二'；阴阳交感、天地合和，形成各种矛盾的统一体，此即是'三'；各种矛盾的统一体进一步形成千姿万态的事物，此即是'万物'。所以宇宙发生的过程可以简约为道→一→二→三→万物。但绝对不能在'三'之后再加上'四'，因为'三'不是数学序列，它有特定的含义，即是'冲气以为和'的和气。"⑥这一解读，自成系列，"顺理成章"，自有合理的解读价值，足可帮助理解老子的论说。不过，老子不习用"阴阳"概念，而是采用"牝牡"之说，似应注意。

另有解读则为："'道生一、一生二、二生三'，只能算是一个普遍的、抽象的生成、演化公式，是对宇宙从无到有、从少到多、从简到繁之演化过程的概括而已。早期道家有时也会描述一些发生的过程，但依然比较抽象。"⑦

综上所述，对老子的"道生一，一生二，二生三，三生万物"的解读诠释，各有其义、各有其理，解读的方向一致，但析其义理则各有不同。虽不一致，但能各取所需。在这里用得着罗兰·巴特尔的理论了。他说，文本出现了、供读者阅读了，作者就"死亡"了；他的文本将由各种不同的读者去解读、诠释。不过，作者的文本提供了"原意"，读者的阅读则是解析作者的"原意"，然后在"原意"的基础上诠释自己的"意义"。这就是所谓"一千个读者有一千个哈姆雷特"吧。依此说，我们就可以对"众说纷纭'的关于老子"道生一，一生二，二生三，三生万物"的论述，取"综合接受，各取所需"的态度，取自己能够接受的解说之义理，而接受之。

　　以上所引，诠释了老子所指"一""二""三"的基本意旨与意指，我们且取其总意蕴来说，那就是"道"产生了"一"，由"一"产生了"二"，又由"二"产生了"三"，"三"则产生了万物，总体意思就是从"无"到"有"、从少到多。这是"一"，而后又由"一"产生了"二"，再由"二"产生了"三"，"三"再接着产生新的物，它不断地产生，以至产生万物，直至无穷。老子在这里所描述和体现的正是宇宙发生、演变、生生不息的状态和事实。宇宙正是由于大爆炸而从"无"到"有"地产生了，而后就接着不断地产生各种新的物质，各种星系、各种黑洞，以至物质与反物质、暗物质以及暗能量，万物迸发，生生不息，不绝演变。现在，仍然在产生新的星体、黑洞。据报道，现在科学界对原来毫无知晓的暗物质、暗能量，已经有了初步的了解；而且科学界又发现了新的物质体，它的构成不同于我们现在已经了解的物质，即新物质。

　　现代物理学、天文学的发现，依然在证实老子的远古猜测和论断。这是老子宇宙论的现代闪亮。

　　牟钟鉴对老子宇宙论的渊源作了有意义的追索，这对于理解老子的宇宙论颇有帮助。他指出："老子的思想不是凭空而来的，他是提炼了中国先民长期积累的原始宇宙观而形成的。我们在观察各民族早期创世神话的时候发现，先民普遍认为原初宇宙是一片混沌未分的世界，经过长期分化才形成天、地、万物、人的层次性现存世界。其中最有名的是盘古氏开天辟地的神话，把由混沌到天地的开辟功劳归于一位大神，这是原始神话的幻想性故事性的特色，老子的宇宙生成论正是对这种原始神话进行理论抽象和概括的结果，并最后归结为道。"⑧

　　在这众说纷纭"一、二、三"中，我们可以体会到解读老子和解读一切古代思想—哲学论著时的一种慎重、踟蹰却可以理解的态度，即试析之、保留之、继续探究之、参阅众多解析，然后取适合自己意见的一种解析而接受，然而，又暂存一份保留态度，继续深探之。这就算是孔子所说"学而时习之，不亦说乎"

吧。

注释:

①陈鼓应:《老子注译及评介(修订增补本)》,第 2 版,中华书局,2009,第 225 页。
②同上书,第 230 页。。
③刘笑敢:《老子古今》,中国社会科学出版社,2006,第 114 页。
④同上书,第 469 页。
⑤同上书,第 470 页。
⑥牟钟鉴:《老子新说》,金城出版社,2009,第 133 页。
⑦贾晋华、曹峰:《早期中国宇宙论研究新视野》,上海人民出版社,2021,第 33 页。
⑧牟钟鉴:《老子新说》,金城出版社,2009,第 133-134 页。

十九、道生之 德畜之 物形之 势成之

(道生成万物 德畜养万物 万物显现各种形态 环境成长万物)

道德经·第五十一章

道生之,德畜之,物形之,势成之。

是以万物莫不尊道而贵德。

道之尊,德之贵,夫莫之命而常自然。

故道生之,德畜之;长之育之;亭之毒之;养之覆之。

生而不有,为而不恃,长而不宰,是谓"玄德"。

此章引出"德"的论说,并言说、论证"道"与"德"的关系。这是从论述"道"到"道"的另一面、另一层,即"德"这一层,也是从抽象层面进到具体层面。

老子指出:"道生之,德畜之,物形之,势成之。"(道生成万物,德畜养万物,万物借以显现各自形态,时势助力各物成

长。）这把"道"与"德"的关系说得很明白，即生成与育养的关系，"道"是本根，"德"是衍生。这种关系标示两者是不可分割的，没有"道"，就不会有"德"；而没有"德"，"道"也就不可能显现、不可能实现。由于存在这种因果关系，因此"是以万物莫不尊道而贵德"（是以万物没有不尊崇道而珍视德的）。

这表述得清楚明白：没有"道"，就没有"德"；而不存在"德"，"道"也就无以显现。所以要尊崇"道"，同时也珍视"德"。

张岱年指出："道家于道之外又讲所谓德。兹附论之。道是万物由以生成的究竟所以，而德则是一物由以生成之所以。一物之所以为一物者，即德。""道与德乃一物之发生与发展之基本根据。""德是一物所得于道者，德是分，道是全。一物所得于道以成其体者为德。德实即是一物之本性。道与德是道家哲学之最根本的二观念。故道家亦称为道德家。"①冯友兰则指出："没有'道'，万物无所从出；没有'德'，万物就没有了自己的本性；所以说：'万物莫不尊道而贵德。'但是，'道'生长万物，是自然而然如此的；万物依靠'道'长生和变化，也是自然如此的；这就是说并没有什么主宰使它们如此，所以说：'莫之命而常自然。'"

冯友兰和张岱年共同指出，老子的"道"与"德"论，均否弃了"上帝""帝神"的位置，堵塞了通向他们的路途。张岱年说："万物皆由道生成，而道之生万物，亦是无为而自然的。万物之遵循于道，亦是自然的。在老子的宇宙论中，帝神都无位置。"冯友兰说："这是一种唯物主义和无神论的思想。它不仅否定了上帝创世说和目的论，而且表明了'道'不是精神性的实体。"②

陈鼓应在本章的"引述"中则指出："万物成长的过程是：一、万物由道产生；二、道生万物之后，又内在于万物，成为万物各自的本性（道分化于万物即为'德'）；三、万物依据各自的本性而发展个别独特的存在；四、周围环境的培养，使各物生长成熟。'道德'的尊贵，在于不干涉万物的成长活动，而顺任各物自我化育，自我完成，丝毫不加以外力的限制与干扰。""本章说明道的创造性不含丝毫占有性，并述及道与各物的自发性（Spontaneity）——这种自发性不仅是道所蕴含的特有精神，也是老子哲学的基本精神。"③

这就是"道"与"德"以及"道德"的全部意义和价值。它们是自然存在的，又是"自然而然"地有所作为和发生作用的。这一切关于论述道与德的特性、特征与功能，都是适合论证宇宙的存在的，是老子宇宙论的内涵。宇宙，正是这样自然而然地存在、发展、作为，产生万物、作为于万物，即生成万物、养育万物、运作万物、成就万物，而且外化、分化、落实于万物，而产生"德"。④

宇宙自然而然地成为、成就这一切。这就是我们领受、感受的宇宙的万能和万能的宇宙。这就是人类存在的现实。老子的宇宙论，在几千年前，就这样论定了。他开辟了人类认识真实宇宙的道路。

这意境就是，在宇宙中，万物是宇宙生成的；而万物又由于道的存在、体现与显现，而有了"德"。"道"与"德"是不可分的，是一个整体的两个部分、两种体现。"道"是根基，"德"是实现，"道"是全，"德"是分，"道"依靠"德"来体现和实现。

在进入本章之后，关于"道"的论述，即基本结束，而进入对"德"的论述，故有"道德经"之称。本章以前各章，为"道经"，此后诸章则为"德经"。不过"道"与"德"是一体而二分，故论德之中，亦可窥见、透视道（即宇宙）之形相。

注释：

①张岱年：《中国哲学大纲》，商务印书馆，2015，第88页。
②陈鼓应：《老子注译及评介（修订增补本）》，第2版，中华书局，2009，第256-257页。
③同上书，第257-258页。
④同上书，第230页。

二十、天下有始，以为天下母

（天地万物都有本始 作为天地万物的根源）

道德经·第五十二章

天下有始，以为天下母。既得其母，以知其子；既知其子，复守其母，没身不殆。

"母"，本根也。意思是：世界万事万物，都有一个开始，这是万物的总根源。这个"总根源"，就是"道"，也就是我们现在所说的宇宙。张岱年指出："老子是第一个提起本根问题的人。在老子以前，人们都以为万物之父即是天，天是生成一切物的。到老子，乃求天之所由生。老子以为有在天以前而为天之根本的，即是道。道生于天地之先，为一切之母。"①老子在这里既指出了"道"是万物的开始，又说明它是万物的总根源。这一论定，正确地肯定了宇宙的万物总根源的位置，又肯定了"道"的万物存在的依据。这一论定，堵塞、切断了一切通向宗教的路途和空隙，老子高高地站在把"许多神的全部自然属性和社会属性都转移到一个万能神的身上"②的"一神教宗教哲学"的上面，而赋予"宇宙"至高伟力。梁启超说："他（老子）说的'先天地生'，说的'是谓天地根'，说的'象帝之先'，这分明说'道'的本体，是要超出'天'的观念来求他；把古代的'神造说'极力破除。"③章太炎说："老子并不相信天帝鬼神，和占验的话。孔子也受了老子的学说，所以不相信鬼神，只不敢打扫干净；老子就打扫干净。"（《演讲录》）④这一论说很重要，它指出了老子之论，把天地鬼神都"打扫干净"了，即在人的认识与意识上，没有他们的位置了。在这一问题上，老子也优于"轴心时代"的欧洲、印度的先知们，他们最终都归于一神教的宗教。老子也优于孔子，孔子云"子不语怪力乱神"，对它们是持否定态度的，但是，说得很委婉，只是"不说他们"就是了，故章太炎批之曰"不敢打扫干净"。赞老批孔，溢于言表。

老子接着又指出："无名"是天地之始，即说天地开始时是没有名字的，即没有被命名的；而"有名"则是万物之"母"，这是说万物起始没有名字，是一种"无名的存在"，即无人知晓其存在，但给予名字之后，它就被命名了，人们都认知它了，因而它也就存在了。这就是世界万事万物存在的"物像"，它无名，它就未被认识，也就是"不存在"（未被认知，也就等于在人的认知中"不存在"），而命名之后，它就以一种名称而存在了。这才由"隐"而"显"。这不正是世界万物在宇宙中存在的"方式"和"运命"吗？地球上的一切事物，都是这样"存在着"的，都是这样才成为现实的存在。现在，宇宙间还有很多很多可以说多到无数的星座、星系和黑洞没有被人类认识；还有暗物质、暗能量一直没有被认识，仅仅近期才开始迈向被人类探索之途。现代宇宙学还指出，我们现在认识和理解的宇宙还只是小宇宙，还有更大宇宙存在，我们还没有认识和了解它。因此可以说，老子在这里，极简略地道出了宇宙与宇宙万物的存在方式与存在的实现。

老子在本章中郑重地使用"母"与"子"的概念，以揭示宇宙与万物的生生相息、"母子相连"的血肉关系。这是十分重视人伦关系的中国传统伦理观最能接受，又能幽深体验的关系；由此可以切身体验到"道"与万物的关系。

盘点老子言道（即论宇宙）的陈述、论证中，接续使用"婴儿""母""子""水""柔""弱"的概念和形象，表现了一种对处下、柔顺、弱相的寄意，这很充分地显示了楚国、南方性格的特质与内蕴；但老子的这种表达，实是"外弱内强"，这种内外反差的形象和个性，实际上更坚实地表现了内在的刚强和坚韧的力量。这是老子哲学雌柔原则的内外悬殊的体现；这种"外柔内刚"的表现，实质上是更坚强的本质的体现。

综合起来，老子在这些章中的论述，就是一个完整的宇宙论。他当时当然还没有也不可能有完整、完全准确的宇宙论，但是，从《道德经》以上诸章的论述来看，它实际上已经提供了一个古代的相对完整的宇宙观；而且，特别重要和值得注意的是，他的简要的宇宙论，在总体的精神上，在认识宇宙的认知方向上，符合、契合现代宇宙论。

老子的"道"是什么性质的？以前有多种判定，有认为是唯心的，曾有中国哲学史著作，对此加以严厉的批判；还有认为是客观唯心论的，稍稍宽容一点；但也有认为是唯物的。张岱年在其新版《中国哲学大纲》的新版序言中，陈述了他对老子学术思想认识和论定的前后变化，他写道："其次，也有一些论点，我自己的见解前后有了变化。最突出的是关于《老子》宇宙观的本质的问题。在本书中，我把《老子》所谓'道'解释为最高的理，也就是把《老子》的学说理解为一种客观唯心主义。但解放以后，我重新考虑这个问题，觉得《老子》学说的本质应该从其反对宗教观念这一方面来考察，而《老子》所谓'道'应该理解为原始的混然不分的物质存在的总体即混然一气。所以《老子》的宇宙观应该说是唯物主义的。"⑤

这一回顾性的陈述，表现了一位哲学家实事求是的态度，一种高尚的学术品德，值得敬佩。向来论述老子哲学的著述中，均有判定其唯物乎、唯心乎的结论，实际上，这种判定颇有形而上学的嫌疑。老子之著，时不时提及万物，时而显示其唯物的锋芒，时而又颇具唯心的倾向，在他那个哲学的原创时代，内心及思想中，实无唯物、唯心之分野，就老子而言，则时而见唯物，时而似唯心。现今视之，似无判别此种分野之必要，尤其不可"唯物即进步、革命""唯心即落后、反动"这样来判定。哲学，在这个几千年前的始创时期、"胚胎时代"，更难乎其作唯物、唯心之严格分野，并由此判决其为进步还是反动。

至此，老子的宇宙论告一段落。往后诸章则专论"德"，故前此诸章可谓"道经"，其中包含宇宙论；以后诸章则专注于"德"，故可谓"德经"。

综上所述，对老子的宇宙论综合、归总、集纳而综述之，以见老子宇宙论的总体论证与哲学思维。研习老子《道德经》，拜读、参阅诸多注译、诠释著作，均是按章注译、习解与诠释，多数未有提及其宇宙论者，更无专章论述及此。本著初涉这一内涵。老子之宇宙论均以"道"论出现，然而其所论之"道"，实即现代概念之宇宙。故以专章论之，如上。

王力指出："故吾以为老子之道，纯由观察自然界，加以推论而得之。"⑥

陈鼓应认为："老子的整个哲学系统的发展，可以说是由宇宙论伸展到人生论，再由人生论延伸到政治论。"⑦

上述二论，符合老子哲学文本的内涵。老子先是观察自然界并加以推论，而后又在此推论的基础上，伸展到人生论与政治论。而且这里所指出的"延伸"，并不是篇章性的延伸、开展，而是在同一章内，具有这种"延伸"，甚至一句话，即可作两种或更多种的延伸解读。

曾有专题论述老子之宇宙论者，更详细、系统地论述了老子宇宙观的著作，即贾晋华、曹峰编《早期中国宇宙论研究新视野》。兹借重其著，摘取部分论述，以见老子宇宙论之要厄，并补本著之不足，且在学理上提升与增益。其中的有关论述，理论视域宽广，立论细密，兹摘要数段如下：

（一）"早期道家生成论不仅关照万物的出生，同时关照万物的成长，是一种完整的生成论；这种生成论还往往为道家的本体论、人性论，以及历史观提供服务。"⑧又指出："整体而论，道家的自然宇宙观既是生成论（……），同时又是本体论（……），这两者在道家那里是浑然共存的，也是它有别于柏拉图和亚里士多德哲学的一个特征，试图单挑其一来概括道家的自然宇宙观不足为凭。"⑨

（二）同时指出："道家不是仅仅关心谁生谁就满足了，而是同时要找到处理人事问题的最高依据，由此人类应当体认'道'、效法'道'，根据'道'的基本原则来处理社会领域的各种问题。张岱年早就敏锐地感觉到这个问题，在他那里，讨论'关于本根与事物之为源流根枝的关系'的本根论，除了'始义'外，还有所谓'究竟所待义''统摄义'，具有'不生或无待''不化或常住''不偏或无滞''无形或形而上'的性征。"⑩同时还指出："如河上公注《老子》所云；'道之于万物，非但生而已，乃复长养、成熟、覆育，全其性命。'道家生成论是一种对万物负责到底的生成论，所谓负责到底，即不仅仅重视万物的发生，同时也重视万物的成长。不仅仅交代谁是生者、谁是被生者，还照顾到万物生成之后继续生长的状态与感受。因此，这种生成论可以分为'生'论和'成'论两个序列，在道家鼻祖老子那里，这一生成论已经表现得格外充分。"⑪

（三）前曾引述："道家生成论不仅关照万物的出生，同时关照万物的成长，是一种完整的生成论；道家的生成论还往往为道家的本体论、人性论以及历史观提供服务。"⑫

（四）"服务于道家历史观与人性论的生成论。""道家的生成论并非纯粹的、物理意义上的生成论，其生成论往往与特定的人间政治哲学相呼应，甚至这样的生成论是因应某种政治理论的需要而创造出来的。例如，道家认为文明的发生，往往是与大道的破废相伴生的。也就是说道生万物的过程，实际上既是万物从大道那里分化出来，也是大道自身被瓦解的过程。整个人类文明演化史其实是一部道德倒退史，因此生成同时就意味着倒退。"⑬

（五）"还需要指出的是，道家生成论属于功能型生成论，而非物理学意义上的、天文学意义上的生成论。强调生成论对人间政治具有指导性的作用与功能，是道家生成论的一大特色，也是用过去的西学框架难以推导出来的中国哲学特征。正因为如此，我们有必要把道家生成论和道家的历史观、人性论联系起来，因为它们之间有着必然关联，而依照过去的研究方式，生成论是很难进入到历史观、人性论中去的。"⑭

析解并提出这一点，很重要、很有意义。因为不注意到老子的这一突出的特点，有时就难以解读、诠释老子文本的"混合真意"。依据上述所引多项论述，拿来与西方哲学比较，可以看出中西哲学之原则性区别及其不同的主要方面。有论者指出："在没有超感性世界和感性世界之分割—对立的地方，也就没有一般意义上的形而上学；在西方形而上学的'存在—神—逻辑学'机制不起作用或无从起作用的地方，才是中国哲学在其中活动和展开的那个境域。由此而来的分野从源头的实质上标志着中西哲学的根本差别，正是此种差别在决定性的大端上规定着中西哲学不同的性质、构造与走向。"⑮

事实正是如此，在老子那里"'存在—神—逻辑学'机制"是没有的，它在源头上，就与西方哲学不同，在性质、构造与走向上，都是东西悬殊，两种境域。胡适、冯友兰、张岱年、任继愈、陈鼓应诸家，均指出并论证老子哲学的出发点，是出于当时（即春秋时代）的王室凋敝、诸侯混战、社会紊乱、民不聊生的现实，而追思其源、思考天地人生之究竟，而寻觅索解终极道理与道路。这就开辟了中国哲学的深厚之源，为中华文明建立了深厚、丰富、深邃的思想文化之源。此源在 21 世纪仍然保持其现实功能与基本指导思想。这是老子哲学优于其他中外哲学的地方。它被西方文化思想领域称为"现代绿色圣经"，突出地体现了老子哲学的当代思想文化意义和现实价值。

通读《道德经》，诠释其义、体认其意、深察其韵，我们可以意会到它的深沉意蕴：老子的出发点，并不是立足物理学、天文学，即科学的立场上，来观察、深究和表述他的自然观和宇宙学；他那个时代，整个人类都还没有达到哪怕一点点立足于物理学、天文学的，对宇宙的符合科学的认知。他是立足人生，深怀体察如何能使人的生存自然自洽、顺生如意，由此循迹寻索、追根究底，最终抵达宇宙之浩渺、阔大、深邃、细密，从而体察之、思索之、深究之，直至其"根"，遂表述之。他无以名之，权谓之"道"，即"行走在道路之上"的意思。这种认知、探究、深思与神思的思索、研究，以至表述的思想与精神状态，促使他不得不以寄意抒怀似的诗性的语言，来表达、传输、陈述他的感受、他的认识和他的诠释。这也就是他何以以诗性的语言和一种潜在的吟咏似的韵文，来表达他的哲思的深层原因。而由此，他在方向上，自觉地形成了一种对宇宙的认知。可贵的是，他的认知，在方向上、在大体上，符合现代宇宙学的认知。宇宙正是由无到有产生的，它是在大爆炸后萌生的。宇宙在爆炸诞生后不久，形成了"巨型卷须状"物质，充满了物质与反物质粒子。等到这些物质冷却下来，就聚合成最早的星体，这些星体在宇宙网交错汇合处再聚集形成富含物质的星系。如此等等。老子的宇宙论，在总体方向上，是基本符合这种认知方向的。他的这种直觉与推测、猜测，显示了一位伟大哲学家的天才智慧与勇气。茫茫宇宙，在老子笔下，以诗性语言，吟咏成章，类似一首"宇宙颂"甚或"宇宙吟"！

老子的宇宙论，接受也接续了中国古代关于宇宙的神话传说，以及对于"天"的信仰，如"夸父逐日""盘古开天辟地""女娲补天"等神话故事与传说，接受了《易经》中对于天象的认知与解析，这是他的道学宇宙观的"前知""前识""前设"，是他的认知与直觉的基础与"智慧基底"，因此可以说他的哲学思维，是接受并总结了本民族的知识与智慧的前提。他在此前提基础上的发展、提高、变异，而成就他独创的道学，特别使之发生质的变化，是他的发现、他的创造、他的贡献。

老子的宇宙论，既有宇宙发生论，又有宇宙本体论，二者"汇融合一"、互相渗透、彼此关联，构成一个整体和合又分而论列的完整的、认知的、学术的、理论的与实际的宇宙论。这种体例、这种叙事范型，是老子独有的，不与所有中外古今哲学家的著述及论证所雷同，具有原创性和独创性。这种原创性与独创性，为老子所独具而前无古人、后无来者。

老子的宇宙论，不是纯粹科学的（即物理学、天文学等学科的）对于宇宙的考察与论证。他的陈述、论证，总是和天道、人道紧密相连或者统一论之。所以老子之"道"，涵盖生成万物的宇宙——"道"与"天道""人道"。他总是把宇宙—天—万物—人类，"裹挟一体"而论之。这说明，老子论"道"，非纯粹科学考察与论证，而是与万物、世界、人生相关联以至浑然一体地来论述、描述与象征体现。

老子论"道"，常常与"不"字相连，如"不自见""不自是""不自伐""不自矜""不自贵""不争"等"不"字词句，表现了"道"无好恶、无自矜、无自恃、无喜怒哀乐的品性，这正是宇宙的品性与质地。

老子还提出了"牝""雌""母""婴儿"，以及自然物的"水""谷"，这些都与"柔""弱""素朴""处下"等概念相连，表现了一种柔弱其表、刚强其内的品性和内在的雄强与力量。故老子之"道"，是一种不以势逼强的品性，而是以弱显现，实际却是柔弱其外、刚强其内的哲学。这一哲学思维与品行，历经世世代代的承传与积淀，已经成为中华性格的基底与特征，它与孔子的"仁"，共同积淀于中华性格之中，二者汇融和合，形成一种和合文化，形成、显示一种"矛盾而不冲突"的民族性格，在不同的情况下，表现不同的方面，而独立于世界。

当然，老子在这里没有也绝不可能具有建立在物理学、天文学基础上的科学宇宙观。他只是依凭当时所能达到的自然知识水平，依据一种直觉、一种推断，来陈述、表达他的认知、他的系统性论证。不过，我们现在来解读、诠释和认识老子的这种直觉，不得不承认和敬佩他的远见卓识和他的"原科学精神"。我们应该承认，他的这种直觉，就如恩格斯在《自然辩证法》中对希腊人的称赞那样：那是一种"天才的直觉"！也是恩格斯在同一著作中所说的，是"自然科学的直觉"。恩格斯在《自然辩证法》中指出："现代自然科学——它同希腊人的天才的直觉和阿拉伯人的零散的无联系的研究比较起来，是唯一可以称得上科学的自然科学——发端于市民等级摧毁封建主义的那个伟大时代。"⑯

另外，老子所说的"混成""周行而不殆"等，也符合恩格斯的另一段论述，恩格斯说："在希腊哲学家看来，世界在本质上是某种从混沌中产生出来的东西，是某种发展起来的东西。"⑰还应该指出，老子在这里还坚持了一种古代科学精神，即从它所看见的、感受到的自然现象，来描述宇宙（即他所说的"道"）。这里体现了恩格斯所说的"坚持从世界本身来说明世界"⑱。

对于老子的宇宙论，历来中外哲学家均予以高度评价。王国维与胡适最早作出了对老子的"道"的学说的评价。王国维在《老子之学说》一文中指出："孔子于《论语》二十篇中，无一语及于形而上学者，其所谓'天'不过用通俗之语。……其说宇宙之根本为何物者，始于老子。"⑲胡适在评论老子学说时指出：

"老子的'天道'，就是西洋哲学的自然法（Law of Nature 或译'性法'，非）。日月星的运行，动植物的生老死，都有自然法的支配适合。……老子也是如此。"胡适在这里，实际上是说明老子的哲学是"自然哲学"，因此，他关于"道"的言说、规定，实际上就是关于宇宙（自然界）的论述。

王力认为："故吾以为老子之道，纯由观察自然界，加以推论而得之。因赤子德厚，而推论曰，'反者道之动'；因木强则兵，而推论曰，'弱者道之用'。处世之方，尽在是矣。故曰老子之道得自阅甫。"⑳此论指出：老子哲思"纯由观察自然界"，"加以推论"而得之，说明了老子思想之源泉，含有其唯物论之根系。此为老子思想渊源之确论。

张岱年则较详论"道"，他指出："天在道之次，而以道为法；道则更不以他物为法，而是自己如是。老子所谓天，指与地对待的物质之天，取消了最高主宰的意谓了。在老子，尚无宇宙的名词，老子所谓'域'，其意谓即同于'宇'。"㉑

张岱年还指出："老子是中国宇宙论之创始者。以天为最高主宰的观念打破后，宇宙哲学乃正式成立。老子以后，大多数思想家皆受其影响，不以天为最高主宰了。"又说："要之，孔墨以天为一切之主宰，尚无宇宙论的研讨。否认天为一切之最高主宰而更深求至极究竟者，乃宇宙论之出发点。老子以前，可以说是先宇宙论时期。自老子始，乃有系统的宇宙论学说。"㉒又说："中国宇宙论之祖，当推老子。"

陈鼓应亦高度评价老子哲学，指出："老子是中国哲学之父，认为中国'哲学的突破'始于老子。事实上，对于整个中国哲学史，越往下探索，越深入研究，就越会认识到老子在中国哲学史上的影响，远超过其他各家。"㉓他还指出："中国古典文化译成外国文字，以《老子》的译本最多，时至今日，每年仍有多种不同的《老子》译本问世。"任继愈评价老子哲学时指出："只有老子的《道德经》把'道'作为最高范畴，集中阐发，提高到中国哲学史的重要地位，老子是第一人。"又指出："中国哲学的全局观点是从老子开始的，后来不断发展丰富，才有今天的哲

走向老子哲学世界

学。"㉔任先生不仅评价了老子哲学本身的创造性，而且肯定了其在中国哲学史上的地位。

任先生还高度评价了老子第一个提出"无的概念"的意义，高度肯定其在人类认识史上的深沉意义。这不仅深入了老子哲学的研究，而且对于我们体认"无"的认识论意义，也很具有启发意义。

有论者评述已有的有关老子宇宙论的解说与诠释，指出："刘笑敢对老子之'道'的研究主要集中在《老子古今》一书中。他认为：'老子之道可以概括为关于世界之统一性的概念，是贯通于宇宙、世界、社会和人生的统一的根源、性质、规范、规律或趋势的概念。概括起来，则包括统一的根源和统一的根据两个方面'。与冯友兰、陈鼓应相同的是，他们都揭示了'道'作为根据、根源的这层最基本的含义，不同的是刘笑敢更注重'统一性'，这契合了老子所说的'道常无名，朴虽小，天下莫能臣也'（三十二章）、'大道废，有仁义'等所展现的'道'之完整性、不可分性的一面。"㉕

同时还论述老子宇宙论的深厚意义，指出："总的来说，'道'作为'宇宙本体'的提出，在中国思想文化史上具有划时代的意义。如果说儒家'仁学'的构建标志着中国历史上'人的发现'，法家'法术势'理论的诞生标志着中国历史上'政治术的成熟'，那么，老子之'道'不仅宣告了道家学派的根本思想，也标志着中国历史上'哲学突破时代的开始'。它使得长期以来一直统治着中华民族精神世界的主宰——'天'、'上帝'——失去了权威，而让位给了抽象的哲学思辨，从而为中国理性精神的发展开辟了广阔的道路，其价值与影响是极其深远而巨大的。"㉖这段评论准确到位，体现了老子哲学的历史的、思想文化的地位与现实价值。

"据董光璧介绍，大爆炸宇宙论（big-bang cosmology）认为宇宙万物来自 200 亿年以前的一次大爆炸"；"美国宇宙学家古斯（A. H. Gus）又提出一个修正大爆炸理论的'膨胀宇宙模型'"，"它认为可观测宇宙中的物质和能量可能是从虚无中产生的。"㉗由此可知，道的概念，比上帝、理念、物质等概念，更接近现代科学对宇宙发生过程的解释。刘笑敢还指出，"二十世纪以来的自然科学、科学哲学和科学史研究的成果，却使许多科学家越来越重视道家精神，这方面的重要著作和畅销书也不时出现。"㉘

这一介绍，使我们欣喜而深思。它说明老子的哲学，受到当代科学家的青睐，这证明老子哲学的现代意义与现实价值。

以上这些论说和中外研究老学的状况，既令人宽慰、兴奋，也叫人有遗憾之感；遗憾之处，就是此前的所有中国哲学史著作，均持一致严峻态度：尊孔抑老，孔子之论繁复、位置崇高，老子之论简约、位置低下；更不要说，一个时期内，批老子唯心、反动之评断了。此种学术沿革，似亦有清理之需；这也是新子学建立之要务。

以上，对老子的"道"说、老子之论"道"、老子的道学，截取其各段论述与描摹，作了系统的排列并附以一定的解说与一些诠释。这是一次尝试，谨此求教于方家。

刘笑敢先生宏著《老子古今》上卷最后对老子的"道"有一总结性论述，有新意、具深意，谨照录如下：

> 总之，道是老子对世界的统一性的根本性解释，在人类文明史上，与上帝、理念、精神、物质、本体等概念具有同等的地位，却有更高的合理性。道的概念介于科学与宗教之间。它没有创世说，不同于宗教而接近科学；它提倡终极关怀和直觉体验，不同于科学而接近宗教。它一方面体现了科学的探索精神，另一方面也体现了宗教对宇宙及人生的终极关怀。可以说，老子之道在一定程度上体现了科学精神和人文关怀的融合。
>
> 我们应该发掘和发展老子之道的可能的现代意义，为现代社会提供一些新的精神资源。㉙

这段论述，指出"道"的含义"有科学与宗教最新发展之长，没有传统科学与传统宗教之弊"，而且"在一定程度上体现了科学精神和人文关怀的融合"。此二论，甚为重要而具有深刻含义。这就是说，老子宇宙论之精义和精神，既避开了西方哲学最后的"宗教皈依"，又具有可贵的"科学精神与人文关怀的融合"。在两千多年前，老子所具有和宣示的这种科学与人文融合的精神，多么崇高、多么可贵、多么值得我们珍惜和习用。尤其是科学精神融入了人文关怀，这使老子的哲学具有了热诚的人文性，将宇宙之宏阔与伟力与人的生存、生活结合起来了。这是老子哲学的最可贵的特点与精华，其思想、精神至今仍然闪烁其光芒、实现其现实作用。

"道"这一概念的产生，为中国人认识宇宙、认识世界、认识社会与人间世事，以至认识、掌握自己的存在与人生，拨开了眼中云翳，启动了头脑，去除了传统的昏蒙迷信的心态，而以清醒的头脑和明亮的眼睛，去看待宇宙、世界、社会、人生，以及生命的存在方式与机理，人生的价值与意义。当然，这里只是说可能性、理性与高度的人生觉醒的状况，所云皆属可能性、思维的潜在能力，其现实性、可接受性，并不属于每一个人。只是在人们遇到困惑和问题，从先哲寻求解救与答案、寻觅思想的指路明灯时，乃倾心于老子。老子哲学的作用，就存在于此种时刻。从古代到现代，有无数的先哲、仁人志士、士大夫，如此寻路问道，期盼走出迷津。也确实有无数这样的人士，问"道"得"道"，解除困惑，去除心迷，走向解脱。中国自古至今，有无数这样的事例。我们在《世说新语》中，可窥见一斑，领略其思想—人生的风光。当然，其他历史时代，均不乏此种人事世故，为后人所鉴赏和借鉴。《道德经》是中国人思考、认识世界、人生的思想指引、精神导向，也是人的存在的导向与心经；并且，现今更成为"人类绿色圣经"，有保护地球、维护人类生存环境的巨大、深刻意义。

时至今日，我们以现代眼光与认知体系，来研读和诠释老子的思想学说，深感其博大精深，然而，由于他的唯一一部哲学著作，使用的叙述方式，非逻辑语言与逻辑论证，而是诗性语言，韵文陈述和论证，其多义性和意义蕴含的潜存性、象征性、比譬性等诗性特征，难免于误读误解的遗憾。事实上，从古至今，对老子的误读误解，何时无有，其深度与认定，均属固定不易，确实难消其"误"、难易其"解"。

今之阅读、诠释老子及其《道德经》者，期有所深入阅读、仔细体认，尝试向正确理解、诠释老子的路途趋近，盼学术界、研究人士有所奉献；盼新子学的创辟进展，有益于老子的解读及其地位的正确确定。

注释：

①张岱年：《中国哲学大纲》，商务印书馆，2015，第79页。

②恩格斯：《反杜林论》，人民出版社，2018，第341页。

③陈鼓应：《老子注译及评介（修订增补本）》，第2版，中华书局，2009，第51页。

④同上。

⑤张岱年：《中国哲学大纲·新序》，商务印书馆，2015，第9页。

⑥王力：《老子研究》，天津市古籍书店，1989，第23页。

⑦陈鼓应：《老子注译及评介（修订增补本）》，第2版，中华书局，2009，第1页。

⑧贾晋华、曹峰：《早期中国宇宙论研究新视野》，上海人民出版社，2021，第5页。

⑨同上书，第80页。

⑩原注：参见张岱年：《中国哲学大纲》，商务印书馆，2015，第15页，第40页。

⑪贾晋华、曹峰：《早期中国宇宙论研究新视野》，上海人民出版社，2021，第41页。

⑫同上书，第31页。

⑬同上书，第44页。

⑭同上书，第68-69页。

⑮吴晓明：《再论中西哲学之根本差别》，《中国社会科学》，2023年第5期。

⑯恩格斯：《自然辩证法》，人民出版社，2018，第5、8页。

⑰同上书，第13页。

⑱同上。

⑲姚淦铭、王燕：《王国维文集》第三卷，中国文史出版社，1997，第102页。

⑳王力：《老子研究》，天津市古籍书店，1989，第23页。

㉑张岱年：《中国哲学大纲》，商务印书馆，2015，第60-61页。

㉒同上书，第61页。

㉓陈鼓应：《老子译注及评价（修订增补本）》，第2版，中华书局，2009，二次修订版序第8页。

㉔任继愈：《老子绎读（汉英对照）》，商务印书馆，2009，第2页。

㉕黄朴民、林光华：《老子解读》，中国人民大学出版社，2011，第18页。

㉖同上书，第9页。

㉗刘笑敢：《老子古今（修订版）》上卷，中国社会科学出版社，2006，第452页。

㉘同上书，第453页。

㉙同上书，第796页。

第八章　老子的宇宙论

第九章　老子的知识论

老子的知识论，除少数篇章是专论性质之外，其他多数篇章，其知识论的内蕴均附着在其总体性论述之中。故欲论其知识论，需作"剥离"、解构、剖析的工作。而且，其知识论的某些篇章与论述，容易引起误读误解，甚至以"反智论"责之。这些均需加解析，由表及里、体其精髓，方能正确解读与诠释其深沉内蕴。

在本章中，即试图进行这方面的工作，做一些"剥离"、摘取，据其隐含的深意，做解读诠释的工作。

知识论是哲学的重要组成部分，它是研究人类知识的真确性、可能性、可用性及其范围的一种哲学。不过，老子的《道德经》并没有如一般哲学著作那样，有专章知识论。他的知识论蕴含于、潜存于他在许多章节中所陈述和阐释的文化之中。他在对世界万事万物、人间世事以至"道"（即宇宙）的文化阐释中，潜在地蕴含着知识论的内蕴。

老子是如何陈述和诠释知识，以建设他的知识论？我们且在下面列举一些例证，以窥一斑。

知识是人类对于世界万事万物、社会生活、生命与人生的认识、理解和诠释，其涵盖对于天、地、人以及人际关系等的认识、理解与诠释。

知识的获得和积累，是人的成长、发展、成熟的必备条件。人类整体和每个人，都是在不断地文化学习与选择中发育成长起来的。这是从"听"和"学"以及积淀方面来说的。从客观方面来看，则显示出知识的力量及其育人的作用和价值。老子在《道德经》中，并没有一般哲学著作所拥有的专章知识论，但是，在《道德经》的全篇中，却有很多关于知识的陈述，具有知识论的内涵；这些知识，就是老子传输的宇宙论、知识论，以及政治哲学、人生哲理。其性质不是知识论，却是对知识的传输和诠释。其中，潜存着知识论的内蕴。我们不妨称它为"知识学"的表述和嵌入。

虽然老子的《道德经》作为一部仅有五千多字的极为简略的诗性哲学著作，并没有专门论述哲学范畴内的知识论，但是，在他的言简意赅的诗性哲学文本中，却蕴含着知识论的内蕴。而且，这些内蕴的意涵，也是"裹挟"在总体哲学论的基础上显示出来，或者与哲学本体论并行而为，而陈述之、论证之。因此，在老子的论述中，同一章，可以既有宇宙论，又有知识论，还包含政治哲学，更有人生哲学在其内。这样，我们在分述其各类学术思想时，未免重复选取某一章或某一节，以论说不同的意涵，时而为宇宙论，时而是知识论，忽而又是政治哲学或人生哲理、存在哲学。所以在本著中，同一章可能出现在不同的地方，或为论证老子宇宙论者，忽而又在知识论中出现，或者复见于人生哲学之中。这是需要申明，希望读者明察见谅的。

老子在《道德经》的诸多章节中，阐述和论证了知识论的义理。这是在宇宙论之外的哲学论旨。这是他的哲理诗从"天上-宇宙"回返到人间，来论述"烟火人间"事。因此，他的知识论，也同他的哲学一样，是简略而凝聚精练的。他的知识论，在总体上，包含两个方面的内容：对知识的讲述与认知；对"两种不同知识"的态度与取舍。

需要说明的是，老子曾经多次阐述反对"为"、反对"多知"的言论；但他绝不是奉行反智主义。他反对的是具有危害性的知识、不必要的多余的知识；与反智主义相反，他宣讲知识，他提倡学而知，他的哲学著作中，充满了知识和智识-智慧的内蕴与闪光。

还需要说明的是，老子的哲学书写、陈述，不似西方哲学那样条分缕析，术语、概念系统化，层层论证，逐级进展，老子不是这样。他是运用诗一般的语言、诗性的陈述方式，有时候，几乎就是诗一般地吟咏而出，而不是哲学的理性的逻辑论证。

一、有无相生

有和无互相生成，难和易互相成就，长和短互相显示，高和下互相显现，音和声互相和合，前和后彼此相随。

首先，我们来选读一下老子在《道德经》第二章中之所述。

先是举出了"美"与"丑"的辩证关系，以及对这种关系的认知与知识，首先说明："天下皆知美之为美，斯恶已；皆知善之为善，斯不善已。"（天下人都知道美怎么是美，丑的观念也就产生了；都知道善为何是善，也就知道丑为何丑了。）这里所宣讲的既是说明美与丑、善与恶的辩证关系，又是在透视此种关系中，具体体验一种辩证的观念和知识。

老子接着便列举了一系列相反相成的辩证概念：有与无、难与易、长与短、高与下、声与音、前与后。然后指出它们相反相成的关系。这是一个成系列事物的辩证关系，它所传输的就是对事物辩证关系的知识和辩证法的哲学观念。这些观念和知识，理应视为并非一般而属高层级的知识。这一知识属于对"道"的哲学概念的认知与知识体系。

老子接着提出一系列事物的辩证关系："有无相生，难易相成，长短相形，高下相盈，音声相和，前后相随。"此即"有无""难易""长短""高下""音声""前后"的辩证关系，这也是一种高层级的知识；秉此可以掌握它们相反而互换的高层级的知识。这种知识，既是知识领域的高层级知识，又是一种哲学思维。人能获此知识，即可谓具有比较高的知识水平了。

在这种认知中，人们可以领会到"事物在互相对待中存在"这种重要的知识。秉有这种知识就能够正确处理事务，而不致误判、偏狭。秉此知识，就能够从正面透视到反面的存在，又从反面窥探到正面的机遇。这种知识，能够使人进入一种高智商的境界。

接下来，老子首次提出"无为"的概念，这应该是他的"知识体系"中的中枢概念，也是老子哲学的中枢理念。"为"与"无为"也是一对辩证概念。老子在此处提出这一问题，是他在阐述系列事物、事务的辩证关系之后，紧接着提出了"无为"这个概念和行为准则。这是从辩证观念出发的。意思是，既然事物均是如此辩证地存在和发展的，那么，我们就需要以"无为"之认知与高智来处理，也以"不言"（无声、身教）来行事，包括传授知识的行为。陈鼓应指出："'自然无为'是老子哲学最重要的一个观念。""'人为'含有不必要的作为，甚或含有强作妄为的意思。"①老子例举诸多事物的辩证关系之后，提出"圣人"之"无为"与"不言之教"，即指出了一种重要的"教"与"学"的知识，这就是关于了解事物的辩证关系和施行无为之教与接受无为之教的知识。

在本章中，老子提出了"圣人"这一崇高形象，在前面宇宙论那一章中，我们已做多重解释，在知识论章中，可以再补充一点。即从知识的丰厚与浅薄来说，则圣人者，知识渊博、丰厚、深沉者也；圣人者，是这种人，他不仅知识丰厚渊博，而且能够运用知识于认识宇宙、世事、人生，并解析其中之要义真谛，以及点拨知识与人生世事的深切关系。这是圣人与知识、与人生世事、与个人之成长发展的关系。"圣人"者，掌握知识的圣者，善于运用知识的圣者，还是传播知识的圣者。

注释：

① 陈鼓应：《老子注译及评介（修订增补本）》，第 2 版，中华书局，2009，第 30 页。

二、有之以为利 无之以为用

（"有"给人以便利 "无"借以发挥作用）

在《道德经》第十一章中，老子提出了"有"与"无"、"利"与"用"的辩证关系。这是一种很日常、很常见，因此也就很普通的现象，但是，其中却蕴含着重要的、辩证的规律，以及对这种规律认知的"知识"。老子说："三十辐，共一毂，当其无，有车之用。埏埴以为器，当其无，有器之用。凿户牖，以为室，当其无，有室之用。"这是说："三十根辐条汇集到一个车毂中，就有了车毂中空的地方，车才能够使用。揉合陶土做成器具，有了器皿中间的空隙，才有了器皿的用途。开凿门窗，建造房屋，有了四壁包容的空间，才能成为房屋来使用。"总起来一句话，就是"故有之以为利，无之以为用"（所以"有"能够给人便利，"无"能够发挥它的作用）。这里，先是提供一种知识，即有了车毂中的空虚，即"无"，车轮才能转动，车也才能行走；房间因为有了四壁围成空间，才能形成房间使用。这是先有"空"（即"无"），而后才有"有"和"用"。这是一对相反相成的辩证关系。通过这些事例，老子传授了一种辩证观念和认识与处理事务的深刻知识，拥有它，就具有了一种拥有辩证知识的智慧。

老子在这里所举的事例，是常见的、普通的，但揭示的却是深刻的辩证法知识。"空"和"虚"与"无"和"有"的关系，是辩证存在的，在一定条件下，没有"空"和"无"，就不能有"有"和"用"，这一知识，对于人们来说，是很重要的对于事物的认知。小而言之，是对于日常事务中，知道只有付出、创造一定条件，才能够获得预期的一定的效益；大而言之，在广大世事面前，懂得这种事物的相反相成的关系，则是识大局、办大事的智慧。

陈鼓应在本章的"引述"中说:"一般人只注意实有的作用,而忽略空虚的作用。老子举例说明:一、'有'和'无'是相互依存,相互为用的。二、无形的东西能产生很大的作用,只是不容易为一般人所觉察。老子特别把这'无'的作用彰显出来。"①老子的告诫,就是让人们具有、掌握这种重要的知识,懂得"无"与"空"的意义和价值,懂得有时候、在一定条件下,"无"与"空"是"有"与"用"的前提条件。这种知识,对于人们为人处世、办理事务是有很大作用的。这是生存的智慧。而在认识论、知识论的范畴中,我们更可以进一步深入地认识和评价这一知识:它可以说,就是人的一种知识装备,一种智慧,一种哲学觉悟。

注释:

①陈鼓应:《老子注译及评介(修订增补本)》,第2版,中华书局,2009,第102页。

三、万物并作 吾以观复

(万物蓬勃生长 我看出往复循环的道理)

老子在《道德经》第十六章中提出"万物并作,吾以观复"这样一个知识点。河上公注:"'万物并作':作,生也。万物并生。'吾是以观其复':言吾以观万物无不皆归其本也,人当重其本。'夫物芸芸':芸芸者,花叶茂盛之貌。'各复归其根':言万物无不枯落,反复其根而更生。"①

王弼注:"万物并作,动作生长。吾以观其复。/以虚静观其反复。凡有起于虚,动起于静,故万物虽并动作,卒复归于虚静,是物之极笃也。/夫物芸芸,各复归其根。/各返其所始也。"②

本句的意思就是："万物齐生共长，各自回复到本根。"老子在此，宣称了一种万事万物生长发展变化的规律：萌发—生长—回归本根。事物从起始到萌发，由生长到终结，最后回归原始。这是世界上万事万物固定不移的规律。这种对万事万物发展规律的认识，是人类对外在世界认知的基本知识，也是重要知识。依据这种基本知识，便得出一个重要的认知："归根曰静，静曰复命。复命曰常，知常曰明。"（回复本根叫作静，静叫作回归本原。回归本原是永恒的规律，认识永恒的规律叫作明。）终句还强调："不知常，妄作凶。"（不懂得永恒的规律，轻举妄为就会有凶险。）

这样一段连续接榫的陈述，表述了两方面的重要知识：一方面，事物都是由萌生发展到结束（死亡），然后复生，这样循环往复地发展，由"生"到"静"，周而复始，永不停息。这就是"常"。

另一方面，认识这种事物发展的规律（即"常"），就是"明"；不认识这个"常"（规律），就会有凶险。

论述至此，我们可以回返到本章开篇所说，也是先行提出的结论："致虚极，守静笃。"——老子经常把结论写在前面，然后逐句推论，直到推演至结论。这是一种叙事策略，它的好处就是能够使读者瞩目一看，就是结论，于是引发读下去的吸引力，以理解结论发展的理路。本篇也是如此。不过，我们现在阅读、解析，却"反其道而行之"，先行逐步了解论述的内容发展，再"回过头"去解读篇首的结论。

这结论是"致虚极，守静笃"。

河上公注："'致虚极'：致，至也。道人捐情去欲，五藏清静，至于虚极也。'守静笃'：守清静，行笃厚。"③

王弼注："致虚极，守静笃，言致虚，物之极笃；守静，物之真正也。"④

可知"致虚极，守静笃"的意思是："达到虚空的极致，恪守清静达到笃实的地步。"

这就是说，要想做到按事物发展规律去处理问题、运作世事，就需要"捐情去欲"，即去除私情私欲，达到清静笃实的境界，才可以去除个人私见，秉公办事，而至稳妥得当。

这样一段论述，指明了一种重要的基本知识，就是知"生"、知"死"、知循环往复，达到"明"；人而能"明"，就不会"妄作"（轻举妄动），而至于出乱子、遭风险。这里，"理路运行"的是这样一种认知规律："生"—"根"—"静"—"复命"—"常"—"明"；另一路则是"不知常"—"妄作"—"凶"。

这是一个正反认知的过程，正确的是："观复"—"知常"—"明"；反之则是："不知常"—"妄作"—"凶险"。

老子在这里教诲的是让人们掌握这种知识，即生生不息、循环往复的事物发展规律，掌握之，办事处理问题、为人处世，均能循客观规律而行，从而取得成功，实现一个顺遂、成功的存在。

这一知识的节点在于，要掌握事物发展的规律，即由生到死，再到回复，如此循环往复地发展。自然事物是如此，社会事务也是如此，只是其发展、循环往复的机制，不像自然现象那样，"循规而发"，自然而然地运行和实现。人类社会的现象，则参入了社会运行的机制和作用力，还加上人为的力量，或推进，或阻滞，或延缓，或加速，因此，存在变异、混乱、不典型等问题，因而造成其"规律性"，在一定程度上，被掩盖、被扭曲，甚至发生一定程度的变异。但是，虽如此，其基本性质不会改变。

这是一种关于社会生活、世界人事运行发展的重要知识，掌握了这种知识，处理自然现象，以至处理社会人事，都能把握这种规律，循规律而行事、处理问题，则顺应、妥善、取胜。

注释：

①刘清章：《河上公章句评注》，宗教文化出版社，2020，第329页。
②王弼：《王弼集校释》，楼宇烈校释，中华书局，1980，第35–36页。
③刘清章：《河上公章句评注》，宗教文化出版社，2020，第329页。
④王弼：《王弼集校释》，楼宇烈校释，中华书局，1980，第35页。

四、大道废有仁义 六亲不和有孝慈

(大道废弛仁义才显现　家庭不和孝慈才彰显)

在《道德经》第十八章中，老子又陈述了另一种重要的知识，其中包括他易被人误读误解的、看似"反智"意蕴的话语。

老子是这样陈述的："大道废，有仁义；智慧出，有大伪；六亲不和，有孝慈；国家昏乱，有忠臣。"

这是重要的知识，却容易被误读误解。何以大道废了，倒有仁义？何以具有智慧，却有了大伪？何以六亲不和了，却有孝慈？又何以国家昏乱了，倒有忠臣？这里又是一系列的辩证关系和印证这种关系的知识。其实，这里蕴含着一种现实生活中的深沉的道理：为什么提出"仁义"的道德要求呢？社会、人民怎么会想起制定"仁义"的规范呢？不就是因为"大道"废弃了吗？大道废弃了，所以才提倡仁义以期纠正。而"大伪"的产生，就是因为有了智慧，能够和善于伪装，不易被人们识破。怎么产生了"孝慈"的观念和道德要求呢？不就是因为有六亲不和的现象和事情，所以要提倡孝慈吗？为什么提出要有忠臣当道的希望和要求呢？不就是因为有奸臣当道、国家昏乱的情况吗？这是一种"由正见反"的深刻知识，是一种深刻的知人论世的知识。我们从以"正"见"反"、以"好"见"坏"的辩证事实中，能够得到深刻的知识，见人所未见，察人所未察，就是一种有见识的人、有深度的人，一种具有良知良能的人。

在这里，我们还得到一种重要的知识和对老子哲学的重要理解，那就是大凡某种提倡正面东西的要求出现，往往都是因为有反面的现象存在，所以才提出来有针对性地加以防范，"以正压反"，从而产生正面的理论、条规、禁约。这种"由正见反"的知识，是一种重要的知识。

从本章我们还可以了解到老子的所谓"反智"，是反对那种以虚伪面貌出现的"智慧"。其实老子所主张的"无为"，也是反对这种有害的为、违反客观规律的为，即妄为。

关于"大道废，有仁义"，冯友兰解释说："'大道废，有仁义'，这并不是说，人可以不仁不义，只是说，在'大道'之中，人自然仁义，那是真仁义。至于由学习、训练得来的仁义，那就有模拟的成分，同自然而有的真仁义比较起来它就差一点次一级了。"①

陈鼓应先生认为"智慧出，有大伪"是衍出，他指出："'智慧出，有大伪'之衍出，当在战国中后期受到庄子后学中激烈派思想影响所致，妄增此句。郭店简本无此句。"本著不作版本学的考订，谨依据通行本使用。特此说明。

本章行文有一大特点，即全文几乎均为三字句，仅"六亲不和""国家昏乱"为四字句；几类乎快板书，明白易懂，稍缺诗性诗意。这是《道德经》中少有的。

注释：

①陈鼓应：《老子注译及评价（修订增补本）》，第2版，中华书局，2009，第132页。

五、见素抱朴 少私寡欲

（保持朴质 减少私欲）

在《道德经》第十九章中，老子进一步提出了关于知识、智慧的重要而富启示意义的知识，这是一种关于"知识"的知识。老子说："绝智弃辩，民利百倍；绝伪弃诈，民复孝慈；绝巧弃利，盗贼无有。此三者以为文，不足。故令有所属：见素抱朴，少私寡欲。"

河上公注："'见素抱朴'：见素者，当抱素守真，不尚文饰也。抱朴者，当见其质朴，以示天下，［故］可法则。"①

这是老子知识论的重要内涵。在这里，老子对"智""辩""巧"三者作了辩证的剖析。不过，这往往也是引起误读误解之所在，"老子反对知识、智慧，老子提倡愚民"这样的误读误解，就是由此产生的。现在，我们且来具体领会老子的真意所在和他的知识论的内蕴。

老子所谓"绝智弃辩"（断绝智慧，放弃巧辩），是和下一句紧相连接，合成一个完整的句子的；他指的是统治者要这样做（"绝智弃辩"），就"民利百倍"（庶民能够得到百倍的利好）。由此可知，老子不是一般地反对智慧、机智、知识，而是反对统治者使用对庶民不利的知识、智慧；后面的"绝巧弃利"（放弃机巧和获利）也是这样的意思，是指统治者要这样去做。

老子把"绝智弃辩"与"绝伪弃诈"、"绝巧弃利"与"见素抱朴""少私寡欲"相提并论，可见他并不是一般地反对智慧、辩才，而只是反对机巧私心、虚伪谋利，他反对的是这种于民不利、于心有害的智慧、辩才。所以同"反智主义"是不搭边的。

在这里可以看出，老子把知识、智慧、机巧分为两类——于民有利的和于民有害的，分殊正反、区别优劣。他反对的是于民有害的智慧与机巧，而倡导于民有利的智慧与机巧。

对于两类知识与智慧的不同态度，是老子的"知识论"的精髓。

如果在一般意义上来理解这段话，还可以看到，老子把知识分为两类：一类是正确的知识；另一类是不良的知识，即伪、诈、巧、利的知识。而抵抗"伪诈巧利"知识的正能量就是"见素抱朴，少私寡欲"。

不过，社会的事实却是，有人常常利用"伪诈巧利"的知识危害社会、坑害人民。自古至今，此害不去。故应倡导"见素抱朴，少私寡欲"。

注释：

①刘清章：《河上公章句评注》，宗教文化出版社，2020，第330页。

六、曲则全 枉则直 洼则盈 敝则新 少则得 多则惑

(委曲反能保全 弯曲反能伸展 低洼反能充满 敝旧反能生新
少取反能多得 贪多反倒迷惑)

老子在《道德经》第二十二章中，揭示了一种"以反得正""以退反进"的工作与生活的知识。

老子开篇就列举六种相反相成的现象，以为后续阐明的道理的"引得"。他说："曲则全，枉则直，洼则盈，敝则新，少则得，多则惑。"（委曲反能保全，弯曲反能伸展，低洼反能盈满，敝旧反能生新，少取反能多得，贪多反倒迷惑。）事物就是这样的首尾发展起变异，各自向相反的方向发展，"曲""枉""洼""敝""少""多"，发展异变为"全""直""盈""新""得""惑"。这是事物发展的一种规律，人间世事也常常如此，歪向正、曲向直、低洼向盈满、敝旧向新生、少向多发展变异，而贪多则反而惑乱了。

这就表明，客观世界和人类社会，事物、世事的发展，常常是按这种规律运行和实现的。这是一种非常重要的知识，既是对大自然事物发展规律的揭示，也是对人间世事的一种总结。懂得这一点，拥有这种知识，就能既了解自然规律，按此规律处理客观世界的事务；又能够通达社会事务、人间世事，遇反求正、遇正防反、遇弯待正、遭低创满、得少求多，如此等等。

拥有这样的辩证观念、规律知识，就是一个拥有智慧之人，具有高级办事能力的人，是一种通达世事、掌握规律、处世有规范、办事有能力的人。

据此，老子说："是以圣人执一为天下式。不自见，故明；不自是，故彰；不自伐，故有功；不自矜，故能长。"（所以有道的人坚持这一原则作为天下事理的范式。不自我表扬，反能显现；不自以为是，反能彰显；不自我夸耀，反能见功；不自我矜持，反能长久。）这正是一系列以反得正、以退反进、以守得彰

的"反中得正"的事实。这就是一种隐忍、退守、处下而得昂首、进益、升成的结果。懂得这种规律、拥有这种知识，就是一种世事通达、表面稚拙而实明智、以退为则却得进益的世事辩证发展的规律。

老子最后总结："夫唯不争，故天下莫能与之争。古之所谓'曲则全'者，岂虚言哉！诚全而归之。"（正因为不与人争，所以天下没有人能与他争。古人所说'委曲可以保全'的话，怎么会是空话呢！它实在是能够完全达到的。）

这就是一种完整的对事物发展规律的认识的"知识"。这是很重要、很有用的知识。用这种知识装备自己的思想，充实自身的知识库，使之蕴藏这种知识，就是拥有一种可贵的智慧，就是知识能手、办事圣手了。

这是老子知识论中珍贵的知识传授与教诲。

总其意旨，就是从反面透视到正面、从"曲"中看到"全"、从"枉"中看到"直"、从"洼"中看到"盈"、从"敝"中看到"新"、从"少"中看到"得"、从"多"中看到"惑"。这是一种高层级知识与智慧。

人在人间世事中，能够以这种高层级的知识去处理世事，去为人处世，就是一种高智慧、高姿态的境界，就是一种能忍、能让、能退、能下的文化胸襟。此之谓高智能之人、高度修养之人。老子在此处不仅宣扬了一种高层级的知识，而且凭此可塑造一种高境界人格与人生的圭臬。

这种以反见正、以反处正的知识与人生智能，往往被认作"虚伪""奸诈""权术"之类。这当然是一种误解。这里实际是以一种高知识、高智慧为人、处世、处事。当然，不可避免的是，如果以此种知识去混世欺人，也不是不可能。知识在此，谁都可以使用。若有坏人用以欺世骗人，那当然是一种奸诈权术。但这不是知识之过，而是人之奸。认识"知识"的这种中性与可被利用，也是一种知识，而且是重要的知识。

七、欲歙必固 欲弱故强 欲废故举 欲取故与

（将要收拢必先张开 将要削弱必先加强 将要废除必先兴
举 将要收取必先给予）

在《道德经》第三十六章中，老子又从另一方面，来陈述、论证另一种知识。这一知识，正与上述知识相反，不是"以反求正"，而是"先与后取""以弱胜强"。

他说："将欲歙之，必固张之；将欲弱之，必固强之；将欲废之，必固举之；将欲取之，必固与之"（将要收合的，必先张开；将要削弱的，必先强盛；将要废弃的，必先兴举；将要索取的，必先给与），"是谓微明"。

这里告知人们的一种知识（也是智慧），依然是事物、事务的辩证关系："反其道而行之"，却得到正面的结果、相反的效应。这确实是一种高层级的知识与智慧：（你）想要收敛，却先把他张开（"将欲歙之，必固张之"）；（你）想要削弱它，先使它强盛（"将欲弱之，必固强之"）；将要废弃的，却先兴举起来（"将欲废之，必固举之"）；将要取得的，却先给予（"将欲取之，必固与之"）。这就是一种"幽深精妙的智慧"（"是谓微明"）。

河上公说，"微明"就是："其道微，其效明也。"[①]

王弼则解析得明细一点。他说："因物之性，令其自戮，不假刑为大，以除将物也，故曰'微明'也。"[②]

如果说前一种知识、智慧，还是客观地陈述客观事物的状况、样态；那么，这里陈述与论证的就是一种主观的、主动的行为，也是一种行为策略。这种策略，是建立在对事物辩证发展的知识基础上的认知和行为。

这里所论证的我们称为"知识与智慧的内蕴与力量"，却往往被人们误解，被认为是一种狡诈，连王国维这样的国学大师也

难免曲解老子之意。他认为老子在这里是"论治国"，于是认为是"权诈"，他引用程伊川的话说："程伊川谓：'老子书，……其初意欲谈道之极元妙处，后来却做人权诈上去。'可谓知言者矣。"[③]这里反映了一种如何理解和认识"知识"的区别。一种认知是：这里阐释的是客观事物运行的规律，大自然的运行和进展，就是这样的一种表现和规律；其中蕴含着世界万事万物运行、发展、变异的规律，这是大自然的客观规律。这里并不存在什么狡狯、权诈的问题，因为其中完全没有人的行为存在；至于在人世中的人事关系，所谓"为人处世"，也有时需要用来"操作"、实现和实践。当然，这里存在着权诈和诡异的潜在因素和可能性；但那是主观动机和运用的问题，而不是事物运行的辩证规律本身。老子之哲学著作，是在宏观的、广大的立场上，是在深邃的事物发展的内在规律上，来探讨和揭示其蕴含的内在规律。它与"权诈""阴谋"之类是挂不上钩的。

宇宙的运行、事物的发展、人事的处置，往往就是这样辩证地运行和实现的。所以，我们在这里正确地理解和诠释，就应该把它认作对自然界的运行、世事的运行与运作，以至人们处世做事，所需要了解的一种知识。我们今天学习老子哲学，可以从中学习这种辩证观念和认知与处世的知识。其实，广义地说，知识的获得与运用，依主观动机与态度之差异，而有不同的性质和结果。从为人处世来说，一种人，正直善良，使用上述知识，就是会办事、做好事，于人于社会均属有益有利的行为；否则，立意就坏，目的不纯，意识鬼祟，那么使用上述知识，就成为一种权诈了。这里存在的是知识的应用问题，而不是知识本身的问题。

释德清对此有细致入微的解析，他指出："此言物势之自然，而人不能察，天下之物，势极则反。譬夫日之将昃，必盛赫；月之将缺，必极盈；灯之将灭，必炽明。斯皆物势之自然也。故固张者，翕之象也；固强者，弱之萌也；固兴者，废之机也；固与者，夺之兆也。天时人事，物理自然。"[②]这些都是自然、社会、世事、人事之常规，"物极必反"之理势。本不存在什么"阴谋""狡诈""权术"以至"鬼魅伎俩"之事，有恶人鬼魅，邪而用之，皆人之恶、心之坏、意之歪，不关客观至理、事物自然之事。知识是客观事物，随人应用之不同，而发生不同性质的变异；这却是人的主观意识的好坏善恶之别，动机不正，效果完全异化。非知识之过。

本来，知识本身是无主观要求、无区别对待掌握它的人的，它不存在"主观能动性"，它被人类所掌握、所运用，究其结果，它"概无关联""概不负责"。被坏人恶意地使用，掠取利益，它是消极的能量；反之，在好人、善良者手里被运用，它就是利器、工具、能量，会做出好事，产生良性效果，有益于、有利于人类和社会。它是一把"双刃剑"，利弊俱在，就看在什么人手里、为了什么目的使用。现在，手机、微信、电脑、各种电信手段，都可以，事实上也存在，为人类谋福利、创造财富、为社会服务的"利器"之广大作用，但是，它也可以被坏人利用，成为很具威力、破坏性巨大的手段和"凶器"。因此，现在提出"人性地使用科技，使科技具有人性"。这是一种"'知识-智慧-善果'与'邪知-歪智-恶果'"共存的格局和事物与社会的现实，决定性的要求就是：知识-智慧-技能，掌握在什么样的人群手中以及如何使用。

在这里，老子还提出"柔弱胜刚强"的道理。"以柔胜刚""以弱胜强"，是老子的重要命题，但这是一种"以反求正"的辩证法，实际上，弱者其表，强者其实，实质上是以柔弱示人，实质刚强。

高亨说得好："此诸句言天道也。或据此斥老子为阴谋家，非也。老子戒人勿以张为可久，勿以强为可恃，勿以举为可喜，勿以与为可贪耳。故下文曰：'柔弱胜刚强'也。"[④]这段对从起因到结果的"事物、事理发展的辩证关系"，说得透彻，符合老子原意，析理明确、诠释清楚，颇有利于正确诠释和理解老子原意。

老子在陈述、论证一系列物极必反（"歙—张""弱—强""废—兴""取—与"）之后，以"是谓微明"作结。这一结语很重要，有深意。其视域在于这些事物、事务的辩证变化的规律，既"幽微"，又"显明"，它们潜藏在事物、事务的内里，人们需要见微知著，才能够窥见它、了解它、掌握它。于幽微处，掌握规律，认识、了解、处理，就心中有数了。

老子在本章显示、论证了事物辩证发展和转变的事例。他的思想，均来源于客观世界，包含自然界的、社会的、人生时势的。他以这些现实生活、客观事实中潜藏着的辩证关系，提炼出并宣示辩证规律，以这种知识武装人们的头脑。他的哲学思想，既具有很深刻而鲜活的现实性、适用性，又含有广博、深邃的知识性与思想性，以之武装头脑，就会增长智慧，"腹有诗书气自华"。

当然，老子的诗性哲学篇章，往往是甚至可以说总是多义的、蕴含丰富而多方面的，所以，一篇之中，既有宇宙论，又含知识论，还有政治哲学，以至人生哲学。本书运用其内涵意蕴，纳入知识论系统。但将之视为宇宙论也无不可。

注释：

①刘清章：《河上公章句评注》，宗教文化出版社，2020，第 338 页。

②王弼：《王弼集校释》，楼宇烈校释，中华书局，1980，第 89 页。

③姚淦铭、王燕：《王国维文集》第三卷，中国文史出版社，1997，第 106 页。

④陈鼓应：《老子注译及评介（修订增补本）》，第 2 版，中华书局，2009，第 200 页。

八、反者道之动 弱者道之用

(道的运动是循环的 道的作用是柔弱的)

《道德经》第四十章："反者道之动，弱者道之用。天下万物生于有，有生于无。"其阐述"道"即宇宙论的意义，前章已经介绍和阐释了；这里且从知识学的角度，来诠释其意义。这是多义性的老子文本所允许的。

在这章短短 21 个字的陈述中，老子却深邃地凝练了、阐明了几个关于道的知识。他的意思是：返回是道的运动（"反者道之动"），柔弱是道的作用（"弱者道之用"）。这里阐明了道的运行节律及其作用和意义，即道的运行是循环的，它的作用是"柔弱"而非强烈，属弱相的。这里宣教的是这样一种知识：事物的运行往往是循环的；而其作用则是柔弱的，也就是纤弱的、温和的、潜在的，等等。

接着，老子申说了一个极为重要的哲学观念：天下万事万物都是从"有"中产生的，而"有"则是从"无"中产生的。这两句话含有深邃意义，在前述老子的宇宙论中，已作简介和评述；这里则从知识意域来作一解读。这一知识，是前提性、前知性的知识。要了解关于道的宇宙学意义，便必须了解这一知识。而在哲学观念上来理解"有"与"无"这种知识，则更是人们需要具备的极为重要的知识。尤其关于"无"的理解和认识这种"知识"，更具有重要的哲学意义。老子在此使用了"天下万物"这一主语，就是说，天下所有的事物、所有的事情，都是如此这般，无一例外。人们拥有这种宏观的宇宙观和世界知识，就能够心胸宽广、目光四射、胸襟豁达，合理、正确、具有良好效应地认知宇宙和为人处世。这是一种多么重要的知识；人们习得、掌握、使用这种知识，就能无往不胜，就能良好地为人处世。这是一种为人处世的基本知识。

本章所传授的知识，可谓宏观的，上至天文地理、下达人间世事，均在其视野之中及知识领域之中。

九、不出户知天下 不窥牖见天道 其出弥远 其知弥少

（不出家门能知天下事 不眺望窗外能窥见自然的法则 越外出辽远能知道的越少）

在《道德经》第四十七章中，老子又提出了另一种对"知识"的认知和获得"知识"的方式。他是这样表述的："不出户，知天下；不窥牖，见天道。其出弥远，其知弥少。"（不出家

门，就能知晓天下事；不眺望窗外，就能了解自然的法则。越外出辽远，所知越少。）由此作出结论："是以圣人不行而知，不见而明，不为而成。"（所以圣人不出门却能了解事物，不亲见而能知晓，无所为而能成功。）

这段论述所论的道理，也容易引起误会；需要全局性了解老子的思想整体，把局部纳入整体来认识和解读，才能正确把握老子的思想精髓。这就是把个别的、局部的论述，纳入作者整体的、体系性的学术视域和学术境界中，来解读、理解、诠释，才能得其真意、察其精髓，而不至于"一叶障目，不及全局"，产生误读误解。

事实上，老子在这里提出了两种不同的获取知识的态度、行为和方法：一种是足不出户而能知天下；另一种是"其出弥远"（奔走得越远），"其知弥少"（其所得越少）。老子的哲学是以诗性的语言来表达，而不是以逻辑的论证来申说，所以往往容易引起误读误解。这里又是一例。实际上他所要表达的是已经具备知识储备、了解世事、通达社会、熟悉生活的人，并不总是要到处奔跑捞取知识，即所谓"东奔西跑，旁搜杂取"，这是不可取的；正确的方式和态度应该是，从正常的、自然的，从社会生活等渠道去了解情况、获取知识，而且，在掌握大量知识和情况之后，再独处斗室，研究、思索、探讨世事社情，寻觅社会生活的真谛、事物发展的规律，所以能够"知天下"。这个"知天下"，不是一般地获得资料、了解世情，而是知根知底地了解世情、事物。由此再进一步，"不窥牖"（不眺望窗外），而能"见天道"（了解"天道"，即日月星辰与社会生活的运行规律）。这是拥有知识储备，了解天地人间、人情世事的"知识人"的情况，对他们而言，获取知识、了解情况的方式和状态，就是那样的，而不是东奔西跑、目不暇接地走马观花、略窥皮毛而已。

老子在这里阐释的是一种高层次知识获得的规律。他后面接着总结性地说，像这样的获取知识、知人论世的方式方法，圣人行之，能够"不行而知，不见而明，不为而成"。这是说，以上之所说，是圣人知人论世、获知天道的方式、方法。老子此处所论，提出了获取知识、了解世情，以至意达天地环宇的高境界、深层次的方式方法。这实际上是拿两种不同的知世明道的知识获得，对比相较来论高下。其实我们也不妨据此确认其为老子的独特知识论。

关于老子的这一知识论证，任继愈、陈鼓应两位先生都给予了高度的评价。陈鼓应指出："上面的观点，不限于老子，庄子和佛学也持着相似的基本观念（老子的说法没有庄子那样明显），我们还可以笼统地说东方型的思想都有这种基本的认定，这和西方思想家或心理分析学家的观点迥异，他们认为人类心灵的最深处是焦虑不安的，愈向心灵深处挖掘，愈会发觉它是暗潮汹涌，腾折不宁的。"①

任继愈对老子此章所论，也给予了赞许，他指出："这一章老子再次强调'道'不能用感官接触，要靠静观，玄览。这是老子高明的地方。"②

任先生提出"静观""玄览"，并将它纳入解读老子本章的深意，切中鹄的。所谓"静观""玄览"，既有"静思默想"之意，又有"直觉体验"之意。"静观"中有"观而默思"的意境，"玄览"时具直觉感知之创获。林语堂说："儒家崇理性，尚修身；道家却抱持反面的观点，偏好自然与直觉"，"老子凭直觉感受"。③钱学森提出人的思维分为逻辑思维、形象思维、直觉思维、灵感思维。"静观""玄览"既具有直觉思维的成分，也许还夹杂着灵感思维的启迪。本书已论及，老子"道"中宇宙论，是恩格斯所论"天才直觉"的表现；此处老子提出"不行而知""不见而明""不为而成"均具有"直觉"得知、"直觉而明"、"直觉而成"的成分和意境。科学家在科学发明和发现中，得益于以至成功于直觉者，不在少数，故钱学森肯定"直觉思维–灵感思维"的特殊功能。

当然，这种直觉思维存在事先的知识积累、思考酝酿，是积聚久矣，豁然开朗，看似偶然得之，实是积久而成。

黄朴民、林光华在其《老子解读》中指出："本章可看作老子的功夫论内容之一……。知识太多，机心太重，这些都是离其根本的体现。老子看到，知识本身不能代替工夫修养，知道得越多反而越容易造成混乱，所以应该让人们少私寡欲，返朴归真。"接着论述道："老子并没有明确反对'学'，而只是强调'道'与'学'的性质不同。'学'并非通向'道'的途径。'道'不是读万卷书就能把握的，关键是把握'宗'和'主'，也即把握根本，这样就能事半功倍。"④

据此可知，"道家思想与科学思维的方法却有相当接近的一面"⑤。此评甚确且具分寸，言"接近"，符合老子状况。刘笑敢说："老子之道是从整体的动态的角度来概括世界的统一性的，它不是通过部分来解释整体，而是通过根源和整体来认识部分和个体。"⑥这也就是说，老子是站得高、看得远、想得深，是从整体以观个别、自高处俯视低处。这是一种科学的态度、哲学的思维方式。

注释：

①陈鼓应：《老子注译及评介（修订增补本）》，第 2 版，中华书局，2009，第242 页。

②任继愈：《老子绎读（汉英对照）》，商务印书馆，2009，第 262 页。

③林语堂：《老子的智慧》，湖南文艺出版社，2016，第 8、10 页。

④黄朴民、林光华：《老子解读》，中国人民大学出版社，2011，第 219 页。

⑤刘笑敢：《老子古今》，中国社会科学出版社，2006，第 506 页。

⑥同上书，第 507 页。

十、为学日益 为道日损

（治学一天比一天增加识见 求道一天比一天减少智巧）

《道德经》第四十八章则提出了两种知识的区别和它们所起作用的差异。这是一种对知识的重要认知，是一种对"知识"的两相分置的知识。老子是这样说的："为学日益，为道日损。损之又损，以至于无为。"（求学则知识一天天增加，求道则智巧一天一天减少。减少再减少，直到"无为"的境地。）而"无为而无不为"（如能无为那就没有什么事情做不成的了）。

老子在这里提出了一个关涉"为学"与"为道"二者相联又分置的辩证关系。一方面，是"为学日益"（求学则知识日益增加）；另一方面，是"为道日损"（求道则机巧之心日益减少）。老子在此处所说之"学"（知识、学问）包含两种不同性质的知识：一种是正当有益的知识，另一种则是以知识装备起来的"智巧之心"（所谓"机心"）。人们在日常学习中（包括学校的学习和平常读书、交友、生活习见中），是两种知识均有的，所谓"良莠不分-好坏共存"，所以"为学日益"，就可能或者说一定会既学好又学坏，既知识见解增益，又机心智巧枉加。"机心智巧"，对于"道"来说是对立的、不共存的。所以就会"为道日损"了。

冯友兰指出："《老子》并不完全不要知识，所以它还要用观的方法去求对外界的知识。它认为，为道就要日损，为学就要日益，但是所损所益并不是一个方面的事。日损，指的是欲望、感情之类；日益，指的是积累知识的问题。这两者并不矛盾，用我的话说，为道所得的是一种精神境界，为学所得的是知识的积累，这是两回事。一个很有学问的人，他的精神境界可能还是像小孩子一样天真烂漫，用《老子》表达的方式，一个人也应该知其益，守其损。"[①]这就是说，在知识学问与欲望感情之间，要能够区分开来。老子所论，正是如此。他把"为学"与"为道"分别开来，也就是把学习知识与品性修养结合起来，不要"为学"而机心智巧增加，否则于"道"则减损有害了。

这一点，在"学"与"道"中，就是"学"不能、不应"损道"；不能让"学"与"道"分置对立，而是要使之统一、互利、互促。老子把知识分置为两种性质，一优一劣，是很有道理，也很值得重视的。的确，在社会中，在人世中，人们从家庭父母中，从社会生活中，从亲戚朋友中，以至在日常生活中，都能学习到各种各样的知识，知识的增长，也使人成长起来，成熟起来。但是，殊途不同归，或者殊途同归，在不同或者相同的轨道上，人们自觉不自觉地学习各种知识，逐渐成长起来。不过，知识获得的多少不同，成长的结果自然也不同。在这里就显示出两种知识培育出来两种不同的人，即不同的人品、不同的性格。在这人生道途上，每个人都在知识的培育下，自觉或不自觉地被知识武装起来了。不同的知识、不同的知识装备，产生了不同的人。这就是知识的力量。这种殊途不同归的情况，反映了知识的不同。其归结就是"学"与"道"的关系问题如何处置。用老子的命题来回答，就是"为学"不要"损道"，"为学日益"，而"为道日损"，就是失败。"学"与"道"，相得益彰，同体并进，就是有为之人的成长了。这一点，是知识论中很重要的内涵。这就是知识习得与人格成长、文化知识优劣消长的关系。

注释:

①原载冯友兰：《中国哲学史新编》，转引自陈鼓应：《老子注译及评介（修订增补本）》，第2版，中华书局，2009，第244页。

十一、古之善为道者 非以明民 将以愚之

（从前善于执行道的人 不教庶民乖巧 要使人民淳朴）

老子在《道德经》第六十五章中又指出："古之善为道者，非以明民，将以愚之。民之难治，以其智多。"意思是：从前善于行道的人，不是教庶民乖巧，而是让他们淳朴。庶民之所以难治，就是他们机智（机心歪智）太多。

河上公注："'将以愚之'：将以道德教民，使质朴不诈伪。"①

王弼注："明，谓多见巧诈，蔽其朴也。""愚，谓无知守真，顺自然也。""'民之难治，以其智多。'多智巧诈，故难治也。"②

"范应元说：'"将以愚之"使淳朴不散，智诈不生也。所谓'愚之'者，非欺也，但因其自然不以穿凿私意导之也。'……范应元又说：'不循自然，而以私意穿凿为明者，此世俗之所谓智也。'"③

在这里，老子再次强调要有正直淳朴的知识，而反对具有机心歪智的知识。即人民需要单纯淳朴，而不要机心歪智。这里再一次区分了两种知识的分殊及其优劣之分。

在现今时代，高科技迅猛发展，并且在社会生活中广泛应用，比如个人电脑和智能手机的普及，大大有利于人类学习、传播、获取、运用、传承、积淀知识，并提升创造力与工作能力；但是，也会被坏人、丑类掌握利用，造成高科技的犯罪，比如电子诈骗横行，受害人众多。这就是机心巧智被坏人利用的不幸结果。

老子之言，至今提醒人们区分两种知识及知识用心的区别。

本章内容也是容易引起误解的。其中"古之善为道者，非以明民，将以愚之。民之难治，以其智多"这段话，往往被人误以为是提倡愚民政策，老子反对人民拥有知识。这是一种严重的误解。这种误解，引起古今许多人反对老子。对此，刘笑敢以"老子的不白之冤"为题，做了具有说服力和很有益的解说。他指出："对老子的不白之冤，陈荣捷作了有力的澄清。他说：'……此所谓智，即权术之智。是以圣人之治，"使夫智者不敢为"（第三章），而圣人本人亦"我愚人之心也哉"（第二十章）。且老子云，"圣人无常心，以百姓心为心"（第四十九章）。安得为愚民乎?'（陈荣捷 1988，105）"④

老子被误读误解的地方，所在多有，这里是又一例证，而且是比较严重的。这种误读误解，往往是由于断章取义，或者并不全面了解老子之哲学思维及其表达方式和语言特点。这是读老、习老应力避的"阅读之误"。

注释：

①刘清章：《河上公章句评注》，宗教文化出版社，2020，第351页。

第九章 老子的知识论

②王弼：《王弼集校释》，楼宇烈校释，中华书局，1980，第168页。

③转引自陈鼓应：《老子注译及评介（修订增补本）》，第2版，中华书局，2009，第299-300页。

④刘笑敢：《老子古今》，中国社会科学出版社，2006，第662-663页。

十二、知不知 尚矣 不知知 病也

（知道自己有所不知 最好 不知道却自以为知道 这是缺点）

《道德经》第七十一章又说："知不知，尚矣；不知知，病也。圣人不病，以其病病。夫唯病病，是以不病。"

对于这几句格言式的表述，河上公注云：

"【知不知上】知道而言不知，［是乃］德之上。【不知知病】不知道而言知，［是乃］德之病也。【夫唯病病，是以不病】（圣人无此强知之病者，以其苦众人有此病）［夫唯能病，若众人有此强知之病，是乃不自病也］。【圣人不病，以其病病】［圣人无此强知之病者，以其苦众人有此病］。【是以不病】以此悲人，故不自病。（云）［夫］圣人怀通达之知，托于不知者，欲使天下质朴中正，各守纯性。小人不知道意，而妄行强知之事，以自显著，内伤精神，减寿消年。"①

这是一番最佳的关于知识，关于如何对待"知识"、对待"自己知与不知"的认知与态度的论述。人们对于知识，有知与不知的区别，而对于这两种状态，应该采取什么态度，这是是否具有真知的考验。老子说，知道自己不知，是最好的（"知不知，尚矣"）；而不知道自己不知道，就是弊病（"不知知，病也"）。所以，知道自己的知识的缺陷，是好的；不知道自己是"不知道"的，就是病害。老子提倡和表彰的就是对知与不知（即知识的多少有无）采取实事求是的态度，否则就是在知识方面的病端。

接着，老子进一步申说："圣人不病，以其病病。"（圣人没有这种弊病，就因为他把病当作病来对待。）因此，"夫唯病病，是以不病"（因为把病——缺陷、弊病，当作病来对待，所以他是没有缺陷的）。

老子此处所论"知与不知"的关系和应该如何对待的态度，反映了老子对知识的一种深沉的认知。他不仅把知识看作对世界、对人世、对人生等的认知；而且，将之纳入对宇宙与宇宙万物的认知范畴，这属于是广义的知识论。

在这段以韵文格式抒写，富有重叠、往复、动宾同用的诗性美的短章中，老子以一种谆谆教导、循循善诱的态度和语气，论述了对知识应有的诚实态度，一种真正富有知识的知识胸襟。这应该视为老子知识论的重点要害之一。这与孔子所说"知之为知之，不知为不知，是知也"的论点是一致的。

不过刘笑敢对老子与孔子的"知不知尚"作了比较研究，面对二者作出了不同的结论。他指出："然而，儒家的主要出发点是如何作一个君子，即有道德的人。因此'知不知'是一种作人的态度和原则，与道德品质、个人修养密切相关。所以即使内心非常自信、自傲的人，如果他有修养，其言谈举止可能还是非常谦和的。对于一般人来说，这已经近乎完美的人格。对于道家来说，这并非最高境界，因为这样的君子仍不能将自己放到整个宇宙中去，因此难免对自己的估价太高。儒家人物往往有过高的道德自许，甚至是道德的傲慢，睥睨群伦，这时他就会以道德狂人的形象出现；如果勉强取谦和的外表，则会给人虚伪的印象。但是，老子的'知不知'则不是作为道德原则出现的，不限于'作人'的要求，而是与老子对人、对万物乃至对宇宙和宇宙之道的根本性观察和关切直接相联系。因此，老子的圣人，从内心到外表，从认识论到人生论，都不会有过高的自许、自信或自期。因此，'谦虚'二字用于老子似乎并不恰当。老子的谦退、守柔、被褐怀玉、不敢为天下先都是本然的、本体的，是出于对整个宇宙、世界的根本性认识，而不是从如何作人、如何修养出发的。"[②]

这段孔、老比较，很有意义，其见解，也符合对老子和孔子的分析评价。从这里也可以看出，老子知识论的学术视域的广阔、博大、精深，他之论知识，并不只是"立足'知识'论知识"，而是将知识、人对知识的认知，纳入"对整个宇宙与世界的根本性认识"的广阔、邈远、深邃的视域，来体察、认识知识及其与"道"的关联性。

剔抉以上老子关于知识、获取知识的门径、对待知识之有无的认知与胸襟，作为老子知识论的结束，感觉这是老子关于知识和对知识应有态度的遗教，应成为后世的人们对知识的哲学态度，应为老子哲学的主要内涵。

老子的知识论，同他的其他方面哲学论述一样，并没有逻辑论证式地，就知识的性质、分类以及如何获得、掌握和运用知识等，予以详细论证，他没有这么做；他依照《道德经》对哲学问题的论证，是以诗性的语言，陈述、呈现知识的分类，以及如何对待知识等"知识的获得与使用"问题，作诗性的陈述和论证。总体上，他提出了如下几个重要的论点。

第一，老子的知识论是一种广泛的、厚重的知识论，它涉及宇宙、社会、人生、世事等方面，可谓"上穷碧落下黄泉"，上及宇宙天际、下达社会人间、深至心灵脑际；它广涉知识的性质、分类与应用，涉及如何获得和使用知识，更涉及知识运用的两极分化。

第二，他把知识分为两类：一类是有益的知识；另一类是有害的知识，即机心歪智的知识。这种分类是理智的、符合实际的，对人们认识"知识"，理解其意义、用途和性质的分殊，是有意义的。

第三，对于知识的有无，要有一种自知之明的实事求是的态度，知自己之不知，这是一种正确认识自己的求实的态度；这种态度，是一种真正的"自我认知"的知识。

第四，为学要"日益"，即天天进步；私心、欲望方面，则要"日损"。这是一种互相抵制、一进一退的知识进步的进程。

老子的知识论，是一种取实用精神的知识论，而非一般的仅限于认知性质的知识论。

第五，老子的知识论蕴藏一个"弃智"论，这是因为老子看到人们知识越多、越有"智慧"，就欲望越多，"多智增欲"，这是知识的负面效应。但这不是知识的错误或本质扭歪，而是人的知识与欲望之间如何认知与处置的问题。冯友兰指出："和强调寡欲相联，老子还强调，人要弃智。老子看到，知识本身就是欲望的一个对象；它又引起人的更多欲望，成为人满足欲望、达到目的的帮手。知识既是欲望的主人，又是欲望的仆人。人的知识越多，就越不知足，不知止。因此，《道德经》第十八章说：'智慧出，有大伪。'"③在现实生活中，确实是，有的人知识越丰富，不仅人就越聪敏，而且人格提高，成为有识之士，以知识服务社会、尽职于人民；但有的人却相反，知识越多，欲望越增，以致被欲望牵引，走向犯罪的道路。现今社会中，有的人，钻研科技、娴熟技术，但恶浊欲望却促使他们利用技术来犯罪，祸害人民、搅乱社会。那些电信诈骗犯罪，就是鲜明的恶性例证。知识的双重性以及人们对它的掌握与使用，存在这样一个由主观的歪曲而造成的恶果。老子在其哲学的知识论中，提出这一点，既是针对春秋时代的现实，又具有恒久的启示意义。这是老子哲学的知识论的现实价值。

在这篇短章中，老子以一种特殊的文体来陈述，它既似快板书，又若顺口溜，言语爽快麻利，而又意义深沉，启人思索。这在《道德经》中是不多见的。本篇稍欠诗意，却顺畅易懂。

注释:

①刘清章：《河上公章句评注》，宗教文化出版社，2020，第 293 页。
②刘笑敢：《老子古今》，中国社会科学出版社，2006，第 711 页。
③冯友兰：《中国哲学简史》，新世界出版社，2004，第 81 页。

第十章　老子的政治哲学

政治哲学是老子《道德经》的中心内容。习解老子者，均不可忽略这方面的内涵及意义。但老子的政治哲学，绝不是统治术。他之所论，不是封建王朝如何治理国政、统治人民，而是统治者应该如何施行统治，才能够使人民安居乐业、温饱平安，他的基本思想、根本性策略，就是封建王侯要"以百姓心为心"，亦即封建王侯要与民同心，既不要勾起庶民的私心私欲、追逐物欲的巧取豪夺、物质的极欲享受，也不要使民拘囿于横征暴夺。其基本精神、中心意思也就是"以百姓心为心"。

老子的政治哲学具有很鲜明的特点，也具有很深沉的内蕴，不过，其中也有某些论证，引发许多误读误解。这是在研读老子时，需要认真仔细加以辩识和解读的。

政治哲学是哲学的一个分支学科，它主要是研究政治关系的本质及其发展规律的科学，也是有关政治理论的方法、原则及其体系的科学。但老子的政治哲学，不同于一般哲学著作中的政治哲学，它没有进行一般性政治哲学的理论探讨和论述，而是将主要注意力集中于统治者如何统治和人民如何在王侯统治下，过上温饱、自存自洽、安全稳定的生活。张岱年说："中国哲学乃以生活实践为基础，为归宿。行是知之始，亦是知之终。"①老子的哲学正是具有这种特性。但老子没有像孔子那样研究和告知王侯如何统治为佳；而是陈述王侯应以何种方略方式来施行统治，于民有利为佳。他的立场和注意力，集中在如何让百姓过上好日子。所以，他大不同于孔子。一个是为统治者着想，替他们出主意；而另一个却是为人民着想，建议统治者采取减弱、减轻统治与管辖的行为，让百姓自然而然地生活，过温饱安稳的日子。故此他提出"无为而治"的总体性方针。这应该是老子政治哲学的根基和归宿。

老子的政治哲学，是他的哲学思想被误读误解最多、最深的部分。向来对此批评者所在多有，哲学史著作予以批判者也不少见。历代统治者"弃老尊孔"，也以此为因。而中国哲学史著述中的"尊孔抑老"趋向，此亦为主要原因之一。

老子哲学与中西一般哲学原则性的大不同，表现在他不是一般地对宇宙、世界、人生、政治治理作纯理性的、理论的和逻辑的演进、论证与说教，他是从期望使庶民以至人的生存境遇（即人的存在）能够温饱、稳定、安全出发，来探索、论证治理的理念和方式方法。因此，他的所述所论，皆以庶民的安身立命为出发点和归宿。这是与他所处的时代有关的。

前已述及，老子处于"春秋无义战"的时代，王室衰微沦落，邦国纷争、兼并、战争连年，民不聊生、饿殍遍野、尸横荒郊，这对老子触动很深，故其观察、研究、思考的集中点，就在于统治者以何种统治制度和理念为好，能使百姓获得温饱、安居乐业、稳定平安，从"民不聊生"到民安其生。这是他的研究、谋策的出发点与归宿。这可以说是老子政治哲学的重心与圭臬。这同孔子的政治哲学是不同的，可以说是异途异归。孔子的儒学正如鲁迅所说："不错，孔夫子曾经计划过出色的治国的方法，但那都是为了治民众者，即权势者设想的方法，为民众本身的，却一点也没有。这就是'礼不下庶人'。"②也如林语堂所归纳："道家学说为一大'否定'，而孔子学说则为一大'肯定'。孔子以义为礼教，以顺俗为旨，辩护人类之教育与礼法。而道家呐喊重返自然，不信礼法与教育。"所以林语堂归纳说："孔子学说的本质是都市哲学，而道家学说的本质为田野哲学。"③胡适则从更根本的方面，论述老子的政治哲学。他指出："在中国的一方面，最初的哲学思想，全是当时社会政治的现状所唤起的反动。社会

177

第十章　老子的政治哲学

的阶级秩序已破坏混乱了，政治的组织不但不能救补维持，并且呈现同样的腐败纷乱。当时的有心人，目睹这种现状，要想寻一个补救的方法，于是有老子的政治思想。但是老子若单有一种革命的政治学说，也还算不得根本上的解决，也还算不得哲学。老子观察政治社会的状态，从根本上着想，要求一个根本的解决，遂为中国哲学的始祖。他的政治上的主张，也只是他的根本观念的应用。"④

胡适这段论述，揭示了老子政治哲学几个方面的特点：第一，老子的政治哲学，是依据他对当时周王朝及诸侯国的社会紊乱、政治腐败的痛感，而想找寻一个补救的方法；第二，老子不是想寻求一个一般的、暂解燃眉之急的办法，而是欲求根本上的解决；第三，他的政治主张，则是他的根本观念的应用。从这一分析论证中，可以看到，老子政治哲学的现实性、针对性和从中反映出来的老子哲学的基本观念。由此，胡适得出结论说：老子"遂为中国哲学的始祖"⑤。

现在，我们且选取有关章节，来了解和诠释老子的政治哲学。

注释：

①张岱年：《中国哲学大纲》，商务印书馆，2015，第27页。

②《鲁迅全集·且介亭杂文二集·在现代中国的孔夫子》，人民文学出版社，2005，第329页。

③林语堂：《老子的智慧·绪论》，湖南文艺出版社，2016，第1页。

④胡适：《中国哲学简史》，台海出版社，2017，第40页。

⑤同上。

走向老子哲学世界

一、使民不争 民心不乱 为无为 则无不治

(使民众没有争与盗的意欲 民心不乱 依照无为原则处理世务，
没有不上轨道的)

《道德经》第三章提出了"为无为，则无不治"的政治哲学的总体性概念和宗旨。

"无为而治"是老子政治哲学的基本理念，也是老子被误读误解最多、最严重的方面。这种误读误解，颇为妨碍老子正确思想的传播与影响。这里存在的主要是对"无为"的理解问题。

如何理解和诠释老子的"无为"？

老子首先提出三个"不"："不尚贤""不贵难得之货""不见可欲"，这样是为了"使民不争""使民不为盗""使民心不乱"。

概括地说，老子提出的是"三不"与"三使"。

我们且先弄清楚这"三不""三使"是什么意思，包括字面、词语的基本意思和在政治哲学范畴中的深层意蕴与意旨。

河上公注："【不尚贤】贤谓世俗之贤，辩口明文，离道行权，去质为文。不尚者，不贵之以禄，不尊之以官也。【使民不争】[使民]不争功名，（乃）[反]自然也。【不见可欲】放郑声，远佞人。"①

王弼注："不尚贤，使民不争；不贵难得之货，使民不为盗；不见可欲，使民心不乱。贤，犹能也。尚者，嘉之名也。贵者，隆之称也。唯能是任，尚也曷为？唯用是施，贵之何为？尚贤显名，荣过其任，为而常校能相射。贵货过用，贪者竟趣，穿窬探箧，没命而盗。故可欲不见，则心无所乱也。"②

体察上引注释，可理解老子上述这段文字的意思是，"不要标榜贤才能人""不重视珍贵的稀品""不炫耀引发贪欲的物品"，这是为了"使百姓不争功名利禄""不珍贵难得的财货"

"不被蛊惑而心乱"。这就是劝诫统治者"为无为"（依照无为的原则去处理世务）。

这里显示了老子的一片心，使民"不争""不为盗""心不乱"，也就是安居乐业、生活平稳，不争、不盗、心平稳。而为了这个目的，他建议，也希望统治者实现上述"三不"。这就是他的政治建议、施政总则。以此我们可以看到，老子的出发点就是人民生活安康，这和孔子的出发点是完全不同的。一个是为平民百姓着想，一个是为统治者着想。正是从为人民着想这一点出发，老子才提出了统治者"为无为"的大政方针，而所谓"为无为"，就是不要做损伤、残害老百姓的事情，即"有所为之为"，也就是有图谋、有所求、有要求的"为"。前面所说"不尚贤""不贵难得之货""不见可欲"等，就是"无为之为"；这样才能够使民"不争""不为盗""心不乱"。老子的施政逻辑就是：统治者不妄为、不挑动人民的私欲贪心。

老子此处讲"常使民无知无欲"。张岱年解析说："无欲之说，发自老子。""老子所谓无欲，并非完全没有欲；正如他所谓无为，不是完全没有动作。所谓无欲，乃是令人满足于最少之程度；就此满足，不更有所企求。"张岱年又说："老子极其反对过分的享受。但老子不主张遏欲或制欲，他最注重知足，即满足现状，不感觉缺乏。欲实即是感缺乏；如不感缺乏，便是无欲了。"③

从上述可知，老子的治理方略中，蕴含着教育人民去除贪欲、不慕名利的思想，这些都是"为"；可见他的"无为之治"，是没有妄为的"为"，但需要教民育民之"为"。

对老子的"为无为"，陈鼓应有简略的解读，并引证了童书业对此所作准确真切的解读诠释。陈鼓应首先指出："为无为：以无为的方式去为（做），即以顺任自然的态度去处理事务。"然后，他转引了童书业的解读诠释："老子的'无为'思想，也是从春秋时代的自然主义思潮来的。在春秋时，已有'无为'思想的萌芽，老子发展了这种思想，把'无为'思想作为他的政治理论的核心，这是和他的处世哲学相联系着的。他的处世哲学以退为进，以后为先，应用到政治上，就是'清净无为'。这种'无为'思想反映的阶级性，自然是小所有者的利益。小所有者隐士反对统治者的作为，他们认为统治者的一切作为，都是扰乱天下，使百姓不安的。他们要求统治者无所作为，效法自然，让百姓自生自长，自由发展。"④

据此可知，"清静无为"标示着要求统治者不妄为，不以繁文缛节拘囿人民，不严刑重罚惩治百姓，更不侵袭好战、征伐不断，使人民抛家弃业，征战沙场，苦不堪言；另外，则是不勾起人们的私欲贪心，不鼓励民之崇贵慕名的思想。但这不是要求统治者尸位素餐、无所作为，而是希求统治者善体民情、顺应民心，让百姓顺应自然、安居乐业、自生自长，助益其生，弃置其难。这是老子胸中之挂怀惦记，甚至是他撰写《道德经》的初衷。他的哲学著作中，多处论及"民"，可谓关心备至，拳拳之心，眷眷之情，跃然纸上。向来的误读误解，实令人惊异。盖其因在于未曾细察细究老子的原意本心。罗兰·巴特尔所说从作者"原意"，尊其原智，而创辟"意义"；误读误解老子者，误读老子"原意"，就创辟了自己的"意义"，即老子主张"不干事情""什么也不做"。误读之深，莫过于此。

老子接下来又说："是以圣人之治，虚其心，实其腹，弱其志，强其骨。常使民无知无欲。"（所以圣人治理国家，使百姓心灵开阔，肚腹充实，欲望微弱，筋骨强健。常常使百姓没有机心伪诈、没有私心贪欲。）这样，"使夫智者不敢为也"（使那些自作聪明的人不敢妄为）。总之是："为无为，则无不治。"（以无为的方针去处理政务世事，就没有达不到治理目标的。）

至此，我们可以清楚明白地了解到老子的原意究竟是什么了。他的政治哲学就是希望统治者尽量减少人民的负担，尽量不去挑起和引逗人们的私心贪欲，但要满足他们的基本需求，即"实其腹""强其骨"。其实，这里就包含了"为"，即施行种种具体措施，使广大人民能够实其肚腹、强其筋骨，也就是温饱强健、生活富足。所以这里的"无为"不是什么也不做，而是不要妄为，更不要胡作非为。

统观全篇，可以得出这样的总体感悟：老子立足于百姓，向封建统治者进言献策，劝诫他们不要过苛施压人民，不要严刑苛罚，也不要用物欲利诱，更不要用名位诱导，不要这些"为"。而只需一方面"不尚贤"、"使民不争"、使民"不贵难得之货"、"使民不为盗"、"不见可欲"、"使民心不乱"，这就是"无为"了；另一方面，则是"虚其心，实其腹，弱其志，强其骨"，这就是"为"了。这里既有"不为"，又有"为"，实质就是不"为"不当之"为"，却要"为"当为之"为"。据此可知，把老子的"无为之治"理解为"什么都不干"，确实是误读误解了老子所言。

春秋时代，是个乱世，周王朝以及各邦国，争权夺利，战争频繁。各邦国内部王侯卿相互相争权夺利，内斗厮杀，兵连祸接；对外则恃强凌弱、以大并小，战乱不息。社会生产力划时代性提高，阶级分层剧变，"利欲熏心"为社会之普遍心态，争权夺利，世事之屡见不鲜，统治者导之于上，百姓庶民受引诱于下，社会动乱、民心不稳。老子之所言，是针对这种社会乱象，以及造成这种状况的统治者的失策而作正面的建言献策。老子之所谓"无为"者，奉劝统治者勿妄为、勿诱发私欲、勿引导名位之欲，如此而已；但同时却建言需"为"，就是积极施政于民，使老百姓淳朴真挚、安居乐业、过上温饱安生的日子。辩证地理解老子之所言，就不至于误解其"无为"是"什么也不做"。这种"什么也不做"的"无为"，事实上是不可能存在的。以君王之至尊，以封建统治者之巧取豪夺以维持其统治，以达到其养尊处优、豪华靡费的尊享生活，能够"无为"吗？这点儿常识，尽人皆知，老子大哲，能昏聩糊涂至于此吗？

老子的"无为"，就是封建统治者"不要妄为"。

注释：

① 刘清章：《河上公章句评注》，宗教文化出版社，2020，第 323 页。

② 王弼：《王弼集校释》，楼宇烈校释，中华书局，1980，第 8 页。

③ 张岱年：《中国哲学纲要》，商务印书馆，2015，第 657-658 页。引者注：文中"今人"疑为"令人"之误。

④ 转引自陈鼓应：《老子注译及评介（修订增补本）》，第 2 版，中华书局，2009，第 69 页。

二、悠兮其贵言 百姓皆谓"我自然"

(悠然而不轻易发号施令 百姓都说"我本来就是这样")

《道德经》第十七章如此论说:"太上,下知有之;其次,亲而誉之;其次,畏之;其次,侮之。信不足焉,有不信焉。悠兮其贵言。功成事遂,百姓皆谓:'我自然。'"

河上公注:"【太上,下知有之】太上谓太古无名号之君。下之有之者,下知上有君而不臣事,质朴淳。"[①]

王弼注:"悠兮其贵言。功成事遂,百姓皆谓我自然。自然,其端兆不可得而见也,其意趣不可得而睹也。无物可以易其言,言必有应,故云'悠兮其贵言'也。居无为之事,行不言之教,不以形立物,故功成事遂,而百姓不知其所以然也。"[②]

据上可知,老子在这里,虚拟远古好时代与优异统治者的赞颂。如果是这样的统治状况,百姓对它的反应为何?老子说,在最好的时代,人民只是感觉有统治者存在("太上,下知有之");其次,人民亲近而且感谢他("其次,亲而誉之");再次,就是畏惧他("其次,畏之",有"敬畏"之意);再再次,则是轻侮他("其次,侮之")。统治者的信誉不足,才产生不信任("信不足焉,有不信焉")。最后,老子归结道:最好的统治者,不轻易发号施令("悠兮其贵言");而且,事情办成功了,一切顺遂("功成事遂"),于是百姓都称赞说,"我们本来就是这样的"或"我自然而然地生活"或"我按自己的本分生活"("我自然")。

现在,老子还只是描述了一下最好时代的最佳统治,不同的统治状态,百姓的感受是什么样的,是一种什么样的心理状态,他们怎样赞颂好的统治者及其统治术。归结起来就是一点:百姓都说:"我自然。"(能够"让我自然")

老子那个时代,还没有认识到,观念上也还没有现代意识中的"大自然"概念，故其所谓"自然"，就是"自然而然"，也就是自己本色的状态，或者自身本来的样子，亦即自存自适、自由自在的状态。

老子在这里，从百姓的角度，提出了最佳统治状态是什么样的，百姓的感受和反应又是什么样的。他从统治者方面言之，是"贵言"（不随便、轻易发号施令）；而从老百姓的感受来说，则是"我自然"。

在这段文字的最后，读到"我自然"这样的大白话语言，而且与现在的口语完全一致，我们不禁感触深深而所思邈远。老子所期盼、"规划"的百姓的最佳生活状态，就是一个"自然"啊！

对于老子的这段政治哲学论述，也可以说是"政治哲学抒情"，陈鼓应先生有这样准确而精到的评论与评价："处身于权势的暴虐中，脚踏于酷烈的现实上，老子向往着'帝力于我何有哉'的时代，向往着在那时代里，没有横暴权力的干扰而人民自由自在的生活情境。"他还指出："老子理想中的政治情境是：一、统治者具有诚朴信实的素养。二、政府只是服务人民的工具。三、政治权力丝毫不得逼临于人民的身上。"[③]

从这段评述中可以看到，老子的政治哲学的出发点与归宿，都是为庶民着想；他为统治者着想的只是"你不要太扰民"，请你"诚朴信实"、服务人民就好。这就是前述"为无为"的精神；不扰民，不鼓私欲、贪欲，而又实其腹、强其骨，这就是好的统治。

黄朴民、林光华对春秋时代诸家治国的理论、方案进行了比较评析，指出："春秋战国时期，产生了众多流派，思想千差万别。如何治国是其中的一个焦点问题，各家对此提出了不一样的看法。儒家侧重以'仁义礼乐'指导治国实践，……更注重道德自律，……表现出温和渐进的特点，这可以说是'亲善'管理之道；法家强调以法治国，……更注重制度规范，表现出冷酷强制的特点，这可以说是'威慑'管理之道；墨家主张'尚同'，强调'兼爱'、'节俭'，……这可谓是一种'功利'管理之道。兵家……沟通'以德治国'和'以法治国'这两种方式；而老子则不认同这些治国方案，提出'道法自然'的原则，……以'无为'为手段，达到'无不为'的目的。……使人与自然和谐共存，使国家能够'长生久视'。"④这种比较研究，使老子的政治哲学的意旨、特点以及与儒家、法家、兵家的不同显示出来，以便更加具体深入地理解"百姓皆谓：'我自然'"的深刻意义，其要旨就是充分近民、亲民、育民，给百姓以"自然"——我按自己的生活、生存、生命的节律，自运行、自保存、自成长地生活着，以实现生命的存在。

"百姓皆谓：'我自然'"，老子这一总结，提示了统治政策的精髓，即"为人民"。在王权时代，在百姓只是匍匐在封建统治者的淫威与压迫剥削下，拼血汗勉强生存的时代，老子就提出了百姓能够舒心顺气地道一声"我自然"，那是怎样的一种崇高的理想与愿望！这是老子为百姓发出的一声美好的呼吁，一种美好的理想。

注释：

① 刘清章：《河上公章句评注》，宗教文化出版社，2020，第329页。
② 王弼：《王弼集校释》，楼宇烈校释，中华书局，1980，第41页。
③ 陈鼓应：《老子注译及评介（修订增补本）》，第2版，中华书局，2009，第130页。
④ 黄朴民、林光华：《老子解读》，中国人民大学出版社，2011，第92-93页。

三、重为轻根 静为躁君

（厚重是轻率的根本 静定是躁动的主帅）

接着，我们来看老子是怎样发挥他的政治哲学的思想理念的。

在《道德经》第二十六章中，老子如此描述和论证："重为轻根，静为躁君。是以君子终日行不离辎重。虽有荣观，燕处超然。奈何万乘之主，而以身轻天下？轻则失根，躁则失君。"

王弼注："【重为轻根，静为躁君】凡物，轻不能载重，小不能镇大。不行者使行，不动者制动。是以重必为轻根，静必为躁君也。"①

河上公注："【虽有荣观，燕处超然】荣观谓宫阙。燕处，后妃所居。超然，远避而不处。""【而以身轻于天下】王者至尊，而于其身行轻躁乎？疾时王奢恣轻淫，失其精也。""【轻则失臣】王者轻淫则失其臣，治身轻躁则失其精也。""【躁则失君】王者行躁疾则失其君位，治身躁疾则失其精神。"②

以上二注，把老子之意作了简易的诠释，可为我们诠释的重要依据。老子在这里首先提出一个启示性的比喻：厚重是飘轻的根本，宁静是躁动的君帅（"重为轻根，静为躁君"）。接着便用比喻的说法展开论述：所以君子从早到晚行走，却不离开满载粮草的车辆（"是以君子终日行不离辎重"）。虽然拥有豪华的生活，却安居超脱（"虽有荣观，燕处超然"）。这两句比喻的说法，意思就是君子行走于外，不忘携带粮草；虽然拥有豪华的生活，却依旧安居泰然。

在此比喻的基础上，则设问：可是为什么身为拥有万乘车骑的大国君主，却要轻率躁动而治理天下？（"奈何万乘之主，而以身轻天下？"）最后总结道："轻举妄动就会失去根本，急躁冒失就会失去主动。"（"轻则失根，躁则失君。"）归纳起来，就是说，以"重""静"为要，而"轻""躁"则败。老子提出治理国家、社会的原则，就是要去"轻"去"躁"，而立于"重"与"静"之上。

老子的政治哲学原理，在这里得到进一步申说。前面申说的是要统治者立足百姓方面，使国家、社会与人民的存在，均处于"自然"状态，讲的是立足百姓的"站立"的"基本功"，或者说基本立场；本章则面对统治者已经站定之后，施行国政治理时，应该取何种基本方略，对此立言，老子的建言就是要立足"重"与"静"，而预防、避免"轻"与"躁"。

在这里，老子提出了两个对立相异的概念和治理方略，就是"重"与"轻"、"静"与"躁"。他首先提出一个原理、一种哲学理念：“重”是“轻”的根，“静”是“躁”的“君”。这就是说，“重”是“轻”的根本、依据，好比秤的秤砣；“静”是“躁”的“君主”（主帅）。根据这个原理、这个理路，“是以君子终日行不离辎重。虽有荣观，燕处超然”（所以君子整天行走不离开载重的车辆。虽然有豪华的生活，却安居泰然）。这就是保持“重”与“静”，而去“轻”与“躁”。

老子这一段“前序”是为了发挥接续的治理之道。他说，依据以上的道理，既然事理如此，那么，“奈何万乘之主，而以身轻天下？”（为什么身为大国的君主，还要轻举躁动以治天下呢？）以反问句否定了“轻举躁动”的治理方针。结尾总结道：“轻则失根，躁则失君。”（轻率就会失去根本，躁动就会失去主体。）

从政治哲学的范畴来理解老子在这里提出的治理方略与原理，是重“重”，即重根本，而轻“轻”，即去“轻率”；是去“躁动”，而重“静定”。总之，是主张尊重、实行重“根本”、轻“轻率”，是重“静定”而去“躁动”。这里表现了老子政治哲学的郑重、慎重、静定、宁静的风格与风范。这里透露出老子宇宙论中，将“道”（宇宙）的风格、品性作为政治哲学的基底。“道”的行事就是如此：厚重、静定，毫不轻率躁动。

老子的这种主张也是针对春秋时代的社会现实、王侯治理的现状而提出的。那个时期，兼并之风盛行，大邦对小邦的侵吞，无日无有，可谓躁动不已，而静定难觅。所以老子揭示其弊端，启迪其正道。这对春秋当世，有针对时弊、训诫静定的意义；而据此形成的政治哲学，则于后世的社会、国家治理，具有参照作用。

从历史上看，大凡乱世“躁动”型统治多，而治世则“静定”型统治多。春秋之时，战乱之世，诸侯国可谓躁动不已，战国之世，战乱兼并，更是极为躁动，待至汉初，始臻于稍觉静定，乃有文景之治，而其良效之获得，就是在某种程度上施行了老子的这一训诫，即戒“轻”、戒“躁”，主“厚”、主“静”。

老子在本章提出一个“君子”概念。他显然不同于圣人，是低于圣人一级而具有社会地位和执政位置的人。杨鹏在其所著《老子详解》中，解析“君子”说：“老子心中的‘君子’，与孔子心中的'君子'全然不同。孔子心中的君子，是主持礼仪的司仪，组织大家按照固定的礼仪程序完成仪式。""老子心中的'君子'则是'环官'。'环官'的风格，正好与'司仪'相反。'环官'是无声无息的行动者，最不愿意管别人无关紧要的闲事，最不愿意受人关注。……老子认为，正是这些忙忙碌碌的司仪们，多事扰民，与民争利，侵犯了百姓生活，把国家搞坏了。（'夫礼者，忠信之薄，而乱之首。'）三十八章。"③

老子的"君子"有别于孔子的"君子"，这个理念与形象上的差别之分置，是很有意义的。这是两种哲学观对于人的要求，更是对于人中之俊杰的不同划分。也许可以说，老子的"君子"是执行"道"的先进分子，是"得道"之人；而孔子的"君子"，则是儒学的执行者，是按儒学的规范行事的先进者。他们不仅哲学思维截然不同，而且在人生追求、立身行世的各个方面都分道而驰。

注释：

①王弼：《王弼集校释》，楼宇烈校释，中华书局，1980，第 69 页。

②刘清章：《河上公章句评注》，宗教文化出版社，2020，第 334 页。

③杨鹏：《老子详解》，第 2 版，陕西师范大学出版总社有限公司，2012，第 206 页。

四、去甚 去奢 去泰

（去除极端 去除奢侈 去除过度）

在《道德经》第二十九章中，老子进一步发挥了对政治统治本质要求的根本性原则。他的结论和决策根本，就是"三去"："去甚，去奢，去泰"。

河上公注："【去甚，去奢，去泰】甚为贪淫声色，奢为服饰饮食，泰为宫室台榭。去此三者，处中和，行无为，则天下自化［之也］。"①河上公的解析是："三去"为去"贪淫声色"、去"服饰饮食"、去"宫室台榭"。把"三去"具体化了，确实是去除了王侯骄奢淫靡生活的主要方面。不过老子之意是抽象的、具有哲学意蕴的，即统治者的一切行为、治理之策，均需去甚、去奢、去泰。

那么，老子是如何论述他的政治哲学的"三去"呢？

他这样陈述道理和利弊：先是申述"将欲取天下而为之，吾见其不得已"（谁要想取得天下而强力为之，我看他是不能达到目的的）。原因是："天下神器，不可为也，［不可执也。］为者败之，执者失之。"

神器，河上公注："【天下神器，不可为也】器，物也。人乃天下之神物也。神物好安静。不可以有为治［之也］。"②

王弼注："神，无形无方也。器，合成也。无形以合，故谓之神器也。"③

上面那段论述可以译为：天下这个神圣的东西，不可强力为之，不能加以把持。强力去做，一定会失败；硬性把持，一定会失去。而后，作出结论："故物或行或随，或嘘或吹，或强或羸，或培或堕。"（世间万物有的前行，有的随后；有的缓缓嘘气，有的急急吹风；有的强健，有的羸弱；有的自爱，有的自毁。）

这是揭示，事物、人事，林林总总，各色各样，性质不同、秉性各异、境况多样，所以是不可一概而论、不分情性、千篇一律、笼统处置的。因此，处理之道，就不能一律施策，而要分别对待。这里，老子以事物的性质与体现（如："或行""或随""或嘘""或吹""或强""或羸""或培""或堕"），来比譬事物的不同体性，以提醒施政的区别对待。

由此，最后作出结论："是以圣人去甚，去奢，去泰。"（所以圣人要除去极端的、奢侈的、过度的举措。）

这段文字，分为四个层次：首说"将欲取天下而为之，吾见其不得已"。次说"天下神器，不可为也，［不可执也。］为者败之，执者失之"。三论事物的种种不同："故物或行或随，或嘘或吹，或强或羸，或培或堕。"

在此基础上，议叙的序列则是：首先提出一般性原则，指出："将欲取天下而为之，吾见其不得已。"接着进一步发挥："天下神器，不可为也，[不可执也。]"（天下这个神圣之器，不能强力去做，不能把持。）又加重语气说："为者败之，执者失之。"（强力去做，一定会失败；硬性把持，一定会失去。）

这是从统治者方面来申说的，也可以说是告诫；接着从一般事物和人的情性方面来加以申说。老子指出："故物或行或随，或嘘或吹，或强或羸，或培或堕。"（世上万物与世人的情形与情性是不一致的，有的前行，有的随后；有的嘘气表现性缓，有的吹风表现性急；有的强健，有的衰弱；有的自我培养，有的自甘堕落。）

最后，根据以上种种分殊异态的不同状况，老子提出处置之方："是以圣人去甚，去奢，去泰。"（所以圣人排除极端、奢靡、过分。）这"三去"，就是总方针，具有战略性质。其主要精神就是节制、控制、知止。河上公之注，对每一个"去"的内容，做了说明："一去"是"贪淫声色"，"二去"是"服饰饮食"，"三去"是"宫室台榭"。这种分置有一定意义，符合君王、王侯奢靡享乐生活的习性与排场。但是老子的意思，恐怕不止于此，既包括这些，又有更加广泛、深沉、提升的意义。"甚""奢""泰"，具有更广的含义。它们具有老子哲学思维中的"哲学意蕴"，那是包括所有事项、所有事物、所有行为的，对君王而言，主要则是治理国家、对待百姓的旨意和总体指导思想，就是要把"甚""奢""泰"统统去掉，这是治理国政的战略指导思想。可以说，深矣广矣博矣，包括一切、涵盖一切。此三者，具有哲学意蕴。可意会却难以完美言传。

此处，老子提出的是统治者施行统治要去掉极端、奢靡和过分。这就是要掌握分寸、拿捏尺度、调制适度。这是政治哲学上的一种"系列原则-系列策略"：制度、管辖、控制，都在适度范围之内、分寸控制之中，纳入俭朴风范域中。这种统治的界线与界限，是一种政治哲学的厚重意蕴。统治者应该养成、具有这种政治哲学的理论思维与政治胸襟。

前章所论是要防止对轻、重、躁、静的分殊；分别不清、拿捏不准，势必失败。本章所论则进了一步，是要去掉过甚、过度、过分。总之均在掌握一个"度"字上。

　　"度"是哲学视域中的重要命题和母题。老子把这一命题纳入他的政治哲学的范畴之内，便提升了他的政治哲学的高度，也增加了其分量及可用性。在政治领域，统治者所采用的律令、制度、条例、规范，都存在一个"度"的要求：适度，则成功、顺利、平安；过度，超过应有的范围、进入激越的深度，就会出现乱象、损害对象、破坏事物。"度"是数量与质量的统一。黑格尔认为，"度"是事物的"量"与"质"的统一，并且体现出数量的限度深化为质量的深度。辩证唯物论认为，数量的变化会引起质的变化，即所谓"数量引起质量的变化"律；恩格斯在《自然辩证法》中指出：辩证法可以归结为三个规律，其中，第一个规律就是"量转化为质和质转化为量的规律"④。因此，"度"是保持事物的稳定性的数量界限，也就是它的限度、幅度和范围。老子在本章中的论述，完整地包含了"度"的哲学含义及其深沉的意蕴。这是老子政治哲学的亮点和"穴位"。

　　掌握政治统治的"度"，"去甚，去奢，去泰"，就是老子政治哲学的三大要律。前一章（《道德经》第二十六章），提出在统治的精神气质上，要去"轻"去"躁"，而立于"重"与"静"之上；在本章中，则进一步提出在实质上，制定制度、法规、条例、规定，在统治的整体上，要防止过甚、过度和奢靡。

　　这是在政治哲学上又前进了一步、深化了一层。

　　与《道德经》第二十六章中的"去轻""去躁"合起来即成"五去"："去轻""去躁""去甚""去奢""去泰"。作为政治哲学的内涵，这"五去"内蕴广泛深沉，具有提纲挈领的作用。这是老子政治哲学的重要内涵。

注释：

① 刘清章：《河上公章句评注》，宗教文化出版社，2020，第335页。

② 同上。

③ 王弼：《王弼集校释》，楼宇烈校释，中华书局，1980，第77页。

191

第十章　老子的政治哲学

④恩格斯:《自然辩证法》,人民出版社,2018,第75页。

五、勿矜 勿伐 勿骄 勿强

(不矜持　不夸耀　不骄傲　不逞强)

　　老子在《道德经》第三十章中所作的论述,是对辅佐王侯的卿相、臣属进言,这是因为世袭制的诸侯国统治者,都是依赖卿相大臣来进行统治的;所以对他们进言,就是对王侯献策,能对如何统治起到作用。老子首先提出:"以道佐人主者,不以兵强天下。其事好还。师之所处,荆棘生焉。〔大军之后,必有凶年。〕"〔使用"道"来辅佐君王的人,不靠兵力强盛来逞强于天下。使用武力这件事必遭回报。(因为)军队所到之处,(必然)荆棘丛生。大战之后,必定会有凶年。〕所以,"善有果而已,不敢以取强。果而勿矜,果而勿伐,果而勿骄,果而不得已,果而勿强"(取得成功的战果就可以了,不敢用武力来逞强。达到目的也不要矜持,达到目的也不要夸耀,达到目的也不要骄傲,达到目的出于不得已,达到目的也不逞强)。

　　老子对辅佐君王的人(即卿相将帅)的进言劝诫,首先就提出了反战的忠言,劝他们"佐人主",不要以兵强天下,就是不要动用军事力量去争强好胜、兼并争霸,因为战争一起,田地荒芜、荆棘丛生,接着就是凶年。这也是针对春秋时期战乱频仍的现实提出的。而且进一步提出,即使发动战争,比如兼并之战、争霸之战,取得胜利、获得战果就可以了,不要以武力来逞强。而要"勿矜""勿伐""勿骄""勿强"。

　　对于其中几个"勿",河上公注为:"【果而勿矜】当果敢谦卑,勿自矜大也。【果而勿伐】当果敢推让,勿自伐取其美。【果而勿骄】骄,欺也,果敢,勿以骄欺人。【果而不得已】当果敢至诚,不当逼迫不得已。【果而勿强】果敢,勿以为强兵坚甲以侵凌人也。"①

老子在这里使用一系列叠句来强调适可而止、掌握分寸的重要性，指出："果而勿矜，果而勿伐，果而勿骄，果而不得已，果而勿强。"一连四个"勿"，足见其重视程度。从"勿矜"到"勿强"，是一步一步加强的。"勿矜"仅是不要矜持，"矜持"，稍显得意而已；"勿伐"就进了一步，要"不夸耀"，"夸耀"，不仅是得意，还是自我炫耀、自我标榜；再进一步，"骄"，不仅是自我表现，而且还是骄情傲气；再进一步"勿强"，不要逞强，"逞强"就是不仅骄傲，而且"出击"，显示、施展自己的强盛。这一步步的进展，显示不断地"施压"，使得娇气、傲气、骄气都逐步消逝了，显示"以道辅佐君主的人"，要一步步做到稳健、收敛、温和，而获得"不以兵强天下"的善果。最后，阐述终结的道理："物壮则老，是谓不道，不道早已。"（事物壮大到极盛就会趋向衰老，让它这样发展是不符合道的，不符合道的必会早早消逝。）

老子在这里以事物的强盛到达顶点时就会衰败这一自然规律，陈明他的政治哲学：即使战胜了，也不要矜持、不要夸耀、不要骄傲、不要逞强。在政治哲学上，老子也坚持其一贯的处下、谦卑、守弱、持柔，即柔弱其表、刚强其内的"道"。

老子在本章第二段所陈述的要求，表现为"四勿"、一个"不得已"，即"勿矜""勿伐""勿骄""勿强""不得已"。这是对于"以道佐人主者"（即辅佐王侯治理国政的卿臣们）的进言献策。这里表现为一种谦逊、自抑、低调、温文的心态和姿态。这里既有战争之策略，又有外交之方针，既有辅佐君王的卿臣对王侯谦恭温顺的子臣之"姿"，又有一国之公卿对外邦他国的外交风度之"范"。

这是老子针对春秋时代的政治现实而提出的高屋建瓴的"卿臣姿态与风度"的建言献策，其最终目的，就是和平相处。整个春秋时代，邦国之间，战争频繁，一部《左氏春秋》，连篇累牍地记载着各邦国之间的战乱，其中，总是存在公卿群臣对内对外的强势献策进言，对外的倨傲昂藏，真个是"各显贤能、功勋显赫"，一部春秋史上，留下不少典故纪事，传为历史美谈。但老子以为此不足取。

在本章中，依旧贯穿着老子的哲学叙事与论证的"常道"，即采取言简意赅、语略意丰的叙事策略，以简约的构造、比譬的说法、诗性的语言、简短的篇幅，作宏大叙事、博大陈述。本章开篇即否定了以军事强霸天下"佐人主"的国策建议，否定了"军事强国"之道，贯彻了老子一贯反战主和的思想路线。他说："大军之后，必有凶年。"继而进言，取得成绩、战果之后，要"勿矜""勿伐""勿骄""勿强""不得以"。为什么要这样呢？最终以事物、事理发展的规律回答、作结，那就是"物壮则老"。这是自然规律，人们必须认定、服从。

老子这段论述，也是针对春秋时代的政治现实而提出的。春秋时代的邦国霸主，纷纷争霸，大小战争、军事摩擦从不间断，而这期间，卿臣谋士，恃才逞能，各显风流，为邦主侯王出谋划策。胜而骄、败而馁的事端，屡见不鲜，胜则升、败则降，甚至生死两途。老子之言，就是劝诫他们切勿如此。不过最终目的还是邦国的长治久安，使庶民过上温饱平安的生活。

前一章讲"三去"（"去甚""去奢""去泰"），本章则讲"四勿"、一"不得已"。"三去""四勿""不得已"，又一次体现了老子哲学思维的总体精神，即谦谨、忍让、柔弱、卑下、"雌"、"牝"与"婴儿"。从这里，可以体会到、领略到老子哲学思维的基本精神与进展方向，那就是不以强取胜，而以柔弱、卑下、退让之姿，委婉斡旋，却以内在的刚劲、壮硕、强盛取胜或获得预期的效果。

注释：

①刘清章：《河上公章句评注》，宗教文化出版社，2020，第183页。

走向老子哲学世界

六、君子居左 恬淡为上

（君子以左方为贵 恬淡为最佳）

　　《道德经》第三十一章提出了统治者应该反战的思想要求。这是进一步论述政治哲学的原理。老子这样主张，是针对春秋时代诸侯王国吞并不断、战争不息的现实提出的；但也有一般性的意义，即人类对战争的应有态度。

　　老子如此谆谆而言："夫兵者，不祥之器，物或恶之，故有道者不处。"劈头便对战争施以谴责，再一次显示了他反对战争的严正态度。这是对于"春秋无义战"的战争现实的谴责和抗议。

　　河上公注："【不祥之器】祥，善也。兵者惊精神，浊和气，不善人之器也，不当修饰。【物或恶之】兵动则有所害，故万物无有不恶之〔者〕。【故有道者不处】有道之人不处其国。【君子居则贵左】贵柔弱也。【用兵则贵右】贵刚强也。此言兵道与君子之道反，所贵〔者异〕也。"①

　　老子在此强烈地提出了反战思想。这是对于"春秋无义战"那个时代战争频繁的批判，并且由此提出了"反战"的哲学思维。

　　人类从原始时代开始，就在从械斗到战争的长时期的征途中发展成长起来。到春秋时代，发展到车战的水平。据史载，这时期，战争规模已经达到相当可观的程度。当时战争形态主要是车战。晋、楚等大国，兵车已经达到四五千乘，次等国也在千乘上下。每车有甲士三人，一个邦国拥有数千甲士，多的则达到一万数千之多。频繁的战争，如此的规模，以当时的生产力水平，加之于人民的负担，是十分沉重的；同时，人的牺牲、社会的动乱、生产的破坏，都达到相当严重的程度。而春秋时代王侯的统治，战争是一个主要的方面，是其生存、发展的必备手段、必从道路，堪称重中之重。楚国就是在不断的征战中发展起来的，它由一个地处落后的南方的后起小邦国，发展到能够觊觎中原，与各大邦国争霸，以至称雄一时，也是靠战争起家的。而各邦国每每发动征战，都是事先由辅佐名臣战将启奏而动的；即使是侯王自身意欲发动兼并之战，也会出于某种目的，而由卿臣战将出面启奏，挑起征战。所以老子特别针对"以道佐人主者"而进言。

针对这种社会现实，老子树立起"反战"的鲜明旗帜。

首先确认战争是不祥的东西，谁都厌弃它，所以有"道"的人不去使用它（"夫兵者，不祥之器，物或恶之，故有道者不处"）。这就首先否定了兵革之器，否定了春秋时代邦国之间的不义之战；因此，有道的人、正确的统治者不会去使用它。这在政治上，就否定了那些以"兵革之事"去杀伐征战、欺侮以至兼并小国的大国统治者。接着指出：兵革是不祥之物，不是君子所使用的东西，万不得已才使用它，还是淡然处之为好（"兵者不祥之器，非君子之器，不得已而用之，恬淡为上"）。而如果使用了（兵革），就是胜利了，也不要得意扬扬，如若得意扬扬，就是喜欢杀人，而喜欢杀人的人，就不能在天下取得成功（"胜而不美，而美之者，是乐杀人。夫乐杀人者，则不可得志于天下矣"）。喜欢杀人的人，就不能取得天下，这是因为喜欢杀人，便失去人心；失去人心的人岂能获得天下？老子这是针对当时的霸主大国而言，借此警告统治者，靠杀人而取天下，虽能取胜于一时，但失去人心，终归失败。这里以战争的杀人为戒律，考验是否得人心。得人心者得天下，失人心者失天下。政治哲学的词典里，以是否杀人为标准，权衡利弊得失。这是老子政治哲学中的又一标准与哲思。

普鲁士的克劳塞维茨在他的名著《战争论》中写道："战争无非是政治通过另一种手段的继续。"战争是完成政治目的的手段，政治的利益是战争所追求的目标，战争行为的决策标准是权衡利益。所以，春秋时代邦国之间的战争，最终的目的就是吞并他国，至少是削弱他国，扩大自己的土地，向霸主的目标前进一步。老子此时强烈地反战主和，也许透露了他提出"小国寡民"的政治理想的信息。

在老子的政治哲学里，没有战争、厌弃战争、反对战争。"春秋无义战"的时代，王侯的统治，战争不仅是基本的生存手段，而且是发展的主要手段。王侯的统治，生存、扩张、兼并，均靠战争取得。战争是诸侯邦国生存的依靠。但这是不正常的，老子对此持坚决否定、反对的态度。他在自己的哲学篇章中，对战争提出了严厉的批判。

不过，没有充塞一般的逻辑思维，没有抽象说教的弊病，而是寓哲学思维于具体事务之中，显示了理论与实际结合的优点。

春秋时代的战争，大体上分两类：一类是大邦吞并小邦之战；另一类是大邦之间的争霸之战。楚国正是在这两类战争中发展起来的：先是连续吞并南方诸多小邦之战，可谓节节胜利，不断壮大了自己；后来进击中原，与中原诸大邦争战，尤其是后期主要同齐国争霸。两类战争，主要目的无非都是争夺土地（包括其中的资源），由小邦进为大邦。可谓"觊觎大邦，战争之源"。因此，弃"大邦之梦"，就是止息战争的可行之道。或许，这就是老子主张"小国寡民"的思想渊源。

注释：

①刘清章：《河上公章句评注》，宗教文化出版社，2020，第 336 页。

七、无名自宾 知止不殆

（万物自然归从 知道限度可避免危险）

在《道德经》第三十二章中，老子从政治哲学的一般性原理出发，提出了政治统治的"无名自宾""知止不殆"两个重要的哲学理念与政治原理。他这样言说和论证：首先指出："道常无名、朴。虽小，天下莫能臣。侯王若能守之，万物将自宾。"

老子在这里，以"甘露""川谷"为譬，提示了"万物自宾""知止不殆"的政治哲学的概念和内蕴，来阐述政治统治的原理原则。他首先指出了"道"的性状和威能："道常无名、朴。虽小，天下莫能臣。侯王若能守之，万物将自宾。"

河上公注："【道常无名】道能阴能阳，能弛能张，能存能亡，故无常名。【朴虽小，天下不敢臣】道朴虽小，微妙无形，[天]下不敢有臣使道者。【侯王若能守之，万物将自宾】侯王若能守[道无为]，万物将自宾服，从于德化。"①

王弼注："道，无形不系，常不可名。以无名为常，故曰'道常无名'也。朴之为物，以无为心也，亦无名。故将得道，莫若守朴。夫智者，可以能臣也；勇者，可以武使也；巧者，可以事役也；力者，可以重任也。朴之为物，愦然不偏，近于无有，故曰'莫能臣'也。抱朴无为，不以物累其真，不以欲害其神，则物自宾而道自得也。"②

上述老子所言，可译为："道总是无名而且微渺，天下却没有能够臣服它的。"然后指出："侯王若能守之，万物将自宾。"（侯王如果能够遵守它，万物就会自然地宾服。）

接着，揭示一种天象："天地相合，以降甘露，民莫之令而自均。"（天地阴阳二气相合，就会有甘露降下，人们不需要指令就会滋润均衡。）借此比譬，示君王要行"天降甘露"式的统治，百姓就会自感润泽。

然后，老子转而论述不是自感自动润泽，而是统治者制定规则、条例、法令，来实施强制统治的情况，指出："始制有名，名亦既有，夫亦将知止，知止可以不殆。"就是说："制定了制度，就有了名分；有了名分，却要知道限制终止；知道止于该止，就不会失败。"这就说到"根子"上了：先制定制度，这就有了名分，百姓有所遵行，有个限度，知道有限度，就可以避免危险。达此目的，就该停止，在该停止的时候停下来，就不会失败。

最后总结说："譬道之在天下，犹川谷之于江海。"[（这样做了）就好比"道"施行于天下，犹如川谷流归大海。]河上公说："譬道在天下，与人相应和，如川谷与江海之相流通。"这是说，好比"道"存于天下，犹如河川流向大海一样。

在这样一个系统式的论说中，老子提出了一系列的政治哲学概念："自宾""自均""知止不殆""道行天下""川谷归海"。总其意，就是政治统治，要像"道"那样威势"虽微渺"，却能使人臣服；即使制定规矩规定、法规法令，也要"止于所当止"；知止就永不会失败。

"文明以止"，出自《易经》贲卦的爻辞。《易经·贲卦》："贲：亨，小利，有攸往。"（贲卦象征装饰：亨通，利于柔小者前去行事。）"《彖》曰：'贲，亨。柔来而文刚，故亨。分刚上而文柔，故小利有攸往。刚柔交错，天文也。文明以止，人文也。观乎天文，以察时变。观乎人文，以化成天下。'"老子接受其中"文明以止"的训诫，化而用之，而以"夫亦将知止，知止可以不殆"之句，运用于政治哲学的范畴。这正是接受《易经》的智慧，运用于政治哲学之中。

在政治领域，知道、掌握发动、起始，是主要的，但知道、掌握终止、停止，同样重要。也许不妨说，结束、终止比发动、开始更为重要。老子说："夫亦将知止，知止可以不殆。""知止"，就可以避免危险，不会失败。"知止"的作用和意义，具有一般性认识意义；但在政治哲学范畴，其意义在于，统治者施行种种政策、法令、条规，都要懂得及时而止，"过犹不及"，过头，事情已经改变，依然旧策不变，"依然故我"，就会出乱子。尤其在大政方针上，如果情况已变，方针政策不变，就会出现问题。所以知止，才可以"不殆"。

注释：

①刘清章：《河上公章句评注》，宗教文化出版社，2020，第337页。
②王弼：《王弼集校释》，楼宇烈校释，中华书局，1980，第81页。

八、处事取"微明" 柔弱胜刚强

(处事取机先的征兆 柔弱能够胜过刚强)

在《道德经》第三十六章中，老子将政治哲学的蕴含，加以充分发挥，其内蕴深邃宏阔，启人深思。但是也因此引发误解，被视为权术狡诈，连学养深厚如王国维者，亦未能免。然而这章的内容，却正是老子哲学之深邃宏阔的表现之一，作为政治哲学，其蕴含也是很丰富深邃的。我们先看这章的内容。

老子先例举系列正反相异、表里相反的自然与人事的辩证现象。他写道："将欲歙之，必固张之"（将要收敛的，必先张开）；"将欲弱之，必固强之"（将要削弱的，必先增强）；"将欲废之，必固举之"（将要废弃的，必先兴起）；"将欲取之，必固与之"（将要取得的，必先给予）。最后的结论是："柔弱胜刚强。"

本章内涵充满辩证法，事例充沛，提炼而言；歙/张、弱/强、废/举、取/与，转换强烈，先后异态。有一点值得注意，即老子为何述及这些内容？他是授人以为人处世、做事做人的诀窍，即教唆权术吗？否！从语境与语态来说，均非如此。他是在呈现事物发展的现象和规律，并由此进入人们应该如何认识辩证地发展的事物以至人间世事。他并没有授人机巧权术的意思。他在结语中明示："柔弱胜刚强。"这结语，表明他如此陈述的意旨，其授人之关键意思是：当事物、人事处于"张"时，要预计到其终结为"歙"；其起始为"强"时，其终结为"弱"；其起始为"举"时，其终结为"废"；其起始为"与"时，其终结为"取"。

他总结提炼为："是谓微明。"（这就是微暗而显明的表现。）最后，总结言之："柔弱胜刚强。鱼不可脱于渊，国之利器不可以示人。"（柔弱的胜过刚强的。鱼不可以离开深渊，国家锐利的器具不可以轻易向人炫耀。）解读和正确理解老子此处所列举和论列的事例现象，需要理解老子此处所举诸多现象，实际上都是世界事物以至自然界、社会和人生事务中存在的现象；同时，人们做事处世，也常常会有这种现象。老子这是以客观陈述与揭示的方式，按事物发展序列陈述，而非主观设计安排的主动行为。我们如果对自然现象和社会人事加以思索，就会明白此理。

老子最后的结论是"柔弱胜刚强"，由此回顾前面所排列的种种"正向反""反向正"的事物发展的辩证关系，正是显示"张之"之后是"歙之"、"强之"之后是"弱之"、"举之"之后是"废之"、"与之"之后是"取之"。这是事物发展的通行规律，也是人事进展的路径。以自然界来说，日将落，红日椭圆硕大，月将满，先是"月如钩"，正是"将欲歙之，必固张之"；事物以及动植物甚至人类，在生长、发展过程中，也是在极盛发展达到顶点时，强盛而弱之（衰老而至死亡）；事物要废弃时，也要等到它发展到极盛之后；人类的生产包括工农业生产，也必须先投入物资、原材料和人力，即"与之"，然后才有收获（"取之"）。这些均属自然的、社会的本相，老子观察到、解释出来，并以之说明最终的结论："柔弱胜刚强。"这些均是自然界、人类社会自然的现象，绝非什么狡诈权术。

陈鼓应先生对这段内容作过理论的"引述"。他指出："本章第一段乃是老子对于事态发展的一个分析，亦即是道家'物极必反'、'势强必弱'观念的一种说明。不幸这段文字普遍被误解为含有阴谋的思想，而韩非是造成曲解的第一个大罪人，后来的注释家也很少能把这段话解释得清楚。"但他同时指出："然前人如董思靖、范应元、释德清等对于这段文义都曾有精确的解说。"如他举证董思靖说："此消息盈虚相因之理也。其机虽甚微隐而理实明者。"释德清则举例解析，指出："此言物势之自然，而人不能察，天下之物，势极则反。譬夫日之将昃，必盛赫；月之将缺，必极盈；灯之将灭，必炽明。斯皆物势之自然也。"[①]

任继愈先生则举宋代王安石运用老子此辩证哲思的例子，以为证："北宋时，宰相王安石劝神宗皇帝暂弃熙河地，与西夏国讲和，培养国力。神宗还在犹豫，王安石引用《老子》'将欲取之，必固与之'以说服神宗皇帝。他把这一原则归结为以退为进，'柔弱胜刚强'，并把这一原则用于军事和政治。"②这鲜明地表明了老子的这一政治哲学的原理原则，被运用于政治统治和军事斗争之中，从而得到良好效果。

总之，老子的这段论述，作为政治哲学的内涵，具有深意。其中心意旨就是，统治者在施行统治时，在管理全面事务时，要有辩证的观念，从一个方面，看到、预计到另一个方面，这才具有预见性，才能得到圆满的统治效果。黄朴民、林光华在他们所撰《老子解读》中列举历史事实以证明老子的政治哲学所能起的作用。他们指出："周室统治者向商纣王故示恭顺，'阴谋修德，以倾商政'，最终牧野一战，尽歼商纣统率之军，推翻'大邑商'的统治；越王勾践屈辱事吴，卧薪尝胆，忍受屈辱，最后一举灭了吴国，成为春秋时期的最后一位霸主；汉初统治者卑词厚币与匈奴'和亲'，待准备就绪后大举反击，战胜匈奴，迫使'匈奴远遁，而幕南无王庭'……"③这些历史事实，很好地证明了老子政治哲学的功能与价值。

老子在本章开头，陈述了一系列事物的辩证关系，从"将欲歙之，必固张之"到"将欲取之，必固与之"，都是突出、鲜明的事物的辩证关系，这是事物发展过程中的自然现象，老子总结出来，并以类似韵文的语句表达出来，使人乐于朗读和接受。这是老子的一段著名的美文，他所观察和总结的事物发展的形象，突出、明朗，易于辨识。它们很突出鲜明地显示了事物发展的辩证现象。而以之运用于政治哲学之中，颇富启发意义。它们证明了一种事物发展的现象：大凡事物发展过程中，将欲"歙之""弱之""废之""取之"的，必然会是先"张之""强之""举之""与之"。这些都是事物发展的规律性现象，老子总结出来了、提炼出来了、表达出来了，它们就成为一种哲思、一种高层次的认知、一种办事处世的智慧。在哲学思维的语境中，它是自然地、欣喜地纳入认知体系中的高层次知识与智慧。但是，如果有人持着坏心恶意，为了私利而使用之，那确实是一种权术、一种狡诈的心态和手段。但这绝不是老子的原意。有人为取得恶意的目的、巧取豪夺的利益而使用之，那是使用者的卑劣与恶作，却绝不是老子的"原意"。老子的总结语是"柔弱胜刚强"，意

走向老子哲学世界

蕴明确笃定，是与狡诈权术"风马牛不相及"的。这是读老、传授老学极需注意、应予警惕的。

老子观察事物发展的状况，发现、寻觅到本章开头所揭示的种种辩证现象，对此，我们还可以不从政治哲学的视域来理解和接受，就是作为一种认识、知识，以及对事物发展的轨迹现象来理解和接受，也是很有意义的。本书把本章纳入政治哲学的学术视域来理解和诠释。但这不是唯一的诠释路径，而是仍然可以从认识论、知识论的角度来理解和诠释。

《老子》本章开头九句："将欲歙之，必固张之；将欲弱之，必固强之；将欲废之，必固举之；将欲取之，必固与之，是谓微明。"锤字炼句，精微表述，多么精粹、多么准确、多么优雅，一高一低，一上一下，音韵雅致，意域深邃，揭示了事物发展的内在规律与外在表现，既具诗的优雅，又富哲学的内涵。作为"作品"，既是文学的佳作，又是哲学的俊文。老子确实把语言的功能与"气质"发挥到了极致。这是中外所有哲学著述所不具备，至少是有所不及的。这使我们想起海德格尔的话："语言是人口开出的花朵。"老子这几句诗性的哲思，也是哲学的思维，充分表现了这一点，它们确实是"语言开出的花朵"。海德格尔还说："语言说话"，"语言有自我陈述的能力"。在老子的这几句哲思的语言中，使语言本身充分发挥了它的本质的功能，始终在"自我陈述"地闪亮。正是由于这种"思"与"诗"的完美结合与融汇，老子这几句哲学诗句，成为思想的、文化的、认知的至理名言，千年流传，至今不衰，它们活在民族的思想文化里，活在中国人的思想文化中，至今闪耀着思想的光耀。

注释：

①陈鼓应：《老子注译及评介（修订增补本）》，第 2 版，中华书局，2009，第201 页。

②任继愈：《老子绎读（汉英对照）》，商务印书馆，2009，第 212 页。

③黄朴民、林光华：《老子解读》，中国人民大学出版社，2011，第 172 页。

九、物或损之而益 或益之而损

（事物或者减损反而增加 或者增加反而减损）

老子在《道德经》第四十二章第一行所论，"道生一，一生二，二生三，三生万物。万物负阴而抱阳，冲气以为和。"其意旨为"万物生于道及其顺序"。这段内容在前面论述老子宇宙论时，已经述及，此处不赘。

接着，论及万物的状态为负阴抱阳，冲气为和。然后，进入世事领域，他说："人之所恶，唯孤、寡、不毂，而王公以为称。"（人所厌恶的就是"孤""寡""不毂"，但是王侯却用它们来自称。）由此，他推论说："故物或损之而益，或益之而损。"（所以事物有时贬损它反而获益，或者加冕它却损毁了它。）由此，他进一步推论说："人之所教，我亦教之。强梁者不得其死，吾将以为教父。"［别人教导我的，我也用来教导人，（这道理就是）强暴别人的人不得好死，我把它当作教人的教本。］

老子在这里用比譬的方法，潜沉地训诫统治者，强暴、横征暴敛、暴力镇压等暴政，看起来是镇压、压制、惩处了百姓，但最终却会是"强梁者不得其死"！老子所言，仍然是辩证的政治哲学观念和理论：世事万物，均按辩证的客观规律运行和实现，损之或获益，强暴者反"不得其死"。在这里，老子首先指出王侯自称"孤、寡、不毂"，而实际居王侯之位、显至尊之威，实不符名，他以"强梁者不得其死"为教本，警示之、训诫之。这里再次显示了老子的政治哲学，蕴含着为百姓陈情呼吁和警示王侯统治者的意蕴。

本章前一段，本书在老子宇宙论一章已作解读诠释，此处不赘。第二段讲王侯治理之道。老子说，王侯每以贱抑之词为己称，如"孤""寡""不毂"；但是"故物或损之而益，或益之而损"（所以一切事物，减损它反而会得到增加，增加它反而会受到减损）。这是比喻，王侯虽然表面上那么贬损自己，自称什么"孤""寡""不穀"，事实上他们却是居至尊至高之位，握生杀予夺之权。不过，他们如果多行不义、鱼肉人民，就没有好结果："强梁者不得其死，吾将以为教父。"（强暴的人不得好死，我把它当作施教的张本。）这里是简略地申说王侯治理的道德教化、或损或益的道理。王侯虽然那么谦卑地给自己定下抑称，但是，权益、政令、法制丝毫不低抑，而是暴虐豪横。然而，"强梁者不得其死，吾将以为教父"。政治哲学的蕴含就是如此，称谓上贬抑自己，并不意味着限制了权力，强暴依旧强暴。这是提醒、教诲人们清醒；而针对王侯的强暴，则陈明"强梁者不得其死"。

老子在本章提醒人们，不要相信王侯的谦称，以为他们自称"孤""寡""不穀"，就真的降低身份，尤其是降低甚至消除至尊至上的权力威势，"行仁政"。所以他教导说："或损之而益"——王侯贬称自己，说不定是"损之而益"，一面称谓表示谦虚、自我贬损，另一面却权力加码、威势横暴。所以最后竟以"强梁者不得其死"来作结。

在这里，老子就"损"与"益"的矛盾统一规律，作了简要的说明："故物或损之而益，或益之而损。"就是说，受"损"了，或者反得"益"；得"益"了，说不定反受"损"。这也是"付出"与"收益"的关系。要想收益，先得付出，就是"损"。但是付出之后，又会有收益，则是"益"。在政治哲学的范畴中，来衡量其中的利弊，就是要懂得想要收益，先得付出——先"损"后"益"。另外，则是一旦收益，同时要想到收益之后，又会存在、出现损失。这是事理的必然。对统治者来说，就是取之于民，又要还之于民；而付之于民，也会得益于民。这是天下之至理，百试不爽。

十、至柔驰骋至坚 须知无为有益

(天下之至柔软之物能驾驭最坚硬的东西 要知无为之益)

紧接着在《道德经》第四十三章中，老子提出了"无为"的政治哲学概念和统治基本方略。他首先这样写道：天下之至柔，驰骋天下之至坚。无有入无间，吾是以知无为之有益。"

河上公注："【天下之至柔，驰骋天下之至坚】至柔者水，至刚者金石。水能贯坚入刚，无所不通。【无有入于无间】夫言无有者，［谓］道也。道无形质，故能出入无间，通于神明，济于群生也。【吾是以知无为之有益】吾见道之无为，而万物自化成也。是以知无为之有益于人。"①

王弼注："天下之至柔，驰骋天下之至坚，气无所不入，水无所不经。无有入于无间，吾是以知无为之有益。虚无柔弱，无所不通。无有不可穷，至柔不可折。以此推之，故知无为之有益也。"②

老子的哲学诗往往使用比喻、隐喻、象征的语句，来陈述深奥的哲思与理论、论列至深的哲学思维。本章首次提出"无为"的哲理，以之喻统治理念。他首先引述一种事物的现象："天下之至柔，驰骋天下之至坚。无有入无间"［天下最柔弱的东西，能够奔驰悠游于天下最坚实的东西之中。不见其形的物事（却能）渗入没有间隙的物事］。由此得出结论说："吾是以知无为之有益。"（我由此知道了无为的益处。）

陈鼓应释"无有""无间"谓："无有入无间：无形的力量能穿透没有间隙的东西。'无有'（That-which-is-without form）指不见形相的东西。'无间'是没有间隙。'无有入无间'，《淮南子》作'出于无有，入于无间'。"③"无有入无间"最典型的例证就是水与空气了，它们可以入于任何无间之物而无碍。老子的"无为"便与"水和空气"类同。河上公注："至柔者水，至刚者金石，水能贯坚入刚，无所不通。"④王弼注："气无所不入，水无所不（出于）经。""虚无柔弱，无所不通。"⑤这些都揭示、肯定了水与空气的无形和力量。老子提出"无有入无间"，或受水与空气的启发。老子由此更进一步提升为"至柔驰骋至坚"的哲思。"至柔驾驭至坚""无有入于无间"，更由此进入"无为"的论域。他在此前，为"无为"之义作出了前议、前意、前设。

老子在这里，首次提出"无为"的概念，它适用于广泛的领域。此处，只以政治哲学范畴言之。"无为"，是老子哲学被误读误解最多的理念，从古至今，此"误"不绝，不免令人慨叹。其实，老子的"无为"之论，是具有深邃含义、很高价值的哲学理念。

我们在前面多处诠释老子的政治哲学内蕴时，已经接触到、见识到老子的"所为"的理念和鹄的。这里且来探讨老子的"无为"理念、原则的真实含义与实践价值。

实际上，我们看到，在提出"无为"之前，老子揭示了这种事物现象："至柔"的东西，能够穿越奔驰、搅翻、冲突于非常坚实的事物之中。他指出，这是"不见其形"的事物，却能起到其力至伟的功效。这里隐含着的事实就是空气与水的形象。这就是"无为"的力量和功效的明显宣示。所以，足见老子所说的"无为"，具有两个方面的含义：一是"至柔"的"为"，即表面上是无形的、柔和的、绵软的，即无力而温和的"为"；二是不见其形，即明面上看不到的行为，眼不见而实存在。所以老子的"无为"概念，是指不要那种超越需要的、过分的、激越的、妄为的"为"，而要柔和的、温软的、潜在的、有效的"为"。即他所说的"无为之为"。这里使我们想起空气和水的形象和力量，同时也想起人的思想与精神的力量，它们是无形的，但它们能够入于无间——任何无间的事物，具有无比的力量，起到无限的作用。正如黑格尔所说："精神的伟大和力量是不可以低估和小视的。"⑥

老子的这种理念，是针对春秋时代诸王争霸、统治加剧，高压严刑、生杀予夺，人民苦于苛政酷刑的现实，而发出的抵制、纠偏、扶正的统治理念。他所指的"无为"，是抵制、除去、泯灭这种扰民、害民、残民的统治之祸的意思，是要"无"这种反动统治之"为"。他主张"无言之教"和"无为之治"。那种以"至柔"驰骋于"至坚"、"无有"入于"无间"之"为"，则是需要的、于民有益的。历史上，汉代的"文景之治"，即汉文帝、汉景帝时期，"轻刑法，减赋税，亲儒臣，求贤良，年岁收成不好就下诏责己，又不大更张，一意与民休息。其恭俭无为，在中国历史上造成'文景之治'，是中国统一以来第一次经历史学家称羡的时期。"③这是历史上"一定程度上"实行了"无为之治"的时期，的确取得了有益于民的政绩。而其"无为"，就是"轻刑法，减赋税，亲儒臣，求贤良""恭俭无为""一意与民休息"，也就是实行了老子所说的"不妄为"，而不是完全的"无为"。看上述记载，文景时期，实际上所为颇为不少。这里，就是用事实呈明了老子所说的"无为之治"，不是什么都不做，而是"不妄为之治"，至于于民有利之事，却是大有作为的。

最后，作出结论："不言之教，无为之益，天下希及之。"（不言的教诲，无为的益处，天下没有能够企及的。）

另外，老子还提出了"至柔驰骋至坚"和"无有入于无间"的这种"无为"，实际上是柔和、无形之治，并不是完全的"无为"。

了解"无为"和正确理解"无为"，是老子政治哲学的重要结节。而此重要结节，却自古至今被误读误解，历代帝王如此，公卿大臣、士子文人亦复如此，令人抱憾。

刘笑敢针对误解老子之意，认为"无为""无不为"之论是权术狡诈、阴谋诡计之误读误解，解析甚详甚确，有利于解除这种误解，特引证如下：

"'无为'是方法、原则，'无不为'是效果、目的。这与阴谋不同的是，阴谋是利己而害人，无为而无不为是着眼于天下的利益，共同的利益。阴谋是不可告人的，老子的哲学是公开宣示的。阴谋是没有原则，不择手段的，老子的方法原则是一以贯之的。老子要'生'而'不有'，'为'而'不恃'，'长'而'不宰'，'功成'而'不处'，又要'为'而'不争'，'功成'而'身退'。这哪里是为个人或小团体谋私利的阴谋诡计呢？"⑦

这段论述，辨析了老子的"无为"与"阴谋诡计"的原则区别，说明了老子的"无为"的真谛是什么。

夏海在他所著《老子与哲学》一书中，对"无为之治"作了详细的辨析。他指出："无为而治是老子之政治的核心内容。先秦思想家已经明确区分天道与人道两个不同概念，老子强调天道自然，必然推出人道无为的结论，在政治领域就是主张无为而治，'爱民治国，能无为乎?'在老子看来，无为而治具有充分的哲学依据，这既是'道常无为而无不为，侯王若能守之，万物将自化'，又是'功成事遂，百姓皆谓我自然'。老子认为，无为而治的理想是'不知有之'。老子把国家治理分为四种状态，最佳状态是君王顺应自然，把国家治理好了，老百姓却不知道他的存在。'太上，不知有之。其次，亲而誉之。其次，畏之。其次，侮之。信不足，焉有不信焉。'老子认为，无为而治的途径是无知无欲。在春秋时代，名利的争逐，财货的贪图，伪诈的心智活动，成了社会动乱的根源，使得整个社会混乱无序。因而老子提出无知无欲的观点，期盼消除人的贪欲，返璞归真。"⑧

这段分析、论证，把老子的"无为之治"的现实根据、老子的政治哲学思维的理路，解析清明，可以帮助我们更好地理解老子"无为之治"这一被误解最多、最深的哲学意蕴。

注释:

①刘清章：《河上公章句评注》，宗教文化出版社，2020，第342页。

②王弼：《王弼集校释》，楼宇烈校释，中华书局，1980，第120页。

③陈鼓应：《老子注译及评介（修订增补本）》，第2版，中华书局，2009，第232页。

④刘清章：《河上公章句评注》，宗教文化出版社，2020，第342页。

⑤王弼：《王弼集校释》，楼宇烈校释，中华书局，1980，第120页。

⑥黑格尔：《小逻辑》，贺麟译，商务印书馆，2019，第35页。

⑦刘笑敢：《老子古今》，中国社会科学出版社，2006，第416-417页。

⑧夏海：《老子与哲学》，生活·读书·新知三联书店，1992，第190页。

十一、甚爱大费 多藏厚亡 知足不辱 知止不殆

（过多珍爱必付出重大耗费 过多敛藏定遭惨重损失 知满足不
受屈辱 知适可而止就不会有危险）

上一章论了"无为"，在接下来的《道德经》第四十四章
中，老子则阐述、论证了"为"的要则与原理。其中，阐释了
"为"而"知足"与"知止"的政治战略思想。

老子以提问开篇，首先提出几个生命与货藏（也就是生命与
金钱）之间价值对比的问题，以启示思考后续的道理。他问道：
"名与身孰亲？身与货孰多？得与亡孰病？"

河上公注："【名与身孰亲】名遂身必退也。【身与货孰多】
财多则害身也。【得与亡孰病】好于利则病于行也。"①

王弼注："名与身孰亲？尚名好高，其身必疏。身与货孰多？
贪货无厌，其身必少。得与亡孰病？得多利而亡其身，何者为病
也。"②

那么，上述那句话的意思就是："声名和生命相比哪个更可
亲近？生命与货藏哪一样更金贵？获得名利和丧失生命哪一样更
是病害？"

接着指出："甚爱必大费；多藏必厚亡。"

河上公注："甚爱色者，费精神也；甚爱财者，遇祸患也，
所爱者少，所亡者多，故言大费者也。【多藏必厚亡】生多藏于
府库，死多藏于丘墓。生有攻劫之忧，死有掘发之患。"③

王弼注："是故甚爱必大费，多藏必厚亡。/甚爱，不与物
通；多藏，不与物散。求之者多，攻之者众，为物所病，故大
费、厚亡也。"④

这句的意思是："过分珍爱虚名必有大的耗费，过多的贮藏
就必定有巨大的亏损。"

然后作出结论说："故知足不辱，知止不殆，可以长久。"

（所以知足就不会遭受屈辱，知道适可而止就不会遭受危险，如此就可以长治久安。）

老子此处所讲，涉及处世之道的人生哲学，同时，也涉及政治哲学，而此处只以后者论之。

从政治统治的角度在政治哲学的范畴中，来理解老子此处之所论，可以领会到，在统治的力求稳定久安上，统治者表面的声名好坏，是不如社会的长治久安重要的；搜刮民脂民膏而失民心是不如统治权的长久重要的；得到统治的表面声誉是不如稳定久安重要的。所以，知足就不受辱、知止就不会有危险，可以长治久安。老子这一政治设计、统治圭臬，背后深藏的机理，就是为民着想，亦即劝导统治者不要搜刮民脂民膏、贪图虚名，而要在政治统治上、在"取之于民"上，知足知止，使人民得以安身立命，统治也可以维持久长。这一番深沉的政治哲学，明里为统治者的政权设想，骨子里更体现为生民求生立命着想。

释德清说："如敛天下之财，以纵'鹿台'之欲，天下叛而台已空，此藏之多，而不知所亡者厚矣。"这是从统治者方面说，如果敛财纵欲，势必财去台空。这是从多敛必亡的角度，言统治者之聚敛天下财富、骄奢靡费，势必走向灭亡。老子正是从"聚敛财富"与"多藏厚亡"的因果关系上，来论统治之得失。

童书业认为，"因为赋税的横暴，人民几乎不能生活，所以春秋时盗贼是很多的。所谓'盗'，有的指作乱的下级贵族和人民，有的指窃掠财物的乱人。这类乱人似乎成群结党，很为国家之患。所谓'小人怀璧，不可以越乡'，盗贼的公行可以想见。国君和执政竟至贿命盗贼去杀所恶的人。到了春秋晚期，更有盗贼戕杀国君和执政等大臣的事发生了。"[5]其国政与社会之乱，统治者施政、治理之昏聩，如此可见一斑。老子之所言，他所提出的治理、安民之策，正是针对此种统治状况与社会乱象而提出的。虽然如此，具有一种切中时弊的性质，但又具有一般的、长久的意义和价值。

老子先从"名"与"身"、"身"与"货"、"得"与"亡"之间的关系入题，设问："名与身孰亲？身与货孰多？得与亡孰病？"然后得出回答："甚爱必大费；多藏必厚亡。"最后的结论是："故知足不辱，知止不殆，可以长久。"

本章的重中之重，就是这一结论："知足不辱，知止不殆"。

作为政治哲学视域的解读，可以看出，老子是针对春秋时期诸侯国为了王室的安稳长久（即所谓"长治久安"），为了兼并，小邦变大国、大国能称霸，也为了自身的积聚财富与豪华享乐，不惜横征暴敛、搜刮民财，汲取民脂民膏，陷百姓于水深火热之中，迫民众于穷愁潦倒之境。对此，老子深持批判的态度，并设想救治之道。

他先是设问，继而回答，最终作出结论。这一结论，就是进言统治者注意自己之"名"（声名）要"亲"（亲切）、"身"要"多"（贵重），看重生命而轻忽名利。他指出：过分爱名必会付出更大的耗费，过多的财货收藏就会遭受惨重的损失。这是立足统治者方面设想，然而最终目的却是为了使人民免受残酷的剥削，不陷于水深火热之中。他最终的建议就是"知足不辱""知止不殆"，而统治者就可以"不殆"、可以"长久"。在政治哲学这一范畴来评价老子本章的意旨，就是为生民立命，期盼统治者减轻百姓的负担，使百姓得保温饱、安居乐业。从为统治者着想这方面看，是警诫他们止于横征暴敛、贪得无厌，而最终目的则是使人们免遭残酷剥削、逃出民不聊生的苦境。在这里，再一次体现了老子的政治哲学的人民性。

老子在这里提出的"知足"与"知止"两个重要概念，在政治哲学范畴，是对统治者的进言，也是至治之道。作为哲学概念，作深入的理解，则可深入解析。王淮说："知足，是主观上之知止；知止，是客观上之知足。易言之，知足是心理上的一种节制，知止是行为上的一种节制。主观心理上有节制，故不辱（辱，指心理上之烦恼与窘困）；客观行为上有节制，故不殆（殆，指行为上之挫折与打击）。又：知足是治本，知止是治标：标本兼治，故可以长久也"。[6]

"知足不辱""知止不殆"，这里只作政治哲学解读诠释，实际它们作为一般哲学思维，亦可纳入接受范畴。它们作为一种哲学思维、人生指导，亦可接受，纳入思维、认知的"库藏"，可为重要思维因子。人生在世，"知足""知止"可谓至关重要。

满意于已有的能够保证生存之一切；又止于应当和可以截止的时候，那就无忧无虞、平安无危了。

在文本方面，此章亦甚可吟咏欣赏。首节三个设问句，五字一句，均衡排列，音韵顿挫，意蕴推进，满含深意，诗意盎然。次节两个五字句，"甚爱""大费""多藏""厚亡"，两两排比，意蕴推进。末节"知足不辱""知止不殆"，四字一句，铿锵有力，工整意深，戛然而止。海德格尔说："诗人的本性在于，诗人必须创建持存的东西，从而使之持留和存在。"[7]老子在整个《道德经》的创制中，在他的诗性的表述中，的确显示了他不仅是哲学家，同时还是一位杰出的诗人；只是他的宏伟、高超、深邃的哲思，掩盖了他的诗情诗意与诗作。而他的诗的哲学表述，确实创建了"持存的东西"，而且"使之持留和存在"。

老子的哲学诗篇连同他的哲学思想，都在今天仍然"持留和存在"。

注释：

①刘清章：《河上公章句评注》，宗教文化出版社，2020，第342页。

②王弼：《王弼集校释》，楼宇烈校释，中华书局，1980，第122页。

③刘清章：《河上公章句评注》，宗教文化出版社，2020，第342页。

④王弼：《王弼集校释》，楼宇烈校释，中华书局，1980，第122页。

⑤童书业：《春秋史》，江西教育出版社，2021，第199页。

⑥转引自刘笑敢：《老子古今》，中国社会科学出版社，2006，第485页。

⑦海德格尔：《在通向语言的途中》，商务印书馆，1997，第161页。

十二、躁胜寒 静胜热 清静为天下正

（迅疾活动可御寒 安静下来可耐热 清静无为可至天下平正）

《道德经》第四十五章之意旨，与老子其他篇章相同，以其内容之丰富，诗意语言之多义性、象征性、意指性，同一篇章，可作多种解读与诠释。本章亦然。可作人生际遇解，亦允作人生哲学讲，甚至可谓美学理论，如"大成若缺""大盈若冲""大巧若拙""大辩若讷"，均可纳入文学艺术创作而诠释运用之。但此处，则是纳入政治哲学视域来解读诠释。

若谓"统治决策建议"，老子在本章提出的基本方略，就是一个新的内涵："清静为天下正。"高哉斯议，深哉斯议，善哉斯议。设若统治者以"清静"为统治之基本策，则庶众清静、天下平正矣。但老子此议，虽乃为民请命，然亦有益于统治者；而此种有益于统治者，回返过来，同时亦有益于百姓。这正是老子政治哲学之高超处。事实上，必须两方面兼顾，方才有效应。如完全利于庶民，则统治者不取，事成空虚。当然更不能只为统治者着想，此与老子之意背道而驰，绝不会取纳。

老子首先以事例开篇，以引入正题，此种前设、前议、前意，很有益于后续的推论与结论，是为后面的结论在思想认知上作好依据，在论述上作好铺垫。这是老子哲学论叙一贯的"叙事策略"。这次，他又是先揭示系列辩证现象，以为后续意蕴之前引。他指出："大成若缺，其用不弊。大盈若冲，其用不穷。大直若屈，大巧若拙，大辩若讷。"

河上公注："【大成若缺】［大成者］，谓道德大成之君。若缺者，灭名藏誉，如毁缺不备。【大盈若冲】［大盈者］，谓道德大盈满之君。如冲者，贵不敢骄，富不敢奢。【大直若屈】大直若修道法度，正直如一也。如屈者，不与俗人争，如（何）［可］屈折也。【大巧若拙】大巧谓多才术也。如拙者，（亦）［示］不敢见其能。【大辩若讷】大辩者，智无疑。如讷者。口无辞。"①

王弼注："大成若缺，其用不弊。随物而成，不为一象，故若缺也。大盈若冲，其用不穷。大盈充足，随物而与，无所爱矜，故若冲也。大直若屈，随物而直，直不在一，故若屈也。大巧若拙，大巧因自然以成器，不造为异端，故若拙也。大辩若讷。大辩因物而言，己无所造，故若讷也。"②

另外，"大成"，指完满、完备的东西；"冲"，古字为"盅"，训"虚"；"讷"，音"nè"，训言语迟钝。

综上所述，本段意为："最完满的东西好似有欠缺，但它的作用永不衰竭。最盈满的东西好似虚空一样，但它的作用不会穷尽。最正直的东西好似弯曲一样，最灵巧的东西好似笨拙一样，最卓越的辩才好似语言笨拙。"这里是一系列的"外反内正"，即外表是"欠缺""虚空""弯曲""口讷"，内里却是"完满""充盈""正直""卓越辩才"。老子列举这样一系列"败絮其表，金玉其中"的事物与现象，内质能够战胜外象，"正"可以胜过"反"。故总结说："躁胜寒，静胜热。"（迅疾行动可以御寒，安静可以耐热。）最后的结论是："清静为天下正。"（清静无为可以为天下的正则并使平正。）

老子在这里再次提出"清静无为"的哲思。这一深刻的思想，从自然现象到社会现象，均揭示一种"以反显正"的规律，老子以此启示人们要越过表面透视内里，并从反面揭示正面的力量。作为政治哲学范畴的解读与接受，就是嘱咐统治者以"清静"心态、宁静思维，确立维系统治的大政方针，既以积极的态度和行动实行统治，又以清静的精神制定致治之策，以此乃可正天下。如斯则统治稳、社会静、民心定，乃成致治。

离开政治哲学的学术视域，从人格修为与品行修养角度，品察本篇旨意，则可体察为以弱相示人，而内质上乘。"大成若缺，其用不弊。大盈若冲，其用不穷。大直若屈，大巧若拙，大辩若讷。""缺"掩盖着"大成"，"冲"掩盖着"盈"，"屈"掩盖着"直"，"拙"掩盖着"巧"，"讷"掩盖着"辩"，这表现了一种谦虚谨慎、大智若愚、素面示人的气质、品性以及"与人交"的温文优雅的人品。这已经成为中国人优秀品性气质的一种标准写照。古今多少仁人志士、学者文人以至政治家、事业家，都曾修养至此，为人师表。这成为中国人的一种气质修养的表率形象，以至民族气质的体现，颇为世界人士所认可和赞许。由老子开创，后世人们赓续创辟，又有与此衔接意同的成语，如"大智若愚""大勇若怯"等出现并流行，为国人所普遍接受。

注释：

① 刘清章：《河上公章句评注》，宗教文化出版社，2020，第 343 页。

②王弼：《王弼集校释》，楼宇烈校释，中华书局，1980，第 122-123 页。

十三、知足之足 常足

（懂得满足之足 永远满足）

　　承上章之意，老子接着发挥、论述统治者节欲知足的统治之道。他首先说："天下有道，却走马以粪。天下无道，戎马生于郊。咎莫大于欲得；祸莫大于不知足。故知足之足，常足矣。"（《道德经》第四十六章）这里揭示天下有道与无道状况的区别，指出："天下有道，却走马以粪。天下无道，戎马生于郊。"

　　河上公注："【却走马以粪】粪者，粪田也。兵甲不用，却走马以治农田也，治身者却阳精以粪其身也。【戎马生于郊】战伐不止，戎马生于郊境之上，久不还［也］。"①

　　王弼注："天下有道，却走马以粪；天下有道，知足知止，无求于外，各修其内而已，故却走马以治田粪也。天下无道，戎马生于郊。贪欲无厌，不修其内，各求于外，故戎马生于郊也。"②

　　把上段文本译出，就是："天下政治清明，战马就用来耕种；天下政局混乱，连怀胎的战马也用来作战。"然后，便转入关于"欲得"与"知足"的区别之论述，指出："咎莫大于欲得；祸莫大于不知足。"（罪过没有大于贪得无厌的；祸患没有大于不知足的。）"故知足之足，常足矣。"（所以知道满足这种满足，就永远满足了。）

　　纳入政治哲学的视域来理解，这段论述就是告诫统治者要懂得知足，"知足之足，常足"，而贪得无厌，则生祸患。老子此论，也是以春秋时代诸侯国统治者贪得无厌为背景的。那时期诸侯王国国君都是贪得无厌的，大国不断兼并小国，楚国即吞并了众多小国而发展壮大起来，成为霸主之一，为后来战国七雄之一。而在这个征战不息的战乱过程中，人民应召出征、农田荒废、民不聊生。老子主张统治者在治国方略上实行"知足之足"

的大政方针，也是希望能够使百姓安居乐业，避免在战乱中生死逃亡。这又一次表现了老子政治哲学的庶民意识。

开篇即言天下"有道"如何、"无道"如何，显示本章主题是如何治理天下，并且是至关重要的方面。他说："天下有道，却走马以粪。"（国家统治运行正常，把战马还给农民种田。）"天下无道，戎马生于郊。"（国家统治运行不正常，战马在郊野战场上产驹。）这是战争的危害与恶果。为何会发生战争呢？为了争夺地盘、扩大邦国土地、获取更大利益。贪欲导致战争。贪欲就是不知足。于是，对"不知足"下了讨伐令，揭示其祸端与恶果，写道："咎莫大于欲得；祸莫大于不知足。"（罪过没有大于贪得欲望的；祸患没有大于不知足的。）"故知足之足，常足矣。"（所以知道"满足"的这种满足，就永远满足了。）这就是强调"知足"；理路就是不知足就是祸害、罪过，知足就是平安稳定。这里关于"知足"与"不知足"的对比论述，是具有针对性的。这段议论，在当时处于"春秋无义战"的战火频仍时代，战乱是常态，平安是暂时。究其原因，均在诸侯国之间，你争我夺，兼并成风，而如此战乱不断，其缘由就是利欲驱动，而"欲得""不知足"，就是"利欲驱动"的"原动力"。所以，要减少以至断绝战乱，就要断绝这个祸根。而断绝之道就是减少、禁绝"欲得"之心的蠢动，而达到"知足"。

"知足"，是老子向统治者诸侯王的政治建议，这是从思想深处堵塞战乱之源；而断绝"欲得"，达到"知足之足"，就是根本大策。这就是老子政治哲学的基本精神。

老子一直强调"知足"、处弱、卑下，总是一种低姿态，以弱示人，而实质强大。而保持"知足"，就欲望不生，不生战事。战争就是君王贪欲引发的。贪欲萌于心，进攻侵略之事也就随之而至。有论者指出，本章内涵，不仅反战思想突出，而且追索和揭示了战争的起源，在古代具有首创之义。他们指出："值得注意的是，老子在本章中除了表明自己反战的立场，还初步探讨了战争的起因问题，这在中国古代军事思想发展史上具有首创意义。"③

老子在开篇以战争之事言之：统治者"有道"，就"走马以粪"；统治者"无道"，就"戎马生于郊"。这里，言说军事与战争，故向来亦有以此为老子的军事论者，甚至称《老子》之书乃"兵书"。视《老子》为兵书，亦非"无据之说"，盖《老子》书中有多处言及兵事，并具卓见。这正是老子之哲学涵盖广泛深厚之处。

注释：

①刘清章：《河上公章句评注》，宗教文化出版社，2020，第343页。

②王弼：《王弼集校释》，楼宇烈校释，中华书局，1980，第125页。

③黄朴民、林光华：《老子解读》，中国人民大学出版社，2011，第216页。

十四、无为而无不为 足以取天下

（如能无为则无事不能为 能够治天下）

在《道德经》第四十八章中，老子提出了"无为"的概念，这是人们对他三大误解中的最大误解（其他两个误读、误解是《道德经》第三十六章中的"将欲歙之，必固张之"等和第四十三章的"无为之有益"），因为把"无为"解读为"什么也不做"。其实老子并不是单摆独搁，突兀地说出个"无为"，他是在一个完整陈述中，与其他陈述结合一体地提出"无为"二字的。我们从本章的陈述中就可以看到，他先是说"为学日益，为道日损。损之又损"（学习会一天一天增加见识，实践"道"的机心智巧会一天一天减少再减少，直到"无为"的地步），然后才提出"以至于无为"。那么，此处之"无为"的意思，就是"清静无为"；含义应是不做那些"清静无为"之外的不应有的、多余的、增加骚扰的"为"（行为）。所以，他接下来发挥的是："无为而无不为。"（如果不做那些"增加骚扰的为"，天下事就没有做不成的。）最后作结，指出："取天下常以无事，及其有事，不足以取天下。"（治理国政就要常常"清静无为"，不事干扰，倘若政务多扰，就不足以当政治国了。）

老子这一番治国宏论，在当时（春秋时代）具有炽热的现实意义和迫切的安民价值。当春秋之世，诸霸混战，战争频繁，各诸侯国猛虎苛政、横征暴敛，为战争、为吞并、为击败对手、为镇压内部，制订种种搜刮民脂民膏的政策、事务，制造多种多样的扰民事端，这就是他们的"为"，老子之所谓"无为"、之所以提出"无为"，出发点与归宿皆聚焦于此。所以他归结说："及其有事，不足以取天下。"（等到统治者施行这些"事务"，即"为"，就不配治理国家。）

不为苛政猛于虎之"为"，为能使民泰国安之"为"，这就是"无为无不为"。

钱穆说："无为无不为……此乃完全在人事利害得失上着眼，完全在应付权谋上打算也。"误解之甚，无以过之。前已述及，老子所说"无为"是"不妄为"，即不做于民不利、于民有损、坑民害民之事；老子言此，是有针对性的。他所处的春秋之世，各诸侯王国为了兼并、为了扩大自己的地盘和维持封建统治，为了兼并之战，为了王室之安富尊荣，不惜横征暴敛，疯狂压榨、盘剥人民，致使民不聊生、饿殍遍野，这种"为"，就是老子所抨击和反对的为。这种"为"应该去掉、取消，即"无为"。如果能够去掉这种"为"（即妄为），让人民温饱平稳、安居乐业，那么，就"无不为"（没有做不成的事情）了。

老子讲"无为无不为"，"无为"与"为"字相连，即表明其"不为"是以"无不为"为目的的。故此，前之所云"无为"，是不做妄为之"为"，"无不为"则是非妄为之"为"，都可为了。这样，老子的"无为"是积极的，是为了实现"无不为"而提出的。

老子讲"损之又损，以至于无为"（减少再减少，直到"无为"的地步），是指"为道日损"（求道一天比一天减少机心"智巧"，直到减少至"无为"的地步）。所以老子总结说："无为而无不为。取天下常以无事，及其有事，不足以取天下。"（如果能够无为，就没有什么事情做不成。治理天下常清静不扰民，如果政事烦厌苛刻，就不足以治理天下了。）

"损之以求益"，老子这种退而求进、弱而胜强的精神哲理，是他的基本运思与原理，也是他的政治哲学的治理原则。他的中心思想就是统治者"无事"、"无为"（不妄为），以安民、予民清静。

在这里，老子再一次表现出为民请命、为民谋利的深情；这一点，贯彻于《道德经》的始终。

十五、以百姓心为心 为天下浑其心

（以百姓的心为心 使天下人心都归于纯净浑朴）

《道德经》第四十九章论述的是"圣人之心"，指出了其一系列的心性：首先是"圣人常无心，以百姓心为心"（圣人没有固定的主观心意，他以百姓的心为心），接着说："善者，吾善之；不善者，吾亦善之；德善。信者，吾信之；不信者，吾亦信之；德信。"

河上公注："［德信］百姓德化，圣人为信。"①

王弼注："信者，吾信之；不信者，吾亦信之，德信。圣人在天下歙歙，为天下浑其心。各用聪明。"②

这段话的意思是："百姓的心意希求是善良的，我就也善意地对待他；他的心意希求是不善良的，我也善良地对待他；这样就可以人人向善。有信用的人，我信任他；没有信用的人，我也信任他；这样就人人都守信了。"

在论述"信"与"不信"之后，老子便纳入政治治理的范畴来加以申说。他指出："圣人在天下，歙歙焉，为天下浑其心，百姓皆注其耳目，圣人皆孩之。"

王弼注："是以圣人之于天下歙歙焉，心无所主也。为天下浑心焉，意无所适莫也。无所察焉，百姓何避；无所求焉，百姓何应。无避无应，则莫不用其情矣。人无为舍其所能，而为其所不能；舍其所长，而为其所短。如此，则言者言其所知，行者行其所能，百姓各皆注其耳目焉，吾皆孩之而已。"③

老子这段话的意思是："圣人治理天下，严谨地收敛自己的主观意愿和欲望，使天下人众都淳朴浑厚，百姓都投以耳目关注圣人，圣人也孩童般看顾他们。"

老子在这里提出的政治治理的原则、原理，根本的一条就是统治者要"以百姓心为心"，而自己没有私心己意，只以达到百姓的心意希求为治国的目的，使普天之下人皆淳朴浑厚，圣人也以孩童一般心神看待他们。这种政治治理，就是朗朗乾坤、芸芸众生、普天之下均和谐温馨，过太平安稳的生活。"以百姓心为心"说得多么好！如果统治者的心就是百姓的心，就是与人民一条心了。那么还会有什么统治的行为会行不通、不达标？人民还会有什么不称心如意的？

老子一句"以百姓心为心"，又一句"圣人皆孩之"，道尽了老子政治哲学的核心致理。老子面对封建统治者，劝说、叮嘱他们，要"以百姓心为心"，岂止是语重心长，更加是至高至深至诚之忠言净语。从这里，可见老子政治哲学之深心致意，为百姓着想，为百姓请命。以此语对封建统治者，真是苦口婆心，冀望深愿。

老子在这里所阐发的"以百姓心为心"的嘱托与劝喻，贯彻于他的政治哲学的全部，这是一个核心，也是一个起点和一个终点。后来的历史，仅有汉代的"文景之治"，接纳而行之——当然只能是部分的（内容）、局部的（方面和区域）、有限度的，但已经取得成效、百姓得益了。中国长期的封建制度下，仅有这一次而无续之者。

老子在这里还设想了一个"圣人之治"，那是一种最理想的"致治"，是老子政治哲学中提出的最实际、最通达、最利于人民的治国之道。统治者能够做到"以百姓心为心"，那么还有什么治国之政不能畅行无阻、深得民心？还有什么治理之策不会达到最佳的效果？那的确就是圣人设想的"定国安邦"之策，也是"国泰民安"的圣主之治了。

老子设想了一个圣人之治的状况与结局，其实质就是向封建统治者提出的一个政治建言。他指出："圣人在天下，歙歙焉，为天下浑其心，百姓皆注其耳目，圣人皆孩之。"按，"歙"，为收敛。刘师培说："'歙'，乃歙闭之义也。此言圣人治天下，行治不尚侈张。"徐复观说："歙歙，正形容在治天下时，极力消去自己的意志，不使自己的意志伸长出来作主，有如纳气入内（歙）。"（《中国人性论史》）"④这是说，圣人治理天下，"收敛自己的主见和意欲，使人心归于浑融纯朴"；这样，"百姓皆注其耳目，圣人皆孩之"［百姓都投注他们的耳目（观望），圣人也孩童般看待他们］。这里描绘了一种治者与百姓之间和谐亲切的状态：百姓有如孩童亲切、信任地瞩目圣人（统治者），圣人（统治者）也似长辈眷顾、亲爱地回看他们。老子在这里虚拟了一个圣人之治的安稳、美好、和谐、友善的统治情境，以及人民安居乐业、敬仰统治者的安宁欣喜的心境。这是对封建统治者的建言，并描绘了如何致治以及致治之后的国宁民安。

注释：

① 刘清章：《河上公章句评注》，宗教文化出版社，2020，第 344 页。
② 王弼：《王弼集校释》，楼宇烈校释，中华书局，1980，第 129 页。
③ 同上书，第 130 页。
④ 转引自陈鼓应：《老子注译及评介（修订增补本）》，第 2 版，中华书局，2009，第 247 页。

十六、无为好静 无事无欲

（无为好静 不搅扰无贪欲）

在《道德经》第五十七章中，老子更进一步全面论证了"以无事取天下""以正治国"的治国方略，进一步阐释了他的"无为""无为而治""好静"的思想。这是老子政治哲学的重点论证。

在这一章中，老子可谓对"无为""无为之治"给予了周详透彻的解析和论证。如果读过并稍微认真一些去理会其意，就不再会对"无为""无为之治"产生误读误解了。

老子首先提出一个结论性表述，并指出这一结论是正确的。他写道："以正治国，以奇用兵，以无事取天下。"（以清静之道治国，以出奇的方略用兵，以不搅扰人民来治理天下。）接着反问又回答说："吾何以知其然哉？以此"（我怎么知道是这样的呢？从下面的事实可以看出）。

接下来，便缕述其详。首先指出："天下多忌讳，而民弥贫；民多利器，国家滋昏；人多技巧，奇物滋起；法令滋彰，盗贼多有。"（天下的禁令制止越多，而百姓越堕于贫困；民间的锐利器械越多，国家就会越跌入混乱；人们越多机心巧怪，奇情怪事就会越多；法令越增加彰显，盗贼反而越多。）这是以"正"论"反"、从"正"见"反"，以"正""反"来论治国之道。

接下来，从正面加以论证，指出："故圣人云：'我无为，而民自化；我好静，而民自正；我无事，而民自富；我无欲，而民自朴。'"

河上公注："【故圣人云：我无为，而民自化】圣人言：我修道承天，无所改作，而民自化成。【我好静，而民自正】圣人言：我好安静，不言不教，民皆自忠正也。【我无事，而民自富】［我］无徭役征召之事，民安其业，故皆自富也。【我无欲，而民自朴】我常无欲，去华文，微服饰，民则随我质朴。【我无情而民自清】圣人言：我修道真，绝无六情，而民随我而清。"[①]

上述文字的意思是："所以圣人说：'我不严刑禁令，百姓就会自我归化顺应；我清静无为，百姓就会守正顺应；我不搅扰，百姓就会富足；我没有贪婪物欲，百姓就会朴素诚实。'"在这里，从"上梁不正下梁歪"的相反方面，阐释了正面的道理，即"上梁正了下梁自然好"。这在政治哲学范畴来把握，就是统治者不要严刑酷令，威慑百姓、压制百姓，而要"无为"以启民自觉，要"好静""无事""无欲"，以"清静之道"治国，则国盛民安。这是老子政治哲学的核心。

在这里，老子进一步阐述了"无为"的真意和价值。

老子借此论证了一系列"上"治理如何、"民"自会如何的"治理"与"效应"的辩证关系。论证理路清晰、事物发展趋势明了，作政治哲学的解读，就可见其对统治者的建言献策，从"起因"（统治者的治理）到"效应"（百姓的承受），陈述非常清晰，其为民谋福的心意深沉。他先陈述了一个总结论为论证的前提，就是："以正治国，以奇用兵，以无事取天下。"

河上公注："【以正治国】以，至也。天使正身之人，使至有国也。【以奇用兵】奇，诈也。天使诈伪之人，使用兵也。"②

"正"，释德清说："天下国家者，当以清静无欲为正。"

原文译为白话文为："以清静之道治国，以诡谲的方式用兵，用不搅扰人民来治理天下。"讲出这个总结性的论据之后，便设问："吾何以知其然哉？"（我怎么知道这一番道理呢？）回答："以此："然后说出一番治国理政的大道理，指出："天下多忌讳，而民弥贫；民多利器，国家滋昏；人多技巧，奇物滋起；法令滋彰，盗贼多有。"

河上公注："【天下多忌讳，而民弥贫】天下谓人主也。忌讳者防禁也。令烦则奸生，禁多则下诈，相殆故贫。【民多利器，国家滋昏】利器者权也。民多权则视者眩于目，听者惑于耳，上下不亲，故国家昏乱［也］。【人多技巧，奇物滋起】人，谓人君，百里诸侯也。多招技巧，谓刻画宫观，雕琢章服，奇物滋起，下则化上，饰金镂玉，文秀彩色，日以滋甚也。【法物（令）滋彰，盗贼多有】法物，好物也。珍好之物滋生彰著，则农事废，饥寒近至，故盗贼多有［也］。"③

老子前面的话语可以译为："天下的禁忌越多，人民越陷于贫困；民间锐利之器越多，国家越陷于混乱；人们的机智巧诈越多，邪恶的事情越滋生纷起；法令越制定繁多，盗贼反而越增加。"这一段"治理"－"反弹"的怪理歪象，说明治理只能抹去表面的污秽恶行，治标而已，无法根治，不能根本消除弊害，而且，更为严重的是，还会反弹而回，进一步恶化发展。这表明，统治者治理越多、压制越重、法令越严，乱象反倒越多。其原因就是统治者没有寻觅、掌握事情的事端根源。那么，根源何在？答曰："故圣人云：'我无为，而民自化；我好静，而民自

走向老子哲学世界

正；我无事，而民自富；我无欲，而民自朴。'"这就是说：统治者要不妄为，而人民自然会自我教育、开化；统治者以清静为上，人民会自我矫正向上；统治者没有多事搅扰（比如严刑峻法，百姓动辄违规犯法），百姓安生乐业，自能温饱富裕；统治者没有私欲贪心、搜刮民财，百姓自会淳朴归顺。

老子这一番说理，陈明了统治者的妄为多、法令频、压制重，多事、多法、多令，人民在压制、管辖、束缚中，艰困度日，民不聊生，民心浮荡，社会也就动荡不定、乱象横生。而"无为""好静""无事""无欲"，即统治者不妄为、不禁令频繁，而是好静、无事、无欲，那么，人民就会自化、自正、自富、自朴。总之，老子之议、之意，就是统治者不要肆意妄为、法令严峻、条例频频，否则反而骚扰人民、压制人民，使民心紊乱、民不聊生，一切适得其反。"无为""好静"，就是老子呈给统治者的政治箴言。

老子这一番箴言，是具有针对性的。即从反面启发、激发了正面的处理方针。时当春秋之际，战争频繁，大国并小国，你争我夺，为了战争，统治者不惜横征暴敛，敛财敛物、征兵征粮、掠夺民脂民膏，统治者极搜刮盘剥之能事，国家怎能安宁、人民怎能安生！故老子力主"无为""好静""无事""无欲"。

而且，春秋之世，在内政治理和社会治理上，更是法令规定驳杂，又强令百姓遵守无误，有违者则以违"礼"惩罚、治罪。周王朝推行的是礼乐政治，禁忌极多，百姓违则被罚遭殃。周王朝按照不同阶级、不同社会地位，制定了种种规定、规矩、礼制，如《礼记·王制》中规定，圭、璧、琮、璋为尊贵物，禁止市场买卖；朝廷官员式样的服装车辆、宗庙里的祭祀器具、符合祭祀标准的牲畜、不符合规矩的农具，以及衣料、食品，等等，均不得在市场上买卖。这样繁多、琐细、不合理的法令规定，像绳索一样，捆绑着百姓，这是苛捐杂税、兵役劳务之外，牵系、绑缚、压榨、坑害百姓的铁锁钢链，教百姓怎得安生！这就是老子面对的春秋时代的现实，他的政治建言、治理理念和原则，就是针对这些提出的。他之所提，批判了封建统治者，为百姓表达了苦难与哀怨。针对这些封建统治者的治国理念与礼制，老子提出了"以正治国"的政治纲领，向统治者提出了"无为""好静""无事""无欲"的要求，提出了让人民"自化""自正""自富""自朴"的希求。

老子之言，为民为国，其政治韬略，立足于人民、为了人民，最终达到国泰民安的总目的。

注释：

①刘清章：《河上公章句评注》，宗教文化出版社，2020，第348页。
②同上书，第255页。
③同上。

十七、方而不割 廉而不刿 直而不肆 光而不耀

（方正而不害人 锐利而不伤人 直率而不放肆 光亮而不炫耀）

承上，紧接着在《道德经》第五十八章中，老子进一步深邃地阐释、论证了蕴含"无为"哲思的深邃至理。《道德经》第五十八章鲜明、纯正地运用辩证法，解析福祸、正奇、善妖、方割、廉刿、直肆、光耀之间的辩证关系，并以此更深一层地阐释了老子的"无为"政治哲学。

首先论述统治者的施政不同，在百姓中会出现不同的效应："其政闷闷，其民淳淳；其政察察，其民缺缺。"

河上公注："【其政闷闷】其政弘大，闷闷昧昧，似若不明。【其民淳淳】政教弘大，故民醇醇富厚，相亲睦也。【其民缺缺】政教烦疾，民不聊生，故缺缺日以疏薄。"①

王弼注："其政闷闷，其民淳淳；言善治政者，无形、无名、无事、无政可举。闷闷然，卒至于大治。故曰'其政闷闷'也。其民无所争竞，宽大淳淳，故曰'其民淳淳'也。"②

"其政闷闷，其民淳淳；其政察察，其民缺缺。"可以译作："实施宽厚的统治，百姓就会淳朴；实施严苛的统治，百姓就会

狡诈。"然后，转入论证、解析几种情况之间的辩证关系："祸兮，福之所倚；福兮，祸之所伏。孰知其极？其无正也。正复为奇，善复为妖。人为迷，其日固久。"[灾祸啊，福分依傍在它里面；福分啊，灾祸就潜伏在里面。谁知道它究竟怎样？它们没有一个准则。（所以）正忽而转变为邪，善忽而转变为恶。（对）人们的迷惑，由来已久。] 在列举这几种事物、状态之间的辩证关系之后，便转入正面的论证，指出："是以圣人方而不割，廉而不刿，直而不肆，光而不耀。"（所以圣人方正而不害人，廉洁而不刺伤人，直率而不放肆，光华而不炫耀。）这里所表现的就是前面说及的掌握一个"度"字。这个"度"，在这里就是"方""廉""直""光"，即适可而止，而"不伤害人""不刺伤人""不放肆""不炫耀"。

此处所论，又涉及"无为"的理解与诠释问题。老子所说的"无为"，应是指那些"方而割""廉而刿""直而肆""光而耀"的"为"，即统治者的施政方针、政策、措施、规定、"令行禁止"的约束，要"不害人""不刺伤人""不放肆""不炫耀"。

应该说，老子政治哲学中多次论述的"无为之治"，是很正确有用的，是有利有益于官与民两个方面的。他论证了"无为"与"有效"之间的辩证关系，即要为"无为"之"为"，行有效、有节制、无副作用的"为"。

研习上述几处关于"无为"的论述，可以清楚地看到，老子所说的"无为"，其真意是什么。古今对此之误读误解，实非老子之过，而属未求其究竟的误读误解。

有论者指出："春秋战国是中国古代贵族政治向官僚政治转折的关键时期。面对新的形势，当时的统治者纷纷以现实的态度、实用理性的精神探求合乎时宜的统治方法，其总的趋势是强化思想控制，运用刑赏两柄，提倡以法治民或礼法并用。""主张'道法自然'的老子对这一类重刑典、厉法制的做法不以为然，他认为这是'本末倒置'的愚蠢行为，只会适得其反，所谓'其政闷闷，其民淳淳；其政察察，其民缺缺'。老子强调在统治方式上应该做到宽大无为，切忌苛严有为，并由此引申出带普遍性的祸福相互依存、相互转化的辩证观点，强调指出圣人之所以成功的秘诀在于能始终注意不走极端，保持节度与平衡。"③从这里可以看到这种哲学的现实性、针对性；但他提出的方针原则，却具有一般、通用的意义。"闷闷"—"淳淳"、"察察"—"缺缺"的正反互易，"不割""不刿""不肆""不耀"的叮咛，对后世均有提示、教育的意义和价值。而"祸"中依存着"福"的因子，"福"中隐藏着"祸"的根苗，这种辩证的观念和依此产生治理方略的前瞻与预计，均属于具有广泛性、持久性、长久性的治理的辩证哲理。这是具有永久意义和价值的，是政治哲学的基底思维。

其中，"祸兮，福之所倚；福兮，祸之所伏"这种深沉的哲思，已经越过政治哲学的范畴，而成为一般性哲学思维。它流传至今，被广泛接受和经常运用。它已经成为中华民族思维的重要因子，人们在为人处世上、在社会生活中，时常以此为戒，而避免了失误犯错；或者，遇到不快、不幸、祸事，往往以此自慰，或亦以此劝慰友朋；以至仁人志士、占位掌权者，遇喜事或遭忧愁，均以此为戒并获慰藉。这是老子之思蕴入民族之思的具体表现。童书业说："老子至少已经知道矛盾统一的规律，相反的东西是可以相成的，例如没有'有'，也就没有'无'；没有'难'，也就没有'易'；没有'长'，也就没有'短'等等。同时他又知道相反的东西可以互相转化，例如'美'可以转成'恶'，'善'可以转成'不善'。因为每件事物之中，都包含有否定本身的因素，例如'祸'是'福之所倚'，'福'是'祸之所伏'；相反相成，变化发展，所以说：'孰知其极。''正'可以变成'奇'，'善'可以变成'妖'。这种观察事物的辩证方法，是老子哲学上的最大成就。"④

老子对"祸"与"福"之间的这一深邃关系的概括，深蕴着一种哲思，即"祸"中潜存着"福"的因子，"福"里潜藏着"祸"的根苗，这是事物发展、存在的一种普遍规律，老子将它提炼出来，并用语言概括、表达出来，这是他作为哲学家的高深之处、伟大之处。

老子认为"祸""福"的这种转化，是一种普遍规律，所以联系到"奇"与"妖"，指出"正复为奇，善复为妖"也是互相转化。老子不仅指出了这种正反现象的互相转化，而且提示了这种转化的条件和机制。他说："是以圣人方而不割，廉而不刿，直而不肆，光而不耀。"圣人之"不割""不刿""不肆""不耀"，就是圣人掌握着"正"转"奇"、"善"转"妖"的机制，故加以控制、"微调"，使不致转化。刘笑敢就此问题，予以解说，谓："过去人们常常批判老子只强调对立面的相互转化，而不讲转化的条件。其实，老子并非完全不讲转化的条件。'熟知其极？其无正也？''极'与'正'就相当于转化的标准、条件或归宿。问话口气说明了问题的复杂性，说明转化的标准或常规不易发现、不易掌握，但是老子并没有根本否定答案的存在。只是强调'人之迷，其日固久'，感叹一般人看不到正反互转的事实，更谈不上转化的规律或标准了。"⑤

认识正反互转的规律重要，认识互转的条件和机制，更为重要，因为是可能性转化为现实性，这是决定性条件。所以老子指出圣人之道是"不割""不刿""不肆""不耀"，这就是得以转化的条件和机制。

虽然老子所针对的是当时的现实，作出的思想认识与针对性的方略、政策思想，具有当时的现实性，但他提出的指导思想，却具有一般意义与指导作用。

另外，据张松如考订："'廉而不刿'，此古语也。亦见于《荀子·不苟篇》，杨倞注：'廉，棱也。'《说文》云：'刿，利伤也。'但有廉隅，不至于刿伤也。"这是显示老子语言、词汇的引用与继承的又一例，是除《诗经》《易经》之外的又一例。

注释：

①刘清章：《河上公章句评注》，宗教文化出版社，2020，第348页。

②王弼：《王弼集校释》，楼宇烈校释，中华书局，1980，第151页。

③黄朴民、林光华：《老子解读》，中国人民大学出版社，2011，第261页。

④转引自陈鼓应：《老子注译及评介（修订增补本）》，第2版，中华书局，2009，第280页。

⑤刘笑敢：《老子古今》，中国社会科学出版社，2006，第595页。

十八、治人事天 莫若啬

(统治国家养育身心 没有比吝惜精力更重要的)

《道德经》第五十九章又进一步申说其"无为"之"为"，在这里突出的是一个"啬"字。开篇，劈头就是一句结论："治人事天，莫若啬。"

河上公注："【治人】谓人君欲治理人民。【事天】事，用也。当用天道，顺四时。【莫若啬】啬，爱［惜］也。治国者当爱［惜］民财，不为奢泰。治身者当爱［惜］精气而不为放逸。"①

"治人事天，莫若啬"，意思是："治理国家，护养身心，没有比吝惜精力更为重要的。"接着说："夫唯啬，是谓早服"。然后说："早服谓之重积德"。

河上公注："【夫唯啬，是谓早服】早，先也。服，得也。夫独爱［惜］民财，爱［惜］精气，则能先得天道也。【早服谓之重积德】先得天道，是谓重积德于己也。"②

对应今译就是："夫唯啬，是谓早服"（吝惜精力，就是早作准备）；"早服谓之重积德"（早作准备就是不断地积德）；"重积德则无不克"（不断地积德就攻无不克）；"无不克则莫知其极"（攻无不克就无法估计他的力量）；"莫知其极，可以有国"（无法估计他的力量，就可以治理国家）；"有国之母，可以长久"（掌握治理国家的道理，就可以长久维持）；"是谓深根固柢，长生久视之道"（这就是根深柢固，长久生存可供效法的原则）。经过这样一系列的逐步推论，论述了"啬"的意义和作用。

在政治哲学范畴内，认识和实行这种"啬"的治国养生（休生养息）的原则，就能够长治久安。在这里，老子预设了一个意义和理解的界限，这就是其"啬"字之义，是指精神方面，而非其他。任继愈解释这个"啬"字说："'啬'，吝啬，该当用的财物舍不得用，一般含有贬义。老子给以哲学的含义，它有爱惜精神、积蓄力量的意义，与六十七章的'俭'的意义相近。"③这是甚合老子原意的。任继愈还特别对向来那些对"啬"字的误解，指谬纠正，他指出：老子提出了治人、敬天的原则就是一个"啬"字。总的方针是爱养精神，积蓄力量，不该做的事尽量不做。小到个人养生，大到管理国家，都离不开"啬"这条原则。后来的庄子讲"养生"，《吕氏春秋》讲"贵生"，就是沿老子这条思路发展下去的。道教的一些长生措施、理论，也是由此引申出来的。后来的这些流派都与老子有关，但都不符合老子本来的意思，他们走偏了。④

陈鼓应也指出："老子提出'啬'这个观念，并非专指财物上的，乃是特重精神上的。'啬'即是培蓄能量，厚藏根基，充实生命力。"⑤总之，老子在此提出的"啬"的治国养生之道，一是指精神方面的原则；二是其"啬"的实质是"有备"，是积蓄力量、早作准备，即预为之谋。如此，则能长治久安，根深柢固。我们不妨进一步理解，这"啬"，就是勤俭节约、不浪费、不豪奢。这一点，已经成为中华民族的优秀品德。

以"啬"为治国理政之要策，是一种宏博高远的决策，作为政治哲学，它所体现的是对人民交付国家之血汗钱的珍惜，也体现出一种精兵简政的精神；从更宽广的范围而言，更蕴含对"暴殄天物"的批判与舍弃和相对地对自然万物的珍惜，当然，同时包含人民上交、输送给国家、统治者的人、财、物。在封建时代，比如老子所处的春秋时代，周王室、诸侯国的统治者，为了享乐、为了巩固其统治、为了其家庭子女的享受，他们横征暴敛、纸醉金迷、挥金如土，他们认为豪华、靡费、挥霍、奢侈，是"自然"的、"必须"的、"应该"的。老子正是针对如此景况，而发出一声"啬"字议。

老子论述了"啬"字统国策的重大意义与价值。他指出："夫唯啬，是谓早服"。意指节俭、不浪费，是治理国家最重要的事情，即国家决策之要冲，不可不顾，必须实行。这就把"啬"放在了最重要的位置，即国家政策重心内涵。接着一步推衍、发挥说，"早服谓之重积德"；而"重积德"，"则无不克"；而"无不克"，"则莫知其极"；而"莫知其极"，则"可以有国"；而"有国之母"，就"可以长久"；事理、发展趋势就是："是谓深根固柢，长生久视之道。"这一系列相趋相致的"原"——"因"——"结果"，层层相系相连，"因"与"果"紧紧相扣。老子陈述了一个由"因"到"果"的系列，陈明治国理政中实行"啬"政的重要意义与价值。

老子提出"啬"的观念，不是专指物质财富上的，而是重在精神上的。这一点很重要。这就是说，统治者在指导思想上，要"啬"，这固然有财物上、物质上的"啬"，但更重要的是精神上、指导思想上的"啬"，即治国大政方针上的"啬"。如此，就会节约民资民力，轻税减纳、节省开支，甚至轻易不涉战事；这样就"可以长久""是谓深根固柢，长生久视之道"。这也就是国运昌盛、国脉长久，并且根深柢固、长久维持、长治久安。

老子的"啬"政，固然是针对春秋时代周王室与诸侯国统治者奢侈、靡费、挥霍的现实而言，但其思想原则，作为政治哲学，具有普遍的价值。新中国成立以来，一直强调"精简节约"，就是坚持一个"啬"字的表现。

注释：

①刘清章：《河上公章句评注》，宗教文化出版社，2020，第 336 页。
②同上。
③任继愈：《老子绎读（汉英对照）》，商务印书馆，2009，第 326 页。
④同上书，第 324 页。
⑤陈鼓应：《老子注译及评介（修订增补本）》，第 2 版，中华书局，2009，第 285 页。

十九、治大国 若烹小鲜

（治理大国好像煎小鱼）

《道德经》第六十章提出："治大国，若烹小鲜。"

河上公注："【治大国，若烹小鲜】鲜，鱼也。烹小鱼不去肠，不去鳞，不敢挠，恐其糜也。治国烦则下乱，治身烦则精散。"①

王弼注："治大国若烹小鲜。不扰也。躁则多害，静则全真。故其国弥大，而其主弥静，然后乃能广得众心矣。"②

此二解，把老子之言，稍微具体化了。

傅山则说："不多事琐碎也。"（《霜红龛集》卷三二》《读老子》)③此说简单明了。

老子这一比喻形象、贴切，意蕴鲜明而突出，为古今人士广泛接受，后世经常引用。其意为：治理大国，就要像煎小鱼一样，小心谨慎，勿不停地翻动，少动为宜。老子在这里继续论证无为治国的政治哲学理念。在提出这样一个总体性理念之后，老子继续发挥，申述其理。他指出："以道莅天下，其鬼不神；非其鬼不神，其神不伤人；非其神不伤人，圣人亦不伤人。"就是说，以"道"莅临天下，即治理天下，就会获得这样的结果："其鬼不神"（鬼怪就起不了作用）"；他解释说："非其鬼不神，其神不伤人"（不是鬼怪起不了作用，是鬼怪的神奇巫力再也伤不了人）；接着指出：圣人也不伤人。结语："夫两不相伤，故德交归焉。"（鬼神和圣人两不相伤，所以德行就普施天下。）

关于这一段论述的解释，颇多歧义。这是可以理解的，并且有利于多侧面理解和诠释老子的哲思和理念。而且汉语的多义性以及老子以诗性语言所作的论述，借喻、隐喻、象征意蕴所在多有，也具有多义性和诠释的多样性。这从诠释学视域来理解是合理的。因为老子的叙述文本，提供了"原意"，而读者、诠释者，却可以和应该在"原意"的基础上，解读、诠释，甚至创获而发挥出不离"原意"的"意义"来。对于本章内容，陈鼓应和任继愈两位先生的诠释就不完全一致。现将两位先生的诠释分别转载如下，以供学习思考。

（1）陈鼓应注译与诠释：

"治理大国，好像煎小鱼。用道治理天下，鬼怪起不了作用；不但鬼怪起不了作用，神祇也不侵越人；不但神祇不侵越人，圣人也不侵越人。鬼神和有道者都不侵越人，所以德会归于民。"④

（2）任继愈绎读与诠释：

"治理大国，要像煎小鱼那样［不要常常扰动它］。用'道'来治天下，就可以不受异常事变的干扰。并不是异常事变不起作用，而是它起的作用不能害人。并不是它起的作用对人无害，而是由于'圣人'根本不理会这类事变，这样，异常事变与正常秩序互不相干，所以都感佩'圣人'的德。"⑤

另外，关于鬼，任继愈先生注释如下："'鬼'据章太炎考证，即'夔'字，为人形的怪兽名，似人而非人。'鬼''夔'同音。'高宗伐鬼方'，称外国为'鬼方'，视为异类，今人仍有称外国人为'鬼子'者。引申义，泛指异常之事，异常之物，均与'鬼'音相近，魁、伟、瑰等均有非同寻常义。后之注《老子》者，多用唐宋以后的鬼神义，失原旨，故均不取。"

又注"神"云："'神'，起作用。不是神仙、神灵的神。"⑥以上，敬录陈、任二位先生的注译、解说，以启人思路、正确理解，从多义性解读、理解和诠释老子哲学。

还有，老子此处弃鬼神之力而论之，其意盖在"道"之力与百姓之希冀。在这里，老子排除了鬼神的神秘力量和作用，因此，也就排除了宗教产生的因缘与路途。陈鼓应在本章之"引述"中指出："本章还排除一般人所谓鬼神作用的概念，说明祸患全在人为。人为得当，祸患则无由降生。"⑦

老子本不信鬼神，此处不过借用习惯常用的鬼神之说，以申述道理，而实际却隐然否定了鬼与神，其言"其鬼不神""其神不伤人"都隐含着否定鬼神的意蕴。老子不过借此比喻"若烹小鲜"式的统治，也就是"以道莅天下"的统治，什么鬼神都不能使法弄鬼。

老子的一声"治大国，若烹小鲜"，既形象又突出地表达了统治者应该如何谨慎治国的态度，好似动作的姿态都体现出来了。这是"无为"的具体化，据此也可以明了老子的"无为"，不是什么都不做，而是要"若烹小鲜"式地做。哲人斯思，高哉深焉，然而历代帝王，有何人切实实行之？几乎历代传承，以强力治理、以大动作压制、以横征暴敛榨取，这是封建时代反动统治的阶级本质所决定的，不可动摇、不会改变。所以，作为政治哲学的理想和理路，老子之言，深刻正确，而封建统治者，忽焉不察，弃置不顾；老子的治理理念，只落得作为名言、作为理想，流传后世，思想上、言论上言之、论之、赞誉之，但行动上，则未见丝毫实践。这是历代封建的、反动的政权必然之势，也是既成的历史事实。

本章所言"其鬼不神""其神不伤人"，彻底否定了鬼神的力量和对人世间的施威。这也是对周王室以及诸侯国统治者"借鬼神而治"的"治国之道"的否定。春秋之时，统治者是很迷信的，也是以迷信治理、统治百姓。他们敬拜天上的"帝""上帝"，也敬拜其列祖列宗，这就是以看不见的上天的"帝"与已经逝去的"祖"，以及"鬼""神"来恐吓、挟持、压制人民。这是他们的统治手段和治民之术。老子则以"其鬼不神""其神不伤人"的十分肯定语，否定了这些统治术。

老子的政治哲学，是人间之学、百姓之学，不入鬼神之说。

老子提出这样一个颇为形象的比喻，来阐述治国的理念，其起意，是针对春秋时代的现实而言。那个历史时期，侯王的统治是与"烹小鲜"正相反的。仅拿战争一事来说，各邦国几乎囊括全部，总是处在不安稳、多战事的状态中。而战争一事，对百姓来说，真正是灾难性的、生死攸关的。

虽然老子此说广泛流传，识之者众，但行之者少，甚至阙如。纵观历史，这是可以理解的。历代帝王，更不要说春秋时代的周王室与诸侯国的统治者，他们制定严刑峻法，还往往朝令夕改；他们搜刮民脂民膏，横征暴敛；为了侵略战争、兼并争斗，搅乱社会生活，逼使人民服役出征，真正使得民不聊生、社会动乱，何能"若烹小鲜"式治理国政、安抚百姓！虽然历史如此，但老子提出这一治国理政的政治哲学理念，是正确的、有益有利的。

注释：

①刘清章：《河上公章句评注》，宗教文化出版社，2020，第349页。

②王弼：《王弼集校释》，楼宇烈校释，中华书局，1980，第168页。

③陈鼓应：《老子注译及评介（修订增补本）》，第 2 版，中华书局，2009，第 286 页。

④同上书，第 287 页。

⑤任继愈：《老子绎读（汉英对照）》，商务印书馆，2009，第 330 页。

⑥同上。

⑦陈鼓应：《老子注译及评介（修订增补本）》，第 2 版，中华书局，2009，第 287 页。

二十、以静为下 各得所欲

（静定处下 各自实现自己的愿望）

在《道德经》第六十一章中，老子进入对国与国之间相处相存的原理原则的论述。这是老子政治哲学的另一个领域，即外交领域。春秋之世，战争频繁。一部《左氏春秋》，竟是以记战乱始、以记战乱终：首篇《隐公元年》纪事是战争："元年春，王正月。三月，公及邾仪父盟于蔑。夏五月，郑伯克段于鄢。……九月，及宋人盟于宿。"末篇结尾《哀公二十七年》也是战争："晋荀瑶帅师伐郑，次于桐丘。郑驷弘请救于齐。齐师将兴，陈成子属孤子三日朝。"在此头尾二者之间，也是充塞着战乱纪事。这些战乱，既有邦国之间的争夺地盘、扩大国境的争夺战，也有大邦吞并小邦之战，还有强盛的大邦与大邦之间的争霸之战。这是老子面对的现实，因此，他的"外交路线"，就是针对这种现实的决策咨议。他首先提出一个大原则："大邦者下流"。这是什么意思？

河上公注："【大国者下流】治大国如江海者下流，不逆细微。"①

王弼注："大国者下流。江海居大而处下，则百川流之；大国居大而处下，则天下流之，故曰'大国者下流'也。"②

归纳老子之意，就是身为大国，就要像大江湖海那样，身处居下的流域，乃能"纳百川""聚河湖"，而成大局。

接着又说："天下之交，天下之牝。牝常以静胜牡，以静为下。"（大国要像居于江河的下流，在天下的交往中，执守着雌性的位置。雌柔常以静定而胜过雄强，因为静定能够处下的缘故。）这是一个与当时诸侯国的"邦交政策""外交路线"不同而相抵牾的路线，但却是正确处理各邦国之间关系的正确路线。这里提出的是大国对小国弱邦的总体意旨与路线，就是"处下""雌柔""静定"。这对当时小邦互拼、大邦对小邦实施吞并的充满火药味、战争为常事的春秋时代，是一剂冷静药、镇静剂。这是对逞强使能的大国的规劝与制冷，而对受欺遭灭的小国则是一剂安心丸。这是老子政治哲学的邦交政策之核心，它的主要精神就是大国以"处下""静定""雌柔"的态度与政策对待小邦弱国。

接着，老子进一步申说："故大邦以下小邦，则取小邦；小邦以下大邦，则取大邦。故或下以取，或下而取。大邦不过欲兼富人，小邦不过欲入事人。"（所以大国对小国谦下，就可以取得小国的信赖；小国对大国谦下，就可以见容于大国。大国不过要兼蓄小国，小国不过要见容于大国。）这里，一方面分析了大小国由于不同的地位与能力，而具有各不相同的愿望和希求；另一方面揭示了大小国各自依据本身条件和自身能力，而决定的能够采取的政策与态度，又分析了这样做各自能够达到的目的与效果。这是老子根据大小国各自不同的条件和由此产生的愿望，而提出的各自应该和可能采取的外事原则与外交策略；也是在大小邦国林立而又争战不断，大国虎视眈眈觊觎小国、小国心惊胆战惧畏大国的局面中，能够采取的唯一合理合法、彼此都能够接受的外事战略思想。最后，老子总而言之："夫两者各得所欲，大者宜为下。"（那么大国小国都实现了自己的愿望，大国应该谦下。）

老子在前章论述统治者与百姓之间的关系，也是人与人之间的关系；现在，则扩大范围而涉及国外（邦国之外、邦交之中），来论述它们之间相处的圭臬。他提出了"静下""处牝"的原则。老子面对的是春秋时代大国小邦之间的关系，这是一种敌对相杀的血腥关系，以大并小、恃强凌弱的关系；其形势就是国与国之间战争频繁、以大欺小、逞强欺弱，兼并之事，层出不穷。

老子所属的楚国，就是靠不断兼并南方诸小国而壮大起来的。壮大之后，又不断觊觎中原，与其他大国争霸。面对这种大国小国之间敌对争斗的态势，老子提出了处理"国际关系"的原则，就是"处下静牝"四字。老子如此阐述："大邦者下流，天下之交，天下之牝。"（大国要像河流那样居于下游，天下各国的交往，居于雌性的位置。）总结这种大国居下的状况，他指出："牝常以静胜牡，以静为下。"（雌性常常以沉静取胜，以静的姿态处于下游。）这是以雌性常以居下的姿态而取胜，来证实居下而取胜的原理。由这一自然之理，来申说邦国之间相处的原则。

对于出身楚国的老子来说，提出"大国处下""居牝""处静"的外交基本决策，也许潜意识里，与楚国兼并许多小邦弱国这一国情有关。楚国在兼并小邦、与大国争霸中，固然可谓"收获"颇丰，但自身的付出，尤其是楚国人民的付出与牺牲，也是很多很大很重的。以此为背景，他酝酿而后又提出了这样一个"睦邻友好"的外交原则。

老子在其哲学思维的表达中，时以"牝""牡"言事，而少言"男""女"与"阴""阳"。为何？对此，刘笑敢作了有意味的分析与解说。他说："老子为什么用'雌''牝'而不用'女'？这里我们不妨作一些揣测。从消极的方面来说，这样作是希望可以避免误解（尽管事实上并没有避免现代人的误解）。从积极的角度来看，其意义恐怕在于'雌''牝'的说法既可与动物甚至万物相通，有广泛的普遍性，又可隐含男女之别，引发人们对社会生活的联想，对人类的社会生活有较为直接的暗示意义。这样既有相当的普遍性意义，又有较明确的针对性，正适合表达老子思想的普遍的基本价值和行为原则。虽然，'雌'和'牝'一般用于鸟类和兽类，但并非完全不可以用于人类或物类……"③此解甚细，有启发意义。

在此，我们还可以补充一小点，即"公""母"比较明确和习惯用于申说人事，而"牡""牝"则是抽象的，具有广泛适用性，用于动物界可，用于人类亦可，用于其他言雄雌之事亦无不可。

注释:

①刘清章:《河上公章句评注》,宗教文化出版社,2020,第349页。
②王弼:《王弼集校释》,楼宇烈校释,中华书局,1980,第159页。
③刘笑敢:《老子古今》,商务印书馆,2006,第615页。

二十一、不以智治国 国之福

(不以智巧治国 国家之福)

在《道德经》第六十五章中,老子进一步在更加广阔的视野和范围中,来申说其治国之道。

在本章的论述中,老子又提出了一个引发误读误解的命题。他提出,对百姓不是"明民",而是"愚之",这一"愚民"的思想和政策,怎不引人误解?而且,他接着说:"民之难治,以其智多。"(老百姓之所以难以治理,就是因为他们知识、智慧多了。)这番话还能不引起误解吗?

现在,我们就来稀释这种误解,提供一个相对准确的解读和诠释。先看河上公和王弼如何解读、释义。

河上公注:"【非以明民】不以道教民明智巧诈也。【将以愚之】将以道德教民,使质朴不诈伪。【民之难治,以其智多】民之不可治理者,以其智太多必为巧伪。"①

王弼注:"古之善为道者,非以明民,将以愚之。明,谓多(见)[智]巧诈,蔽其朴也。愚,谓无知守真,顺自然也。民之难治,以其智多。多智巧诈,故难治也。"②

二位古人的解释,很明确,老子所谓"非明""愚之",是指不要使民"明智巧诈""巧伪",简言之就是不要使民成为"刁民"。"愚"者质朴、守真、去刁、去诈也。岂有愚民之意!

那么,本章第一句所述,正确的含义何在?"古之善为道者,非以明民，将以愚之。"（古人善于施行道的人，不是使百姓明敏，而是使他质朴。）语言的潜沉意蕴往往引发误读误解。此处一个"愚"字，初读浅释，自然就是"愚笨"之意。但是，在日常语言中，在日常生活中，人们不是常以"愚"自称吗？尤其中国古人，习以为常，如谦称自己的妻子为"愚妻""贱内"。与人交谈、讨论问题，也总是以"愚见""愚以为"开头，这是中国人习用的谦辞，非写实；人们听了，也不会以为此人真的是"愚夫"。老子此处一个"愚"字，无非是比照甚至比譬的说法，以之与"明"字相对称而已。

所以对首段文字做如此解读，比较合理，比较合于老子的原意。接着发挥说："民之难治，以其智多。"（百姓之所以难以治理，是因为他们明敏机智。）所以归根究底地说："故以智治国，国之贼；不以智治国，国之福。"（所以用机智去治国，是国家的灾难；不以机智去治国，是国家的福气。）由此作出结论："知此两者亦稽式。常知稽式，是谓'玄德'，玄德深矣，远矣，与物反矣，然后乃至大顺。"（理解这两种都是法则。常认知这两种法则，就是"玄德"，"玄德"意义深远。于是返璞归真，达到最大的和顺。）

老子所论，就是要使民淳朴归真，达到质朴淳厚，这样就能国泰民安。否则，以智巧机智去治民和使民智巧机智，就会祸国殃民。在政治哲学范畴，统治者与被统治者（民）的关系如何，是关系到两者共同利益的。老子的意见是统治者在上要使民淳朴质直，而不要机心智巧、投机取巧；在民的这方面来说，就是要淳朴质直。这样对两方面均有利无害。

在春秋时代，王侯为兼并争战，而促使百姓机心刁蛮，在不义之战中，凶险刁顽，"机制勇猛"，克敌制胜，终究是为王卖命。老子之所言，盖出于此。他是针对当时的状况，而如此进言的。

在这里，可以再一次领会到，在老子的政治哲学中，始终贯彻着为民请命、为百姓谋利益和安稳，而向统治者献利民之计，奉安民之策。这与孔子的只为统治者着想是根本不同的。

老子称"玄德"，有深意。按"玄"有幽深而又有覆盖意，故不易察觉，而具神秘感。《说文解字》解"玄"为："玄，幽远也。黑而有赤色者为玄。象幽而人覆之也。"这就是说，"玄"，幽深而又被覆盖着。故"玄德"可理解为这种"德"，即黑色而有红色掺入其中，所谓"红黑色"或"黑红色"是也；本意是：其色黑红相间，阴暗而又被覆盖着，具有不易深知的意味。故"玄德"即意味着深邃、幽远、被覆盖而不易察觉。

老子这里提出的论证是"愚"胜于"明"，其实质，不是表面意义的"愚"与"明"。在这一老子特定的语境中，"愚"乃质实淳朴、外拙内敏的表现。正如王弼所注："'愚'谓其无知，守其真顺自然也。"也如河上公注："使质朴不诈伪也。"而"明"，则如王弼所注："'明'为多见巧诈，蔽其朴也。"也如河上公注："明，知巧诈也。"这里存在一个是单摆浮搁地解读一个单词，还是纳入完整文本语境中来诠释的问题。"愚""明"，作为单独的词语，固然有其特定的含义，"愚"是谦下词，"明"是上好词；但是当把它们纳入一个完整的文本中，就具有与全文契合、意蕴互渗的确定意义。误老子为"愚民政策"者，正是把它们脱离完整文本的语境，而以单独词义释之，岂能无"愚民政策"之误解乎？所以，"纳入整体文本的语境来释义"这一解读原则，适用于解读诠释老子全文本。王力解读老子之"愚"，说："老子之愚民也，与之同愚。……所谓歙歙为天下浑其心者，先愚己，而后愚人也。其与秦政之愚民政策，有天渊之别矣。"③老子"愚民"，先"愚己""与民同愚"，就是共同以淳朴真挚相对也。此解可谓得老子之深意真心。王力特别与"秦政之愚民政策"相比而言，比照两者之区别，是必要和重要的。

孙以楷仔细解读老子此处之"愚"说："这一章也是被严重误解的，人们常常据此指责老子提倡愚民政策。老子确实说对老百姓'将以愚之'。从字面上看是愚民，但实际上'愚'是指天真自然如'愚'。在本书第二十章中，老子以第一人称说过'我愚人之心也哉'。'愚人之心'，这是老子追求的境界。……老子求'愚'，是对现实社会中狡诈奸猾巧伪等等所谓聪明现象的逆反。他希望民众不要被这些伪聪明所传染，要求有道之君不要用这种伪聪明去害民，而是要教导民众保持天真纯朴的自然本性。"④这说明老子之所谓"愚",并非愚笨、傻呆之意,而是淳朴自然的概括;所以他自称"我愚人之心也哉"。

故此,老子的"愚"是他的专属词语,非一般意义的愚笨、呆傻之意,而是淳朴、淳厚、真挚之意。它具有哲学的意蕴,而非通常意义之愚。

从老子本章整体文本的意蕴来分析,老子在这里,实际上设置了两种不同的治国理政的原则和路线,即:让人民具知识而心活意乱、机心巧诈,还是使他们知识稍缺、迟拙淳朴好?实质上一个是"明敏机心巧诈",一个是"迟拙质实淳朴";在统治者面前,实质上一个是"刁民",一个是"良民"。所以老子说:"故以智治国,国之贼;不以智治国,国之福。"

在《道德经》第六十六章,老子又从统治者在时局之中应该处于何种位置,在多国关系中何以自处,而高屋建瓴地提出治理哲学之高见。

注释:

①刘清章:《河上公章句评注》,宗教文化出版社,2020,第359页。

②王弼:《王弼集校释》,楼宇烈校释,中华书局,1980,第168页。

③王力:《老子研究》,天津市古籍书店,1989,第42页。

④孙以楷:《老子解读》,黄山书社,2007,第146页。

二十二、以言下之 以身后之 以其不争

(言语谦逊 己利放后 不与人争)

《道德经》第六十六章提出"居后处下"原则精神。这是老子政治哲学的重要范畴和理念。在这里,老子再一次体现了他的"人民立场"。他总是以庶民的角度,来论述他的政治哲学的理念和理论。

在本章，老子又一次显示了他的"楚国哲学—南方哲学"的特色与亮点：以水为例证来论述治理方略。他照例先是例举自然现象，以启迪思考社会现象、人世万象。他首先指认水的特性："江海之所以能为百谷王者，以其善下之，故能为百谷王。"（江海能够成为百川汇流之处，是因为善于处于低下的位置，因为善于处于低下的位置，所以能够成为百川汇流之处。）以此为例，可以推知："是以圣人欲上民，必以言下之；欲先民，必以身后之。是以圣人处上而民不重，处前而民不害。"（所以圣人想要居于百姓之上，就必须言语谦逊；想要成为百姓表率，就要把自己放在后面。所以圣人居于领导地位而百姓并不负重，居于前面百姓也不感受伤害。）最后归结为："是以天下乐推而不厌。"（所以天下百姓乐于拥戴而不厌弃。）再进一步提高扩大总结之，则是："以其不争，故天下莫能与之争。"（因为不跟人争夺，所以天下没有人能够和他争。）

这里又显示了一种政治治理与为人处世的生活辩证法：争之不得、不争反得。不与民争利，是老子政治哲学一贯的根本原则。这一点，对于历代封建统治者是既知其正确，也不欲为之的。封建王朝、帝王家族，何能取此策？他们不仅与民争利，而且剥削人民、压榨人民，汲取人民血汗而肥己，岂能处下居后。

虽然封建王朝不可能接受而行之，但老子之言，却是政治哲学的至理名言。

老子在本章又一次表现了对于"雌性"（"牝"）、"弱"、"愚"的"偏好"，实际是置于哲学思维中的"以牝胜牡""以弱胜强""处下为上""以愚胜明"的哲思之视域中，"以反胜正"哲理的体现。老子这一哲思，体现出一种以愚现身、谦卑处下的谦逊，居牝而又自信、自制的态度。这是老子哲学的一种形相和品性。显示了一种高大而谦朴、刚强而柔弱、自信而自制的品性、品德与伟岸的形相。

老子在这里揭示了一个执政治国的辩证之道。他指出：圣人之为，是"言下之""身后之""不争"，所以能够"上民""先民""处上而民不重，处前而民不害"。

这种姿态与作为，就是政治上不居于人民的头上，利益面前不居民前而在人后，一切好处、利益、安富尊荣等，都不与民"争"。这样，就能够长治久安，江山巩固，人民康乐。

老子的政治哲学，立足于民，从民的利益出发，规劝统治者，不与民争利，更加让利于民。这自然会"天下乐推而不厌"，而且"天下莫能与之争"。

二十三、不武 不怒 不与 用人配天

（不逞勇武 不轻易激怒 不与敌对斗 用人合天道）

在《道德经》第六十八章中，老子在"不争"之外，又提出了"不武""不怒""不与"三原则、三理念，并提出了一个"不争之德"的道德标准。

道德经·第六十八章

善为士者，不武；善战者，不怒；善胜敌者，不与；善用人者，为之下。是谓不争之德，是为用人，是谓配天，古之极也。

这里提出了"三不"："不武""不怒""不与"。并以此延续诠释"不争"之意及其深沉的含义。

先看"三不"的内涵和意义。"善为士者，不武；善战者，不怒；善胜敌者，不与；善用人者，为之下。"（善于担当领军的，不逞强显威武；善于作战的，不被怒气左右；善于战胜敌人的，不与敌人纠缠；善于使用人才的，对下谦恭。）老子归纳这些美德，提高评价，指出："是谓不争之德，是为用人，是谓配天，古之极也。"

河上公注："【是谓不争之德】谓上文为之下也。是乃不与人争斗，乃是道德。【是谓配天】能行此者，德配天也。【古之极也】是乃古之极要道也。"这句话的意思是："所谓不争的德行，这就是会使用人，就是与道相配，是从古以来的最高准则。"[1]

按：任继愈注释"与"字，谓："'与'，根据王念孙及劳健《老子古本考》的解释。《史记·燕世家》：'庞暖易与耳'；《白起传》：'廉颇易与'；《淮阴侯传》：'吾平生知韩信为人，易与耳'；《汉书·高帝纪》：'吾知与之矣'。'与'都是'应付'、'对付'的意思。"②据此，"善胜敌者，不与"句，亦可译为"善于战胜敌人的不好应付"。在这里，老子以战争之事，来托言政治治理之术。其要害就是"不武""不怒""不与"。这道理，在战场上如此，在政治领域亦复如斯。

老子如此使用战场之事与理，来拟议政治领域的要则和规范，也是根据春秋时代的现实状况而定的。那个时代，诸侯争霸、大小邦国陷于兼并与争生存的生死搏斗之中，邦国内的统治与治理，同战场上的争胜负裹挟在一起，彼此不分。所以，言战争之胜负，与统治之优劣，于理相通，实践上则可以彼此通用。

在这个"三不"中，老子又一次体现了为民争利益、为民求安逸的深心，他劝诫统治者要实行"三不"，能"不武""不怒""不与"，明面上是退让、是"软弱"、是无力，但实际上是有力、有自信、有韧性。而且以此取得成功和胜利。因此，老子之哲学是外弱内强、面退实进的治理术。这是强者、有自信者才能实行的战略、策略。

老子此处提出"不争之德"，就是一种"无为"的表现。其基本精神，亦同于"无为"。两者内底相同，可设置为"无为——不争"。所以，老子之"不争"者，不是不争取、不努力、不勤谨，而是不争欲望之得失、不与人争名夺利。这表现的是一种谦让、隐忍、无私、抑欲的精神状态和思想境界。当然，这种思想境界、人品表现，是自信之举，是高端行为，实非一般人能够做到。老子这种思想的渊源，仍然是"道"的精神的延伸与表现。"道"—"宇宙"，是绝对"不争"、具有崇高之"不争之德"的。人能持守"不争之德"，就是执"道"、行"道"，是故"不争"，而人莫能与之争。

本章开篇即言"善为士者，不武；善战者，不怒；善胜敌者，不与"，皆言兵事，故有认老子《道德经》为兵书、军事学论著者，此论不确。老子固然有数篇言及军事，但非战争论、军

245

第十章 老子的政治哲学

事论，他只是借兵事而言哲学，借用军事、战争之规律，而比譬哲学规律。不过，老子的这些比譬之论，也确实可用于指导战争。这确实表现了老子哲学的普适性，盖军事之道，可以哲学思维为思想根基、指导思想。因此，以老子为战略家、军事家，以《道德经》为兵书，亦未尝不可。

老子每每以战争之事，而"言他"，比如言知识论、言政治哲学、言人生哲学。这大约有几个原因。一是"战争之事"，在春秋时代，是常态，春秋一世，战争不停，各邦国之间，战争不息，你争我夺、以大并小、诸大（邦国）相拼、各邦内斗，可谓世无宁日，民鲜安居。二是战争中，矛盾集中突出，各种事端层出不穷。如此等等。因此，借战争之理路，以喻平时之事理，能够收事理明朗易于理解之效。

在老子的哲学语言中，"不"字占有很重要的地位，诸多的"不"表现了一种宏阔、博大的胸怀，这是老子哲学上达宏伟宇宙、下及地上人间的辽阔空间，由宇宙而人间，去私、去欲、不争、无为，身轻、意爽、心宽，为王为民，均得以处于豁达开朗之境。此乃老子政治哲学的清静无为而无不为的境界。

注释：

①刘清章：《河上公章句评注》，宗教文化出版社，2020，第353页。
②任继愈：《老子绎读（汉英对照）》，商务印书馆，2009，第372页。

二十四、无狎无厌 不自见 不自贵

（不要威压人民的居处 不自我表现 不自显高贵）

《道德经》第七十二章提出了"无厌""不自见""不自贵"（"不厌恶""不自我表扬""不自显高贵"）。且看老子如何申说，其与政治治理有何关联？又有何功用？

起句就是："民不畏威，则大威至。"

河上公注："【民不畏威，则大威至】威，害也。人不畏小害则大害至。（畏）［大害谓］死亡也。畏之者，当保养精神，承天顺地。"①

王弼注："威不能复制民，民不能堪其威，则上下大溃矣，天诛将至。"②

是以"民不畏威，则大威至"，即"百姓不畏惧统治者的威力压迫，就会有大的动乱要来临了"。为什么会是这样？因为如果民不畏统治者的威压，就会无所畏惧，动乱也就来临。接着，老子就申说不要对民施大压，"大威"施，则"大溃"至。

接着说："无狎其所居，无厌其所生"。

河上公注："【无狎其所居，无厌其所生】谓人心藏神，常当安柔，不当急狭。人所以生者，以有精神，【精神】托空虚。喜清静……。"③

王弼注："无狎其所居，无厌其所生。言威力不可任也。"④

所谓"无狎其所居，无厌其所生"，意思就是不要使民居窄狭挤兑，民不安生。不要压榨人民的生活。也就是说，要让人民居住虚宽安稳、生活无虞稳定。

所以接着指出："夫唯不厌，是以不厌。"

高亨说："上'厌'字即上文'无厌其所生'之厌。下'厌'字乃六十六章'天下乐推而不厌'之厌。言夫唯君不厌迫其民，是以民不厌恶其君也。"⑤

连贯起来，全句之意就是："不要使百姓居处逼仄，不要阻塞百姓的生路。只有不阻塞百姓生路，百姓才会不厌恶（统治者）。"由此推论："是以圣人自知不自见；自爱不自贵。故去彼取此。"（所以圣人只求自身明白而不自我表现；但求自爱而不求自居高贵。所以弃去后者而选取前者。）

这种政治哲学，就是不使百姓生活局促、生路断绝，而统治者又不因此而居功自傲、自显高贵，不是居高临下、自显恩施之态。这才是为百姓造福利，使他们安居乐业；这才是明主圣王。在这里，老子再一次立于百姓立场，向统治者建言献策，使百姓能够各安其生。

他的政治哲学的圭臬，一直是为百姓、劝侯王，不在于使侯王长治久安，王位巩固，而是要让百姓能够过上温饱安稳、敬业乐生的生活。为此，他提出"无厌""不自见""不自贵"，即人民不厌恶、不自我表扬、不自显高贵。也就是予民安居温饱，生活稳定舒心，而统治者又不居功自傲、自我表扬、自显高贵。这就是一种裕民、亲民又低姿态的统治者形象。

本章主旨，从"民"的视角，来观察统治者的所作所为，以及在"民心"中的反应与回馈。

所谓"无狎其所居"，应是一种比喻的说法，并不单指"居所逼仄"，寓意是"不要使百姓过日子（起居生活）像住在逼仄狭小的房子里一样"。

注释：

① 刘清章：《河上公章句评注》，宗教文化出版社，2020，第354页。
② 王弼：《王弼集校释》，楼宇烈校释，中华书局，1980，第179页。
③ 刘清章：《河上公章句评注》，宗教文化出版社，2020，第324页。
④ 王弼：《王弼集校释》，楼宇烈校释，中华书局，1980，第179页。
⑤ 转引自陈鼓应：《老子注译及评介（修订增补本）》，第2版，中华书局，2009，第320页。

二十五、民不畏死 奈何以死惧之

（人民不惧怕死亡 为何用死亡来吓唬）

"民不畏死，奈何以死惧之"，这句成语已经在我国延续几千年、普泛流行，成为反抗反动统治、举行革命斗争者的豪言壮语，鼓舞革命者斗志的激励口号；然一般鲜知其出处。盖源于老子《道德经》第七十四章。此种豪言壮语，孔子未之有也。这合理地应该视为老子养育人民的思想、品性的历史贡献。正如鲁迅所言，孔子是为统治者出主意，而老子则是站在人民的立场上

"思政立言"，故言"民不畏死，奈何以死惧之"；此言透着一股勇气、骨气、刚气以至斗争志气，英勇豪迈、铁骨铮铮、视死如归。

"民不畏死，奈何以死惧之?"（人民不畏惧死亡，为何用死亡来吓唬他们?）这一反问句，确实极具英豪气势。由此，顺理成章地出现接续语："若使民常畏死，而为奇者，吾将得而杀之，孰敢?"（如果让人民真的惧怕死亡，那么对于为非作歹的人，我们就可以把他抓捕杀掉，谁还敢为非作恶?）接着进一步指出："常有司杀者杀。夫代司杀者杀，是谓代大匠斫。"（经常有专司杀人的人去执行杀人的任务。那么，代替专门杀人的人去执行杀人的任务，就好像代替木匠去做木匠活。）而代木匠做木匠活，会有什么结果?"夫代大匠斫者，希有不伤其手矣。"（代木匠做木匠活，很少有不砍伤自己手的。）

针对统治者以屠杀来威吓、镇压人民的反抗，老子提出了"民不畏死"的前提，表现了人民的一股正气、一股骨气、一股英豪气概，然后以杀人没有好结果劝诫统治者。陈鼓应指出："本章为老子对于当时严刑峻法，逼使人民走向死途的情形，提出沉痛的抗议。"①除了这种严峻的抗议之外，老子还依此提出了统治者屠杀政策的无用和恶果。

这对当时的统治者是一种现行政策和统治要领的提示，促使他们戒杀，不要杀伤善良百姓。老子严词警示统治者，百姓连死都不怕，你们那些严刑峻法有什么用？人民对"死"是"不畏"，那么统治者还有什么残酷的手段，能够吓怕人民的刚强志气、斗争勇气？

建言统治者对平民百姓制定戒杀之策，这是老子的一番良苦用心，是他的政治哲学中的重要旨归。

在阐述老子政治哲学的过程中，时时感受到他的"人民立场"。当然，老子那时还没有也不可能有"人民意识"，但他注目王侯、贵族、士族之外的下层阶层，尤其是庶民，其中多数是春秋时代的小自耕农。在铁器产生、使用牛耕田之后，井田之外产生了耕种垦荒私地的小自耕农；在这之后，广泛的庶民社会阶层已经存在。老子注目于他们，是他对于社会阶层的敏感，特别是他的观察和思考的立场，转向这个新兴阶层，是很自然的。

老子此章一句"民不畏死，奈何以死惧之"，突出表现了人民的铮铮铁骨，表现了他们的硬爽豪气，挺立起一个巍巍英雄形象。其语句结构宏阔豪放，有斩钉截铁之气势，具不畏强权之豪迈，即此一句，千古名言，万古豪气，鼓舞了历代多少仁人志士、革命英雄。这股思想的力量、骨气的伟岸、志气的威力，曾经为历代革命者、改革志士、先进人士，注入斗争的勇气、挺进的豪气、坚持的骨气！这是老子对民族性格、人民志气的思想教育与骨气鼓舞，这种思想、精神的贡献，不可小觑，不应忘怀。这是孔子之教所绝不具备的。

老子的这番话，是面对周王朝和各诸侯国的严刑峻法、杀人无数的严峻局面而发出的。这一方面是鼓舞人民的斗志；另一方面是警示统治者，不要迷信严刑峻法与屠杀。"民不畏死"，一句勇气逼人的话语，接着是"奈何以死惧之"的对统治者意涵嘲笑鄙弃的话语，潜在的接句就是"那有什么用处？收起你那一套吧！"

注释：

① 陈鼓应：《老子注译及评介（修订增补本）》，第 2 版，中华书局，2009，第 326 页。

二十六、以柔胜刚 受国之垢 受国不祥 是为天下王

（柔弱胜过刚强 承当全国的屈辱 承担全国的祸难 才配称天下王）

《道德经》第七十八章再次以水的形象为标的、为力量，以之比喻统治者应有的心胸与统治之要则。老子说，"天下莫柔弱于水"（天下没有比水更柔弱的），"而攻坚强者莫之能胜（但是

攻击坚固的对象没有能够胜过它的），为什么呢？因为"以其无以易之"（没有能够代替它的）。由此得出结论："弱之胜强，柔之胜刚，天下莫不知，莫能行。"［弱的能够胜过强的，柔的能够胜过刚的，（这道理）天下无人不知晓，但是却没有能够去执行。］然后，从事物与人间事务的状态，联系到统治者的行为、统治政策，作出结语："是以圣人云：'受国之垢，是谓社稷主；受国不祥，是为天下王。'正言若反。"

河上公注："【受国之垢，是谓社稷主】人君能受国之垢浊者，若江海不逆小流，则能长保社稷，为一国之君主［也］。【受国不祥，是为天下王】君能引过归己，代民［受］不祥［之殃］，则可以王天下。"[①]

今译上文为："所以圣人说：'能承受举国的屈辱，才配称君主；能承当国家的灾祸，才配称国家的君王。'（这是）正话反过来说。"

老子这里所谓"正言若反"，就是说如果"正言之"，即正面说，就是这样的："要为社稷主"，就要能够"受国之垢"；要做"天下王"，就要"受国不祥"。这是老子的语言技巧，正是如此"正话反说"，才把重点话语突出出来了。意思是，你想要这样那样吗？你就要这样做。话一反说，就被强调了。

老子再次例举"水"的形象和力量，来启示君王：你要注目"水"的形象和力量，以及它的作用力。像水那样柔弱，却具有那么大的力量，战胜刚强的事物。柔弱的刚强之身却莫能胜之。但是，人们知道这个道理，能够去实行的却很少。要知道这个道理：能够为国承受屈辱的，才是真正的君主；能够为国承受灾祸的，才配当国家的君王。

老子在此宣称的是以柔克刚、以弱胜强。这是一种高姿态、颇自信、不信邪、不惧邪。这是劝诫统治者，不要以强势显世，不要以刚强显威，但是却能够忍受国之屈辱、能够承受国之灾祸。老子的政治哲学中，柔弱、低调、示下，是常态，是外在；而内里，却是坚强、高姿态、高求索。这也是一种统治的辩证法。

老子在此再次以"水"的形象为标的、为力量的象征，启迪人们认识、懂得"柔弱胜刚强"的义理。这里体现了一种高度的自信与外弱内强的态势和结果。刘笑敢评析"雌柔"与"刚强"的辩证关系说："老子的雌柔原则绝不是软弱、退让，而是高度的自信、自强，高度的智慧，加上博大的人道精神的象征。"②此论甚为恰当、深刻。正是由于自信，具有内在力量，才能以柔弱示人，甚至以退为守，忍受屈辱、承受灾祸，而内心却刚强无畏，可守可攻，坚强在心，胜利在握。中国武侠小说中的武林高手，往往是这种表现。先是退让、受打击，但是，退让几步，一旦回手，立即击倒对手。这似可视为中华性格中一种因子。这种以弱示人而终胜强敌的事例，往往出现在中国文艺作品、历史演义之中。

黄朴民、林光华指出："'正言若反'。这是整个《老子》的言说方式，也可以说是老子呈现自己独特思想的语言策略，体现老子特殊的思维方式，简言之，即以反彰正、以正言反、正反互相发明来阐发道理的方法。""老子与常人不同，总是从人们注意不到的方面和角度去看问题、想问题，故能看到'反面'所蕴含的价值，看到正面所隐含的危机。这一思路可以说贯穿于《老子》全文。"③这些分析恰当，符合老子的实际。老子之所以多用这种"正言反说"的叙述策略，为的是借此强调他所要陈述、论证的道理。这种叙事的语言策略，向来不为逻辑论述的哲学著述所取用。老子每每使用，决定于他的哲学是诗性哲学，是"思"与"诗"的结合。

注释：

① 刘清章：《河上公章句评注》，宗教文化出版社，2020，第357页。
② 刘笑敢：《老子古今》，中国社会科学出版社，2006，第748页。
③ 黄朴民、林光华：《老子解读》，中国人民大学出版社，2011，第335页。

二十七、小国寡民 甘其食 美其服 安其居 乐其俗

(国小民少 有甜美饮食 有美好衣饰 有安适居屋 有喜闻乐见习俗)

《道德经》第八十章首先提出了政治哲学的结语："小国寡民。"这是《道德经》的结语，也是老子提出的他对于理想国的设想。

这是老子《道德经》引起误解最多的一章。这是最被诟病，也常常遭受批判的老子的哲学思想。这里确实存在可以理解的误读误解：在语言方面的误读误解，尤其是在政治理想方面的误解。但是，老子的"乌托邦"，其意究竟何在？其境应作何解？其思想真意应该如何解析与诠释？

误解，发生于对老子之言仅识其外表，而不究其根底。兹权且析释之。

先览读一下历来对此的解读中的重要篇章。

在现代，最早对此作出解读的是胡适。他在其所著《中国哲学简史》中，作了这样的解读："老子所处的时势，正是'化而欲作'之时。故他要用无名之朴来镇压。所以他理想中的至治之国，是一种……（引者注：下引《道德经》第八十章，略）这是'无名'一个观念的实际应用。这种学说，要想把一切交通的利器、守卫的甲兵、代人工的机械、行远传久的文字等制度文物，全行毁除。要使人类依旧回到那无知无欲老死不相往来的乌托邦。"[①]

胡适用他一贯的温文儒雅的态度与平和雅正的文笔，撰写了对老子"小国寡民"乌托邦的批评。他注目于老子所说的那些主要的项目，但却未涉及老子所说的人民生活－生存方面的状况；而这方面的内涵，却是老子乌托邦的主要蕴涵。这一点，且容后补叙。

首先，老子此处所说的"国"，根本不是现代意义上的国家

概念，更不是恩格斯在《家庭、私有制和国家的起源》中所说的准确的、标准的政治学意义上的国家的理论概念，而是春秋时代周王朝所分封的邦国。现代"国家"（Country/State）的概念，到16世纪末，才在欧洲形成。两千年前，老子之言"小国"之国，与现代"国家"之概念，风马牛不相及。其实"小国寡民"在老子那里也可以说成"小邦寡民"，如果起初老子如此说，就不会产生后世如此大的误解了。可以说，老子所说"小国寡民"，其意就是"小邦寡民"，其真意是周王朝封邦时，不要封划区域太大。另外，老子之意可能还与春秋时代诸侯国都争先并吞，从小邦到大国有关，楚国就是如此一步步通过战争吞并诸多小邦国而发展壮大起来的。这过程充满了血腥斗争、杀伐征战，民不聊生。老子的"小国（即小的封国）寡民"的想望，源出于此，即为了避免以大并小的吞并战争，以及追求大国的愿望，老子期望分封小邦国，而不要分封大国。小国自然"寡民"（国民人数少）。他希望人民生存的社会环境和生活状态，应该是"甘其食，美其服，安其居，乐其俗"。自然，既然是小国寡民，而又避免吞并之灾，就"有什伯人之器而不用"，"虽有舟舆，无所乘之；虽有甲兵，无所陈之"（虽然有船只车辆却不需要去乘坐；虽然有武器兵员，却没有机会使用）。理解和诠释这段描述，似应纳入老子经常设置的语境中，即比譬、隐喻、假设、设想等手法和意境，并不那么写实、求真、准确，而是比拟、设想、陈述，总之是一种浪漫主义的氛围和语境，而不是现实主义的、写实主义的陈述。这里所说的有什么什么、不什么什么，都是比譬、借喻之言，不可十分求实顶真。但总其意是十分明确的，就是让百姓安生乐业、温饱平安，压制去、赋税轻、战乱无。至于所谓"结绳而用""邻国相望，鸡犬之声相闻，民至老死，不相往来"，都是一种向往和冥想的陈述，是乌托邦，而非现实主义的住宅设计、生活安排。老子所述，理想也，"美好狂想曲"也，即使是乌托邦，也只不过是陈理想于玄想、表希望于诗话，写意抒怀，理想模拟，哲思驰骋，其理想尚可赞，其设计仅参阅。哲人思绪、诗人情怀，其意境美思可赞可取，其政治设计却难乎其务实。

老子是从宏观视野，以哲学家眼光，来设想未来邦国（非现代意义、现代政治学意义上的"国家"）的情景，而不是以政治家（更不是现代政治家、理论家）的立场、眼光，来作的社会-国家-制度的设计。总其意旨，老子的出发点是人民，其归宿也是人民。他说得很明白简略，就是："甘其食，美其服，安其居，乐其俗。"如此而已，岂有他哉。他总归的意旨就是前面所说："百姓皆谓：'我自然'。"意思就是让人们能够自生、自存，按自己的意愿、生存需要、生命节律，按个人和家庭之所需，安居乐业，温饱且安稳。此外无他求。这就是他那个时代、他所处的历史条件下，所能构建的"乌托邦"；这是封建时代、农业社会、自耕农刚刚出现的时候的生产力条件和生产关系下，所能产生的"乌托邦"。要说是"精神境界"，那就是为民请命，为人们过上温饱、安生的生活，"自然生存""自然存在"而设想。

老子此处，对于"小国寡民"的描述，其乌托邦理想，表现的是为民着想的生活理想、存在寄望，而不是正式的政治设计、国家体制规划。需知老子是首批哲思的哲学家，而非政治家。他的最早的生活理想，成为后世陶渊明"桃花源"理想的源头、创想的原创；此理想一直延伸，成为鼓舞人民追求、设想美好生活的引导和轮廓的描摹。

后人只应窥其轮廓大意，而不可追其究竟。

老子的政治哲学至此告一段落，以上选句归纳，以其意涉及统治者之治理国政者，近于政治治理之意，乃纳入政治哲学系列而解读诠释之。然老子之著，恢宏深邃，一语多义，象征、比譬、意潜于语言深处，往往一篇一句一段，可作多种解读，可为多种释义，故分类节选某篇作某种解读，只具有一定范围的准确性，而舍弃、暂避其他性质的解读与诠释。这是解读老子真意的难处，但也是老子文本的高处与胜出处。总括老子政治哲学的总意旨，就是一句话：对统治者说"以百姓心为心"，能达此，则足矣。老子政治哲学的立足点与归宿，就是人民能够安居乐业，过上温饱、安适、平安的生活。老子之著，确实作到"以百姓心为心"。这是老子与孔子的最大区别。

以上，对老子的"道"说、老子之论"道"、老子的道学，截取其各段相关内涵的论述与描摹，作了系统的排列并附以一定的解说与一些诠释。截章取义，或为宇宙论，或属政治哲学，探索寻觅，试加诠释，未必有当，贻误难免。尤其老子之著、其言其意，每每大器恢宏，所指意蕴含藏，意指多义深潜，每有所言，一语多义，每篇广涉，视之为宇宙论可，视之为政治哲学亦可，或揭示其中含人生哲理，亦可言之成理。故本著权且冒断章取义之嫌，作分论的解析诠释，别无他意，只为解析诠释老子文本，奉献读书界，并谨此求教于方家。下章解读诠释老子的人生−生命哲学，亦秉此意为之。敬希谅察！

注释：

①胡适：《中国哲学简史》，台海出版社，2017，第48页。

走向老子哲学世界

第十一章　老子的人生-生命哲学

老子的人生哲学，不是就人生论人生、就人的存在论人的存在；甚至也不只是在人的生存范围内，来论人的存在与人生。这是老子的深刻处，也是高明处。他的立足点高超浩渺、宏博深邃，其最基本点就是把人的生存、把人生，纳入宇宙系统来观察、审视与论述。即人要"慕道而行"，活着即需"慕道""行道""执道"。其中深潜着"天人合一""顺天应命"的思想内蕴。

何谓人生与生命哲学?

人生哲学是哲学著作必有的内涵。哲学的含义本来就是提出和解释、解决人的生活和生存的意义、价值以及人该如何生存等根本性问题的。

人生哲学回答这样一些与人有关的、带根本性的问题，如：人应该怎样活着、人活着是为了什么、人应该把自身安排成何种性质和模样、人应该如何与人相处、人与社会是何种关系并且如何维持最佳状态，如此等等。

张岱年对中国哲学的人生论与老子的人生论，作出过重要的论述。他指出："人生理想论，实是中国哲学之核心部分。中国哲学在此方面的贡献，亦较大。中国哲人，关于人生之最高准则，实可谓有比较丰富渊闳、博大精深的理论。"这一论述，完全符合老子的人生哲学。张岱年首先指出中国哲学人生论的特色与优长："人生论是中国哲学之中心部分，其发生也较早。""中国思想家多认为人生的准则即是宇宙之本根，宇宙之本根便是道德的标准；关于宇宙的根本原理，也即是关于人生的根本原理。所以常常一句话，既讲宇宙，亦谈人生。所以其宇宙论与人生论，实分而不分。虽然不分，却亦无妨于分。今为求清楚明晰，实必须分别叙述，然亦有其一贯性。"①

这段对于中国哲学特点之论述特别符合老子哲学。

他接着指出："中国哲学中的人生论，较宇宙论为详，可析为四个部分：天人关系论、人性论、人生理想论及人生问题论。对于人性论之注重，是中国哲学特点之一。关于天人关系或人在宇宙中之地位，中国哲学家论之较简，然有一特殊观点，即'天人合一'，乃中国人生思想的一个根本观点。中国人生论之立论步骤常是：由宇宙论而讲天人关系，进及于性论，再由性论而讲人生之最高准则；人生最高准则确立后，便推衍其原理以讨论人生各问题。"②

这些论述，中肯深刻，准确地指出了中国哲学的特点与优点，其所指所论，均适用于解读与诠释老子，尤其对本章所论之老子的人生哲学，其所论正切中要害。特别值得注意的是，中国哲学中尤其是老子哲学，这些特色更为突出、更为鲜明，而且，表述、论证极富鲜明的个性，又是诗意充溢的，可读性强、富有思想与文化的吸引力；但是，与此同时也存在歧义性、想象性、推测性、转义性。这是读老、解老的难处，也是令人深思，引人进逼内蕴、欣赏备至的鲜明特色。张岱年先生说得很好、很贴切，老子之所论，虽然宇宙论、人生论不分，但是却又以"无妨于分"。本书就是本着老子哲学的宇宙论、人生论"混沦合一"而又"无妨于分"这种论证方式，来作解读与诠释。本书从选择的各章中，在宇宙论、人生论混合不分中，剔掘出人生论的意蕴，而解读、申说之。

在此，我想申说一点理解：老子之所以宇宙论、人生论混合不分，并非无因，那是因为老子之"道"是把宇宙与人生联系在一起的，是"天人合一"，天象示人事、天象影响人事，而人则自觉不自觉地按宇宙之"无为之为"而为。老子正是从春秋时代的现实生活、社会现状出发，而研讨宇宙，而论"道"，是从地下到天上、从人间到宇宙，又从宇宙到人间。所以"宇宙"与"人生"是血肉相连、形神沟通的。

那么，老子是如何在有关章节中，回答、论证人生–生命哲学的有关问题的呢？

本书按《道德经》的顺序，选取有关章节，逐一解析、探讨这些问题。

老子在《道德经》第一章中，对"道"作了独到而规范的揭示与规定；到第二章，他开始陈述和论证道的性质、可见和不可见的形态与表现。他这种论述，同样可以视作对人的存在的规定，或者更准确地说，人们可以把这些对道的论述，应用到人自身，理解和应用到人自身生存的境地来理解，并作自我安排与自我规定。这正是张岱年所说的，中国哲学的宇宙论、人生论"实分而不分"。

本章就从"实分而不分"中，按《道德经》各章的顺序，逐章揭示其中有关人生哲学的论述。所有选择的各章，其人生论–生命哲学的内涵，具有连贯性、接续性和渐进性。这正适合按章次的秩序来介绍和诠释。

现在，先看老子在《道德经》第二章中是如何论述的。

注释：

① 张岱年：《中国哲学大纲》，商务印书馆，2015，第275页。
② 同上书，第275–276页。

一、生而不有 为而不恃 功成弗居

（生养万物不据为已有 作育万物不自恃己能 功业成就不自夸）

老子在《道德经》第二章中，主要是论"道"和论圣人之"无为之为"，但这个大道理，也可应用于"人该如何生存，人的生存之道是什么"这样一个论题，所以把它列为人生与生命哲学的范畴中，来研习、解读和诠释。从这一范畴来理解和诠释，本章的论述，就具有另一番内涵和意蕴，值得记取，用于人们的生存之道。

老子的论旨，宏阔、博大、深邃，其所论，也具有一种深沉、回环、博雅的气势。他首先说："天下皆知美之为美，斯恶已；皆知善之为善，斯不善已。"这里充溢着辩证的思维：当人们知道美为什么是美的时候，丑的观念也就同时产生了，为什么会是这样呢？因为人们一旦有了美的观念，知道什么形象是美的，那么，跟美相对的事物的形象就对称性地产生了。比如，青山绿水是美的；那么，秃山浊水，相比就是丑的了。又如形容美人之美，说"樱桃小口"，那么，与之相反，污称的所谓"血盆大口"就是丑了。善也是这样，有人表现出善行善事，是如何如何作为，那么，与之相对的行为表现，就是恶的形象了。老子开篇就说出"美"与"丑"、"善"与"恶"的辩证现象，是以此平常素日的道理，来申说下面种种事物的辩证现象。

老子列举了一系列对称的辩证关系："有无相生，难易相成，长短相形，高下相盈，音声相和，前后相随。"

河上公注说：【有无相生】见有而为无也。【难易相成】见难而为易也。【长短（之）相形】见短（之相形）[而为长] 也。【高下（之）相倾（盈）】见高而为下也。【音声（之）相和】上唱下必和也。【前后（之）相随】上行下必随 [也]。"①

王弼注："美者，人心之所进乐也，恶者，人心之所恶疾也。美恶犹喜怒也，善不善犹是非也。喜怒同根，是非同门，故不可得而偏举也。此六者，皆陈自然，不可偏举之（明）[名] 数也。""是以圣人处无为之事，自然已足，为则败也。""为而不恃，智慧自备，为则伪也。""功成而弗居。因物而用，功自彼成，故不居也。""夫唯不居，是以不去。使功在己，则功不可久也。"②

老子列举这样一系列的辩证现象，以说明事物总是这样辩证地发展和演变的。"有"之后必有"无"。"难"和"易"互相成就，有"难"的事物，相比之下就显出"易"的事物，所以是互相成就的。"长"和"短"的情况，也是如此，与"长"相比，"短"就显现出来了。"高"与"下"的情况也是如此，两者相比之下，就显出"高"与"下"了。乐音与声响，是相和，没有乐音，声响就是声音响动，有了乐音，声响就配合了；同样，没有乐音，声响就只是一般的响动而已。所以"音"与"声"是互相和合而存在的。前后相随更是明显了，有在"前"的，才显出居"后"的，同样，有在后面的，才显现出在前面的，所以两者是互相跟随的。

老子在此，先讲了一番事物的辩证关系：有无、难易、长短、高下、音声、前后，它们之间分别具有"相生""相成""相形""相盈""相和""相随"的关系。认识事物之间的这种互生互变的关系，用来认识和体会生存之道，是有益的，是人生一种具有重大意义的觉醒。因为以此推论，那么，在穷富、进退、获得与失去、上升与下降、成功与失败等人生的起跌浮沉方面，就可以体会到它们的辩证关系和互变的进程与结果，从而看得清、想得开，沉得住气、静得下心，心胸开朗，思想豁达，不以一时一地之成败得失而揪心伤肺，能够立高、看远、思慎，不以物喜不以物悲，不以一时一地之得失成败而决百年人生之进退。那就是一个豁达之人，开朗之人，心胸开阔、目光远大、心意温蕴的人。进而提升发展，还能做到"是以圣人处无为之事，行不言之教，万物作而不为始"（所以圣人以无为的精神来处理世事，实行不言声的教导，万物兴起而不造作事端），以至于："生而不有，为而不恃，功成而弗居。夫唯弗居，是以不去。"（生养了万物却不据为己有，培育万物而不自恃出了力，功成了而不居功自傲。正因为不居功自傲，所以功绩不会泯灭。）"道"具有无比伟大的力量和功勋，尚且"不有""弗居"，何况个人？芸芸众生中渺小一人，或者略有所成，甚至功勋卓著，又有何可以居功自傲的资本呢？

老子说："有无相生，难易相成，长短相形，高下相盈，音声相和，前后相随。"这种解释自然现象的理路，沿用于人生存在，就是要理解"有"和"无"、"难"和"易"、"长"和"短"、"高"和"下"、"音"和"声"、"前"和"后"，是

"相生""相成""相形""相盈""相和""相随"的，人生世事，就是如此。为人在世，能够理解、参透这一人生、生活的辩证规律，就会心胸豁达、思想开朗、性格温蕴，获福不显、遭祸不颓，成不骄、败不馁，获不满、损不灰。这就是一种高品位、高境界的人生和生活状态。在人生哲学的范畴内，这是生而为人，功成而不居，贡献而不恃，为人不为己。杜甫有句"乾坤万里眼，时序百年心"，足可概括老子在本章中所阐述论证的圣人之心，养生之道。

陈鼓应对本章有详尽而又有深度的解读和诠释，兹引录如下："在一个社会生活上，老子要人发挥创造的动力，而不可伸展占有的冲动，'生而不有，为而不恃，功成而弗居'，正是这个意思。'生'、'为'、'功成'，正是要人去工作，去创建，去发挥主观的能动性，去贡献自己的力量，去成就大众的事业。'生'和'为'即是顺着自然的状况去发挥人类的努力。然而人类的努力所得来的成果，却不必擅据为己有。'不有''不恃''弗居'，即是要消解一己的占有冲动。人类社会争端的根源，就在于人人扩张一己的占有欲，因而老子极力阐扬'有而不居'的精神。"③

以上解析和发挥，不仅把老子的论述，作了认真、深入的诠释，而且，联系实际作了现代意义的发挥。这能够帮助我们理解和接受老子的人生哲学。

老子在本章把人生格局和养生基准，纳入宇宙万物生生不息、辩证发展的宏大构造之中，把个人养生与宇宙万物的发展规律相连，隐含着"天人合一"的思想背景，这样，人的个体思想、道德修养，就"对应着"天道、顺应着天道而行，其行为就不仅是一般的个体孤立地修养、锻炼，而是与天道相应的一种高端修为了。

老子人生哲学开篇，便以高屋建瓴之势，立高视远、恢宏豁达，阐述人生的生存立意，应该如何以人生之"创"，为他人、为社会、为人间，有所建树、有所奉献，而且要"生而不有，为而不恃，功成而弗居"，这就是创造的一生、奉献的一生、为公众的一生；其意义不在己，而在他人，在社会，在世界。老子这番对人生意义的阐述，是其人生哲学的开篇要旨，站得高、看得远、想得深、说得透，居此人生境界，其人生一世，既不妄为，又有奉献，存在意义深而久远。老子这段人生论，把个体人生的意义、价值，纳入宇宙、人世、社会的宏大、宽广、高远的界域来考察和论证，立高、远眺、思眇、境深，是一种高境界的人生思考，引人把一己之身，进入宇宙、社会、人世的大境域中来思考、安置和生存，这是一种高标准、高要求、高境界的人生追求与人生意境。它值得后世的人们认真领会和切实实践。

不过，回顾千年历史长河，万年历历众生，国人无论统治者、公卿、士人，更不要说涉及普世人众，对老子之言，存在一种状态：或误解而抵触，或以"无为"（什么也不干）误解之，或东风吹马耳，一泻而过，此种情况，所在多有，实令人慨叹、引人思索；而深体老子遗训，殆有所领悟，在人生途中，清顺畅达，无所耿耿。

虽如此，但老子所教，我们仍然需要深体之、领悟之、实践之，使老子所陈述和论证的人的存在及其意义，得以发挥诲人之大效用。人入世，乃存在，领遗教，乃成长。

西方世界有论者提出："《老子》是当代'绿色圣经'。"意为老子之宇宙论，老子之一切顺"自然而然"等，是环保运动的动力和思想源泉；那么，在此处，我们还可以引申说，《老子》是人类的"人生圣经"或曰"人生绿色圣经"，又或称"人的'存在圣经'"。

263

注释：

①刘清章：《河上公章句评注》，宗教文化出版社，2020，第 323 页。

②王弼：《王弼集校释》，楼宇烈校释，中华书局，1980，第 6-7 页。

③陈鼓应：《老子注译及评介（修订增补本）》，第 2 版，中华书局，2009，第 65-66 页。

二、后其身 外其身 不生而长生

（不把私欲放在前头 不优先考虑自身利害 不抱私心反而成就自己）

在《道德经》第七章中，老子进一步论证了在总体上，人应该如何去实现在前面所说的"活法"，即实现"存在的意义和价值"。他首先以"天长地久"启篇，然后接着申述："天地所以能长且久者，以其不自生，故能长生。是以圣人后其身而身先；外其身而身存。非以其无私邪？故能成其私。"河上公对此段文字，在他的评注中，纳入《韬光》一节，有逐句的解析演绎。

河上公注："【天长地久】说天地长生久寿，以教喻人也。【天地所以能长且久者，以其不自生】天地所以独能长且久者，以其安静自然，施不求报，不如世人居处汲汲求自饶之利，夺人以自与矣。【故能长生】以其不求生，故能长生不终也。【是以圣人后其身】先人而后己。【而身先】天下敬之，先以为长。【外其身】薄己而厚人。【而身存】百姓爱之如父母，敬之如神明，佑之若赤子，故身常存也。【〔非〕以其无私】圣人为人所爱，神明所佑，非以其公正无私所致乎？【故能成其私】人以私者，欲以厚己也。圣人无私而己自厚，故能成其私也。"①

这段译注，把老子本章的文意，基本简要地解析译注清楚了。在基本弄清老子文本意义的基础上，我们可以认真领会老子的"原意"，并作一些陈述，以揭示其"意义"。

老子从自然现象与社会现象的规律及其辩证的体现，而进入人的存在、人的生命过程，提出了深刻的人生哲理。人若秉此哲理精神、原则去实行，就可以生而长久，并利己、利他、利社会。

"天长地久"已经成为中华民族通用格言、谚语，乃美好的祝福语，也是中华民族对宇宙久长不息的认知，并以此应对人生的存在与生命的认知；人生不满百，就人类的寿命来说，人之一生，能达到百岁或年近百岁，也就是长而久了。这句格言，对中华性格与文化心理结构影响是很广泛、很长久、很深刻的。老子如此启篇之意，在于由天地之长久，引而论及人生之长久，即人的"存在"的长久。接着便解释何以天能够长、地能够久，曰："天地所以能长且久者，以其不自生，故能长生。"（天地之所以能够长久，是因为它的存在不是为了自己，所以能够长久。）以此为据，进入人的存在："是以圣人后其身而身先；外其身而身存。非以其无私邪？故能成其私。"（所以有道的人，把自己放在后面反而能够占先；把自己置身于外，反而能够保全。不正是因为他无私心吗？所以倒能够成全自己。）人如果能够学习圣人，"不自生""后其身""外其身"，就能够长生。

这是一个"反而正"的修身养性的诤言，无私是其要旨。"无私"成为老子存在哲学的主旨之一。人生存于人世，只是一个个体的存在、独自的存在；但得道之人，即具有高度觉悟的人，却不是只顾自己的存在，独行独活、诸事为己，而是相反，凡事居后、利益面前"置身事外"；正因为无私，所以倒成就了自己。前面所论，是"不有""不恃""弗居"；此处再进一步，则是"身退""度外""不自私"。前者仅"静态"的"不"，而现在则是进而"动态"地身退、度外、放弃自身利益追求。这是更高一层的人生境界。

人是社会动物，马克思定义为"社会—个人"，人是在社会中存在，受社会的控制，得益于社会，又施影响于社会，并为社会服务的。老子还没有现代社会意识，但他已经认识和注意到人与他人的关系，实际意义已经达到"人与社会"的这种认识和社会意识的境界，不过还不是那么明确、那么自觉；但在他那个时代，在几千年前，他达到这样的认识程度，已达很高境界了。这表现了他的先觉性。而更重要的是，他的这些"千年遗训"至今保持着鲜活的教育意义。在当代社会，"利益"成为社会生活中不可忽视的人生内涵、生活追求，不能舍弃的生活要旨；但它有一个限度、一个戒规，那就是"得之有道"，即合乎法规、合乎原则、合乎大局，而且来之有理、得之合法，按劳取酬。而在人生修为上，更要"后其身""外其身"。

芸芸众生，若均能实施老子遗教，则个人平安、于人有益、社会和谐稳定。

注释：

①刘清章：《河上公章句评注》，宗教文化出版社，2020，第 325 页。

三、上善若水 不争无尤

(上善的人像水一样 因为不争所以没有怨尤)

在《道德经》第八章中，老子对人生哲学，提出了更高的要求，指出了更高的标准。他提出一个简洁而又深刻的形象："水"。并指出："上善若水"。深哉此言，善哉此言，形象而亲切，易理解而可知应该如何做。

河上公在《河上公章句·易姓第八》中，作了句解，引录如下："【上善若水】上善之人，如水之性。【水善利万物】水在天为雾露，在地为泉［源也］。【而不争，处众人之所恶】众人恶卑湿垢浊，水独静流居之矣。【故几于道】水性几于道同。【居善地】水性善喜于地，在草木之上即流而下，有似于牝动而下人也。【心善渊】水（深）［心］空虚，渊深清明。【与善人（仁）】万物得水以生，与虚不与盈也。【言善信】水内影照形，不失其情。【政善治】无有不洗清且平也。【事善能】能方能圆，曲直随形。【动善时】夏散冬凝，应期而动，不失天时也。【夫唯不争】壅之则止，决之则流，听从人也。【故无尤】水性如是，故天下无有怨尤水者也"。①

河上公的解析，虽然简略，但是大意明确，符合老子文本的原意，有助于我们理解老子的论述。

"处众人之所恶"，王弼注："人恶卑也。"

"故几于道"，王弼注："道无水有，故曰'几'也。"

"居善地，心善渊，与善仁，言善信，政善治，事善能，动善时。夫唯不争，故无尤。"王弼注："言（人）〔水〕皆应于（治）〔此〕道也。"②

老子在本章所提出的高尚标准，是人的存在的超高境界。他指出水的特性特征，即"上善"，就是"乃善之极致也"的意思。其表现就是"利万物而不争"。老子以浅白的、与现代语言类同的语言，表述了一个超高之善的"水"。这是一个多么超高的境界啊：利万物，但不争。利于万物，但不争功、不取报酬；而且能够"处众人之所恶"（它能身处众人厌恶的低洼地方），所以，"故几于道"（所以最接近道）。它的具体的高尚表现，就是："居善地，心善渊，与善仁，言善信，政善治，事善能，动善时。"（处身于能施善的地方，心地保持沉静，待人慈善仁爱，说话严守信用，为政善于处理事务，处事善于尽力而为，活动善于掌握时机。）言至此，更深一层指出，所有上述诸多行为、行动、为人处世，都是超高目标：尽心尽力为他人、为人世，却并不争什么、图什么；所以"夫唯不争，故无尤"（就因为不图争利，所以没有怨尤）。

老子于此，几可谓言简意深，而又细微周全。人生修养，可谓致矣深焉。

这是一种多么高尚、纯正、利他的人生境界！老子以"水"为标的，引导人们按照"水"的品性去为人处世，这既是为人的宗旨与品性，又是人存在的意义和价值。

老子在这里提出了一个"水"的"利万物而不争"的人格标准，和道德形相。这是高标准的人格塑造和目标。为人处世，能如斯，善矣至美。老子在这里实际上树立了一个"水"的形象来启迪人们去领略人格修养、人生追求的目标。这是一个崇高而优美的目标，水在自然界是构成青山秀水美丽景色的，是山之外的另一半，大自然依凭水与山相配，而构成青山秀水的迷人景色。水更是生命之源，又是人类以及自然界一切生物的养护之源与资。

陈荣捷说："水、牝与婴儿，是老子用以象征道之最著名者，此种象征基本上是伦理的，而非形上学的。颇堪玩味的是，初期的印度人将水和创造联结在一起；希腊人则视之为自然的现象；

古代中国的哲学家，不管老子或孔子，则宁可从中寻得道德的训示。笼统说来，这些不同的进路，分别形成了印度、西方与东亚不同的文化特色。"③

这里显示的是老子哲学思维的特色，它不同于印度和西方的哲学，以对水的认识、体察和揭示其意义来说，印度与西方哲学都只是从物质的意义上，来认识和诠释水的意义和价值；而老子，却纳入伦理的、人生意义的范畴来认识与评价其意义和价值，并由此进入对"水"的崇高评价与意义揭示："水利万物而不争"，而且愿意"处众人之所恶"。老子从"水"的自然性质和形态及其作用和价值，提升到人文境界来述说和评价，这是借自然物之特性，论人世、人生之大局。这很鲜明地体现了中国哲学、老子哲学的人文性。

老子提出"水善利万物而不争"之后，接续揭示了水如何"利万物"。他说："居善地，心善渊，与善仁，言善信，政善治，事善能，动善时。"这里一连串提出了七个"善"，包括选择地方、保持沉静、待人真诚仁爱、言谈遵守信用、为政处事精细、处事发挥长处、行动掌握时机。这样，做人处事，真正达到尽善尽美的程度了。这是人格品行修养的高层次、高境界。最后总结为："夫唯不争，故无尤。"（正因为拥有不争的美德，所以没有怨尤。）这可归结为"七善一无"；如此的修养、为人，可谓达于至善了。

这里显示了中国哲学以及文化的很大特色，就是常常引自然现象与人生、人世祸福成败相连，"天意"显示或影响人生与人世。潜存着"天人合一"的思维底细，以自然象征于、及于人世、人生。老子此处正是引用水的种种特性特征，来启发人们认识、体会人生的表现与境界。孙以楷说："人应当效法水：自居于社会下层地位，乐意去别人不愿去的地方，担当别人不愿做的苦差，像水一样包容一切、承当一切，像水一样心胸阔大，像水一样柔而能克刚。水流正道则无灾，为官清正无私欲、无妄为，则民无害，社会安宁，国家康泰。行动要像水一样随地形而流，与时俱进，当静则静，当动则动。总之，牢记大道，眼观大目标，不作世俗的名利之争，则行无过事毕成。"④这段解读诠释，延伸解说了老子文本的意义蕴含。老子标举水的品性、能量与作用力，以为"为人处世"、修炼人格的"标本"，形象而具体。日常所见而又未必深思其所象征的思想意义，经老子提出、论证，提高了人们对水的认知。老子的"上善若水"哲学命题和范畴一经提出，水在人们心中的价值和意义，就远超出它在日常生活中所具有的意义和价值。孔子也有"逝者如斯夫不舍昼夜"的慨叹，中华民族对水有着深沉的感情和蕴藏其形而上哲思的深度。这似乎是异于竟至优于其他民族的吧。

老子提出"水"的性格特征是柔顺、随处而安，这与他重"柔"、重"牝"以至"婴儿"的一贯哲思与"形象构建"完全一致并彼此相通；它们一起构成了"老子哲学形象系列"，意境深邃，形象突出，已经为国人所普遍接受，而深入人心。

老子提出"水"的道德境界，与他出身楚国有关。楚国地处中国南方，水域泽国，河湖港汉、水塘溪流，遍布域中，水的作用，水的处低而接纳天水地流（微风细雨、瓢泼大雨、风暴雷电，等等），居高则流注林田，散出各处，则服务于人们生产、生活的各个方面，确为"利万物"，但其何争？无！真正是"利万物而不争"。这就是老子哲学的渊源。

"上善若水"，一语成"经（典）"，流布全国、遗教历史，培育了中华文化-心理的构造，养育了中华性格的良知良能。其思想文化的伟力，从古至今流泽不尽。处于现社会、新世纪，人们仍常常以"上善若水"这一老子的遗教，育人自教。不少人士、机构的书房、办公室悬挂书写老子这一哲学名言的条幅，以示心迹和处世旨归。这是老子人生哲学的精华，在今日熠熠生辉。这一点，突出地显示了老子哲学的现代意义与现实价值。

《道德经》第九章接续"上善若水"而发挥，提出了具体的要求和表现。

注释：

①刘清章：《河上公章句评注》，宗教文化出版社，2020，第 325 页。

②王弼：《王弼集校释》，楼宇烈校释，中华书局，1980，第 20 页。

③转引自陈鼓应：《老子注译及评介（修订增补本）》，第 2 版，中华书局，2009，第 86 页。

④孙以楷：《老子解读》，黄山书社，2007，第 17 页。

四、适时而止 功遂身退

（适当时机而停止 功业完成隐身而退）

前章提出"上善若水"的普施普惠的广泛服务与奉献，接下来的《道德经》第九章则接续前章所论，提出：奉献、付出之后，又应该如何呢？应该采取什么态度呢？这是道德、人格修养的进一步要求。

对此，老子首先提出一个原则和规律："持而盈之，不如其已；揣而锐之，不可长保。金玉满堂，莫之能守；富贵而骄，自遗其咎。功遂身退，天之道也。"

上述这段文字，河上公在《河上公章句·运夷第九》中注为："【持而盈之，不如其已】盈，满也。已，止也。持满必倾，不如止也。"【揣而锐之，不可长保】揣，治也。先揣之，后必弃捐。【金玉满堂，莫之能守】（耆）[嗜] 欲伤神，财多累身。【富贵而骄，自遗其咎】夫富当赈贫，贵当矜贱，而反自骄恣，必被祸害。【功成、名遂、身退，天之道】言人所为，功成事立，名迹称遂，不退身避位，则遇于害，此乃天之常道也。譬（如）日中则移，月满则亏，物盛则衰，乐极则哀。"①

王弼注："持而盈之，不如其已。持，谓不失德也。既不失其德，又盈之，势必倾危。故不如其已者，谓乃更不如无德无功者也。""揣而锐之，不可长保。既揣末令尖，又锐之令利，势必摧钰，故不可长保也。"

这段文字，参照河上公、王弼注释，译成白话文，就是：先是"执持追求盈满，不如适可而止；利器磨砺得锐利，却难于维持长久。"进而推论："黄金美玉堆满房屋，却不能守住藏牢；既富有又显贵，不过是自讨祸患。"

这里陈述一种事物发展的规律：执持盈满，不如适可而止。老子多次提出"适可而止""知止不殆"的论述，此处加以申说：追求盈满，不如适可而止。这一论旨，作为人生修为、存在哲学，十分重要。坚持、执守"盈满"，不如适时停止。接着说，金玉满堂盈屋，保持不了长久；富贵骄奢，那是自取祸患。这两句话，总结了人生过程中的消极现象，是来自生活实际的。最终作出归纳和结语，曰："功遂身退，天之道也。"（功业成就全身而退，这是合于天道的道理。）

这番道理，是接续上面所提"上善若水"而提出的，意思是，既能如水一般利万物而不争，那么，接续的则应该是："适时而止，功遂身退。"这是天道，也是人生处世的大道理。

利世而不争，功成而身退，此人生哲学之高格与深层。"功成身退"这一"老子之言"已经同"上善若水"一样，成为中国人人生修养、品德遵循的通行格言警句，为中国人所普遍接受，成为品德修养、人生哲学的重要旨归。这是老子的哲学思想深入中华性格的又一例证。

在人生修为上，求"功成"者所在多有，但能够做到"功成身退"者，纵非凤毛麟角，也是为数不算太多；而因功成不退或更居功自傲，而遭致贬责定罪者，历史上则屡见不鲜。在少有的正面而突出的显例方面，就是越国范蠡了。吴越相争时，范蠡辅佐勾践复越灭吴，功成身退，谢绝封侯拜相，去而经商。"功成身退"这一成语，深入人心，时被称颂，也引以为戒。这是老子政治哲学与人生哲学影响国人、进入中华性格，显辉历史的又一例。

通读此章，春秋时代诸王争霸、社会动乱、民不聊生的乱世状况，立现眼前。当斯世，各邦国之间兼并、夺地、争霸，战争频繁中，一切都不稳定，有朝不保夕之虞，无安定稳妥之心。在诸侯王之间，战乱不已；在其王室内部，争权夺利、尔虞我诈、生死拼搏。这种状况，无论是谁，公卿王侯、大臣将帅，都存在不稳定感、不安全感，情况正如老子所描述的："金玉满堂，莫之能守；富贵而骄，自遗其咎。"这种隐患潜存、朝不保夕、时势变乱的状态，就"不如其已"，"功遂身退"了。对此，老子提得高，他归之于"天之道"。其理路、认知的途径，就是天道—社会—人世—个人，他把个人的人生境况和思想修养，纳入这样一个系统，这就是所谓"命运"的实质。人想要掌握自身的命运，就要把自身的人生途径，纳入这个天道系统；苟能纳入，即可谓觉醒、清醒，"悟道"。如此则可免于险恶，确保人生之安稳。这不是保守、无志、平庸，而是行天道。

老子之言，用于人生修养，就是要"不如其已""功遂身退"。这是老子依据春秋时代的现实，总结出来的个人修养的经验之谈，也是他提炼出来的至理名言。求之历史，秉此遗教，付诸人生实践者有之，未能践行、背道而驰者亦有之，然似以后者为多数。

前数章老子论述了诸多重要的、立标述旨的人生哲学之旨归鹄的，接续则论述如何修为以达目标。

在《道德经》第十章又接续前述，陈述为了修养立志，该如何作为，以达到修炼之目的。

注释：

①刘清章：《河上公章句评注》，宗教文化出版社，2020，第325–326页。
②王弼：《王弼集校释》，楼宇烈校释，中华书局，1980，第21页。

五、生而不有 为而不恃 长而不宰

（生长而不占有 育养而不自恃 导引而不主宰）

在《道德经》第十章中，老子继续陈述、论证如何修养，以达"玄德"，即最深邃的"德"。

这里，先作一些词语的解释，以便解读全文的意涵。

"载营魄"：河上公注："【载营魄】营魄，魂魄也。人载魂魄之上得以生，当爱养之。喜怒亡魂。卒惊伤魄。魂在肝，魄在肺。美酒甘肴，伤人肝肺。故魂静志道不乱，魄安得寿延年也。"①

范应元说："营魄，魂魄也。《内观经》曰：'动以营生之谓魂，静以镇形之谓魄。'"②

王弼注："载营魄抱一，能无离乎？载，犹处也。营魄，人之常居处也。一，人之真也。言人能处常居之宅，抱一清神能常无离乎？则万物自宾也。"③

"玄览"：河上公说："涤除玄览当洗其心，使洁清也。心居玄冥之处，览知万事，故谓之玄览。"④

王弼注："涤除玄览，能无疵乎？玄，物之极也。言能涤除邪饰，至于极览，能不以物介其明，疵（之）其神乎？则终与玄同也。"⑤

高亨说："玄览者，内心之光明，为形而上之镜，能照察事物，故谓之玄览。"⑥

"抱一"：林希逸说："抱者，合也。"抱一就是合一的意思。⑦

"专气"：冯友兰说："'专气'就是'抟气'。……抟气就是把形气和精气结聚在一起。"⑧陈鼓应则以英文释之："专气：集气（Concentrate the vital force）。"⑨（大意译为：集结重要的力量）

以上，作了一些关键词语的解读，方便进一步解读文本的段落大意。老子一连发出六个提问："载营魄抱一，能无离乎？"（精神和形体合一，能够不分离吗？）"专气致柔，能如婴儿乎？"（凝聚精气以至于柔顺，能够像婴儿一样吗？）"涤除玄览，能无疵乎？"（清除杂念而至清净的境界，能够没有一点瑕疵吗？）"爱民治国，能无为乎？"（爱民治国，能顺自然而无为吗？）"天门开阖，能为雌乎？"（五官洞开，能守住清静吗？）"明白四达，能无知乎？"（知晓四方杂处，能不用知识心机吗？）由这些提问式的语句，亦即反问正答，得出结论："生之畜之。生而不有，为而不恃，长而不宰，是谓'玄德'。"（生长万物养育万物。生育万物但不占有，养育万物而不自恃，导引万物而不主宰，这就是最深邃的德。）

老子在这里一连提出六个问题："能无离乎？""能如婴儿乎？""能无疵乎？""能无为乎？""能为雌乎？""能无知乎？"这是正话反问，即设置反问，而后对问题作出正面回答，就是要提倡、认可的功业，提倡个人修养的几个主要"指标"。那么，试答之，就是："无离""如婴儿""无疵""无为""为雌""无知"（"不分离""如婴儿状态""没有瑕疵""自然无为""能守静""不用心机"）。这是很全面、很周到也很高的道德标准、个人品行修养的高层次要求了。

老子往下进一步提出人生哲学的崇高德性，即"生而不有，为而不恃，长而不宰"，就是付出、蓄养、成就，但不居功、不自恃、不主宰，达到一种深邃的道德境界。最后，总结这种道德修养、人格修为的境界，就是"生之畜之。生而不有，为而不恃，长而不宰，是谓'玄德'"（生长万物，养育万物。生长而不占有，育养而不自恃，导引而不主宰，这就是深远博大的"德"）。

"玄德"：河上公注："【是谓玄德】言道德玄冥，不可得见，欲使人知道也。"⑩

王弼注："物自长足，不吾宰成，有德无主，非玄而何？凡言玄德，皆有德而不知其主，出乎幽冥。"⑪

在前面，老子提出了"上善若水"的概念、形象与指标；在本章，则提出了一个"婴儿"的形象和以其内蕴为"标的"的人格修养指标。"水"与"婴儿"，一个自然物，一个人间宠儿，都是自然、真挚、纯洁、无瑕、无欲的存在。老子所求于人、期望于人的就是这种状态和形象：如"水"、似"婴儿"。而其目的则是其中提出的"爱民治国，能无为乎？"把修养身心纳入"国"与"民"的范畴，至高无上地提升了个人修身养性的崇高意义和现实价值。

这是老子生命哲学的高端悬拟，教育与鼓舞人们向崇高目标精进。

走向老子哲学世界

这就指明了老子之议修身养性，不仅为自身一己，而是要达到最终目的"爱民治国"。把个人道德修养，与爱民治国联系起来，此老子立足之高、意蕴之深，为后世所警醒与体认，以达到高端人生境界。

　　这是多么高的一种人生境界：心平、气静、性情之柔如水一般、心地之纯清好似婴儿一样。人若能如此，善莫大焉。芸芸众生，高山仰止，景行行止，虽不能至，心向往之。

　　老子本章的文本，语言逼促，连问不迭，一连六个"能……乎?"形象地体现出逼问促进的气势，颇有促人猛醒之深心，然后结尾舒缓结之："是谓'玄德'。"老子在这里创辟了一个颇具意味的词——"玄德"，以显示而又暗示那种玄妙、隐晦、深邃的"德"。其中暗含着可意会而难言传的深意。这启迪人们深思细琢磨这种道德境界、人格修养的顶层要求与"规格"，颇令人深思、引人细究、启人实践，从而启迪人们人格修养、道德品性的高层追求。

　　本章之文，前几句一连串追问，气势逼人，最后没有回答每一个问题，而是舒缓而言："生之畜之。生而不有，为而不恃，长而不宰，是谓'玄德'。"显示出一种娓娓而言、眷眷而道的口气和忠言。"玄"这一字眼，不时在老子文本中出现，为老子使用的基本词语之一。此甚可注意与思索。"玄"字本义有被遮蔽、奥秘、玄妙之义，老子用"玄"字，寓意即认知对象尚被客观条件遮蔽、未可认知，更难于诠释与逻辑表述；老子选用"玄"字表意，即显示其尚被遮蔽，玄妙奥渺、难于究诘，无从认知，更遑论逻辑表述，故以"玄"字表意。老子并借此舍弃"鬼""神"不用。此处之"玄览""玄德"，即取此意。即意为难于究诘、不易表达之理解与德行。所谓"玄览"，细审之，就是一种于玄妙奥渺中审视、猜度、悬想，从认知心理学而言，应含有直觉之意。

　　老子一向重视直觉，纵观《道德经》文本，通篇贯穿这种"直觉"性。前已论述，老子之宇宙论，充溢着直觉性，即恩格斯所说的"天才的直觉"。直觉感受与直觉思维，实为人类认知的一种习常使用的思维方式。老子生活在两千多年前，人类还处于哲学思维的开创期、起始期，直觉更是思维的常态。然而老子之运用直觉思维，已经直逼逻辑思维之境界，并常处于一种直觉思维与逻辑思维交叉混融的状态。这是读老解老需要把握的。

进到《道德经》第十二章，老子离开自我人格修养范畴，而进入面对客观的诱惑，应如何应对和处置的考验性的人格道德修养范畴。此处，已是人生哲学的进一步提升和高一层要求了。

注释：

①刘清章：《河上公章句评注》，宗教文化出版社，2020，第 326 页。

②转引自陈鼓应：《老子注译及评介（修订增补本）》，第 2 版，中华书局，2009，第 94 页。

③王弼：《王弼集校释》，楼宇烈校释，中华书局，1980，第 22 页。

④刘清章：《河上公章句评注》，宗教文化出版社，2020，第 326 页。

⑤王弼：《王弼集校释》，楼宇烈校释，中华书局，1980，第 22 页。

⑥转引自陈鼓应：《老子注译及评介（修订增补本）》，第 2 版，中华书局，2009，第 95 页。

⑦同上书，第 94 页。

⑧同上。

⑨同上。

⑩刘清章：《河上公章句评注》，宗教文化出版社，2020，第 326 页。

⑪王弼：《王弼集校释》，楼宇烈校释，中华书局，1980，第 24 页。

六、为腹不为目 去彼取此

（但求安饱不追逐声色 摒弃物欲而保持安足）

老子在《道德经》第十二章中，提出一个修身养性的要求和戒律，就是"为腹不为目"。

何谓"为腹不为目"？老子先是提出一系列"声色犬马"的诱惑和后应不良效果："五色令人目盲；五音令人耳聋；五味令

人口爽；驰骋畋猎，令人心发狂；难得之货，令人行妨。"

"五色"：青、赤、黄、白、黑五种基本色素。

"五音"：宫、商、角、徵、羽五个基本音阶。

"五味"：甜、酸、苦、辣、咸五种味道。

"驰骋畋猎"：策马奔走，猎取禽兽。

河上公注："【五色令人目盲】贪好淫色，则伤情失明，不能视无色之色。【五音令人耳聋】好听五音，则合气去心，不能听无声之声。【五味令人口爽】爽，亡也。人嗜五味则亡，［言］失于道味［也］。【驰骋畋猎，令人心发狂】人精神好安静，驰骋呼吸，精神散亡，故发狂也。【难得之货，令人行妨】妨，伤也。［难得之货］谓金银珠玉，心贪意欲，不知厌足，则行伤身辱也。【是以圣人为腹】守五性，去六情，节志气，养神明。【不为目】目不妄视，妄视则泄精于外。【故去彼取此】去彼目之妄视，取此腹之养神。"①

王弼注："五色令人目盲；五音令人耳聋；五味令人口爽；驰骋畋猎，令人发狂。爽，差失也。失口之用，故谓之爽。夫耳、目、口、心皆顺其性也。不以顺性命，反以伤自然，故曰盲、聋、爽、狂也。""难得之货，令人行妨。难得之货塞人正路，故令人行妨也。是以圣人为腹不为目，故去彼取此。为腹者以物养己，为目者以物役己，故圣人不为目也。"②

以上注释，言简意明，把老子的意思简要地陈明了，有利于我们了解老子的意蕴。

依据上述译注，把老子上面那段文字译为白话文，就是："（青、赤、黄、白、黑）五样色彩使人几乎眼花目盲；（宫、商、角、徵、羽）五个音阶使人几欲耳聋；（甜、酸、苦、辣、咸）五味乱口使人味觉失灵；奔突驱驰打猎使人发狂；难得的货品使人行为失范。"面对如此纷繁复杂的现象以及声色诱惑，圣人如何对待？答："是以圣人为腹不为目，故去彼取此。"（所以圣人只求温饱而不为目而迷五色，所以抛去那些声色之娱而选取温饱知足。）这些抛弃与择取，显示了一种清纯温文的生活态度与人生选择。这是高品位、高层次的人生哲学的选择和人生意义的追求，这样就不会"目盲""耳聋""口爽""心发狂"了。

当然，老子之著，是哲学，是一种表述哲学思维的文本，理解和诠释，必先求其字面的意义，而进一步，则需要究其究竟，索其深沉意蕴；所谓"目"者、"腹"者，以至"五色""五音""五味"，还有"畋猎"等，都是既有实际的意义，又具象征的意蕴，或者更应该说"更具有象征的意蕴"；老子所言者实，所蕴者广而深。所以，河上公与王弼的注，既能够帮助我们了解老子的本意，又需要我们进一步推敲，深入理解老子的象征意蕴和深沉意涵。即如其所言，"腹""目"都是一种象征意义，并不是实指肚腹和眼睛。

在繁花似锦、饮宴豪奢、生活享受与娱乐休闲，花样翻新、无奇不有的现代城市生活场境中，多矣哉，岂几个"五色""五音""五味""驰骋畋猎"了得；其令人目盲、令人耳聋、令人口爽、令人发狂、令人行妨的事物、食物、娱乐享受，以及饮宴歌舞，甚至吸毒淫邪，真个是数不胜数、邪力诛心，诱人误入而不思返。老子的遗教，今日仍然保持其现实的教育作用。但更积极的意义是，他提出的防范的种种和提倡的种种，都值得我们今天对坏的警惕之、对好的效法之，更要精心修为，心中有鹄的，眼里有目标，理想有归宿。那就是"为腹不为目"。

关于"腹"与"目"，林语堂注释为："此地的'腹'是内在的自我、无意识及本能等意；'目'为外在的自我或感觉上的世界。"③把"目"与"腹"分别定义为"内在世界"与"外在世界"，这种理解，厘定了老子文本的意蕴，符合老子的原意。蒋锡昌说："老子以'腹'代表一种简单清静之生活；以'目'代表一种巧伪多欲，其结果竟至'目盲……耳聋……口爽……发狂……行妨'之生活。……'不为目'即不为多欲之生活。"④这一解读，把"目"与"腹"释为"巧伪多欲之生活"与"简单清静之生活"的区别，将老子的意蕴又扩大深化了一步，也是符合老子原意的。这两种解读与诠释，均符合诠释学与罗兰·巴尔特所说，即依据作者文本的"原意"，并在此基础上，作出读者解读的"意义"这一原理。

老子之文，多比譬、象征，以此象征彼、以彼象征此。这里所说的"腹"与"目"，也是一种比喻、象征的说法。"目"者，外在的、物质的、虚妄的、享乐的、靡费的；"腹"者，内在的、精神的、实在的、清廉的。人生修炼，取此（腹）、去彼（目）。这是人生价值取向和人格修养的一个重要方面。本章前面所说那些"目"之所见所享，也都是一种比喻说法。"目"所象征的就是生活中的声色犬马、纸醉金迷、耳目享乐；而所谓"腹"，并不是指"肚子"。揭示其中的实指，是指生活中、人生选择中，在精神上，要取实际的、简约的、朴素的。这里，在象征、比譬的内里，蕴含着深刻的内涵。其象征的意义就是"求实"与"虚夸"的差异与分殊。

这里的"目"在象征意义上，就是"物欲""私欲""物质欲望"。这些，对于人，都是具有诱惑力和迷惑力的，芸芸众生、茫茫人海，沉于其内、没于其中的真是一代又一代。老子所处的春秋时代，由于铁器、牛耕的产生和使用，生产力跃进一大步，社会生活的物质供应与享乐，也大有进步，声色犬马、纸醉金迷的生活与物质诱惑，超越前代。老子之言，起因于社会生活，针对的也是社会生活。老子之忠言、诤言，已经离去千年以上，但是，余音绕梁，至今仍然是诤言清音，发人深省。

前一章所论及其对于人生哲学的内蕴的提示与论证，寓于对外在世界的种种诱惑及其消极面，以及人生修为应如何应对之，这样的内涵加以论证与嘱咐，偏重于外在与物质方面；此章，则是相应地就精神方面的应对"精神的诱引"和正确应对的思想品性的论证。秉此内蕴，而后又产生"宠辱不惊""受宠若惊"等类成语，为民族道德修养的习用成语，成为推进中华民族精神、道德建设之思想资源。这就是下一章的内涵了。

注释：

①刘清章：《河上公章句评注》，宗教文化出版社，2020，第327页。

②王弼：《王弼集校释》，楼宇烈校释，中华书局，1980，第28页。

③林语堂：《老子的智慧》，湖南文艺出版社，2016，第55页。

④转引自陈鼓应：《老子注译及评介（修补增订本）》，第2版，中华书局，2009，第105页。

七、宠辱若惊 以身为天下

（得宠和受辱都感到惊慌 以爱身的态度去为天下）

《道德经》第十三章提出的命题是：自身与宠辱之间安危存亡的关系，实质是人的身体与精神世界的关系问题。这是修身养性的人生哲学中的一个重要命题，也是中国传统哲学中的一个基本范畴。

老子这里提出一个惊人的与世俗理念正相反的理念与道德标准，这就是他可谓斩钉截铁而言之的："宠为下"。

老子先说："宠辱若惊，贵大患若身。"

河上公注："【宠辱若惊】身宠亦惊，身辱亦惊。【贵大患若身】贵，畏也。若，至也。畏大患至身，故皆惊。"[①]

王弼说："宠必有辱，荣必有患，宠辱等，荣患同也。"[②]

这是一种辩证观念，宠后面潜藏辱的危机，辱里面也蕴匿着宠的因子，是以荣辱皆惊。王弼解读得很好："宠辱等""荣患同"，在人们如何对待上，心理感受和应有的心理反应，应该是宠与辱相等、荣与患雷同的。

老子首先提出"课题"："宠辱若惊，贵大患若身。"（得宠和受辱都感到惊慌，看重身体好似看重大患。）然后逐层回答。他提问："何谓宠辱若惊？"（什么是得宠和受辱都感到惊慌呢？）回答："宠为下，得之若惊，失之若惊，是谓宠辱若惊。"（得宠是次要的，得宠感到惊慌，失宠也感到惊慌，这就叫作得宠和受辱都感到惊慌。）何以会这样两头皆惊呢？因为甚怕宠和辱都危及身体，于身有碍。

那么，"何谓贵大患若身？"（什么叫作看重身体同看重大患一样？）回答："吾所以有大患者，为吾有身，及吾无身，吾有何患？"（我所以有大患，是因为我有一个肉身，假如没有这个肉身，我哪有什么大患之忧？）所以，归结起来，"故贵以身为天下，若可寄天下；爱以身为天下，若可托天下。"（所以如果能够像看重身体那样去郑重为天下，才可以付托他以天下；像珍爱身体一样去为天下，才可以将天下托付给他。）

这里，论证的两方面，是身体与精神、宠与辱的关系。在人生哲学的范畴内，它们在利害、宠辱之间的分置与统一，就在于认知与志向、为己与为天下之间的志向，趋向何方。老子之所论，其结论自然是宠辱不惊，志在天下。

这是人生意义、价值高下与良莠的原则区别。老子在这里对"宠"作出了一种大不同于世俗的理解与认同。他对"宠"与"辱"一样均是以"若惊"对待之。

人是有生死荣辱观的"万物之灵"的特殊动物；其与一般动物之别的重要标志之一，就是具有道德意识，内心存在荣辱观。世人皆以"宠"为荣、为幸，而以"辱"为耻、为不幸；老子却逆其意而言之：宠辱皆惊。为什么？因为"宠"与"辱"是同时存在、彼此相连的。"受宠"—得意—失意—悲剧下场，这种历史的悲剧，代代相联地发生，史不绝书。故自来有言："受宠若惊。"（受宠而惊慌失措。）这是对"宠"的一种不同世俗的惊诧语，因此也就具有惊世醒人的作用。这是一个"荣辱得失"的考验式的命题："荣"为"得"，而"荣"后面等待着"失"；"辱"为"失"，但里面潜存着"得"。故以"荣辱得失"四字混合组句，以示其不可分割、汇融一体的性质。中国人习惯受宠即警觉自己，亲人与友朋规劝也是"你要注意呀""别高兴得太早""荣誉面前要防头脑发热"，如此等等，总是以警觉规劝之，这都表现了"荣辱俱惊"的荣辱观与清醒意识。

老子论荣辱得失，而提出一个重大的道德修养问题。他自问自答地说："何谓贵大患若身？吾所以有大患者，为吾有身，及吾无身，吾有何患？"（什么叫作重视身体像重视大患一样？我所以有大患，就是因为我有一个身体，如果没有这个身体，我哪有什么大患呢？）

河上公注："【吾所以有大患者，为吾有身】吾所以有大患者，为吾有身。有身忧其勤劳，念其饥寒，触情从（辱）[欲]，则遇祸患。【及吾无身，吾有何患】使吾无身，体道自然，轻举升云，出入无间，与道通神，当有何患？"③这就是说，依"道"而行，"置身度外"，就"当有何患"，也就是何患之有，体道自然，"置身事外"，就无患可虑了。这就是虽然"为吾有身"，但能够"体道自然"，就无患了。

王弼注："大患，荣宠之属也。生之厚必入死之地，故谓之大患也。人迷之于荣宠，返之于身，故曰'大患若身'也。"④

老子此处提出的是"身"与"患"的运命相交的问题。此处之"身"者，人之生命也。尽顾自身，则为庸夫俗子矣；但不顾自身，则舍弃生命而殒命，也不行。此"身"之为患也。正确对待，则以"贵身"为重、为要。老子此处是与"荣"和"辱"的问题相提并论而提出这一问题的，故"贵身"，则"荣辱置于身外"，而为依"道"而行。如此，则在上"若可托天下"，在野（一般人）则可称"君子"以至"圣人"。

老子最后总结，上升到治国平天下的高度，来认识"贵身"的问题。他提出："故贵以身为天下，若可寄天下；爱以身为天下，若可托天下。"（所以只有能够以贵身的态度去为天下的人，才可以把天下托付给他；以爱身的态度去为天下的人，才可以把天下委托给他。）老子如斯说，就把"贵身"问题从个人道德修养与人格修为的问题，提高到治理国家的高度，来要求统治者的治国理念和个人修养了。

老子在此章中提出了一个严重而切实的人类均有的"人生问题"，就是我们人类有一个具有生命力的"身"，或者说我们的"身"就是我们的命。人类有"患"，就因为有这个"身"（即生命）。人活着必须保存这个生命，人是保存生命而活着，也才能活着。活着，就有世俗利益缠身。因此，在"贵身""爱身"与"无身""忘身"之间，就构成了一组矛盾。而在这一"与'身'俱来"的矛盾中，在如何处理上，就显现出人格高下与品性优劣来了。以"无身""忘身"而"贵身""爱身"，以放弃私利而成全生命之真身，就是高尚品性，居廊庙之上，可以付托天下；以在野之身、平民百姓居于城中乡野，则为民族中坚、社会公民。

人生在世，就其自然性来说，生命体需要一个"活"字，而为了活，就得满足身体的需要，就需要物质和金钱的供应。这是

走向老子哲学世界

维持生命的需要，是不可或缺的。但满足这一生命的需要，依据各自的条件，活法就有不同、水平就有高低；有的只是所谓"从手到口"，仅仅维持生存而已，有的却是住豪宅、衣锦绣、声色犬马，不一而足。人们总是希望过更舒适、美好、阔绰的生活，不同的生活水平，"身"的感受是很不一样的。所谓"人往高处走，水往低处流"，"身"总是有一种欲望：向高处走。这样，"身"就成为人之一"患"，即所谓"患得患失"也。

不过，同样是人，却各不相同，在"患得患失"面前，选择却是具有原则的差别，有的简直是天壤之别。高级的是可以"以身许国""舍身求仁"，而有的却会下沉低落，即所谓"卖身求荣"，如此等等。后者，就是"身"之大患的表现。这种事例，千古历史长河中真正是数不胜数。岳飞与秦桧，就是历史显例，而为人们所常常提及的历史故事。面对人具有的"身"以及随"身"而来的养活"身"的物质的和精神的、日常的和特殊的、普通的和珍贵的，种种高下有别、贫富差距的状况，老子喟然叹曰："吾所以有大患者，为吾有身"。这真正是千古一叹，深沉奥秘，大发人深省：为人一世，如何对待这个一己之身？如何对待自己的生命？

老子所谓"身之患"，就是"生之患"，也就是人生之患、生命之患。这是人类与生俱来的"患"。但是，为患或不为患，却完全决定于每个人自己。这是老子的训教提示给我们的警醒剂。

老子本章告诫的就是：正确对待"宠"与"辱"、正确对待"身之大患"，这是人格修养、生命取舍之大事，人们要慎为之！

在历史长河中，芸芸众生，平民百姓、英雄豪杰、仁人志士、学士君子，千差万别，但无一能免，都面对一个如何对待"吾身"的大问题、大考验。答案不同，高下立分。老子云："吾所以有大患者，为吾有身"。每个人平生不可逃避，都面对此"患"。去取之间，高下立见。自古至今，历史洪潮滔滔不绝，有舍生求仁、以身许国者，有卖身求荣、以身伺敌者，仁人志士与卖身求荣者，其区别就在于何以对"身之患"。老子在人生修养上，提出一个如何对待"身之患"的大课题，颇具深意。这是人生修养、人格培育的大关节。老子遗教，令人深思与警醒。

注释：

①刘清章：《河上公章句评注》，宗教文化出版社，2020，第 327 页。

②王弼：《王弼集校释》，楼宇烈校释，中华书局，1980，第 29 页。

③刘清章：《河上公章句评注》，宗教文化出版社，2020，第 327 页。

④王弼：《王弼集校释》，楼宇烈校释，中华书局，1980，第 327 页。

走向老子哲学世界

八、浊以静之徐清 安以动之徐生

（安静下来慢慢澄清 在安定中变动起来慢慢趋进）

老子在《道德经》第十五章中，提出"静之徐清，动之徐生"的人生哲学的内蕴，并且展开发挥而详论之。他首先指出："古之善为士者，微妙玄通，深不可识。"

"微妙玄通"，河上公注："玄，天也。言其志节玄妙，精与天通也。"①范应元注："惟其善能体道，故其心微妙而与物冥通，深渊而不可测也。"②

这段文字的意思是："古时候善于行道的高人，精妙通达，深远而难以认识。"但是，接着说："夫唯不可识，故强为之容"（就因为难以认识，所以勉强来形容他）。那么，他是什么样的呢？于是，用了一系列的行为表现，来形容"善为士者"的表现："豫兮若冬涉川；犹兮若畏四邻；俨兮其若客；涣兮其若释；敦兮其若朴；旷兮其若谷；混兮其若浊"。这里的"豫""犹""俨""涣""敦""旷""混"的意思，分别是："犹豫不决""警觉戒惕""恭敬严谨""亲切自如""敦厚质朴""空旷开阔""混沌不清"。这是颇为鲜活的形象甚至动态的表现，全段连贯起来，就是："迟疑谨慎啊，就像冬天涉水过河；警觉戒惕啊，好像提防四邻的围攻；拘谨恭敬啊，如同为宾做客一样；融和可亲啊，像冰雪消融；淳厚质朴啊，像未经雕琢的原木；空豁开阔啊，像深山的幽谷；混沌芜杂啊，像浊水一样。"总结以上所述，他提问道："孰能浊以静之徐清，孰能安以动之徐生。"

河上公注："【孰能浊以（止）静之徐清】孰，谁也。谁能如水之浊止而静之，徐徐而自清。【孰能安以（久）动之徐生】谁能安静以久，徐徐以长生也。"③

王弼注："孰能浊以止静之徐清？孰能安以（久）动之徐生？夫晦以理，物则得明；浊以静，物则得清；安以动，物则得生。此自然之道也。孰能者，言其难也。徐者，详慎也。"④

总起来，意思就是："谁能在动荡中安静下来而慢慢地澄清？谁能在安定中行动起来而慢慢地趋进？"最后说："保此道者，不欲盈。夫唯不盈，故能蔽而新成。"意思是："保持这些'道'的精神的人，不欲自满。因为他不自满，所以能够去故更新。"开篇所说的"善为士者"是以那种诚惶诚恐、毕恭毕敬、谨慎稳重、镇定警惕的态度，对待"道"、执行"道"；结尾则说："保此道者"不自满而追求新成就、新进展。

本章通篇所言，就是谆谆教诲，要如何敬谨慎重，以"若冬涉川"、"若畏四邻""若客""若释""若朴""若谷""若浊"的态度、精神，去实行"道"。而对于一个人意欲修养、锻炼自己的道德格局、人格修为，就要像"善为士者"和"保此道者"那样对待"道"、修行"道"、实现"道"。

老子在这篇充满诗意、语言雕琢细腻准确、形象生动而寓意深邃的论述中，对于应该以何种态度、精神来认识、对待道学中的人格品德修养，有所论说。他以"若冬涉川""若畏四邻""若客""若释""若朴""若谷""若浊"这样一系列的谨慎、慎重、稳重的，诚惶诚恐、敬谨不怠的精神和态度，来对待"道"、执行"道"，就是表明人生修为、人格修养，就要这样慎重地按"道"的要求来锻炼、精进，以达目标。

这是一首典范式的诗哲学、哲学诗，其中描述体道之士的敬谨神态，可谓惟妙惟肖，形神兼备；阅读者吟之颂之，朗朗上口，若吟诗然。那"体道之士"如何执道行道的形态与心态，确实是毕恭毕敬、诚心诚意、小心谨慎、诚惶诚恐而为，这不仅表现了体道者的精神风貌，而且客观地体现了"道"的威仪丰神。

老子首先描写了"善为士者"的风貌：他（"古之善为士者"），"微妙玄通，深不可识"（古时候善于行道的高人，神妙通达，深刻而难以认识）；但是，"夫唯不可识，故强为之容"（正因为难以认识，所以勉强来形容他）。那么，他是什么样子的呢？他"豫兮若冬涉川；犹兮若畏四邻；俨兮其若客；涣兮其若释；敦兮其若朴；旷兮其若谷；混兮其若浊"。在形容"体道之士"的种种表现之后，乃提出设问："孰能浊以静之徐清，孰能安以动之徐生。"（谁能在动荡中安静下来慢慢地澄清？谁能在安定中行动起来缓慢地趋进？）在这样一番长篇多问之后，接着总结道："保此道者，不欲盈。夫唯不盈，故能蔽而新成。"（持有这些道理的人，不肯自足自满。正因为不自足自满，所以能够去旧病害而获新成就。）

这一段长篇的论说，表达和描绘了"行道之士"的思想行为及其种种表现。这种表现，体现了他对"道"的认识和"行道"的实践。这些描述，在"人生哲学"的范畴来理解，就是要如"古之行道之士"那样对待"道"、实践"道"；以"豫兮""犹兮""俨兮""涣兮""敦兮""旷兮""混兮"的姿态与心态，做到"若冬涉川""若畏四邻""若客""若释""若朴""若谷""若浊"。这些形态和心态的表现，就是人生哲学中，人们的道德修养、人格精进的表现和要求。达到这种要求、进到这种水准，就是得"道"、"善为士"之人，也就是道德修养、人格精进达到至善至美的境界了。

这中间，有动有静，静以求体"道"，动以实现"道"。进而设问："孰能浊以静之徐清，孰能安以动之徐生。"（谁能在动荡中安静下来缓慢地澄清？谁能在安定中行动起来而缓慢趋进？）这是接续前面一系列对体道之士的形态与心态的描述之后的提问，就是设问谁能动静结合、动静转换，以达到行"道"的结果。这是一种"正话反问"，其真意则是：要能在动荡中安静下来而缓慢澄清，又能在安定中行动起来而缓慢趋进。"行道"就是要这样动静结合又在安静中转换趋进。"动荡""安静"，交替行进，以达目的。

最终，还进一步推进：若有人已能趋进递升达于此境，那他也是："保此道者，不欲盈。夫唯不盈，故能蔽而新成。"（保持这些道理的人，不肯自满。正因为不自满，所以能去故更新。）这是在达到上述修养的高度，仍然不自满、不停步，"去故更新"地继续前进。

"慎重""戒惕""威仪""融合""敦厚""空豁""混朴""恬静""飘逸"，这就是道德、人格修养的高度要求、至高标准。正是如此修养、精进，才能达到人格修养、人生锤炼的高度和深度。

古人、"古之善为士者"，应是有达此境界者，古之志士仁人、哲人高士、文人学士，应是葆有此种品德人格者在；现代人亦应有达此标准者。社会之发展与稳定，期盼具有这种高尚人格之人士出现与存在。

应该承认，作为哲学家的老子，同时还是一位杰出的、具有创造性的语言大师。他的每一篇诗一般的哲学论述，均是诗作韵文，美不胜收，既具哲学的深思，又富诗意的表达。读之咏之，心领神会，既有哲思的启迪，又有审美的愉悦。这，纵不能说是唯一的，却一定可赞为不可多得的哲学诗篇。这使我们想起马克思所说："由于需要探讨的题目丰富多样，只有采用完全是格言式的叙述，才能把全部材料压缩在一本著作中"⑤。老子的《道德经》正是这样，他要探讨的题目涉及"天、地、人"三才，涉及宇宙万物、人间世事、时代与历史、社会与人生，为了把这些广泛、丰富、深邃的内容，"压缩在一本著作中"，他只得发挥他的文学的才能、哲学与文学结合汇融的才能，创作一种诗性的哲学、哲学的诗作。就拿本章的几句表达，如"豫兮若冬涉川；犹兮若畏四邻；俨兮其若客；涣兮其若释；敦兮其若朴；旷兮其若谷；混兮其若浊"，写得多么形象而又准确，排比恰当而又适度，生活化而具深意。"豫兮""犹兮""俨兮""涣兮""敦兮""旷兮""混兮"，"若冬涉川""若畏四邻""若客""若释""若朴""若谷""若浊"，选词多么得当，形容多么得体，描绘多么准确、多么形象、多么富于神采而又多么贴切，其为诗作，不仅不逊色，而且堪称上乘。这又令我们想起有人称赞海德格尔所说的："不是人面对世界和事物剥去它们的覆盖，把它们暴露出来，而是世界和事物在此在面前自然而然地被打开、被展开、被取掉覆盖。"⑥老子本章的描述与论证结合混融的陈述，正是如此：让世界和事物自然而然地被打开、被展开、被取掉覆盖。为人们所认识和领会，并易于实现之。

其实，老子的每一篇章，均是如此，均是让世界被打开、被展开、被取掉覆盖。

注释：

①刘清章：《河上公章句评注》，宗教文化出版社，2020，第 328 页。

②转引自黄朴民、林光华：《老子解读》，中国人民大学出版社，2011，第 80 页。

③刘清章：《河上公章句评注》，宗教文化出版社，2020，第 329 页。

④王弼：《王弼集校释》，楼宇烈校释，中华书局，1980，第 34 页。

⑤马克思：《1844 年经济学哲学手稿》，人民出版社，2000，第 3 页。

⑥高田珠树：《海德格尔存在的历史》，刘文柱译，河北教育出版社，2001，第 168 页。

九、致虚极 守静笃

（致虚和守静 做到极笃境地）

至《道德经》第十六章，老子进入如何修炼自己，沉静思学，来培育思想的升华、品性的至深；为此提出思想修养的条规。这就是："致虚极，守静笃。"

河上公注："【致虚极】致，至也。道人捐情去欲，五藏清静，至于虚极也。【守静笃】守清静，行笃厚。"①

王弼注："致虚极守静笃。言致虚，物之极笃；守静，物之真正也。"②

范应元注："致虚之极，守静之笃，则不离于初。不离于初，则万物并动，而吾能以是观其复归于虚静也。"③

归纳这些古注，这两句的意思是："致虚极，守静笃。"（心灵达到虚寂沉静的极致，默守清静笃实的境地。）此章提出的要害就是"致虚""守静"。在前章提出的"古之善为士者"的种种践约之外，又提出"守清静，行笃厚"的要求和戒律。提示这样一个"六字净言"，然后便揭示、诠释这"六字净言"的含义，以及怎样修炼而达到这种思想与心灵的境界。

老子的意旨就是："空明"要达到极致、顶点；"清静"也要达到极度、顶点。这是一种心灵，没有一点物欲的袭入、侵扰和污染；"虚"已至极度，"静"也已达极度。这对于一个人的心灵来说，已经是清静虚空，无污无染了。这引人想起老子习用的"婴儿"形象，那就是"空明""清静"达到"极笃"境地的状态和境界。

以这种"清静虚空，无污无染"的心境，即以清澈明敏之心，去观察世界，就能看透视彻，无物欲之遮蔽了。于是："万物并作，吾以观复。"（万物一起蓬勃生长，我看出它们循环往复的规律。）那是怎样的一种规律呢？"夫物芸芸，各复归其根。归根曰静，静曰复命。"（万物纷纭复杂，最终回复到它的本原。回复本原叫作静，静叫作回归本原。）这就是说："静"是一种沉静清醒、看透万物循行规律的心境。"静曰复命"的"复命"，就是"复归于本原而'归根'"的意思。严灵峰说："复其性命之本真，故曰：复命。"④这也就是说，复归于人的生命的本真、根源。接着，由此推进，作出结论："复命曰常，知常曰明。不知常，妄作凶。"（回归本原是永恒的规律，认识永恒的规律叫作明。不认识永恒的规律，轻举妄动就会有凶险。）这是要静观并理解万物运行、发展、生存的规律，那就是循环往复，生存发展，最后复归本原。

接着便是："知常容，容乃公，公乃王，王乃天，天乃道，道乃久，没身不殆。"

河上公注："【知常容】能知道之所常行，则除情欲，无所不包容也。【容乃公】无所不包容，则公正无私，众邪莫当[也]。【公乃王】公正无私，则可以为天下王。治身正，则形一而静，神明千万，共凑己躬。【王乃天】能王，则德恰神明，乃与天通矣。【天乃道】德与天通，则与道合同也。【道乃久】与道合同，乃能长久。【没身不殆】能公能王，通天合道，四者纯备，道德弘远，无殃无咎，乃与天地同没，终不危殆也。"⑤

王弼注："知常容，无所不包通也。容乃公，无所不包通，则乃至于荡然公平也。公乃王，荡然公平，则乃至于无所不周普也。王乃天，无所不周普，则乃至于同乎天也。天乃道，与天合德，体道大通，则乃至于［穷］极虚无也。道乃久。穷极虚无，得道之常，则乃至于不穷极也。没身不殆。无之为物，水火不能害，金石不能残。用之于心，则虎兕无所投其爪角，兵戈无所容其锋刃，何危殆之有乎！"⑥

体会以上所注，我们就可以把老子这一长段话语，译为白话文："认识常道的人能够包容一切，无所不包容就能够坦然大公，坦然大公就能无不周全，无不周全就能符合自然，符合自然才能符合道，体道而行才能长久，终生可免遭危害。"

这是一个接续连环的自然发展规律，也是"道"的运行规律；这规律昭示人们，要循此自然之规律行事，不要贪欲营私，否则，会遭危害凶险。而为了这个目的，为了能够做到这一切，就需要"致虚极，守静笃"。

"致虚极，守静笃"，就是人格修炼、道德进益的必经之道、必达之目标。这里昭示了一条原理：心地必须"虚极"，心境必须"静笃"，才能私欲不入、物欲不侵、贪欲不袭，保持"虚静"的状态，达于道德的境界、人格的顶级状态。这里包含着一个递进层级的进展路径："归根"—"静"—"复命"—"常"—"明"—"不知常"—"妄作凶"—"容"—"公"—"全"—"天"—"道"—"不殆"；进而达于"虚极""静笃"。老子这样一个系列性的陈述，说明了如何达到"致虚极""守静笃"的人格、道德修养的高层境界，其终极的结论就是要顺应自然的规律，做到"虚极"与"静笃"。这里的关键、要害，就是虚怀至极、清静无碍，终极就是私欲不入、贪婪驱除。

老子这一系列循迹而进的过程的陈述，论证了人的生命运行的轨迹，而人的"人生觉醒"，就是要循此轨迹而行，这就是人的存在的必循之道。

在这里，老子之论，进到了生命哲学的根底、本原。

这里，还"遭遇"到或曰面对一个如何对待"欲"的问题。

"致虚极""守静笃"是否就是禁绝私欲，进到无欲无求的境地？不是。这是不符合人性的极致的，人作为动物的一种，虽然成为"万物之灵"，但是生命的基本需要、人的存在之必需，仍然需要有"欲"，也需要满足这个"欲"；达欲，是生命之需，不可禁绝。所以，这里就是一个如何保持在"适度"范围内，如何掌握"度"的问题。对此，张岱年有哲学的论定，颇有深度而具启发意义。他指出："欲，在人生中占有很重要的位置，因而也形成一个重大的人生哲学问题。在生活中，如何满足欲，常成为亟待解决的问题；在哲学中，问题则变成对于欲应持如何态度，即，欲究竟应当满足与否？或应当满足至如何程度？关于欲的学说，在先秦有节欲说、苦行说、无欲说、纵欲说。儒家是主节欲的。……道家讲无欲，其意是教人以最低限度的满足为满足。"⑦

"道家讲无欲，认为欲是扰人害生的，然而不可以压抑或禁制，须令它自然而然地不发生。无欲之说，发自老子。"⑧

这些关于"欲"的论述，可谓将"欲望"的合理性、知足的重要性、遏欲制欲的不合理与不可行，都论述清楚了。这是理解老子之所言的前知、前识。老子所说"致极虚"，并非制欲、遏欲，更不是尽扫欲望，而是要保持心境的虚空，不为私欲填塞；"守静笃"也不是欲望不兴，心无欲求，而是静态对待欲望，知足而不奢求。欲望、欲求，是人生中之必需，是维持生命、实现存在的必备条件，不可禁绝，也不可没有；但要懂得如何在合理范围内实现，而不可欲求过多过旺。对欲望，守自然之规律，行知足之戒律，这就是老子在本章所论证的人格与品性修养的要求。

人之人格修养、心性培育，重要的一个关节，就是如何对待欲望。合理节制地对待之，能够知足，自控于"知足"之中，是品德高尚的一种表现。世人往往失守于不能自控欲望之膨胀、奢求之诱惑、过分享乐之追求。认识自然之道、掌握"道"家之理，庶几可克制奢欲的诱惑，而达于"致虚极""守静笃"的高层境界。

老子在这里还多次提到"复"，如"万物并作，吾以观复。""夫物芸芸，各复归其根。归根曰静，静曰复命。""复命曰常，知常曰明。不知常，妄作凶。""知常容"，这是讲事物发展的变化规律，就是"变"中有"常"，而"常"中也有"变"。张岱年说："中国哲人所讲，变化的规律（即'常'），便是反复。认为一切都是依循反复的规律而变化。何谓反复？就是：事物在一方向上演变，达到极度，无可再进，则必一变而为其反面，如是不已。事物由无有而发生，既发生乃渐充盈，进展以至于极盛，乃衰萎堕退而终于消亡；而终则有始，又有新事物发生。凡事物由成长而剥落，谓之反；而将剥落之极，终而又始，则谓之复。反即是否定。复亦即反之反，或否定之否定。……一反一复，是事物变化的规律。"⑨

老子在本章所讲，就是这种事物发展变化的规律：由产生、发展，到"极度"，不能再发展了，就变为它的反面：消亡；从而又有新的事物产生。如是反复循环，就是"常"。把老子这一观念纳入人生哲学，就是要领会、掌握事物发展的辩证规律，来认识和处置人生世事，便立于豁达通明，知天任"命"（自然规律）的存在之明智、人生之豁达。

陈鼓应总结本章意旨说："老子复归的思想，乃就人的内在之主体性、实践性这一方向作回省工作。他们以为人心原本清明透澈的，只因智巧嗜欲的活动而受骚乱与蒙蔽。故应舍弃智巧嗜欲的活动而复归于原本的清净透明的境地。"⑩这里就注明、"夯实"了老子本章论及的"复命""常""明"等哲学概念的意义及内涵了。

人生碌碌，生命运行，自然之需，必生欲求；有欲则必求满足，亦需满足；于是：有"欲"—"欲求"—获满足—生命得以运行—人得以存在；然而，"欲求"无止境，需人之自制，"止于所当止"，一般人能为之；至于"致虚极""守静笃"的地步，则进入人格修养之高境界。一般人需极力自制，悬为目标，虽不能至，亦可赞誉。

处于现时代，物质文明高度发达，精神文明也随之升发，但于人之个体，则参差不齐，有人被物欲所俘，沉迷不醒，堕入泥潭，沉沦堕落。今之贪官污吏，即为物欲所坑害，沉沦无边，银铛入狱，毁弃一生。

老子之戒："致虚极，守静笃"，堪称良药，人们需深思之、恪守之。

注释：

①刘清章：《河上公章句评注》，宗教文化出版社，2020，第329页。

②王弼：《王弼集校释》，楼宇烈校释，中华书局，1980，第35页。

③转引自黄朴明、林光华：《老子解读》，中国人民大学出版社，2011，第88页。

④转引自陈鼓应：《老子注译及评介（修订增补本）》，第2版，中华书局，2009，第124页。

⑤刘清章：《河上公章句评注》，宗教文化出版社，2020，第329页。

⑥王弼：《王弼集校释》，楼宇烈校释，中华书局，1980，第36页。

⑦张岱年：《中国哲学大纲》，商务印书馆，2015，第648页。

⑧同上书，第657页。

⑨同上书，第190页。

⑩陈鼓应：《老子注译及评介（修订增补本）》，第2版，中华书局，2009，第127页。

十、如婴儿之未孩 我独顽且鄙

（如婴儿之仍未到孩童 唯独我愚顽且鄙陋）

《道德经》第二十章是一长篇大论之作，在《道德经》中比较少有。所论细细、所述谆谆、所教深深，然中心意旨，却很明确。就是："众人"（即有些世俗之人），既熙熙攘攘，追求货利；又纵情声色，纸醉金迷。但我却私心倾注淡泊愚拙。这是两种完全不同的人生观和生活态度，信奉的是两种绝不雷同的人生哲学。老子以抒情倾诉之意、流畅恢宏之笔，娓娓而言、谆谆教导、严词抨击。全篇既是娓娓抒情之华章，又是咄咄逼人之遣词。以如诗之笔触，写深邃之哲思，唯老子所为、能为。《道德经》在世界哲学史上，真是独一无二的绚烂璀璨的哲学篇章。

老子开篇以深含感叹感慨之言，语词铿锵深心郁郁、激愤沉沉，不禁以反语讥评的笔触，抨击责斥之语句，缕缕责斥，心意何限！他写道："绝学无忧。唯之与阿，相去几何？美之与恶，相去若何？人之所畏，不可不畏。"

河上公在《河上公章句·异俗第二十》中注："【绝学】绝学不真，不合道文。【无忧】除浮华则无忧患。""【而贵食母】食，用也。母，道也。唯我独贵用道。"①

这段话的意思是："弃绝幽深至理之学就免除忧患之心了。唯唯应诺与嚯嚯吼斥，相差多少？优美与恶浊，区别有多大？大家所畏惧的，我也不得不跟随畏惧。"

这是感叹无限的开篇语，其中蕴含着无限感慨与激愤的言辞。好似说，唉！世上的事，好与坏、美与丑、唯唯诺诺与嚯嚯哈哈，能有多大差别？这是警示：好坏美丑相差极微，要严密注视、小心分辨、严谨对待。紧接着，以一种感叹的语意，引言似的说道："荒兮，其未央哉！"（世事的纷繁凌乱从远古至今一直没有停止！）接着，便以似喷泉挥洒之势，缕缕陈述："众人熙熙，如享太牢，如春登台。"（世人熙熙攘攘，好像出席高等的宴席，好似春天登上眺台观赏景色。）世人如此，而我呢？"我独泊兮，其未兆，如婴儿之未孩；儽儽兮，若无所归。"（我却孤独淡泊啊，好似还未启蒙，像是婴儿还没成长为孩童；落落寡合啊，好像不知何处是归程。）

王弼注："我独泊兮，其未兆，如婴儿之未孩。言我廓然无形之可名，无兆之可举，如婴儿之未能孩也。"②

这表达了不入俗流、不投身热闹场，而特立独行、不与世俗嬉戏的，高洁身形与淡泊宁静的心性。这是人生哲学的选择中，高与下、俗与洁、嬉闹与宁静、玩世不恭与关怀世事的差异，人生境界的悬殊。

接下来，细诉种种：繁华时势，何等令人眼花缭乱，而自己却落落寡合，不入热闹场、不与之苟合；且将他所举之景象——

揭示与诠释。

　　起意，先是一番慨叹："众人皆有余，而我独若遗。我愚人之心也哉！沌沌兮！"（众人都是有余，只有我就好像是不足。我可真是愚人的心意啊。昏昏沌沌！）接着一一举证——实际是感叹，是正反相举、对照评比。先比照而言："俗人昭昭，我独昏昏。"（俗人都那么明明白白，唯独我浑浑噩噩。）"俗人察察，我独闷闷。"（俗人都是那么机灵精明，唯独我懵懂糊涂。）"澹兮其若海，飂兮若无止。"（辽阔邈远像是大海，潇洒飘逸好似无有止境。）"众人皆有以，而我独顽且鄙。"（众人都可以施展，唯独我冥顽而又鄙吝。）总结而言："我独异于人，而贵食母。"（我独自和世人不同，看重、珍视回归母怀一样的"道"。）这一总结，舍弃了前面以反语讥诮言之的种种与众不同，历述与世人、俗人之种种相异，而正言自信地宣称："我与你们不同，我慕道而行，这是找到了正道、依循了高洁的旨归！"

　　这一章类似一份人生哲学的正式宣言，言重旨远，寓意深沉；虽是反语层层累累，但内在地潜存着、灌注了、输入了浩然正气、铮铮铁骨、至诚精神，以至人生哲学的至理明义。它在老子的人生哲学中，是一篇不可忽视轻慢的篇章。特别值得提出的是，其要义旨归，在当时是一篇正气宣言，在历史上，是一首正气歌，在今世，是一幅醒世图。它不仅完全适用今天的现实，而且对现实的人类社会生活有直接针砭时弊之效。灯红酒绿、纸醉金迷、贪污盗窃、巧取豪夺，或是醉生梦死、偷生玩世，种种社会现象，都适合用老子的这番谆谆教导，训教之、谴责之、猛喝之，以促其猛醒，以督其慕"道"。

　　"我独泊兮""如婴儿""儽儽兮若无所归""独若遗""我愚人""独昏昏""独闷闷""若海""若无止""独顽且鄙""独异于人，而贵食母"，这样一系列的自称许、自贬抑，何等激愤，何等沉痛，何等急欲言、愤吐露、诚挚劝，真正是苦口婆心、掏心露肺、赤胆忠心；此非陈述论证，实乃激愤陈词，以恨铁不成钢之心，言浪子需回头之意。这样长篇的论述，这样反语自责的激情，这种责己劝人的深心，感人至深，迫人思忖，不能不梦醒，扪心自问："吾应如何处之?""余该有所作为。"

老子这一番慨叹、感喟以至激愤之言，是由春秋当世的现实刺激引发的。春秋时代，由于铁器与耕牛的使用，生产力有显著的提高，新兴的自耕农已经出现，富商巨贾已经出现在人世间，而引人注目，产生社会影响。童书业在其所著《春秋史》中写道："春秋下半期，商业更为兴盛，大国的大贵族尽管'忧贫'，而大都邑里已有'能金玉其车，文错其服，能行诸侯之贿'的富商出现，他们能得到贵族所不能得的珍宝，他们确能输纳小诸侯所能输的贿赂。甚至孔子的门徒子贡也以'货殖'著名，而陶朱公的'三致千金'，更是后世艳传的故事。《论语》里所记孔子等的说话也常常把'富'和'贵'并称，可见那时在贵族的阶级以外，已有新兴的富的阶级起来了。"[③]于此可见，春秋时代，已经有富商产生，中国向有"士农工商"的阶级排序，而当时，已经出现富商阶级，他们已经越过社会"第四等级"的位置，既富且贵，可以和贵族比肩了。这种社会构成和社会状况，引发社会生活中的奢靡风气，这自然扩散到全社会，社会风气也就熙熙攘攘，"如享太牢，如春登台"了。这就是老子面对的社会现实、历史状况，他在本章所描绘、倾诉的就是当时的社会现实，他是以批判的神情与笔触来抒写他的认识、分析、感叹与教诲。

老子此篇，情感激愤，思虑深沉，语句铿锵，一句一叠，层层进逼、层层进言，有一种抒愤懑的情怀、激越的感奋、潜沉的寄意，而且，在文中口语"我"字，"我独泊兮""我独若遗""我愚人之心也哉""我独昏昏""我独闷闷""我独顽且鄙""我独异于人"，一连七个出现，昂首挺胸、挺立而言，有直抒胸臆的英姿，具慷慨激昂的气势，有直逼人众的凛然正气。这是一曲正气歌，一篇人生宣言，一首思想诗。这在老子《道德经》中不多见，堪称千古哲学绝唱。

这不禁使人想起后起的屈原杰作《离骚》，一部《道德经》诗哲学，一首"楚辞"诗篇《离骚》，楚国的哲学与诗歌，前后辉映，映照史册。中国南方的哲学与文学，为中华思想文化书写了不朽的篇章，至今撄人心、启人志。

本章用"直抒胸臆"的"我"字，取代古代文献中习以为常的以"余""吾"代我以示文雅的句法，一句句众人如何如何，而"我"却怎样怎样，其语气，逼促铿锵，愤懑激越之情，跃然纸上。此处，以"我"字出现，以语气显情愫，以直白露激愤，实是好文章。

读前引童书业的历史写照，可知当时春秋时代的社会状况，老子的激愤谴责之声实出有因。读本章，如赏春秋时闻，方知老子之哲学，非书屋高头讲章，乃针对现实，又超越现实，提炼出哲学思维，而越过现实，启迪后世。福永光司说得好："老子的'我'是跟'道'对话的'我'，……老子便以这个'我'做主词，盘坐在中国历史的山谷间，以自语着人的忧愁与欢喜。他的自语，正像山谷间的松涛，格调高越，也像夜海的荡音，清澈如诗。"④确实，老子此章，是一首优美激越的诗，是诗哲学、哲学诗。福永光司的"自语"之说，颇为传神地揭示了老子本章的内涵意蕴与情怀寄意。老子啊，像盘坐在"历史的山谷"，如"山谷间的松涛"，如"夜海的荡音"，面对世人"自语"，向着社会直陈，那声响，岂止响彻古代，至今仍然发着深沉、真挚、激愤的语言，逼视今世之人众，期待回复。

文中数段排比句，众人、世人如何如何，我独如何如何，特别其中有句"我独泊兮，其未兆，如婴儿之未孩"，以婴儿自比，表现了老子的既自信又自美的胸襟。王力说："何以须归于婴儿？以婴儿能精、和、柔，而不离于德也。凡人涉世愈深，则天机愈浅。竞巧斗奇，适以贾祸；圣贤前识，适以扰天下。故不如复归于婴儿也。"⑤

《道德经》中多处出现"婴儿"形象，这是老子最寄情的美好形象，婴儿天真、纯洁、质朴、充满生命力，也预示美好前程。老子以婴儿自比自况，显示了他的自信与胸襟。

黑格尔在他的名著《小逻辑》中，论及"逻辑学概念的初步规定"时，曾以"婴儿的天真"为例，来阐发他的论点。他说："婴儿式的天真，无疑地，有其可歆羡和感人之处，只在于促使我们注意，使我们知道这天真谐和的境界，须通过精神的努力才会出现的。在儿童的生活里所看见的谐和乃是自然的赐予，而我们所需返回的谐和应是劳动和精神的教养的收获。基督曾说过：'如果你不变成同小孩一样'等语，足见他并不是说我们应该长久作小孩。"⑥老子此处以及另一篇章，均言及"婴儿"，那意境也同于黑格尔此处所论，不是说他"长久作小孩"，而是以其"劳动和精神的教养的收获"，暂时"变成"小孩——"如婴儿之未孩"，同时自称"愚人"；这就是以此自比纯真、无瑕、内敛质朴。

对此篇章，读之、吟之、感之、思之，禁不住感动非凡、感受深沉、感情激荡。面对斯词章，思今世之情境，不免思想起政坛之败类、贪腐之官员，他们均为逆老子训教之道而行，方有今时身败名裂之结局。老子千年遗教，至今葆有训教、警诧、促使觉醒之用。

注释：

①刘清章：《河上公章句评注》，宗教文化出版社，2020，第330-331页。
②王弼：《王弼集校释》，楼宇烈校释，中华书局，1980，第47页。
③童书业：《春秋史》，江西教育出版社，2021，第196页。
④转引自陈鼓应：《老子注译及评介（修订增补本）》，第2版，中华书局，2009，第140页。
⑤王力：《老子研究》，天津市古籍书店，1989，第27页。
⑥黑格尔：《小逻辑》，贺麟译，商务印书馆，2019，第90页。

十一、不自见 不自是 不自伐 不自矜

（不自我表现 不自以为是 不自我夸耀 不自我矜持）

《道德经》第二十二章提出多方面、多性质的执"道"与离"道"甚至反"道"的种种表现，对它们既批判又作正面论说之后，则取正面论证的方式，提出了人生哲学的"四不"，即："不自见""不自是""不自伐""不自矜"。

起论举出几个客观事物的辩证关系，以引申论证相反相成的结果。这就是："曲则全"（委曲反倒能够保全），"枉则直"（屈

就反而能够伸展），"洼则盈"（低洼反倒能够盈满），"敝则新"（故旧反而能够变新），"少则得"（取少反而能够多得），"多则惑"（贪多就遭致迷惑）。

在列举这些辩证互变、正反转移的事物与生活的现象和理路之后，得出一个"圣人之举"的结论："是以圣人执一为天下式。"

河上公注："【是以圣人抱一为天下式】抱，守也。式，法也。圣人守一，乃知万事，故能为天下之法式。"（按：通行本作"执一"，"执""抱"义相同。）[1]

王弼注曰："一，少之极也。式，犹则（之）也。"[2]

这句话的意思是："所以圣人坚守道的这一原则为天下事理的范式。"那么，这种范式，都有哪些原理、原则、规范呢？那就是："不自见，故明；不自是，故彰；不自伐，故有功；不自矜，故能长。"意思是："不自我表现，所以能够知晓；不自以为是，所以能够显现自己；不自我夸耀，所以能够得益；不自我矜持，所以能够长久进益。"

说完这些，接着便总结这些事例所体现的真理："夫唯不争，故天下莫能与之争。"［正因为不与人争（高下先后），所以天下没有人能够与他相争。］最后，总结言之："古之所谓'曲则全'者，岂虚言哉！诚全而归之。"（古人所说的"委曲反可以求全"，岂能是虚言呢！那确实是能够实现的。）

这里，老子所倡导（也是教导）的就是"事理、生活的辩证法"，其要津、规律，就是：退，反而能前进；守，反而能进取；给予，反而能获得；不自夸，反而能得到尊敬；不矜持，反倒能长久；如此等等。生活的辩证法就是这样，它们在人们的生命运行与人生运作中体现和发生作用，而产生人生的得失、进退、升降的不同结果。

生而为人，意欲取得人生的获益、进步与美好的意义，此乃不易的真理，也是实际的社会现实，是人的存在之意义所在。这是人生的需求与满足。有志者，以此为人生圭臬、生活真理，甚可记取与实践之。然而，老子在此却提出了一个"反面""反正"的道理："曲则全，枉则直，洼则盈，敝则新，少则得，多则惑。"

一切都是这样"反着来":"曲""枉""洼""敝""少""多",反倒"全""直""盈""新""得""惑"。所以圣人之道,就是"以反得正":"不自见,故明;不自是,故彰;不自伐,故有功;不自矜,故能长。"

这段"不……故……"的排比句,河上公注:"【不自见故明】圣人不以其目视千里之外,乃因天下之目以视,故能明达。【不自是,故彰】圣人不自为是而非人,故能彰显于世矣。【不自伐,故有功】伐,取也。圣人德化流行,不自取其美,故有功于天下。【不自矜,故(能)长】矜,大也。圣人不自贵大,故能长久不危。【夫唯不矜(争),故天下莫能与之争】此言天下贤与不肖,无能与不争者争。"③

而后得出结论:"夫唯不争,故天下莫能与之争。"

孙以楷依据本章老子所作的论述,提炼编撰了一首"自由诗"式的话语,归纳了老子本章的意旨,新颖有益,引录如下:

> 只知耕耘,不争收获,收获一定丰盈。
>
> 尚未耕耘,空想收获,定然颗粒无收。
>
> 不要畏惧暂时的逆境,顺道而为,一定能变逆境为顺境。
>
> 不要埋怨人们不理解,自然奉献,人们一定会理解你接受你。
>
> 不要叹息眼下的贫困,真诚创造,生活一定会富裕充盈。④

这首自由诗,基本概括了老子本章的内容意旨。它浅白易懂,于理解老子本章的意思,有辅助作用。

"不争",是老子人生哲学中的重要之点。这同老子宇宙论中宇宙的形相与能量实现,是一致的、相通的。老子在本章中,以"曲""枉""洼""敝""少""多",为"外显",而以"全""直""盈""新""得""惑"为"实得"。总体上,以"不争"而得"莫能与之争"的结果。老子以此显示、说明事物与人生中的这种"正反得失"的辩证关系。老子所说,本是据事物发展的现实辩证关系，而揭示和得出的"生活的真理"，而世人或有所不知，或以常理推论之，误解老子所言是奸诈权术。惜乎真理，理解也需要正心纯情，以歪眼斜视观看正标直的，必然显示歪相。

在以上两章中，我们领略了老子在为人处世、培养道德品格方面所做的多种规劝、诱导与提示，他比譬、虚拟、连类而及，从宇宙万物，到天地运行，到人间世事，到为人处世，到高层要求，描绘、论证了我们应如何锻炼修为，达到人格、品德、心性修养的高规格、高层次的水平。这些内容。在在均属尚未过时的千年遗教，至今仍然葆其思想价值于人们的生活之中。

事物"正反相成"的辩证关系，是事物、人生世态的发展规律。老子提出来，足可促醒人们，"以反求正"，亦注意"正能转反"，以为为人处世之规律，而形成自身主观心态的品性与心态。这也是人们人格、心性修养的一个重要方面。

老子这样一段"辩证法讲说"，从思想方法方面来说，还是认识世界事物的一种明敏的眼光和认知智慧，这是认识论的范畴，也是人格、心性修养的深层内涵。人能至此，可谓眼光锐利、心性明敏，广义地说，这也是人格修养的重要方面，不可忽视；修而炼之，可至上品。

本章叙事论证，由远及近，由事物发展规律，及于人生世事，不如其他篇章诗性充溢，但视作散文体式，却也蕴含一种诗意，可视为"诗意性散文体"文本。

注释：

①刘清章：《河上公章句评注》，宗教文化出版社，2020，第332页。

②王弼：《王弼集校释》，楼宇烈校释，中华书局，1980，第56页。

③刘清章：《河上公章句评注》，宗教文化出版社，2020，第732页。

④孙以楷：《老子解读》，黄山书社，2007，第51页。

十二、勿企 勿跨 勿自见 勿自是 勿自伐 勿自矜

（不要踮起脚尖 不要跨步前进 不要逞己见 不要自以为是
不要自己夸耀 不要自我矜持）

在《道德经》第二十四章中，老子提出了一个"六不""一无"的人格、品行修养的高标准、严要求。何谓"六不""一无"？就是"企者不立；跨者不行；自见者不明；自是者不彰；自伐者无功；自矜者不长"和"故有道者不处"。

河上公注："【跂（企）者不立】跂，进也。谓贪权冒名，进取功荣，则不可久立身行道。【跨者不行】自以为贵而跨之于人，众共蔽之，使不得行。【自见者不明】凡人自见其形容以为好，自见其所行以为人道。殊不知其形丑而操行之鄙。【自是者不彰】自以为是而非人者，众共蔽之，使不彰显。【自伐者无功】所为辄自伐取其功美，即自失有功于人。【自矜者不长】好自矜大者，不可以久长。【其于道也，曰余食赘行】赘，贪也。使此自矜伐之人，任治国之道，日赋敛，余禄食，为贪行。"①

王弼注："企者不立，物尚进则失安，故曰'企者不立'。跨者不行，自见者不明，[不自见，则其明全也]，自是者不彰[不自是，则其是彰也]，自伐者无功[不自伐，则其功有也]，自矜者不长[不自矜，则其德长也]，其在道也，曰余食赘形。/其唯于道而论之，若却至之行，盛馔之余也。本虽美，更可薉也。本虽有功而自伐之，故更为肬赘者也。"②

下面，就试析之、试解之。

本章与上章不同，其取义，从直接论述"勿"的方面来立论，论其意义与价值。上章从不自见、不自是、不自伐、不自矜方面来论证其意义与结果，论证其中的鲜活辩证法；本章则从"你正面实施行动，却获得负面的效应"方面，来规劝实施"不"的人生方针。

这是一系列行动适得其反的情况："企者不立；跨者不行；自见者不明；自是者不彰；自伐者无功；自矜者不长。"（跐起脚尖站立站不久；跨越行走走不远；自以为明白反而是不明白；自以为是反而是无自知之明；自我把持着反而不能长久。）所以正确的结论是："其在道也，曰：余食赘形。物或恶之，故有道者不处。"（以"道"的观点来看，这些操之过急、行之不当、适得其反的行为，都是残羹剩饭、累赘多余的行为，令人厌恶。所以有道德的人不这么做。）

故此，终结的忠告是：勿企、勿跨、勿自见、勿自是、勿自伐、勿自矜。这是一种多方面、高层级的"自我克制"的品性修养、人格修炼，你要"无企""无跨"，不要"自见""自是""自伐""自矜"，这是一种克制、内敛、沉稳的外显，而如此，反能"故明""故彰""有功""能长"。这是以"弱"示人，反而能够"明""彰""功""长"。

老子此处所讲，"自见""自是""自伐""自矜"，也是一种事物、人事发展、变异的辩证规律，是一种人生、人格修炼的见识；秉此方可达于心性开阔、温文儒雅、谦忍退让的风度与品性。老子的这一遗教，一直为中国人所信奉，其中有所成者，则可谓道德、人品臻于高层次水平而为人们所尊重、敬仰。这已经成为中国人道德修养的公认指标。所谓谦虚谨慎、礼贤下士、曲己尊人庶几近之。

老子指出自我操作、追求功效的行为之不济反倒失算，行到败绩，反受其害。这种人生的失算，盖在于行为与目的抵牾，背道而驰，便适得其反。这种行为，惹人嫌恶，所以有道之人是不取的。

这种行为与效果的二律背反，说明了一种人生哲理："企者不立；跨者不行"；而"自见""自是""自伐""自矜"就更加适得其反，只能是一种失算的结果："不明""不彰""无功""不长"，沦为"余食赘形"。

所以老子同时将那些反面的形象，即"企者""跨者""自见者""自是者""自伐者""自矜者"，统括起来，贬称为"余食赘形"，就是"剩饭赘瘤"的意思，而鄙弃之。这一评语，真够深刻、严苛的，足以楔入人之肺腑。王力以"戒矜"概括本章之义，指出："凡不能守柔，不善下而好争者，必有所矜也。黩武者矜其国富、兵强，健讼者矜其赂重、援广。虽然矜善游者恒溺，矜善骑者恒坠。是矜者，事之贼也。老子道在戒矜。"[3] "戒矜"就是老子本章的要义与规劝。

何谓"戒矜"？就是解除矜持、以矜持为戒。那么，何谓"矜持"呢？"矜持"，还不是骄傲，它与骄傲不仅在分量上有差距，而且在表现上有不同。大凡矜持的人，外不显骄傲之色，内无傲气充塞，却只是内心自觉不错、有点儿本钱、有点儿能耐，甚至有点儿学问，不过，既想显示又按捺着，既想表白又忸怩着，意欲吸引众人注目、歆羡之情，却虚掩作态，怯人捅破纸糊的"桂冠"，或者内存心虚气短，怕露怯。"戒矜"，也是一服凉药，也是良药。可谓一瓢冷水，兜头而来，使人梦醒。

要说人间世，这种"矜持"之类的人，还是为数不少的吧；他于人无害，于社会无碍，不过行迹世间，令人生厌，至少是不喜欢。但作为个人的道德、人品的修养来说，还是应该警惕、防范的。"矜持"，应该是人们都需要注意、需要警惕防范的缺点，即使是"无伤大雅"的瑕疵，也是避而去之为好。"戒矜"这一老子之教还是要记取为好。老子以上的忠告，在当时，是醒世诲人的良药；即使现在，也仍然保持着鲜活的现实意义。它对于一般人、尤其对于那些少年得志、志得意满者，是具有深切的教育意义和警策作用的。

注释：

①刘清章：《河上公章句评注》，宗教文化出版社，2020，第 332-333 页。
②王弼：《王弼集校释》，楼宇烈校释，中华书局，1980，第 60-61 页。
③王力：《老子研究》，天津市古籍书店，1989，第 94 页。

十三、善行 善言 善数 善闭 善结无绳约

（善于行走 善于言谈 善于计算 善于关闭 善于捆缚不用绳索）

在《道德经》第二十七章中，老子又提出了一个"五善"的人生修养的标准和要求。这确实具广义、有深意、上层次。我们来看他是如何申说与论证的。

老子首先提出："善行无辙迹；善言无瑕谪；善数不用筹策；善闭无关楗而不可开；善结无绳约而不可解。"

河上公注："【善行无辙迹】善行道者，求之于身，不下堂，不出门，故无辙迹。【善言无瑕谪】善言谓择言而出之。则无瑕谪过于天下也。【善计（数）不用筹策】善以道计事者，则守一不移，所计不多，则不用筹策而知也。【善闭者无关键（楗）而不可开】善以道闭情欲、守精神者，不如门户有关［键］可得开也。【善结无绳约而不可解】善以道结事者，乃［可］结其心，不如绳索可得解。【是以圣人常善救人】圣人所以常教人忠孝［者］，欲以救人性命。【故无弃人】使贵贱各得其所也。【常善救物】圣人所以［常教民］顺四时，以救万物之伤残。【故无弃物】圣人不贱石而贵玉，视之如一。【是谓袭明】圣人善救人物，是谓袭明大道。【故善人者，不善人之师】人之行善者，圣人则以为人师也。【不善人者，善人之资】资，用也。人行不善，［圣人］犹教导使为善，得以给用［也］。【不贵其师】独无辅也。【不爱其资】无所使也。【虽智大迷】虽自以为智，言此人乃大迷惑也。【是谓要妙】能通此道，是谓知微妙要道也。"①

辙迹，释德清说："辙迹，犹言痕迹。"②

范应元说："'瑕'，玉病也。'谪'，罚也，责也。"③

筹策，古代计数的器具。

关楗，范应元说："'楗'，拒门木也；……横曰'关'，竖曰'楗'。"④

参阅这些对于词语的解释，我们来解读、诠释全篇的意旨。

前章所论是不要做什么和怎样做什么，现在，则进一步论述怎样来"善为"。不仅是限于"做什么"，即"为"，而且提出了怎样地"善为"，才能取得预期的、好的效果。这就又上了一个层次。老子举出了几个善为的行迹，就是"善行无辙迹；善言无瑕谪；善数不用筹策；善闭无关楗而不可开；善结无绳约而不可解。"（善于行走的不会留下痕迹；善于言谈的不会失言留下责怪；善于记数的不用筹码；善于关闭的不用栓塞却打不开；善于束物的不用绳索却解不开）。根据这些相反相成的现象，老子得出结论："是以圣人常善救人，故无弃人；常善救物，故无弃物。是谓袭明。"（所以圣人常常善于救人，所以没有被遗弃的人；常常善于利用物质的人，没有废弃的事物。这就是隐藏着的明敏。）

由此推论，可以得知："故善人者，不善人之师；不善人者，善人之资。"（所以善为的人，是不善为的人的师长；不善为的人，是善为的人的鉴戒。）据此，作出结论："不贵其师，不爱其资，虽智大迷，是谓要妙。"（不把老师视为珍贵，不珍惜不善为的人的借镜作用，虽然表面聪明实际是大糊涂，这是精要微妙的诀窍。）

袭明，释德清说："承其本明，因之以通其蔽，故曰袭明。'袭'，承也，犹因也。"⑤

要妙，福永光司说："要妙，与窈眇同义，即深奥的真理。"⑥

总结起来，老子之所教，就是"五善"："善行""善言""善数""善闭""善结无绳约"。善者好也，也是擅长之意，为人处世，能够做到这样"五善"，虽然难谓完人，但可说是具有高层修为、高洁修养，于人于世，均是有益、有价值、有奉献之人。自古至今，人世都需要这种高层修养的人，他们于人有益、于人有助、于社会有利、于世有用。

老子在这里是分层论证的：先是"善行无辙迹；善言无瑕谪；善数不用筹策；善闭无关楗而不可开；善结无绳约而不可解"。这是"五善"，即"善行""善言""善数""善闭""善结无绳约"。这都是比喻的说法，即为人处世，要能如此去"行""言""数""闭""结"。

走向老子哲学世界

进一步讲，即做到了这"五善"，就可望趋近圣人了。圣人又是如何作为并获其效呢？答曰："是以圣人常善救人，故无弃人；常善救物，故无弃物。是谓袭明。"即圣人善救人而无被抛弃的人；善救物而无废弃之物。从而达到"袭明"（精要深奥的道理）。

最后，总结道："故善人者，不善人之师；不善人者，善人之资。不贵其师，不爱其资，虽智大迷，是谓要妙。"（所以善人可以作为不善人的老师，不善人可以作为善人的借鉴。不尊重他的老师，不珍惜他的借镜，虽然自以为聪明，其实是大糊涂，这真是精要深奥的道理。）

陈鼓应指出："本章是对于'自然无为'思想的引申。""本章不仅写出有道者顺任自然以待人接物，更表达了有道者无弃人无弃物的心怀。"⑦

既无弃人，又不弃物——这里的"物"是一个广义的词语，它意味着天地之间万事万物，故"无弃人"与"无弃物"是一种包容人类与自然万物的胸襟，心中有人类亦有万物，其心胸自然广阔、博大、深邃，故称为"袭明"。即如释德清所说："承其本明，因之以通其蔽，故曰袭明。'袭'，承也，犹因也。"⑧

此"五善"者，正是如此，既不"暴殄天物"，也不抛弃人众，无弃人亦无弃物。这是一种惜人珍物的人格品行，其对人待物，人人事事，均能珍爱、体惜，善心以待，这是一种充满爱心的品性。无论今古，此皆人与社会都需要的高尚人品。老子在此扩大了"善"的含义，深化了"善"的意蕴，区区一个"善"字，进入人的心灵，就是包容宇宙万物的"心"，善心待人的"心"；这"善"，广阔、雄厚、博大、深邃，是秉宇宙之心为心。这在人的道德、人格修养上，真正博大胸襟、广阔眼界、深邃心境，如此，方能达于"五善"的境界。

"善"而至于"无弃人""无弃物"，这是既尊重人，又珍惜物，这里所说的"尊人""惜物"是一种包容他人与世间万物的态度和胸怀。人而立于世，不是傲岸桀骜，鄙夷一切，对人对事，唯我独尊，只吾独享，目中既无人，心中也无物；对人而只见自我无视他人，对物而暴殄天物毫不珍惜。这是一种"天下唯我"（也是"天下为我"）的人生观和人格品性。茫茫人世，虽说难遇此种人，但"几近之"的人是不乏其人的吧？在阶级社会中更是如此这般，剥削阶级的品性庶几不离。

但是，与之对立而存的，还有能够实行"五善"，而至"无弃人""无弃物"的人，浩茫人世，这种世上"人杰"还是存在的。

本章叙事、论证，比譬丰富、恰当，而且形象逼真、实际，很富于启人之意。而且，其中不乏接近现代语言的词语，如"五善"之陈述与论证，有的接近现代口语。其首段言"五善"，多么清澈明敏，以日常习见的事物现象，揭示其内蕴的哲理，很启人思索。本章以此种日常习见的事物现象，揭示深邃的哲理，既通俗又深邃，既一听就明白，又让人咀嚼之后，体其意旨，深心开阔。这就是老子的哲学特色，即以日常习见之事物、现象，启迪人们思索追究，得其要旨、品其理路，而豁然明朗。

注释：

① 刘清章：《河上公章句评注》，宗教文化出版社，2020，第 334 页。
② 转引自陈鼓应：《老子注译及评介（修订增补本）》，第 2 版，中华书局，2009，第 169 页。
③ 同上。
④ 同上书，第 170 页。
⑤ 同上。
⑥ 同上书，第 171 页。
⑦ 同上书，第 172 页。
⑧ 同上。

十四、知雄守雌 知白守黑 知荣守辱

（深知雄强安于雌柔 深知明亮安于暗昧 深知荣耀持守屈辱）

《道德经》第二十八章所论，在于"知"与"守"两个字。

第一是"知其雄，守其雌，为天下豀。"（深知什么是雄强，但却持守雌弱，以此为天下遵循的路径。）这样做，会是什么样的效果呢？答曰："为天下豀，常德不离，复归于婴儿。"（以此为天下遵循的路径，永恒的德就不会丢失，而回归婴儿般纯真的状态。）

河上公注："【知其雄，守其雌，为天下豀】雄以喻尊，雌以喻卑。人虽自知其尊显，当复守其卑微，去其雄之强梁，就其雌之柔和，如是则天下归之，如水之游深豀。……【故大制不割】圣人用之则以大道制御天下，无所伤害。治身则以大道制御情欲，不害于精神。"①

王弼注："朴散则为器，圣人用之则为官长。朴，真也。真散则百行出，殊类生，若器也。圣人因其分散，故为之立官长。以善为师。不善为资，移风易俗，复使归于一也。故大制不割。大制者，以天下之心为心，故无割也。"②

据此推论，而广知其他，第一，"知其白，守其黑，为天下式"（知道明亮，却安守晦暗，作为天下的规范）。于是，"为天下式，常德不忒，复归于无极"（作为天下的规范，永恒的德就不会有误差，重新回归无限极的地位）。第二，"知其荣，守其辱，为天下谷。为天下谷，常德乃足，复归于朴"（深知什么是荣耀，却宁愿居守屈辱地位，以为天下的水川低谷。为天下的水川低谷，永恒的德就会充实，重新回归质朴的状态）。

河上公注："【知其荣，守其辱，为天下谷】荣以喻尊贵，辱以喻污浊也。[人能自]知己之有荣贵，当[复]守之以污浊，如是则天下归之，如水流入深谷也。【复归于朴】复当归身于质朴，不复为文饰。【朴散则为器】[器，用也]。万物之朴散则为器用，若道散则为神明，[流]为日月，分为五行。"③

按："式"，据任继愈解，为"工具"，异于一般解读。任氏解，其意如下："旧注'式'均作'模式'、'楷式'，细按上下文义，'为天下豀'、'为天下谷'都是指的卑下的具体的东西。'式'即栻，古代占卜用的器具。"④

以"器具"解"式"，排除作"模式""楷式"解的旧读，符合老子之意，如此解，才能与"豀""谷"含义相配，皆卑下、处低的含义，三者统一。如作"模式""楷式"解，则与全句含义不符。

另外，陈鼓应在本章的"引述"中，对"知雄守雌"，亦有详解，兹引证如下："'知雄守雌'：在雄雌的对待中，对于'雄'的一面有透彻的了解，而后处于'雌'的一方。'守雌'的'守'，自然不是退缩或回避，而是含有主宰性在里面，它不仅执持'雌'的一面，也可以运用'雄'的一方。因而，'知雄守雌'实为居于最恰切妥当的地方而对于全面境况的掌握。严复说：'今之用老者，只知有后一句，不知其命脉在前一句也。'"⑤

转引诸多注译诠释如上，以利于我们正确细致地理解、掌握老子的意蕴之深沉、细密，进而有利于我们掌握老子在此处以及其他篇章中，使用这些专用词语的真意与蕴涵。

老子说得很对，不仅"守雌"，而且"知雄"。"守雌"含有持静、处后、守柔的意思，同时也含有内收、凝敛、含藏的意义。"守雌"是在"知雄"的基础上建立的。这是具有一种雄健的内力，却以"守雌"的姿态出现、示人。

老子在此还提出"复归于婴儿"，此前亦曾用"婴儿"一词，此处更为侧重地提出。老子创辟了一个既普通又特别的，以"婴儿"命名的哲学语词——命题。以后的章节中还出现这一词语，可见老子对其重视之意。老子"借用"这一日常生活中习见的名词和人们毫无例外地喜爱的初生婴儿的形象，来陈述与发挥他的哲学思维；其意义因而从人人日常所见的普通名词，进入宽泛深沉的哲学语境，而产生新的意境。他所借助于"婴儿"一词的象征意蕴，是婴儿的天真、纯朴、无欲、无邪，借此与多欲多贪、利欲熏心、追逐名利、豪华奢侈的生活态度与生活意欲对比而批判之。

老子在此所提出的"复归于婴儿""复归于朴"两个生活追求与人生哲学，其象征意蕴与深层意义，就是纯真、朴实、无过奢的欲望、无声色淫逸的追逐，过一种简洁、平淡、纯朴、自然的生活；如此，则于个人是纯真质朴的生存状态，于社会乃合群、稳定、和谐的分子。

老子在本章所阐发的人生哲学，含义独特、意蕴深沉，强调了知其雄、知其白、知其荣，但仍然守其雌、守其黑、守其辱。这表现了一种极度宽宏的襟怀和深沉的心境。"我何尝不知道雄、白、荣之高尚、显赫、荣耀，但却自觉自愿，守雌、守黑、守辱！"这种胸怀，宽宏、高昂、深沉、潜忍，既具有自信心，又蕴含坚定意志，既谦虚恭谨，又昂藏伟岸，既退让后踞，又潜隐进取。这是人格修养的极高品位，也是人生哲学的深蕴潜藏。老子在这一章中，将他的人生哲学，提升到一个新的境界。巍巍乎高哉，深深兮邃矣！老子是观察、积蓄了世人中和历史上众多的、一代接一代的圣人、英雄、志士、执道之人的种种品性、胸怀、人格修养以至气质风范，聚而凝结之、规而集纳之、思而深化之，润笔而描绘之，运思择句、诗化哲思，终运用诗性语言，抑扬顿挫，不是表达而是吟诵成篇。

这种诗化、诗性的哲学吟诵，培育、养成了中华民族自古至今的圣人、义士、英雄、伟人、仁人君子的人格风范与英伟而谦恭的形象，为中华民族一代代后继者所仰慕、学习、追寻、实践，产生了一代又一代的志士、圣人、伟人、英雄，还有潜存于历史深层的无名的仁人志士、英雄伟人。让我们追思、仰慕、追随他们逝去的背影，循着他们的脚步，锻炼修为，期至鹄的！

老子此章的词句，句式重叠、反复回环、跌宕起伏，有诗歌句式、具诗歌韵味，可吟诵、能一唱三叹，显然具有《诗经》的韵味风姿。对此，刘笑敢有细致的分析。他指出：这是"典型的《诗经》式的章与章之间的回环，而且不断重复主要词语，只更换韵脚的字"。"这一章是《老子》中《诗经》风格的典型代表。"但是，他还指明，这并非模仿《诗经》的仿制品，而是具有创造性和个性的，"这完全是思想自由表达的体现，绝无刻意模仿作诗的痕迹"[6]。

这一点，反映了老子继承、接续、运用民族古典文化遗产，但又不是初级的模仿，而是创造性地吸收、化而运用。

老子在本章使用了"雌""婴儿"两个词，来表达、申说他的"守雌""回婴"的思想，但他是在"知其雄"的前提下的"守雌"，是在"常德不离"的前提下"复归于婴儿"（回到真朴的状态）。因此，是一种在潜在的、内蕴的雄强前提下的"守雌""如婴儿"。这实际上是一种更雄强的态势和力量。

老子多次用到"牝""雌""婴儿"的形象，以表其深沉的哲学意蕴。这实在是以弱示人、内在雄强的表现。这是道学的一种常态。前引严复说得好："今之用老者，只知有后一句（按指"守其雌"），不知其命脉在前一句也（知其雄）。"此乃理解老子真意之言。老子的"雌""婴儿"以至"牝""水""谷"等这些形象，都是外弱内强、外稚内壮的体现。老子哲学之内蕴，外弱内强、外羸内壮、外牝内牡，均为其哲学思想之特色与内蕴力。这种精神与心性，经几千年的传播、学习与接受，已经内化为中华性格的内蕴和特征。这深深地体现了哲思对中华文化、中华性格的深层影响。这一点，值得令人深思。

除此之外，老子还创辟了系列象征代码，如"自然""柔弱""谦下""清静""素朴""澹泊""内敛""含藏""内蓄""玄同""啬""愚""不争""讷言"等，它们简练而朴素，但含义却丰富内蕴、引发深思增益，正如罗兰·巴尔特所说："而象征代码引导人们从本文细节推移到象征解释。"⑦这些象征代码，能够引发、启迪人们去推移、思索、领会、想象它们所象征、蓄储、暗示的广泛深邃的意涵。老子这些富于意涵的象征代码，逐渐成为广泛引用、使用的习用语言、文本用语以至口头语，成为中国人表达内心意蕴的词汇。这显示老子活在中华人民心中和思维空间中。

注释：

①刘清章：《河上公章句评注》，宗教文化出版社，2020，第334-335页。

②王弼：《王弼集校释》，楼宇烈校释，中华书局，1980，第75页。

③刘清章：《河上公章句评注》，宗教文化出版社，2020，第355页。

④任继愈：《老子绎读（汉英对照）》，商务印书馆，2009，第176页。

⑤陈鼓应：《老子注译及评介（修订增补本）》，第2版，中华书局，2009，第177页。

⑥刘笑敢：《老子古今》，中国社会科学出版社，2006，第344-345页。

⑦卡勒尔：《罗兰·巴尔特》，方谦译，生活·读书·新知三联书店，1988，第93页。

十五、去甚 去奢 去泰

(去除极端的 去除奢侈的 去除过度的)

《道德经》第二十九章，前面曾纳入政治哲学内解读，这里则纳入人生哲学解读，以为"为人修身的指导与规劝"。老子《道德经》，本是诗性文本，其本文意义丰富、含藏、深邃，具多义性、象征性，故其一些篇章，既可解读为宇宙论，亦可释为政治哲学，有的也允许进入人生哲学范畴。此为一例。

上章作的是一个"守"字的文章，本章作的则是一个"去"字的深意，即"去甚""去奢""去泰"。一"守"一"去"，颇具深意。

河上公解"三去"为："【去甚、去奢、去泰】甚谓贪淫声色，奢谓服饰饮食，泰谓宫室台榭。去此三者，处中和，行无为，则天下自化。"①

王弼注："物或行或随，或歔或吹，或强或羸，或挫或隳。是以圣人去甚、去奢、去泰。凡此诸或，言物事逆顺反覆，不施为执割也。圣人达自然之性，畅万物之情，故因而不为，顺而不施。除其所以迷，去其所以惑，故心不乱而物性自得之也。"②

总其意，均属利欲获得与满足、物质享受之豪奢追求、感官之刺激、耳目之享受。

首先，提出一个大前提："将欲取天下而为之，吾见其不得已。"（谁要想取得天下而按己意有所作为，我看他是不能成功的。）接着解释说："天下神器，不可为也，不可执也。"

"神器"，《易传·系辞上》："阴阳不测之谓神。"河上公注："器，物也。人乃天下之神物也。"③王弼注："神，无形无方也。器，合成也。无形以合，故谓之神器也。"④

这句话译成白话文，就是："'天下'这个神圣之器，不可强制为之，不能主观控制。"并指出："为者败之，执者失之。"

（强制为之必然失败，主观控制必然失去。）接着总结性地指出："故物或行或随，或嘘或吹，或强或羸，或培或堕。"（世上万事万物有的前行有的随后，有的吐纳有的嘘吹，有的强盛有的孱弱，有的自我珍爱有的枉自毁弃。）最后，作出总结性、哲理性结论："是以圣人去甚，去奢，去泰。"（所以圣人去掉极端的、去掉奢靡的、去掉过分的。）王力说："圣人去甚，去奢，去泰。甚者，极思虑之致；奢者，尽华靡之观；泰者，穷耳目之欲；皆圣人之所务去也。"⑤

去甚、去奢、去泰，是老子修身养性、为人处世的"三去"原则、原理。善哉"三去"，高也"三去"，深焉"三去"，为人而能在社会生活中、在为人处世中、在立于寰宇笼罩下，持守"三去"，则善莫大焉，能居高层人格修养之列。河上公与王弼注解"三去"，都使之具体化、物质化了，此解亦无不可，然而老子之意，仍然是以"具象"象征"抽象"，"去甚""去奢""去泰"者，均具有抽象意蕴。"三去"既有物质的，也有精神的，既包含美食锦衣之属、纸醉金迷之类，同时也蕴储精神方面，以至于蕴含所有人类生存、社会的各个方面。总之，应该是一个抽象的、哲学的意蕴，包含人类生存、生命的一切方面。从抽象的、哲学的意蕴来说，"甚""奢""泰"，各有其具体范畴和性质之所指，也体现它们之间的不同质素。"甚"指"超过"，"奢"指"过分"，"泰"（即太）意为高。细体其义，"甚"可理解为超过需要、超过可能、超过安全系数等；"奢"可理解为在性质上、内涵上、品性上过分了，越过最高位置了；"泰"则是数量、质量、性质都超高了。秉此，"三去"之义，就是在广泛的意义上的掌控、遏制、去除。从修辞学的意义上理解，老子以"三去"之议，杜绝了在空间、性质和分量几个方面的过分、过度与超越。

前已述及，老子的诗性哲学，以多义性、象征性、虚拟性的语言形成哲学文本，自然产生解读、诠释中语意上的大同小异，甚至其意涵上也多歧义。本章文本，有以政治哲学意涵释之，以为乃统治者治国理政之论，亦有以社会生活方面的论旨诠释之，更有以哲学论旨而诠释之。这些都是从解读原文本之"本文原意"出之，有理有据，绝非"瞎子摸象"之解读。这种解读、诠释之分殊差异，不仅可以理解，而且应该承认各有千秋，均应认可，读者可按己心己意而决取舍。这正是老子哲学文本之宽泛、深邃、多解性的优长之处，而为其他哲学论著所无者。

本书本章此处则是以人生哲学解读、诠释。此前曾以政治哲学范畴解读、诠释。此非见异思迁、解读不一，而是随论题论旨之变异，而按论旨范畴与意境来作解读诠释。这是解读老子哲学理应采取的研习态度。盖因"去甚""去奢""去泰"为心性、意欲与行动之描绘，其无主语，故可纳入政治哲学中，但作人生哲学解，亦无不可。河上公注："甚谓贪淫声色，奢谓服饰饮食，泰谓宫室台榭。"此即作个人生活与人生存在之视域解之。实际上，老子之意是抽象的、象征的，内容涵盖广泛，包含人生世事的一切方面。

老子云"去甚""去奢""去泰"，意在掌握一个"度"，在个人修养、人生哲学领域，就是在人生追求中、生活欲求中，勿涉"甚""奢""泰"，凡事纳于"适度"中。这个"度"并无一律、绝对的标准，因人而异，各有其主客观条件，各有其欲望与需求，全靠自己掌握。老子文本中即已言明："故物或行或随；或嘘或吹；或强或羸；或培或堕。"这就是所说的主观、客观条件不同，需要自行掌握之。

此理，古今适用，任何人不拘属于哪一阶层，率皆适用而应汲取。老子这"三去"，含义广泛，作为人格修养、心性培育，是一种至高的目标。大凡一个人，为人处世、处理事务、创辟事业、发展人生业绩，均适用这"三去"。"去甚""去奢""去泰"，从表面看，似乎颇为保守，但往深处体会，就能体察其深刻的意义和实际的价值。在人生道路上，能够切实做到，就是一个稳妥、踏实、可靠的人。

作为哲学意义上的"三去"，其义更广泛、更深刻、更启人思索。小而言之，日常生活中的衣食住行、身体锻炼、学问进修方面，事业创辟追求上，以至商业经营上，等等诸多方面，都存在一个"三去"的分寸掌握，要"去甚""去奢""去泰"，否则事倍功半，或者适得其反。超越人生修养的范畴，理解、实行

315

第十一章 老子的人生—生命哲学

"三去"，也是很值得重视的。

注释：

①刘清章：《河上公章句评注》，宗教文化出版社，2020，第 335 页。
②王弼：《王弼集校释》，楼宇烈校释，中华书局，1980，第 77 页。
③刘清章：《河上公章句评注》，宗教文化出版社，2020，第 335 页。
④王弼：《王弼集校释》，楼宇烈校释，中华书局，1980，第 77 页。
⑤王力：《老子研究》，天津市古籍书店，1989，第 35 页。

十六、知止不殆

（知道有个限度就可以避免危险）

老子在《道德经》第三十二章中提出"知止"这一哲学概念，的确具有广泛、深刻的意义。可以说，"止"的概念，是人类思维与一切作为的重要思想节点；由于具有和实行"止"的思想和行为，人类的生产、生活、生命才有了节制、有了规范，有了"善终"。"知止"和善于运用"止"的节奏，人类才能在生产、生活、社会发展以及政治运作、军事斗争中，掌握、运用"止"的及时性、节奏性、恰当性，这是取胜、得益的关键。在人生哲学的范畴里，"知止"，就是在生命节律中、在人生的过程中，以至在日常生活中，都存在一个节律、节奏、节制的问题。

老子首先提出："道常无名、朴。虽小，天下莫能臣。侯王若能守之，万物将自宾。"

这里说"道"既"朴"又"小"，是何意思？

河上公注："【朴虽小，天下不敢臣】道朴虽小，微妙无形，［天］下不敢有臣使道者。"①

"朴"，释德清说："'朴'，乃无名之譬。木之未制成器者，谓之'朴'。""小"，范应元说："'道'常无名，故不可以小、大言之，圣人因见其大无不包，故强为之名曰'大'，复以其细无不入，故曰'小'也。"另外，张默生说："'小'字，指'无名朴'说，亦即指道体而言。道体是至精无形的，故可说是'小'。但此'小'字，不是普通大小之'小'，因有时从另一方面看，此'小'字又可说是'大'了。"②

这里还说到"自宾"，"宾"是服从、佩服的意思。王弼注："抱朴无为，不以物累其真，不以欲害其神，则物自宾而道自得也。"③意思是自己宾服于"道"。

本章老子先讲"道"，而后讲侯王守之，则能"万物自宾"。这是讲政治哲学，我们在前面已经解读过了，此处不赘。按本书本章内容，唯侧重讲人生哲学范畴的有关内涵。秉此，则只侧重解读"知止不殆"。

老子提出"知止不殆"，此诚治国理政之要隘，前已述及；此处我们将之纳入人生哲学的意域来理解、诠释。"知止不殆"，与上章之要义"三去"不同，它不是要"去"，而是停止。《易经·贲卦·彖》中有云："文明以止，人文也。"老子对"知止"的认知与重视，或者就是源于《易经》的这一卦，至少是思想渊源之一。此或为老子接受《易经》影响的一例。

老子首先从论"道"说起，指出："道常无名、朴。虽小，天下莫能臣。侯王若能守之，万物将自宾。"（道总是不见名状，它虽然淳朴微渺，却天下没有对它不宾服称臣的。侯王如果能够遵守它，万事万物就会自然归顺。）接着以天象来示人文事项，指出："天地相合，以降甘露，民莫之令而自均。"（天与地相合，就会降下甘露，人们并没有指使它就自然地均匀润泽。）然后进入另一番自然景象："始制有名，名亦既有，夫亦将知止，知止可以不殆。"（万物运行，开始有了名分，名分既然有了，就该知道有所止，知止可以避免危险。）这道理，"譬道之在于天下，犹川谷之于江海"（就好比道存在于天下，犹如川谷流向大海一样）。

这样一段论述，从"道"言之，而及于社会、人事以至政治统治，均统涉其内；不过，在这里，在人生哲学范畴之内，则仅取其中要旨而言，即"知止不殆"。

"知止不殆"，沉重此言、深沉斯语！这就是要知道适可而止，就不至于失败、涉险。动于所当动，一般情况下，还是属于比较易行之事；而止于所当止，则是比较难为之事。出于种种情况、种种状态，在行进中、在实施中，尤其是在胜利猛进中、顺畅进行中，就好比长跑竞赛，实难骤然放慢脚步，更不要说止步不进了。如果从军事上说，当胜利进军、有摧枯拉朽之势时，则更难吹休战号。但是，在万事万物中，更不要说军事战斗中，适可而止、止于所当止，就像当初始于所当始一样，确实是很为难的。不过，在社会事务中，在事业或商业竞争中，更不要说战争中，当需要止步时而不止步，是具有危险性的，甚至会造成恶果。在商业和人世事务中有所谓"见好就收"，在军事上则有"穷寇勿追"之说，这都是适可而止、止于所当止的谨言善谋。在个人的升迁进退上，在财路广进时，也需要思考、把握止于所当止的原则。就是在个人生理、精力的付出上，也是不能筋疲力尽才罢手休止。"知止不殆"，在如许事端中，都是需要掌握的制胜之道、避险之路。

从人生哲学的学术视域一隅来说，人生在世，运命不同，或亨通顺畅，廊庙高踞，仕途畅通，或商场赚钱，荣华富贵，一生享受拼搏、发展、成功的乐趣与骄傲；或平顺安康，平静一生度过；但另一种情况也是存在的，那就是平生潦倒，诸事不顺，风雨载途，生离死别，如此等等，不一而足。这种人生百态，并非假设虚拟，实实在在是人间世事的现实状况，何得谓虚！其中种种，皆历史与现实中比比皆是的事实。处此世态，不管属于哪种情况，知止不殆，都是可以避险获救、平安"着陆"的准则。

老子的这一人生哲学，已经深入中华民族的心性基因之中了。俗话所谓"莫要得寸进尺""见好就收""得收手时且收手"等，都是"知止不殆"这一哲思的通俗表达。

老子"知止"概念的形成，立足于对自然与社会现象的观察，得知万事万物均有一个起始、发展、结束的过程，它们表现为"生成—发展—结束"这样一个过程；因此，人们在进行各种活动时，就需要依据、掌握这个节奏，及时"止于所当止"，从而取得成功和胜利。"知止不殆"！

人生在世，求学创业，经营商业，从事政务，以至引领群

走向老子哲学世界

伦，总是希求不断发展、发达、进益、增值，此不仅是人情之常，而且是人生意义追求之必需，但在进展、发达、高升的进程中，需要掌握一个"止"字。当发展已经达到自身主客观条件的极致时，就应该掌控、知止。这是一种人生智慧，也是人生修养的重要方面。

注释:

①刘清章：《河上公章句评注》，宗教文化出版社，2020，第337页。
②转引自陈鼓应：《老子注译及评介（修订增补本）》，第2版，中华书局，2009，第188-189页。
③王弼：《王弼集校释》，楼宇烈校释，中华书局，1980，第81页。

十七、知人者智 自知者明 自胜者强

（能了解别人的是智能 自我了解的是明敏 能克服自己的是坚强）

《道德经》第三十三章提出"自身""他人"两重身份，以及对二者的不同态度和形成的不同结果。其情形就是：知道、了解别人的是智慧、智者；自我了解的就是明白、明白人。（"知人者智，自知者明。"）接着便是：战胜他人的是有力量，而战胜自己的则是坚强。（"胜人者有力，自胜者强。"）再接着则是：知道满足就是富有。努力不懈就是有志气。（"知足者富。强行者有志。"）然后是：不失去根基就能够长久。身虽死而能不朽才是长寿。（"不失其所者久。死而不亡者寿。"）

河上公注："【不失其所者久】人能自节养，不失其所，爱天之精气，则可以久。"①

王弼注："不失其所者久，以明自察，量力而行，不失其所，必获久长矣。"②

老子在这里提出的系列概念是"自知"、"自胜"、"自足"与"强行"（强制自己）。这是修身养性的主要方面与行动纲领。

其启迪意义、实用价值，亘古不变。这里是一个认知、处理、实行的思想与行动系列，唯"自知"方能自胜，唯"自胜"方可自足，若不能"自足"，就要"强行"（强制自己）。这是需要具有自我认知、自我克制能力，才能达到的思想品德修养的功夫。所以老子说："胜人者有力，自胜者强。"能够胜人者，仅仅是"有力"而已；但是能够战胜自己的，就是强者了。这是"三级跳"式的逐步进展的系列："知人"—"自知"—"胜人"—"自胜"—"强行"。知人是重要的，能知人，才能与人相处、合作、共事；"自胜"，则更进一步，要能够战胜自己，这比知人更重要却更难为；"强行"，就更进一步了，当不能自胜的时候，还要能够"强制自己去做"，这是需要头脑清醒而且具有自制力的。这是人格心性修养的更进一步的、更高的要求。

这里，又进而超越"三去"，而提出了"自我强制"的修养要求。陈鼓应在对本章内容的"引述"中指出："本章讲个人修养与自我建立。一个能'自知''自胜''自足''强行'的人，要省视自己，坚定自己，克制自己，并且矢志力行，这样才能进一步开展他的精神生命与思想生命。在老子看来，知人、胜人固然重要，但自知、自胜犹为重要。"[③]这一解读与诠释，揭示了老子意旨的重点，富有重要的意义和价值。在"自知"的基础上，才能战胜自己不足之处，强迫自己去"行"。老子这一系列性论述，不仅揭示了自我认知、自我了解的基底，而且指明了处置的方向、方法，那就是倘自知有不足，就要"强行"——强迫自己去实行。

老子揭示的是一个从"自我认知"到"倘不足就强行"的，从自我体认到自觉修炼的过程，这是人格、修养进益递增的过程，足以引导人们自觉修行，以达目标。认识自己，具有"自知之明"的修养，是生而为人这种社会动物，为人处世、与他人和谐共处的必需，成为社会稳定安全的一分子，这是很重要的"社会指标"与"社会律令"。老子之言，不仅在古代，在现代也是很重要、很适用的。在老子的人生哲学系列中，总是贯穿着一个基本精神，即"尊人刻己""反求诸己"，这种"克己让人"的风格，既是自我修养，又是利人安社（社会）的社会稳定安详的

"稳舱石"。老子的人生哲学、存在哲学，是群体性的、社会性的，而不是个体化的、私人化的。他总是注意揭示从天道到人道的，相互关应、义理相同的一体性的关联，既把人—人生—人的存在与"道"相连，又把人与人生、人的存在纳入"道"中来考察、锻炼与"设置"。在本章，他则提出"三'知'一'强'"的规律性认知与锤炼性格、人格、道德追求的指标。

"知人""自知""自胜""强行"是一个逐步精进的进程："知人"——"自知"——"自胜"——"强行"。这进程就是既有知人之明，也有自知之明，又进一步反省自己，知不足，就强迫自己去做。

"强迫自己"，是自我修养的重要功夫。修养，有自生自长、自然达到的成果，所谓"功到自然成"；而战胜自己，强行去做，就是进一步的要求了。这是人格修养的更上一层楼。

注释：

① 刘清章：《河上公章句评注》，宗教文化出版社，2020，第 337 页。
② 王弼：《王弼集校释》，楼宇烈校释，中华书局，1980，第 85 页。
③ 陈鼓应：《老子注译及评介（修订增补本）》，第 2 版，中华书局，2009，第 193 页。

十八、处其厚不居其薄 处其实不居其华

（立身敦厚不居于浇薄 存心笃实不居于虚华）

老子在《道德经》第三十八章中提出了"前识者"和"大丈夫"这样两个概念，其论说人生哲学，皆立足于为大丈夫而言，也就是立意居高，从高标准的立场，来论述、要求人的生存状况与道德境界。

"前识者"，河上公注："【前识者，道之华，而愚之始】不

知而言知为前识。此人失道之实，得道之华。［言前识之］人（之）愚暗之倡始。"①可见"前识者"并不是"事前明白之人"的意思，而是相反，他是愚蠢的开始，"前识者"，"前愚"也，所以是"愚之始"。

王弼注，也是讥笑而谴责之的意思，他指出："前识者，前人而识也，即下德之伦也。竭其聪明以为前识，役其智力以营庶事，虽得其情，奸巧弥密，虽丰其誉，愈丧笃实。劳而事昏，务而治秽，虽竭圣智，而民愈害。"②这一段"酷评"，确实把这个"前识者"，真可谓"揭深批透"了。"下德之伦"，就是下德之辈，他之所为，"民愈害"。

"大丈夫"，河上公注："【是以大丈夫处其厚】大丈夫谓得道之君也。处其厚者，谓处身于敦朴也。"③

老子先论述、解剖"不德""失德""无德""上德""下德""后德"与"上仁""后仁""上义""上礼"等的含义、意蕴，例举之、辨析之，而后作出结论，即大丈夫之所选择与所为，也就是他的人生哲学、他的存在选择与鹄的究竟是什么。这个结论即大丈夫的选择和人生鹄的就是："是以大丈夫处其厚，不居其薄；处其实，不居其华。故去彼取此。""薄"指衰落，河上公注："言礼废本治末，忠信日以衰薄也。"④"华"，浮华，范应元注："华，荣也。"这句话的意思就是："所以大丈夫立身淳厚而不浇薄；心存笃实而不居浮华。所以舍弃薄华而采取厚实。""淳厚""笃实"是大丈夫的立身之本、立足之根，而"浇薄""浮华"则是他所拒绝的。依据老子的这种描述，我们好像窥见一位大丈夫的伟岸、淳朴、笃实的影像和为人之标的，那就是"淳厚""笃实"。

在得出这个结论、这个大丈夫形象的陈述与描绘之前，老子作了一番细致周详的评析。他指出："上德不德，是以有德；下德不失德，是以无德。"（上德之人不炫耀有德，所以是实在有德；下德之人貌似不离德，实际达不到德的标准。）这里说的后一种人，是表面"有德"实际"无德"的一种表现。再有另一种表现则是："上德无为而无以为；下德无为而有以为。"（上德之人自然而然作为并未表现作为；下德之人没有作为却表现似乎有所作为。）接着又对"上仁""上礼""上义"作出论述，指出："上仁为之而无以为；上义为之而有以为。"（上仁之人施仁而似乎没有作为；上义之人有所作为而表现出有所为。）而后，则是："上礼为之而莫之应，则攘臂而扔之。"（上等的人有所作为，而没有回应，就挥舞着胳膊强要人服从。）

由此得出结论："故失道而后德，失德而后仁，失仁而后义，失义而后礼。"（所以失去了道也就会失去了德，失去了德也就失去了仁，失去了仁也就失去了义，失去了义也就失去了礼。）最后，对"礼"作出了严峻的批判，指出："夫礼者，忠信之薄，而乱之首。"［礼这个东西，（其产生）标志着社会忠信的不足，并成为祸乱的开始。］

在进行了一系列的分析批判之后，老子最终提出："前识者，道之华，而愚之始。"依据前所引河上公和王弼对"前识者"的批判，可以领会到，老子这一结论，是对"前识者"严厉批判的态度，以及对"大丈夫"赞誉的激情。

老子的最终结论，也就是对"大丈夫"的内在蕴意与外在表现的体现："是以大丈夫处其厚，不居其薄；处其实，不居其华。故去彼取此。"（所以大丈夫处身敦厚而不居于浇薄；处身朴实而不居于虚华。所以抛弃虚华而取敦厚。）

这就是老子定出的大丈夫处身立命的圭臬标的。

这一大丈夫处身之圭臬标的，可谓人的处世哲学、存在根基的基本内涵与要求。历史上，仁人志士、哲人义士，均翘首以望、心向往之，更身体力行之。

更不乏这种人生哲学的践行者，作为为人所仰慕的哲人志士，向来为中华民族的脊梁与良心，素来为中国有志之士所敬仰、学习，并以他们为榜样，学习之、践行之。

处现代社会，商业发达、市井繁荣，灯红酒绿，享受之指标高、诱人之佳处多，人们处身其中，难免为其所诱，更有深陷其中，不可自拔者，他们醉生梦死、寄情酒色，终至堕落沉沦，不仅荒废终生，甚至危害家庭与社会。如研习并践行老子此处所论大丈夫之职志风范，绝不会至于此。老子人生哲学，至今保持着鲜活的生命力。

老子在这里猛烈地批判了"礼"，甚至斥其为"忠信之薄""乱之首"，斥责之深，痛切之疼，无可原宥。这是与孔子相对而言的。在孔子那里，"礼"是至关重要的一个治世的法宝；但是，孔子又说"礼不下庶人"，他的"礼"这个法宝，是交给统治者治世的，而与人民大众无关，简言之，就是"礼"轮不到你们庶民百姓身上。这正是鲁迅所说的，孔子只有为统治者治理人民的主意、条规，为民众的一点也没有。老子所说，就是指出这是社会忠信已失，所以才出来什么"礼"。问题的纠结就在于：如果事先的涵养、人际关系的"自然"（自然而然），不生侵夺纠结，何礼之需求也！

老子在本章提出了一个"大丈夫"的概念与人格形象。他与"圣人""君子"的概念和形象，共居于老子期许执"道"者的行列之中。"圣人"既是执"道"的顶级模范，又是引领人们习"道"、知"道"、执行"道"的导师。"君子"则是属于依"道"而行的模范、典型。而"大丈夫"则是慕"道"的众生中，那些真心信奉"道"、切实执行"道"的人。他们的表现和模范行为就是："（大丈夫）处其厚，不居其薄；处其实，不居其华。故去彼取此。"

至此，老子树立了"圣人""君子""大丈夫"三个等级的认"道"、知"道"、认真执行"道"的典型，他们是道学传播、行世的引领者与典范。他们不是孔子树立的那种正人君子形象，而是上慕自然之"道"，下而研习、传播、切实实行"道"的人们。

"大丈夫"的形象是和"前识者"的形象相对立提出的，一正一反两个对立形象，标示着两种对"道"的认知与态度；这两种人物的形象，老子应该都是从生活中提炼出来的。一者"前识者"提出以为人们警惕，一不受欺骗，二更不要成为这种人；但是，同时有正面的形象（即"大丈夫"）出现，他与"前识者"相对立，并在精神上驱逐之。

本章是《道经》结束后《德经》的首篇，所谓"德"，就是"道"的落实、实行、实现，故老子在本章提出行"道"、落实"道"而达于"德"的模范、典型即"大丈夫"。

"大丈夫"这一执"道"、行"道"的道学执行典型称谓，而后演变为"男子汉大丈夫"，是坚毅勇为的武夫勇士形象的称谓。已经演化为并非执"道"之士的称谓了。

注释:

①刘清章:《河上公章句评注》，宗教文化出版社，2020，第339页。
②王弼:《王弼集校释》，楼宇烈校释，中华书局，1980，第94-95页。
③刘清章:《河上公章句评注》，宗教文化出版社，2020，第339页。
④同上。

十九、上士闻道 勤而行之

(上士得知"道"辛勤去实行)

本书曾将《道德经》第四十一章纳入政治哲学篇，现在则把它纳入人生哲学篇来解读、诠释。这不是误释内容，而是老子哲学文本的多义性、交叉性、象征性的反映。这种情况，是老子哲学的诗性文本的特征，其本文之借喻、隐喻、暗喻、象征、想象性诸特征，必然产生此种解读、诠释的多样性与多种诠释的情况。

本章首先描摹几种闻道、执道的不同状况。首先指出:"上士闻道，勤而行之；中士闻道，若存若亡；下士闻道，大笑之。不笑不足以为道。"(上等的人听闻到道，辛勤践行之；中等的人听闻到道，将信将疑；下等的人听闻到道，哈哈大笑。——要是道不遭到嘲笑，那就不是真正的道。)依据这种情况，所以，"故建言有之"(古代立言为则的人说得好——)。

"建言"，立言的意思。林希逸说:"建言者，立言也，言自古立言之士有此数语。"[1]任继愈注曰:"'建言'可能是古代的现成的谚语，或歌谣。或以'建言'为书名，但老子博学，他有意不引古书，此说无据。"[2]也许，可以将"建言"释为"常言说"。

那么，"建言"怎么说的呢？他说："明道若昧；进道若退；夷道若纇；上德若谷；大白若辱；广德若不足；建德若偷；质真若渝"（光明的道好似暗昧；前进的道好似退后；平坦的道好似崎岖不平；崇高的道好似低谷；洁白的道好似漆黑；广大的德好似不足；刚健的德好似懦弱疲惫；性质真纯好似见异思迁）；列举以上诸多表面如何、实质非是的现象之后，再例举几种重大现象，它们实质重大，而表现却细密、微小、低下，这就是："大方无隅；大器晚成；大音希声；大象无形；道隐无名。"（最方正的反而没有棱角；珍贵大气的器物总是最后完成；最大的乐音听起来好似无声；最大的形象反而不见形迹；"道"潜隐而无名声。）最后，归结而言："夫唯道，善贷且成。"（唯有道，乐善好施而成就万物。）

老子在这里，一连提出了八个"若"："若昧""若退""若纇""若谷""若辱""若不足""若偷""若渝"，其形容的对象虽然是对"道"的赞颂和形意描绘，但作为行道之人，就应该慕道、学道、似道，故亦可以此要求和借喻执行"道"的人的表现和形象。而"若"字之前，则是"明道""进道""夷道""上德""大白""广德""建德""质真"；这一系列对"道"的形容与描绘，亦可借喻为慕"道"、习"道"、执"道"的表现和形象。这就是人之个性、人格修养的高标准要求和指标。

老子在本章以娓娓道来的意绪与言语，举一反三，列多意简，说明善为道者，如何不见形相，而成就善果。此即人生哲学中，以行迹不显、效应突出、为世所用的道德行为，施德于世，而不显山露水，于世有利，而己身隐存。这是一种高尚潜隐、为世献身的道德范型。

所谓外显微小实质高大、外在一般其内辉耀，以及"大方无隅；大器晚成；大音希声；大象无形；道隐无名"等都表现了一种"外在"与"内里"、"现象"与"实质"不同甚至相反、矛盾的现象。在人生哲学、人格修养的范畴来说，就是一种"外朴内秀"的体现。老子在此论述了人格修养进到高层次的精神气质的表现。具有高层次的道德、人格修养的人，就是表现为"建德若偷；质真若渝；大方无隅；大器晚成；大音希声；大象无形；

道隐无名"。

老子在本章中又提出了一个"下士"的负面形象，他完全是一个懵懂人，他与"前识者"不同，他是一个"局外人"，离"道"十万八千里，只知道傻笑而已。"道"之玄妙深邃，一般难为人们所理解，闻"道"而傻笑的人，世间大概不为少数吧，老子提炼一个"下士"的"大笑之"的形象，足为世人所警惕。

值得一提的是，老子此处所归纳、提炼、形容、表现的几种内外矛盾、外拙内秀现象，以后演进、衍化为哲学范畴以外的思想、文化、艺术等领域的规律之表述，如音乐、绘画、文艺创作等领域，均以这些概括、概念为规律性表述而遵守、习用；同时，也是文学艺术评论的圭臬。"大方无隅；大器晚成；大音希声；大象无形"，这一系列的概括和论证，既揭示了事物发展、变异的状况，描绘了其表现的形象，又构建了深沉事理的哲学内蕴。现在已经深入世人的思想认知之中，并且已经成为中国美学规律，广为接受和经常应用。尤其"大器晚成"，普遍被视为：其一，对那种少壮努力、沉潜进修、深入研究，而后终有所成者的表彰和赞誉；其二，对刻苦努力、潜心研究的人的赞许。这是老子思想深入民族思维的一种表现。

从文本的撰写方面来看，这又是一首思想深邃、意蕴深厚、方面众多、音韵优雅，而行文充满哲思与诗意的"诗哲学""哲学诗"。八"若"的语句多么精巧、音韵多么协调、表现力多么强而准，以诗视之，亦无不可。"大方无隅；大器晚成；大音希声；大象无形"，这段形容与描述，多么精粹、多么准确、多么富有启迪涵。老子之诗哲学，至此达于范文，令人激赏，历经两千多年而不衰，至今仍然广为应用；其思想、语言已经成为中华思想–性格的基因。

注释：

①转引自陈鼓应：《老子注译与评介（修订增补本）》，第2版，中华书局，2009，第222页。

②任继愈：《老子绎读（汉英对照）》，商务印书馆，2009，第238页。

二十、知足不辱 知止不殆

(知道满足就不会受辱 知道适可而止就不会有危险)

《道德经》第四十四章在重述"知止不殆"之后，又联袂提出"知足不辱"。在作出这两个结论之前，提出了三个问题并给予回答，它们是："名与身孰亲？身与货孰多？得与亡孰病？"（名声和生命哪个更亲近？生命与财货哪个更贵重？获得名利与丧失生命哪个更有害？）在比较名声与生命、生命与财货、获得名利与丧失生命孰轻孰重之后，得出结论："甚爱必大费；多藏必厚亡。"

河上公注："【甚爱必大费】甚爱色者，费精神也；甚爱财者，遇祸患也。所爱者少，所亡者多，故言大费者也。【多藏必厚亡】生多藏于府库，死多藏于丘墓。生有攻劫之忧，死有掘发之患。"①

王弼注："甚爱，不与物通；多藏，不与物散。求之者多，攻之者众，为物所病，故大费、厚亡也。"②

这两句可以译为："过分吝啬就会付出更大的破费；过多的货藏就必定会遭致惨重损失。"因此，"故知足不辱，知止不殆，可以长久"（所以知足就不会受辱，知道适可而止就不会遭遇危险，这样就可以保持长久）。释德清说："如敛天下之财，以纵鹿台之欲，天下叛而台已空，此藏之多，而不知所亡者厚矣。"③此语很好地诠释了老子之意。

"知足""知止"，成为两个戒律。在人生道途上，知道适量满足、知道适可而止，就是深沉高层的修养，就是人生境界的高端。人而知足，善莫大焉；人而知止，无险屆临。这是人生哲学中保全生命、保持声名的至关重要的要隘。春秋时代，既是生产力提高、社会进步发展、物质享受升级的时期，又是你争我夺，在战场、商场、社会人生斗争场上，进行血肉拼搏、你死我活的生死相拼的时期。所以，对于货利、声名、进退等名利之争，是很激烈的，是战争、战场之外的一个日常化的战场。处此时世，财富名利之诱惑与争夺，几乎是日日时时，缠身逼迫，试图以至能够超然物外、特立独行，是很不容易做到的。所以老子劝诫，要"知足""知止"，一是对已经达到的，要满足，不追求；二是对于正在进行的，要适可而止，止于所当止。在名声与生命之间、在货利与生命之间，孰轻孰重，要清醒超越，知足知止。

王淮说："知足，是主观上之知止；知止，是客观上之知足。易言之，知足是心理上的一种节制，知止是行为上的一种节制。主观心理上有节制，故不辱（辱，指心理上之烦恼与窘困）；客观行为上有节制，故不殆（殆，指行为上之挫折与打击）。又：知足是治本，知止是治标；标本兼治，故可以长久也。"

"甚爱必大费，多藏必厚亡"这一警句，是老子提炼了纷纭世事，而得出的结论。这是春秋时代现实的总结，而老子的总结，提炼到哲学的高层与深度，予以哲学表述，就成为惊世的警策语和醒世的良言。

甚爱，爱之过甚，就会费去很多，物质上的甚爱，就会费金钱、费物质、费精神、费体力、费时间，如此等等，所费者多多；多藏，积蓄、贮藏、收藏，物质和金钱，一旦失去，则"厚亡"矣。所以，修养之要道，就是要去"甚爱"、勿"厚藏"。

因此，修养之要则，就是："知足不辱，知止不殆，可以长久。"这种人生哲学的呼号与劝诫、引领与诱导，对春秋时人来说，是及时的警号，是劝世的良言；对今世的人众言之，则是远古的遗教、哲学的惊醒、现实的劝勉。

注释：

①刘清章：《河上公章句评注》，宗教文化出版社，2020，第342页。

②王弼：《王弼集校释》，楼宇烈校释，中华书局，1980，第122页。

③转引自陈鼓应：《老子注译及评介（修订增补本）》，第2版，中华书局，2009，第235页。

二十一、躁胜寒 静胜热 清静为天下正

（疾动可以御寒 安静可以耐热 清静无为可以做人民的模范）

静，是老子"哲学词典"中的常用字，它与"无""退""谦""让""卑"具有同等的含义意境，分别而又共同，显示和陈述老子的哲学思维与哲学训教。《道德经》第四十五章提出了"清静为天下正"的哲学认定。

所谓"清静为天下正"者，清静无为可以为天下之正则（即模范、规范）的意思。论述这一哲理，老子运用事物与世事的鲜活辩证法，来作为引论与证实。他指出："大成若缺""大盈若冲""大直若屈""大巧若拙""大辩若讷"，是几对表里不一的现象，它们启发人们深入地观察和理解事物的复杂性和外表与内里的不一致。

河上公注："【大成若缺】，谓道德大成之君。若缺者，灭名藏誉，如毁缺不备。""【大盈若冲】谓道德大盈满之君。如冲者，贵不敢骄，富不敢奢。""【大直若屈】大直若修道法度，正直如一也。如屈者，不与俗人争，如（何）［可］屈折也。""【大巧若拙】大巧谓多才术也。如拙者，（亦）［示］不敢见其能。""【大辩若讷】大辩者，智无疑。如讷者，口无辞。"①

王弼注，简明扼要："大成若缺，其用不弊：随物而成。不为一象，故若缺也。""大盈若冲，其用不穷：大盈充足，随物而与，无所爱矜，故若冲也。""大直若屈，随物而直，直不在一，故若屈也。""大巧若拙，大巧因自然以成器，不造为异端，故若拙也。""大辩若讷。大辩因物而言，己无所造，故若讷也。"②

这几句成语，意译如此："大成若缺，其用不弊。"（完美的东西好像仍然有缺陷，但它的作用却永不衰竭。）"大盈若冲，其用不穷。"（盈满的东西好像虚空，但它的用途却永不穷尽。）又说："大直若屈，大巧若拙，大辩若讷。"（最笔直的东西好像弯曲一样，最灵巧的东西好像笨拙一样，最佳的辩才好像口拙一

样。）这里揭示的是一系列正反不一的现象，是一种表面缺陷、虚空、弯曲、迟拙、诺诺，而内里、实质上却是不毁缺、不穷尽、大盈满、笔直、雄辩。总之，世间万物、社会现象，常如此，表里不一、外弱内强、表屈内直。

据此种种，作出总结："躁胜寒，静胜热。"朱谦之认为："'躁'者，'燥'也，是老子运用楚国方言，正指炉火而言。"③这就是说，疾急行动可以御寒，安静沉寂可以战胜燥热。最后总其意："清静为天下正。"（沉静可以作为天下的正则、范型。）把"静"（即沉静）作为天下行为的正面、优胜、克"躁"的典范。

老子赋予"静"沉静、镇静、稳重、稳定的"定力"与"自信力"的表现；以多种比喻，阐述、引发对于"静"的意义与作用的认定。

春秋时代，是一个战乱不息、兼并不停、社会混乱、民不聊生的时代，充满了躁动、混乱、拼杀、掠夺、抢劫等横暴恶行、血腥行为。据史书记载，楚国在春秋末期，不断与新起的吴、越争斗，内部也发生权争。童书业的《春秋史》中，称之为"春秋末年南方混战的局面"，而且是"当中原各国政局变动的当儿，南方同时也在大砍大杀"。④老子正是面对这样的时局和社会状况，而发出了对"躁"的批判和对"静"的赞赏，称赞"静"具有震慑、安定、除暴制躁的作用。从人生哲学的深度与高度来理解与诠释，它具有修炼于前、成功善后的意义和作用。一个人生存于斯世斯时，修养于前，处事于时，把握一个"静"字，则是有利于己、有益于世的"执道之人"。

一个"静"字，若能惊醒众生，广为布施，于个人是修养，于社会是安稳。老子生于乱世，历经忧患，审时察世，哲思深深，凝练出这一"静"字，历经古今，仍不失其养生救世的含义，其哲学之深邃与实用，令人敬仰与感怀。

"静"，有平静、安详的意思，这体现了老子的基本精神与神态、意蕴。以平静、安详的态度、神智，去对待面对一切，无论何种状况，都以一个"静"字对待，洪水猛兽、刀枪剑戟，以至山崩地裂，都以这一"静"字对之，"静胜热""静为天下正"，既有自信，又具远见卓识，深知"静"的定力、威力与能量。当然，这种"静"，是需要具有"底气"的，绝不是匹夫之勇，也非虚张声势，而是一种在强烈震动或威猛强敌面前，不惧怕、不气馁、沉稳文静的气概，并战而胜之。古典武侠小说中，常有对那种武坛圣手的描述，大体如此。当然，精神、思想上的"静"，犹胜过这种形象。

老子以五个"大"——"大成""大盈""大直""大巧""大辩"，表其内，而以五个"若"："若缺""若冲""若屈""若拙""若讷"，表其外。内外不一致，外"弱"内"强"。这是教人以谦逊、内敛、卑下、弱势的外在形象，示人、显世，而以内秀、深诚、刚劲、强健蕴蓄身内。这是一种高度修养的人格、品性，是锻炼修养进到高层次的表现。

老子之遗教，值得后世的人们记取、修炼、践行。

注释：

① 刘清章：《河上公章句评注》，宗教文化出版社，2020，第343页。
② 王弼：《王弼集校释》，楼宇烈校释，中华书局，1980，第122–123页。
③ 转引自黄朴民、林光华：《老子解读》，中国人民大学出版社，2011，第212页。
④ 童书业：《春秋史》，江西教育出版社，2021，第222页。

二十二、莫要"生生之厚" 争取"无死地"

（莫要"奉养太过度" 争取"不进入死地"）

关于这一章的内涵意蕴，向来均以"养生"释之；本书另有意义诠释，不过此处先以"养生"说解读，而后作另一种解读，并作辩驳。

老子在《道德经》第五十章中，探讨和论述了如何对待养生的问题。此前所论，都是养心、养性，修炼心性人格。本章所论，则进入身体修炼了。而这种修炼身体，仍然与修身养性分不开。老子总体的意见是：莫要"奉养太过度"，争取"不进入死地"。

老子首先说："出生入死。生之徒，十有三；死之徒，十有三；人之生生，动之于死地，亦十有三。"这是说：人一生从出生到死亡，长寿的占十分之三；短命的占十分之三；由于奉养妄为而走向死路的，也占十分之三。这后者，即"生生"者，也是"十有三"。他自问自答："夫何故？以其生生之厚。"意思是：这是为什么呢？因为养生太过度了。这是他论述的开端。他揭示的是人的存世死生年龄的概数。在此大体的基数基础上，他论证如何"摄生"（养生）为好。他说："盖闻善摄生者，陆行不遇兕虎，入军不被甲兵；兕无所投其角，虎无所用其爪，兵无所容其刃。"

这段话很有趣，他说："据说善于养护生命的人士，在路上行走不会遇到犀牛和老虎，在战争中不会遇到杀伤；犀牛对他用不上它的角，老虎对他用不上它的爪，兵器用不上它的刃。"这些当然都是比喻的说法，不是真实的记录或记述。他自问自答："夫何故？以其无死地。"（这是为什么呢？因为他没有进入死亡之地。）

这里，老子提出了一个养生的辩证法，即避免"过"而适得其反，与"不过"（适当）的养生得益的"诀窍"。其要领就是不要"生生之厚"（过度奉养）。其中，关于生与死的系列的"三三比"，不过是一种比喻的说法，不是医学上科学的生与死的数量比例。老子讲的是养生哲学，而不是医学养生学。至于后面关于"善摄生者"的种种"不会"，似乎犀牛、老虎、战争，对之均无可奈何，伤不着。那也是一种比喻、形容的说法，不能求实。

在这里，还有两点可以置评讨论。

一是任继愈指出："今天我们所用的'出生入死'，是冒着生命危险，不顾个人的安危。《老子》的原意是'人在社会上，不是活就是死'。原意不同，不可混淆。"①这是古今词语含义变化的结果，今之读老、释老者，不可不注意。

这种词语古今意义变化，甚至变得南辕北辙的情况，在语言发展史上为数不少。如《红楼梦》中，贾老太太说到佃户原许愿说要送农家产品来，到现在还没有送来，她说"到如今还一点影响没有"。这里的"影响"，就不是现代语言中的含义，而是"不见影子也没有响动"的意思，取其中"影"与"响"二字，而成"影响"词组。又如《世说新语》中，亦时见同一词语古今含义差别甚大。如《政事·第三》中的"绍咨公出处""天地四时，犹有消息"两句中的"出处""消息"二词，前者是指"出"而为官，或"处"——不出来为官，后者中的"消息"是指"消"（灭）、"息"（生），这同现代语言中的"出处""消息"的意思，真是"牛头不对马嘴"了。《道德经》中不少这种古今词语含义转移变异的情况，这是解读诠释《道德经》时需要注意品察的。

二是刘笑敢说到对此章中"三三比"说法的理解诠释问题时，提及盖尔塞茨（Lutz Geldsetzer）论"独断型诠释学"和"探究型诠释学"的区别。前者"重在把文献中似乎固定的意义应用于我们所要解决的问题上"，而后者"则要探究文本的真正意义。根据历史资料推出作者的精神并以作者的精神来进行历史的解释"②。这里所举两种诠释型的区别，值得对《道德经》研读、解读与诠释者注意，这对老学研究很重要。读《道德经》，宜使用"探究型诠释学"，而力避"独断型诠释学"。

孙以楷解读本章说："这一章，老子讲了养生原则，十分深刻。所谓养生，其根本意义在于养护生命使生命更有价值更有意义。""养生的根本在无私忘身。无私则无畏，一身正气，把一己之身置之度外，连老虎、兕牛遇其正气也避而远之，敌方士兵慑于其正气，不敢与之交战。越是无私，越是无畏，也越是没有什么力量能加害于他。这才是真正的善于养生，是顺自然养生。"③把"养身"的诀窍归于"无私忘身"，这符合老子之意。老子批判"生生之厚"，就是批评过度养生，太把一己生命看重。"无私忘生"而养生，得其真谛，斯可收养生之效。故其说，似可概略为"不养生的养生"。

以上按"常规"、按向来的解读而解读诠释本章意涵。下面，且依据本书作者的理解，作另一种非常规的解读与诠释，以供讨论。

老子何以特立此章讲养生之道？我意以为，他不是忽然在其哲学著述中来单独讨论养生长寿问题，他是借此讨论如何对待生命的大问题，是一种对人的生命、人的存在的哲学思考。这是他的生命哲学的内涵，而非对医学与健康问题的探讨。所以他一开始，就提出一个人的生与死的"三三比"的估算，这实际上是虚拟一个人的存在的生死比例的概数，以此论述人应该如何对待自己的生命。"生生之厚"者，是过分重视自己生命的人，何以过分养生，那是为自己而生、而活着的个人主义者；而"善摄生者"就不同了，他"陆行不遇兕虎，入军不被甲兵；兕无所投其角，虎无所用其爪，兵无所容其刃"，"夫何故？以其无死地"。怎么可以不进入死亡之地呢？这实际是表述一种不惧死亡、视死如归的精神；不是这些犀牛、猛虎以至甲兵，都不能伤害他，而是他不惧怕它们，敢于与之战斗和拼杀，所以是"无死地"，即生死置之度外。这样理解，才符合老子的原意。因为事实上不可能出现这种犀牛、猛虎都不能伤其生命的"无死地"的情况。所以，总其意，就是阐述两种生死观和生命观的比较。这就是老子论述"德"的至高命题及其应有的态度。视死如归者，不把生命看作一己的存在，而是慕"道"、执"道"、行"道"的生命体，像老子提出的圣人、君子、"上士"、"上德"之人那样，以一己生命付与执"道"、行"道"。这是在圣人等典范之外，又提出了一个"舍生忘死"、献身于"道"的"善摄生者"的崇高典范形象。

这样理解，才符合老子的原意，才是他在"德经"中要论述的宗旨；而不是谈什么养生之道。单从文本的语气也可以体会出，他不是突兀地大谈什么养生之道。其叙述的铺陈与语气，都不是谈论平静的养生之道的规范。开篇就是"出生入死"，而不是一般的养生的提法与语气。关于这一词语的解读，按养生说，必然是投胎落地是"生"、死亡入地就是"死"，这种常识性的陈述，也太浅白无文了，而且与后续的论述养生内容不搭调，与《道德经》文本的诗性、雅文风范太不协调了。而以舍生就义释之，就合乎后面的论述内蕴了，意思就是不顾个人生死安危，舍生就义、舍命卫道执道，这才符合接续的论述。那么，接续如何论述？老子舍"养生"一词不用，而用"善摄生者"，那所谓"摄生"，就是如何摄取生命意义的意思。

再从本章前后衔接的两章内容来看，也以作生命观的释义为协调和接榫。第四十九章所论是圣人"以百姓心为心"，五十一章则是论"遵道贵德"，中间第五十章，接续论舍生忘死、舍生取义，承上接下，理路顺畅、意涵连贯；而以"养生"论之，就前言不搭后语，后语不接前言了。老子何以在四十九章与五十一章中间，突兀地整出个养生议题？此绝非老子所能为。

本章是"德经"的内涵，"德"者是"道"的执行与实现，以"舍身求仁"（即"出生入死"）的勇毅精神执道行道，就是"德"的高度表现，而"养生"，则仅仅是保持身体健康而已，何能入于《道德经》之篇章？为此"养生"说解读，确实与老子宏大深博的哲学思想不搭调。

注释：

①任继愈：《老子绎读（汉英对照）》，商务印书馆，2009，第276页。
②刘笑敢：《老子古今》，中国社会科学出版社，2006，第527–528页。
③孙以楷：《老子解读》，黄山书社，2007，第113页。

二十三、塞兑闭门 挫锐解纷 和光同尘 以达玄同

（堵塞嗜欲孔窍 不露锋芒解除纷扰 含敛光耀混同尘世
以达玄妙齐同境界）

老子在《道德经》第五十六章中，再次提示一种超脱一切亲疏、利害、尊贵、贱下之分的超然境界，即他所创辟表达的"玄同"境界。它的针对性再次表现出来，就是面对春秋时代的纷争

乱世，魑魅魍魉横行，荣华富贵亨通，锋芒毕露行世，富贵轻贱分明，亲疏不分常见；如此乱世，何以自处、如何超越？那就是创辟一种"塞其兑，闭其门，挫其锐，解其纷，和其光，同其尘，是谓'玄同'"的超然境界。这里体现的是老子哲学一贯的认知、观世、超脱的"道"的境界。这种规劝与教益，不仅适用于春秋那个乱世，而且是对于从历史到现世都具有教化作用的诤言重教。

"和其光""同其尘"，是老子独创的哲学词语。

河上公注："【和其光】虽有独见之明，当和之使暗昧，不使曜乱［人也］。【同其尘】不当自殊别也。"①

王弼注："和其光，无所特显，则物无所偏争也。""同其尘，无所特贱，则物无所偏耻也。"②

何谓"玄同"？

河上公注："【是谓玄同】玄，天也。人能行此上事，是谓与天同道。"③

王纯甫解读为："玄同者，与物大同而又无迹可见也。"④任继愈解："'玄同'即'道'。"⑤

老子先是说"知者不言，言者不知。"（有真知的人不多言说，言说多的人就不是真正的知者。）紧接着便陈述不多言说的状态及其境界，指出："塞其兑，闭其门，挫其锐，解其纷，和其光，同其尘，是谓'玄同'"（堵塞嗜欲的孔窍，关闭嗜欲的门庭，按抑锋芒，解析纠纷，含匿光芒，混同尘世，这就是玄妙微渺的执道的境界）。在这种"玄同"的执道境界中，就超然物外、超脱尘世，"故不可得而亲，不可得而疏；不可得而利，不可得而害；不可得而贵，不可得而贱"（所以就无所谓亲，也无所谓疏；无所谓利，无所谓害；无所谓贵，无所谓贱）。总其意，就是："故为天下贵"（所以就为天下所尊贵）。

"玄同"之境，应该是人生哲学之归宿与深层境界。陈鼓应在本章的"引述"中指出："理想的人格形态是'挫锐''解纷''和光''同尘'，而到达'玄同'的最高境界。'玄同'的境界是消除个我的固蔽，化除一切的封闭隔阂，超越于世俗褊狭的人伦关系之局限，以开豁的心胸与无所偏的心境去待一切人物。老子哲学和庄子哲学最大的不同处，便是老子哲学几乎不谈境界，而庄子哲学则着力于阐扬其独特的人生境界。如果老子的哲学有所谓'境界'的话，勉强可以说'玄同'的观念为近似。"⑥将"玄同"纳入境界意义范畴，使之具体化而易于把握其真义。

孙以楷在他所著《老子解读》中，对"玄同"作了比较细致的解读，有新意。他说："老子是中国历史上最早关注异化现象的人。寻求如何消除价值差别，超越纷乱的现实以回归道的境界，这就是玄同论。玄同境界即道的境界。玄同不是等同。可以用朴、婴儿来比喻玄同境界。朴，比喻未化生万物的道的整体。婴儿保有人的本真之性，没有是非利害善恶之辨。婴儿眼中的世界是一个无差别的和谐的整体世界。玄同境界并非取消差别，而是寻求缓和与化解对立，超越差别与对立，精神上返璞归真。老子主张'不可得而亲，不可得而疏'，就是超越世俗的亲疏之别，不会任人唯亲，更不会包庇亲者为其谋私；'不可得而利，不可得而害'，就是超越世俗的利害之别，不为名利所诱，也不会为迫害所屈；'不可得而贵，不可得而贱'，就是超越世俗的贵贱观，不会恋高位而失人格，也不会处低位而自卑贱。人能如此，境界自高，必为众人所敬仰。但境界高，并不是给人看的。境界自高也要行迹同于众人。品格清也要与众人一样蒙上灰尘。极高明而道中庸，近于玄同。"⑦把老子的"玄同"论纳入异化论范畴解读，确有新意，解析亦较细致，有利于人们理解老子的哲学命题："玄同"。

"和光同尘"，已经深入我们民族的小传统之中，被比较广泛地应用，并已进入辞书。如《辞海》即列为词条，解读为："【和光同尘】《老子》：'和其光，同其尘。'王弼注：'和光而不污其体，同尘而不渝其真。'后谓不露锋芒、与世无争的处世态度为'和光同尘'。"现时通用的意思，似多为能够与众和合、平等对待的意思；时有使用者以此意书写赠人以赞誉之。

老子在《道德经》中，多次详解"道"的含义与意蕴，此处又以"玄同"之词释"道"，使"道"的意境更深一层，也使"道"的意境得到更进一步的诠释，也更具体化一些。我们借此言"道"之意旨的论述，而进入人生哲学之深境，可谓使人生修为，深入、进益而入于更高的层次。

注释:

①刘清章:《河上公章句评注》, 宗教文化出版社, 2020, 第347页。
②王弼:《王弼集校释》, 楼宇烈校释, 中华书局, 1980, 第148页。
③刘清章:《河上公章句评注》, 宗教文化出版社, 2020, 第347页。
④引自《老子億》, 转引自陈鼓应《老子注译及评介(修订增补本)》, 第2版, 中华书局, 2009, 第273页。
⑤任继愈:《老子绎读(汉英对照)》, 商务印书馆, 2009, 第310页。
⑥陈鼓应:《老子注译及评介(修订增补本)》, 第2版, 中华书局, 2009, 第274页。
⑦孙以楷:《老子解读》, 黄山书社, 2007, 第127页。

二十四、治人事天莫若啬 深根固柢长生道

（治理国家养护身心没有比啬更重要的 这是根深柢固长生之道）

老子在《道德经》第五十九章中，提出一个"啬"字，把珍摄生命的"摄生之道"，提炼凝聚，达于极致。他把治国之道和养生之道一并论之，亦具深意，那就是治国也犹如养生，治理一个地广人众的邦国，要像养育一个人的生命，应该细心护养，犹如前所说"治大国若烹小鲜"。但这个"啬"字，决不可狭义理解，不可仅仅从字面意义去理解。其深意蕴含，应与其所论对象联系起来体会。

河上公注为:"【莫若啬】啬，爱［惜］也。治国者当爱［惜］民财，不为奢泰。治身者当爱［惜］精气而不为放逸。"①

王弼注说:"莫若啬，犹莫过也。啬，农夫。农人之治田，务去其殊类，归于齐一也。全其自然，不急其荒病，除其所以荒病。"②

范应元则说:"谓去人欲以事天道，莫若自爱精气也。"③

高亨说："'啬'本收藏之义，衍为爱而不用之义。此'啬'字谓收藏其神形而不用，以归无为也。"④所以这里的"啬"，是精神意义，而非物质吝啬。

总之，老子这里提出的"啬"，其精神实质是去人欲事天命，其含义是高广深邃的，绝非吝啬可释其意。河上公从积极意蕴释之，以为"爱"意之谓；王弼则以"去除"意涵解读，以为如农夫除草之意。

老子所论，是治人和事天。他说："治人事天，莫若啬。"（治理人众和侍奉天道，没有比吝惜精神更为重要的了。）往下就接续地解释"啬"的含义与作用："夫唯啬，是谓早服"（唯有吝惜精神，才是早作准备）；而"早服谓之重积德"（早作准备就是不断积德）；而"重积德则无不克"（早作准备就没有什么不能胜任的）；而"无不克则莫知其极"（没有什么不能胜任就无法估计他的力量）；而"莫知其极，可以有国"（无法估计他的力量，就可以治理国家）；而"有国之母，可以长久"（有了治国的根本理路，就可以长治久安）；那么，"是谓深根固柢，长生久视之道"（这就是根深柢固、长生久活的道理）。

老子在这里提出的"啬"，是一个独创的哲学概念，既是"精神"上的，更是哲学上的，也就是说，它的含义广泛、深邃，而又蕴含丰厚。好一个"啬"字，它揭示了老子深刻的哲学思想，其中可以说，同时蕴含着"去""无""静"等老子提出的哲学思维的"思想粒子"，它们汇融一起，构成老子"道"的思想体系。

其实，老子说出一个"啬"，"背后"潜在地就有一个同音而不同义的"摄"在其内。"啬"此而"摄"彼也；舍弃了物欲，就摄取了精神，舍弃了物欲的追求，就摄取了精神的收获。

对老子这一"啬"的理解与诠释，需要深思，在治国和摄生这两个范畴之内，其意涵颇为深邃而温蕴，体现出一种对人生与生命的精神上的吝惜与珍爱的深意。

老子最后说："是谓深根固柢，长生久视之道。"（这就是根深柢固，长生久活的道理。）其中"长生久视"一语，朱谦之认为是"当时通行语，如《荀子·荣辱》、《吕氏春秋·重己》中都有这一用语"。而"深根固柢"也演变为现今的常用成语，不过演化为"根深蒂固"了。推测，也许"深根固柢"本是当时民间习用语，老子习而用之。《道德经》中，不乏采用民间语言的例子。这说明了老子的思想与语言，尽有来自民间、取自民间的。这反映了老子思想、语言的人民性。

孙以楷解读"啬"说："这一章，老子提出了人生观、政治观、自然观相统一的根本原则：啬。老子哲学的基本理念是天人合一。人身、社会、自然都是有机系统，三个有机系统之间又是相应的关系。知人可知天，知天亦可知人。做人修身的道理、治人治国的道理、客观自然的规律是一致的。""所谓啬，即不浪费，不浪费财物，不浪费精神。'治人事天莫若啬'就是通常所说的用力最小而收效最好。怎么才能做到呢？根本的一点就是要按规律（道）办事。凡事早做准备，不断积累对客观事物本质的认识，认识透了（把握了规律），就会无所不能，具有无穷的力量。对这样的人，可以放心地让他管理国家。因为他掌握了治国之道，其原则是永恒的。治国如此，养生也如此，都贵在把握住根本。"⑤指出这一点是很重要的，即老子的哲学文本，往往是人生观、政治观、自然观浑然一体，在一个篇章里，以诗性的语言，表述其哲学观点，其所述，常常是"三观"，即自然观、政治观、人生观浑然一体，同一个篇章，可以做这样三个方面的解读与诠释。本书将"三观"分章解读、诠释，往往"撞车"，免不得重复，就是《道德经》的同一章，在本书的两个章里出现，而作不同哲学观的解读与诠释。

总之，老子提出的一系列哲学概念与范畴，都是互相关联，形成一个"哲学概念群"，构成一种哲学上的结构与构造，因此，理解其一个哲学概念，应该和需要与其他哲学概念结合、联系起来解读和诠释。如此处的"啬"，就可以和"不持""弗居""不争""不为目""虚极""静笃""去甚""去奢""去泰"，以至"雌"和"婴儿"等概念和范畴，联系、沟通、结合起来，作广义和"观念链""概念链"中的一"分子""因子"来理解，才能达意、得旨。深解其内存之广袤深邃的意蕴。

这一章的整个文本，显现出一种诗的韵味与意蕴。好似在吟咏，在人生哲学的意义视域中，如何在精神上"啬"之、惜之，养精蓄锐，生命长久。

本章文本，再一次显示了老子诗性哲学文本的深邃而温蕴的诗意，引人深思，吟之颂之，含玩体察，深思其意，不觉身心开豁、意蕴深邃，既思养生为世之义，又察治国之道，从而进入一种个体与家国相联、生命与时势互通的人生境界。

注释：

①刘清章：《河上公章句评注》，宗教文化出版社，2020，第349页。

②王弼：《王弼集校释》，楼宇烈校释，中华书局，1980，第155页。

③转引自黄朴民、林光华：《老子解读》，中国人民大学出版社，2011，第264页。

④转引自陈鼓应：《老子注译及评介（修订增补本）》，第2版，中华书局，2009，第284页。

⑤孙以楷：《老子解读》，黄山书社，2007，第133页。

二十五、为无为 事无事 味无味

（以无为态度去作为 以不搅乱方式去做事 以无味当作味去品味）

《道德经》第六十三章首先提出三个"无"："无为""无事""无味"。

王弼注："为无为，事无事，味无味。以无为为居，以不言为教，以恬淡为味，治之极也。"①

老子说："为无为，事无事，味无味。"（以无所为的为去为，以无所事的事去做事，以没有味的所求去品味。）

这是以一种超脱的、超越的、超然的态度去作为、去做事、去品味。这是一种高层的人生境界、生命境界。以这种高境界、高姿态去为人处世，去做事、去看问题，便是另一种境况了。老子此处所说"三无"，即"无为""无事""无味"，对于人的修身养性，对于人的存在，都是很重要的行为规范，达此，就是晋升到一个很高的人生境界了。"无为"的"为"，是一种高端的"为"，宇宙为自然界万事万物之"为"，是无所"为"的，即"无'为'之'为'"，圣人之"为"也是这样。"无为"，即无所图、无所需求、无须回报。"无事"之"事"就是无所搅扰地行事，行事无辙迹，更没有搅扰，也不需要报酬，这是"无为"在行事上的表现。"无味"，王弼注："以恬淡为味，治之极也。"这"三无"就是"道"的境界。

接着例举诸多事理，以陈述其理路境况："大小多少，报怨以德。"意思是：无论事情是大还是小、是多还是少，都对怨恨报之以德。以此类推，"图难于其易，为大于其细"（处理困难的事情从容易处入手，处理远大的事情从细微处入手）；这是因为："天下难事，必作于易，天下大事，必作于细。"（天下的难事必须从容易处做起，天下的大事必须从小事做起。）由于这个原因与前因，"是以圣人终不为大，故能成其大"（所以圣人始终不自大，因此能够成就大事）。这段话，说得多么好！从"容易"处下手去处理难事，从细小处去处理大事；所以圣人从始至终，都不自大，所以他能够成就大事。这里申说的是办事的顺序和诀窍，但更进一步的意思则是对事物、事务的本质认识，并在这个基础上，决定和采取处理的顺序和方式。但归根结底，还是归于人格、品德的修养上。如果按照老子在这里所申说的胸襟、眼识去处理诸多事务，就会是沉着安稳、有条有序、循序而进地办事、处理问题；又是不事声张、无所索求地去做。

但是，老子在这里并不止于论述如何办事的问题，而是从此出发，论证为人处世的胸襟与风格。所以他由此，又从反面进行论述，指出："夫轻诺必寡信，多易必多难。"（轻易地许诺必然失信，总把事情看得容易必然增加困难。）因此之故，"是以圣人犹难之，故终无难矣"（所以圣人还把事情看得困难，由此终究没有困难）。

老子在这里，提出了几对矛盾转化的关系："怨"与"德"、"难"与"易"、"大"与"细"、"诺"与"信"。同时，对如何处理这样几对矛盾关系，使之达到完满解决就是"报怨以德"、

"图难于其易"、"为大于其细"、去除"轻诺"而不"寡信"。

老子在这里所论证的，我们拿来应用于人生—生命哲学之中，可以得知为人处世的一种正反相移的辩证法：远大的事情从细处下手；困难的事情从容易处下手；人际交往中，不轻诺，就不至于寡信；处理事情上，先易后难，逐步进展。这是一种从容不迫、难易有别、大小适度的处事风格、风范，是大家风范，道家气度。"夫轻诺必寡信"一句，已经简化为成语"轻诺寡信"，广泛流行，成为批评轻易许诺却不能实行，因而失去信用的成语，也是提醒、警诫人们不要轻易许诺自己做不到或一时不能实现的事情。这已经是中国民间流行成语，为中国人所广泛运用，是人格、品行修养的一个重要方面。

这一成语，很有益于在现今社会中人们社会交往、人际关系的处理。

本章有两句至理名言，于人的人格心性的修养至关重要，它们使人达到一种人的存在的高境界。这两句可称格言的话，就是"报怨以德"与"夫轻诺必寡信"中的"轻诺寡信"，一个正面的、一个反面的。正面的就是能够胸襟开阔、宽宏大量，以"德"回报他人的"怨"；反面的则是"轻诺寡信"。奉行前者，杜绝后者，则善莫大焉，就是一位心胸豁达恢宏、眼光远大的君子大丈夫了。这也是老子对于人的人格、心性修养的大格局的训教。人应理解并记取之、践行之。

归纳言之，老子在本章的人生训教，要点就是"以德报怨"、"图难于易"、不"轻诺寡信"这样三个方面。为人能臻于此，就是文中所赞誉的"圣人""君子"之属了。

老子所云，历经久远历史，接受事实考验，其为正确、可信、可用，笃定不移。今人犹可用也。

注释：

① 王弼：《王弼集校释》，楼宇烈校释，中华书局，1980，第 164 页。

走向老子哲学世界

344

二十六、无为无执 慎终如始 辅万物之自然

（不妄为不把持 慎待终结如同开始 辅万物自然变化而不干预）

老子在《道德经》第六十四章中，提出了多个人生与生命的哲理。他以自然的和社会的、人事的与办事的种种现象、规律以及事物、事理辩证发展的状态，来启示办事的正确取决和人生与生命的运行规律。

老子先以种种物事之变异、转移、互换、反正互转这种现象与事理、规律，启示为人处世、成败得失之现象与规律，来引发理解人生与生命的处置之道，使人们参道悟理，得到人生与生命的觉醒。他先从人道世事之现象与规律说起，以引申道理、规律之论说。

老子说，万物世事大都如此："其安易持，其未兆易谋。其脆易破，其微易散。"

河上公注："【其安易持】治身治国安静者，易守持。【其未兆易谋】情欲祸患未有形兆时，易谋止也。【其脆易破（泮）】祸乱未至萌，情欲未见于色，如脆弱易破除也。【其微易散】其未彰著，微小易散去也。"[①]

王弼注："其安易持，其未兆易谋，以其安不忘危，持之不忘亡，谋之无功之势，故曰'易'也。其脆易泮，其微易散。虽失无入有，以其微脆之故，未足以兴大功，故易也。此四者，皆说慎终也。不可以无之故而不吃，不可以微之故而弗散也。无而弗持则生有焉，微而不散则生大焉。故虑终之患如始之祸，则无败事。"[②]

参阅以上注释，老子这四句，译成白话文，就是："事物世事安稳时容易保持，世事变异还未露兆头时容易图谋。事物脆弱时容易化解，事物微细时容易消散。"因此，做事处理问题，需要"为之于未有，治之于未乱"（行动要在事情发生以前就做准备，祸乱要在动乱之前就处置妥当）。

说过这个结论，却又回过头来，陈述事物与世事发生、演变、转换的道理和路数。他指出："合抱之木，生于毫末；九层之台，起于累土；千里之行，始于足下。"这里的"累土"，是"很少的泥土"的意思，林希逸注为"一篑之土"；"九层之台"，以"九"形容它的高。清代古文家、哲学家汪中在他所著的《述学·释三九》中说："古人措辞，凡一二所不能尽者，均约之以三以见其多；三之不能尽者，均约之以九以见其极多。"③据此，上面那段话的意思就是："合抱的大树木，出生于幼弱微细的幼苗；九层高的亭台，起于一框框泥土累积起来；千里的漫长远行，起始于脚下的第一步。"

从这些自然现象与日常事理的规律中，得出处理世事与为人处世的心理认知和行为规范。接着便说："为者败之，执者失之。"（轻率而为就会失败，强行把持就会失去。）因此之故，"是以圣人无为故无败；无执故无失"（所以圣人不妄为就不会失败；没有执拗地执持就不会有过失）。据此之故，得出规律性认知与行为准则："民之从事，常于几成而败之。"（人们做事情，常常在快要成功时失败了。）所以，"慎终如始，则无败事"（在终结时谨慎如同开始，就不会有失败的事情发生）。

最后总结上面所述："是以圣人欲不欲，不贵难得之货；学不学，复众人之所过，以辅万物之自然而不敢为。"（所以圣人求他人所不求的，也不看重难得的货利；学习别人所不学的，补救众人的过失，以辅助万物自然地变化而不加以干预。）不妄为、不执拗、慎终如始，这就是老子谆谆教导的、为人处世的叮咛嘱咐。这是道德、人格、思想风范修养，以至为人处世的、办事处理问题的重要关节和规范。

这里所列的三种做事的方法，体现了老子一贯的思想观点，亦即他的哲思的根基，就是顺应自然而为，不可扼逆自然而行。这里同样表现了老子的宇宙观与人生哲学的内里的沟通。

老子在本章所阐述论证的哲学思维，是从宇宙万物和世间人事中概括、提炼出来的，而且凝思炼句，以优美顺畅、明白易懂、朗朗上口的诗性语句，抒写而出，既是哲思，又是诗文。这在中外哲学著作中，且慢说独创唯一吧，但绝对可以明言，它是创新的、独特的，引人欣赏、启人深心、示人警觉的。

其中，"合抱之木，生于毫末；九层之台，起于累土；千里之行，始于足下"，以及"慎终如始，则无败事"中的"慎终如始"，富于诗意、言简意赅，提升人们的思想认知能力与为人处世的方式方法，而成为人生修养的至理名言，并流行开来，古今流传，成为人们悉知常用的格言，成为中国人的心性与为人处世的诤言，成为中华性格的文化基因。这是老子哲学对民族文化思想性格形成的巨大贡献；其思想、认知，亦在外域流传，成为中华文化与哲学思想对人类思想文化的有益贡献。

其中，"慎终如始"一句格言，与《诗经·大雅·荡》中"靡不有初，鲜克有终"的诗句，有思想文化的渊源关系，又一次体现了老子思想因素与中华传统文化之一的《诗经》深刻的源与流的关系。同时还可以见到，《道德经》的诗性文本、诗意地表达哲思的叙事方式，与民族文化传统、文化经典的"血肉相联"的关系。而中华传统诗文中与中国人的语言习惯中，对于这些语言、哲思的习用，也体现了老子哲学在中华性格、民族思想中的深刻影响与积淀。

本章有几个叠句，流传古今，养育了多少仁人志士、英雄豪杰、学子文人的心怀胸襟、思想文心！它们是："合抱之木，生于毫末；九层之台，起于累土；千里之行，始于足下。"这一联句，言浅意深，而又明白如话，引人深刻地认识到：合抱粗的大树，是从毫末之细的树苗成长起来的；九层高的楼台，是从叠一捧土开始的；走一千里路，是从足下第一步起步的。这一叠句，给予了古今多少有成就的人士教益和学习的指导。这几句格言式诗句，用自然、人生中的习见事例，说明了深刻而平易的真理。它们已经是中国人稔熟、时习时用的诤言。而"慎终如始"也已经是流行文化传统、日常行动的思想指导了。即此一章的丰富、深邃的内涵，已足以显示老子的哲学思维、文化思想，对于中国文化、中华性格的深远影响了。在现今的文字书写、文件文章以及文学作品中，经常出现这两段警句与格言。它们是老子哲学留下的至理名言，武装着国人的思想文化心怀。

"慎终如始"句，已经成为民间流行的格言，即进入思想文本化的小传统了。这启迪人们为人处世、办事作学问，都要事到终结阶段，就像开始的时候一样，敬谨踏实、认真如初，仔仔细细地去做，达到最佳结果。

注释：

①刘清章：《河上公章句评注》，宗教文化出版社，2020，第 351 页。
②王弼：《王弼集校释》，楼宇烈校释，中华书局，1980，第 165 页。
③转引自黄朴民、林光华：《老子解读》，中国人民大学出版社，2011，第 283 页。

二十七、言事有宗君 被褐而怀玉

（言论有主旨 身穿布衣而内怀美玉）

在《道德经》第七十章中，老子发出了深深的感叹，感叹世人对他的诤言警示，不予认可执行。他慨然而言："吾言甚易知，甚易行。天下莫能知，莫能行。"这话说得多么抑郁抱憾，深心不悦。他说："我的话很容易了解，很容易实行。大家却不能知晓，不能实行。"为什么会有这种状况呢？他回答说："言有宗，事有君。夫唯无知，是以不我知。"意思是："言论有主旨，做事有根据。就因为不了解这个道理，所以不了解我。"接着，进一步申说："知我者希，则我者贵。"意思是："了解我的人稀少，取法我的人就难能可贵了。"这几句肺腑之言，道出了老子内心的郁闷惆怅，感叹万千。这真是千古之叹、千古之憾。

最后老子道出了一句千古名言："是以圣人被褐怀玉。""褐"，《说文解字》注为："褐，粗衣。"——"所以圣人身着粗衣却内怀美玉。"

河上公注："【是以圣人被褐怀玉】被褐者薄外也，怀玉者厚内［也］，匿宝藏德，不以示于人也。"①慨哉斯言、惜哉斯言，但是，圣人之态高贵傲岸，谦恭自信，伟岸而言："我穿着简朴粗布衣衫，但是怀里揣着美玉。"

王弼注："是以圣人被褐怀玉。被褐者，同其尘；怀玉者，宝其真也。圣人之所以难知，以其同尘而不殊，怀玉而不渝，故难知而为贵也。"②

汇总以上之意，圣人就是如此，穿的是粗布衣裳，怀里却珍藏美玉。即以普通衣着示人，而以深思哲言献人。这真是令人感叹万千，深沉而思。何以至于如此呢？老子感叹而言："吾言甚易知，甚易行。天下莫能知，莫能行。"千载感怀，历史悠悠，似乎自古至今，此情未了，令人深思。

读本章诗文，令人感叹伤怀、心意沉迟，老子谆谆而言，深心寄怀，哲思深邃，苦口婆心，但世人"莫能知""莫能行"，以至"不我知"！他"被褐怀玉"，而世人莫能知更莫能行。这是老子在世时的深沉感叹。而数千年来，此种思想文化的冷寂漠视，持续千年而未见更易。君不见历来的中国哲学史著述，无一不尊孔抑老，老子长于孔子，而哲学史之著，又无一不先孔后老（唯一按年序将老子置于孔子之前者，是胡适早年之作《中国哲学简史》）；在篇幅上，则于孔子长篇大论，于老子则纵非三言两语，也是简文短篇。重孔抑老，自太史公司马迁开头（见《史记·老庄申韩列传》），后人逐其迹而行之，迄今未见其根本变异。

请看，老子是何等慨而言之："吾言甚易知，甚易行。天下莫能知，莫能行。"（我的话很容易了解、很容易实行啊。可是天下人却不明白，更不去实行。）痛哉斯言，惜哉斯言！然而，为什么会是如此状况呢？那是因为："言有宗，事有君。夫唯无知，是以不我知。"（言论有宗旨，做事有依据。正是因为不了解这个道理，所以不了解我。）言而至此，夫复何言！老子不免深深感叹："知我者希，则我者贵。"（了解我的人少，取法我的人很可贵。）最终，再次深深感叹："是以圣人被褐怀玉。"（所以圣人身披粗布烂衫而胸怀美玉呀！）

"被褐怀玉"，四字净言也。老子在此形象地勾画了一位"圣人"简朴、谦逊、真挚，却心怀救世之志与识的高尚形象。它留存后世，往往是人们歌颂、向往如此圣人问世的期盼，也是有志之士自许、庶民百姓期盼出现者的形象。

痛哉斯言，惜哉斯言，千年遗音，响彻古今！老子之言，历代帝王公侯是绝不予以听而行之的，而公卿大夫以至芸芸众生，也是素不待见的；只有失意廊庙、困顿人世的人们，无缘热闹场、意欲隐退江湖时，才想起老子，才捧读《道德经》。

老子云"知我者希"，又言"圣人被褐怀玉"，反映出老子感到深深的寂寞，"吾言甚易知，甚易行。天下莫能知，莫能行"。天下莫能知、莫能行，这是何等的寂寞；他远不及孔子，既未讲学，更未授徒，而孔子则是弟子三千、贤人七十二，并率徒奔走各邦国，碌碌道途。而"被褐怀玉"，应视为："此正是老子之自况"也。而且，亦反映出自古至今老子的境遇。此，令人思耶！

对于老子之学如此际遇，研究老子的学者亦有分析论述，可为研习老子者参阅思考。任继愈说："老子深为他曲高和寡感到苦闷，这是古今哲人常有的孤愤心态，因为他们提出问题，在当时一般人的见识尚未达到他的境界，不被理解。孔子一生遭遇也很不顺利，被嘲笑，被围攻。墨子到处游说，没有多少人相信他。也有的哲学家生前被埋没，死后若干年才被重视起来，如汉代的王充，西方的斯宾诺莎等。这也算古今哲人见识超前共同的苦闷。"③

陈鼓应则写道："老子提倡虚静、柔和、慈俭、不争，这些都是本于人性自然的道理，在日常生活上最易实行，最见功效的。然而世人多惑于躁进，迷于荣利，和这道理背道而驰。""老子的思想企图就人类行为作一个根源性的探索，对于世间事物作一个根本性的认识，而后用简朴的文字说出个单纯的道理来。文字固然简朴，道理固然单纯，内涵却很丰富，犹如褐衣粗布里面怀藏着美玉一般。可惜世人只慕恋虚华的外表，所以他感叹地说：'知我者希。'"④老子之寂寞，非个人之抑郁，乃民族思想文化之厄，其影响及于、深入于中华思想文化领域，以及民族思维，实乃中国思想文化发展历程中，值得总结、反思之课题。

现今研究老子之学，已见兴旺之势，思想学术之获得亦丰，已见纠历史之偏的良好趋势。有的西方学者，甚至提出"《道德经》是当代'绿色圣经'"之说⑤，其势令人欣慰，实乃人类新世纪文明发展之良好势头。

21世纪，人类文明发展的新趋势，显示出"三大反思与三个适度回归"的总体趋势，即对西方现代化道路的反思、对科技文明的反思和对人类生活方式的反思。在"三大反思"的基础上，引导"三个适度回归"，即对自然、对人文科技和对相对朴素生活的适度回归。在哲学范畴，也可以说是对老子哲学思想的适度回归吧。这样的"三个适度回归"，导致在哲学思维范畴对老子的瞩目，对其中蕴含着对宇宙、对大自然的珍视与钟爱的思想源泉以及"不争"、取"啬"、"去奢"、"去甚"、"去泰"，以至尊重、关爱、依托"雌""牝""婴儿"的生命意识与存在策略等，这些老子哲学思维与生命意识、存在意旨的尊视与行为抉择，已见重要报刊上探讨为何在思想文化著述上产生"先孔后老"现象；已见成批"老子解读"的学术著作问世，而且有的重要著作，连续重印，市场销售数量很大。这是令人欣喜的学术-文化现象。

注释：

①刘清章：《河上公章句评注》，宗教文化出版社，2020，第354页。

②王弼：《王弼集校释》，楼宇烈校释，中华书局，1980，第176–177页。

③任继愈：《老子绎读（汉英对照）》，商务印书馆，2009，第378页。

④陈鼓应：《老子注译及评介（修订增补本）》，第2版，中华书局，2009，第315页。

⑤《〈老子〉：西方人眼中的绿色圣经》，《文史综横》2018年7月9日。

二十八、愿执左契 不责于人

（愿意保存借据的存根 但不向人索取偿还）

老子在《道德经》第七十九章中，提出了"执左契"的处世之道以至人生哲学。此意何谓？

河上公注："【是以圣人执左契】古者圣人执左契，合符信也。无文书法律刑，刻契合符以为信也。"①

王弼注："安可以为善？是以圣人执左契，左契，防怨之所由生也。"②

所谓"执左契"，就是持有契约的左边一联。古代契约分左右二联，持有左契者为尊，是放贷人所持证卷。老子说："是以圣人执左契，而不责于人。"（因此圣人虽然手拿债券，但是却不向欠债人索还。）这譬喻就是表示以德报怨的意思。老子指出："和大怨，必有余怨；报怨以德，安可以为善？"（调和深重的仇怨，必定还有余怨；回报冤仇却以德，怎能算是稳妥的办法呢？）而圣人采取的办法则是："是以圣人执左契，而不责于人。"（所以圣人虽然持有借据的存根，却不向人索还欠债。）然后，老子得出结论："有德司契，无德斯彻。"（有德的人就好像持有借据的人那样宽容，无德的人则似收税人那样苛取。）最后总结说："天道无亲，常与善人。"（自然规律是不分亲疏的，它常常跟善人亲近。）

"天道无亲"，河上公注为："【天道无亲，常与善人】天道无有亲疏，唯与人善，则与司契同也。"③这也是自然法则，天道一视同仁。

刘笑敢说："'天道无亲'、'天地不仁''圣人不仁'诸说法说明老子之圣人与儒家之圣人不同。老子之圣人主要不是靠仁义道德治理天下，而是要效法宇宙万物自然而然的生成、存在之道，这种原则具体运用于人类社会就体现为人文自然之道。"④这就显示了孔老学术之别，孔子是以仁义道德来维持社会的稳定发展，而老子则是人道顺天道之巡行而行，以此达到人间社会的"人文自然"的和谐运行。

作为人生哲学与生命哲学，老子的这番道理，就是叮嘱人们要常与人为善，即使是手握债券，也不索取，即使是人有欠于你，也不企图索取，就是施善于人而不求回报。此即天道。

从人生哲学与生命哲学的视域来理解和诠释老子此章的中心意旨，就是无偏爱、常与人为善，即使像手执债券的人一样，也不索取逼债，他就像天之道那样，总是以善待人。

以善待人，则人际关系亲和，社会平稳。这种社会状况与人

走向老子哲学世界

际关系，在战乱频繁、社会紊乱、生死拼杀的春秋时代，人民是切盼之而不可得的。老子斯时提出这一忠告，既是对于春秋乱世的批判，又是对于斯时与后世的嘱托与训诫。

科技统治蔓延深入的现时代，这一人生与生命哲学，犹有针砭意义和现实价值。

高明说："《老子》用一句古谚'夫天道无亲，恒与善人'结束全篇。类似之语亦见于《周书蔡仲之命》，作'皇天无亲，唯德是辅'。善者德之师也，彼此用语虽同，则意义有别。《老子》用古谚中的'天道'说明自然界之规律，非若《周书》中的'天命'。"⑤这说明老子使用古籍、民谚以至俗语的情况，这是老子继承、接受、运用古籍、民族文化传统以及民间文化积淀的又一表现。

注释：

①刘清章：《河上公章句评注》，宗教文化出版社，2020，第357页。
②王弼：《王弼集校释》，楼宇烈校释，中华书局，1980，第188页。
③刘清章：《河上公章句评注》，宗教文化出版社，2020，第357页。
④刘笑敢：《老子古今》，中国社会科学出版社，2006，第769页。
⑤转引自陈鼓应：《老子注译及评介（修订增补本）》，第2版，中华书局，2009，第342页。

二十九、甘其食 美其服 安其居 乐其俗

（以其饮食为甜美 以其服饰为美观 以其居室为安适
以其习俗为欢乐）

《道德经》第八十章作为终结章前的一章，以"小国寡民"一句开始，短短四个字一个短语，讲的却是宏伟大目标。这一四字短语，引发了千年以来众多的误解和对老子的疏远。这且不说了，此章内容及其解读诠释，已见本书"第十章 老子的政治哲

学"。唯述其对于人民生活的美好体现一事，涉及人生哲学，涉及人们对于生活的希求，所以纳入人生-生命哲学范畴，作一谈论。

老子说："使有什伯人之器而不用；使民重死而不远徙。虽有舟舆，无所乘之；虽有甲兵，无所陈之。使民复结绳而用之。甘其食，美其服，安其居，乐其俗。邻国相望，鸡犬之声相闻，民至老死，不相往来。"

这些生活诉求，本是很普通、很求实，也很现实的人生态度和生活欲求。普通人民的普通希求，也就不过如此了。老子为人民说的是实在话。老子设想的人民的生活-生存哲学，就是如此：简易朴素、实在、实际，切合民心民意。

河上公解析这段文字，倒也朴素无华，平易切实，应是符合老子之意的。兹录如下：

河上公注："【使有什伯】使民各有部曲十伯，贵贱不相犯也。【人之器而不用】器谓农人之器。而不用者，不征实，夺民之时。【使民重死】[人] 君能为民兴利除害，各得其所，则民重死而贪生也。【而不远徙】政令不烦则 [民] 安其业，故不远迁其常处也。【虽有舟舆，无所乘之】清静无为，不作（烦）[繁] 华，不好出 [入] 游娱。【虽有甲兵，无所陈之】无怨恶于天下。【使民复结绳而用之】去文反质，信无欺也。【甘其食】甘其蔬食，不鱼食百姓也。【美其服】美其恶衣，不贵五色也。【安其居】安其茅茨，不好文饰之屋。【乐其俗】乐其质朴之俗，不转移。【邻国相望，鸡犬之声相闻】相去近也。【民至老死，不相往来】其无情欲。"

就是这样一些生活要求，不过如此，无多诉求。老子所说，确是体察到当时民生所需，民心所求，仅止于此。他了解民心民意，知道百姓的生活水平和据此而来的欲求。把这一诉求纳入老子的人生-生命哲学，即存在哲学，是深入民心的，反映民意的。他反映的不是豪奢的生活水准，而是实际的人民需求。可以说，这只是人生、生命的最低欲求，老子是从春秋时期的百姓生活实际状况出发而提出来的。作为老子《道德经》结束前的一章，老子说出了百姓最低的欲求声音。这同他前面诸章所陈述论证的内涵是一体一致的。

这是老子《道德经》引起误解最多的一章。误解，发生于对老子之言仅识其外表，而不究其根底。本书在"第十章 老子的政治哲学"中对此已作评析，此章仅就人生–生命哲学解读诠释。

老子此段重要的言说，是立足宏观视野，从实际出发，以哲学家眼光设想未来邦国（非现代意义、现代政治学意义上的"国家"）情景，而不是以政治家（更不是现代政治家、理论家）的立场、眼光，来作的社会—国家—制度设计。总其意旨，老子的出发点是人民，其归宿也是人民，是他们的实际生活状态。他完全不是作未来国家的政治设计，他总归的意旨就是前面所说："百姓皆谓：'我自然。'"意思就是让人们能够自生、自存，按自己的意愿、自己的生存需要、生命节律、个人和家庭的情况，安居乐业，温饱而且平安。此外无他求。这就是他那个时代、他所处的历史条件下，所能构建的"乌托邦"，这是封建时代、农业社会、自耕农刚刚出现的时候的生产力条件和生产关系中，所能够产生的"乌托邦"。要说其主要精神，就是"以百姓心为心"，为民请命，为人们过上温饱、安生的生活，"自然生存""自然存在"而请命、而设想。

这几乎可以归为老子人生–生命哲学的总纲和归宿，就是简易一句话："让百姓过上温饱、节俭、安稳、朴素、平安的生活。"这就是人的生存的基本需求内涵了。

这是老子人生–生命哲学的终结，它与起始句前后呼应，总归不过一句话：让百姓过上好日子，温饱、平顺、安全。

注释：

① 刘清章：《河上公章句评注》，宗教文化出版社，2020，第357–358页。

三十、信言不美 知者不博 为而不争

（真实可信的言辞不华美 真正了解的人不广博 只为人效劳而不争夺）

《道德经》第八十一章是《道德经》的终结章。

皇皇大著，言天说地、上及宇宙，寄心时势、关注人生、呵护生命，叮嘱应属自然而然，娓言要为而不争，呼号无为无不为，寄情人民安居乐业，寄望天下万世开太平。不过，限于本书的体例，这里只从人生－生命哲学的视角，谈论老子在终结他积蓄胸中的五千言的时候，在这个主题下，作何叮咛嘱咐？

老子在结束全书之际，好像是在倾诉：天下人知乎？

他慨而言之："信言不美，美言不信。善者不辩，辩者不善。"啊，世人，好自为之！意思是说："真实可信可用之言辞并不华美，而华美的言辞却不可信实啊。我不在此处与人们争辩，而那些花言巧语，是不可信赖的啊！"这番话语，作为一部不朽的哲学著作的结语，真是少见而语重心长。这反映了老子的哲学著作，是一部劝世之作、醒世之作，危言不耸听，良言叮嘱之。

请听老子是如何谆谆而言的。他开头便说："信言不美，美言不信。"这不免使人联想起他在第七十章所说的那番话："吾言甚易知，甚易行。天下莫能知，莫能行。"现在，进一步对比着说："真实的言辞不华美，华美的言辞不真实。"这好像是总结前面说及的遭受冷遇、不为人知的抑郁，而训教之：你们可要知道，真话不好听，好听的话不真实啊。接着又说："善者不辩，辩者不善。"（善良的人不巧辩，巧辩的人不善良。）"知者不博，博者不知。"（具有真知的人不驳杂，驳杂的人缺乏真知。）就"知"与"博"方面来说，即是如此；推而言之，则是："圣人不积，既以为人己愈有，既以与人己愈多。"（圣人不私心积藏，尽量帮助他人，自己反而更充实，尽量给予他人，自己却更丰富。）最后总而言之："天之道，利而不害；人之道，为而不争。"

河上公注："【天之道，利而不害】天生万物，爱而育之，令长［大］，天无所伤害。【（圣）人之道，为而不争】圣人法天所施为，化功成事就，不与天下争功名，故能全其圣功［也］。"①

总而言之，归而纳之，一句话："天之道，利而不害；人之道，为而不争。"（自然的规律，利于万物而不加伤害；人间的规律，为他人而不与之争夺。）这是老子最后的叮咛与表白：我按自然的规律而行，利于万物而不加害；为他人而不与之争夺。

老子至此、在此，娓娓而言，告知世人：我的话语谆谆嘱咐，可信而不华美；可是你们要警惕，华美的语言往往不可信实；我初心善良不曾巧辩，可巧辩的人言辞华美心地未必善良；真正了解事物的不广博，知识驳杂的未必深知；我按自然的规律行事，利于人间事物而无损害，施与而不争夺。

老子在结束《道德经》之时，掩卷而思，禁不住要致一番临别之词，他语重心长：我的哲学话语可能并不华美，但是可信；希望世人警惕，有些话语华美的言辞道说，未必可信。言辞华美巧辩，心地未必善良；真正了解事物的不广博，但只是驳杂未必深知；我可是按自然规律办事处世，利于人而不加损害，给予却不争夺。这真正是苦口婆心、真心诚意的一番"临别赠言"，眷眷之心跃然纸上，谆谆之教响彻耳际。蕴哲思于诗言警句，寄深情于字里行间。这哪里是哲学著作的终篇，却分明乃关怀人间世事的临别箴言，期君慎思之。

这是老子寄希望于后世：请注意分清楚语言的真实与虚伪的差异，踏实分辨真知与伪识的不同。这是老子的最终赠言，可谓万世不朽，经世之语，人们应该永远谛听清音、谨记不忘。

陈鼓应总结说："本章的格言，可作为人类行为的最高准则。前面三句格言在于提示人要信实、讷言、专精。后面四句，在于勉励人要'利民而不争'。"②

总而言之，老子于此章，对世人也是对后世作出了临别赠言，实际却是真正的哲学告诫，深言之，就是平常听人言谈、阅读"讲经说书"之著，以至捧读华章经典，都要分别真伪与言辞语句后面的"真假"："信言不美，美言不信"啊！从本章主旨即人生－生命哲学的学术境域来说，则是细小范畴而言，要在为人处世、处身人际社会中，慎言谨行，虚心而慎言，诚信而警惕，言辞朴素诚挚，纵博学而不哗众取宠，听人言，不信华美信真实，诚实谦恭可信赖，警惕华美不信言、浅薄充博学。

老子净言，至今醒人认知，引导向善，于个人修身养性，于社会和谐团结，于家国奉献不争。

注释：

①刘清章：《河上公章句评注》，宗教文化出版社，2020，第 358 页。

②陈鼓应：《老子注译及评介（修订增补本）》，第 2 版，中华书局，2009，第 349 页。

第十二章　老子的辩证思维

一、老子辩证思维的突出特色

老子的辩证思维，具有突出的特色与亮点，他是中国辩证思维的首创者，是中国辩证思维首起的高峰，他是中国第一位辩证法大师。他一开篇就显示了这种风貌与气概，其论述，简单明了、深入浅出，内容丰富深刻，例举鲜活生动，形象活泼，令人读之印象深刻，了然于心，记忆不忘。本章特分节记叙、解读和诠释之。

在老子的《道德经》中，充满了鲜活生动的辩证思维，它没有专章申述论证辩证法，如黑格尔那样。他的辩证思维，完全蕴藏于他的所有论述与论证之中。老子的辩证思维，有几个突出的特点，而其特点，充分出色地体现了中国哲学的民族特色。概述之，有以下几个方面。

第一，老子的辩证法，都来自自然，是世间万事万物、人间世事发展运行演变的事实，他以形象性的诗一般的语言，以韵文式的语言，陈述、表达、论证。这是与其他几乎所有中外哲学著作截然不同的。恩格斯称赞黑格尔的辩证思想，赞誉黑格尔的哲学著作时，说："正如傅立叶是一首数学的诗，……黑格尔是一首辩证法的诗。"①老子的辩证法，也是一首辩证法的诗，而且，不是像恩格斯所称赞的黑格尔那样，只是就其著述的意境具有诗意而言，被誉为"辩证法的诗"；老子则不同，他的《道德经》，不仅是具有诗意，而且是确确实实用诗的语言，铿锵有力，絮絮道来，娓娓而言，诗意盎然，是一首地道的辩证法的诗。

第二，老子的辩证思维，均并不表明、显出是在论证辩证法本身，只是娓娓言说、滔滔举证，以鲜活的事实，以生动的语言，一一例举，充分揭示。

第三，老子的辩证思维，都蕴含在他对万事万物的出现、运行和演变的揭示、陈述和表达之中。

第四，我们在揭示老子的辩证思维时，需要具体地分析、琢磨、解读和诠释，它无一处具体地说到这是辩证思维，是哲学的辩证法，如黑格尔所作的那样。

恩格斯在《自然辩证法》一书中指出："所谓的客观辩证法是在整个自然界中起支配作用的，而所谓的主观辩证法，即辩证的思维，不过是在自然界中到处发生作用的、对立中的运动的反映，这些对立通过自身的不断的斗争和最终的互相转化或向更高形式的转化，来制约自然界的生活。"②老子辩证思维正是如此。他首先观察、体验、深思在自然界实际存在的"客观辩证法"事实和现象，体察出它们内在的和显现的辩证法现象，而后用自己所观察到的这些客观事实，体现出它们之中确实存在的种种辩证现象，予以揭示，使之成为"主观辩证法"。而这种揭示，就成为他的著作《道德经》的鲜活、真实、具象化的辩证思维的体现，而成为中国哲学中，首次的、众多的、具体的、鲜活的辩证法的论证，而成为中国辩证思维之宝，成为绚烂的辩证法之花。

恩格斯指出："辩证法的规律是从自然界的历史和人类社会的历史中抽象出来的。辩证法的规律无非是历史发展的这两个方面和思维本身的最一般的规律。"③我们从《道德经》中可以看到，老子的辩证法思维正是表现为从自然界和人类社会的历史的事实中，体察出来和表现出来的。他并没有一条条地列举辩证法的规律，也没有逻辑论证和叙述辩证法的规律；他只是列举、举例、陈述自然的、社会的、历史的和现实的种种现象、事实与变异转化的状态及其现象与结果，其中体现了他的鲜活的、具体的辩证思维。

辩证法有三个规律，恩格斯指出："它们实质上可归结为下面三个规律：量转化为质和质转化为量的规律；对立的互相渗透的规律；否定的否定的规律。"④

值得注意的是，恩格斯在上述论说后立即指出：所有这辩证法的三个规律，都被黑格尔"头脚倒立"地阐述了。他说："所有这三个规律都曾经被黑格尔按照其唯心主义的方式当做纯粹的思维规律而加以阐明。"⑤恩格斯接着指出："错误在于：这些规律是作为思维规律强加于自然界和历史的，而不是从它们中推导出来的。"⑥通读《道德经》，逐条检视其每章的论述，就会发现，老子不同于在他之后千年以上的西方哲学中最重要的大哲学家之一的黑格尔，他既没有唯心主义地论述辩证法，也没有当作规律从思维中推导出来，而是从万事万物、社会人生的种种事实和现象中提炼出来。这是老子和中国哲学不同于甚至优于西方哲学、优于黑格尔哲学的重要表现。这是老子哲学、老子辩证思维的优异之处。他的高明优异的哲学思维、辩证法思想，哺育了中国哲学学派以及后世众多的人们。其中包括现在的哲学家、广大学者以至更广大的人民群众。这一点，在本书后面有具体的陈述。

注释：

①恩格斯：《自然辩证法》，人民出版社，2018，第69页。

②同上书，第82页。

③同上书，第75页。

④同上。

⑤同上。

⑥同上。

二、老子辩证思维、辩证法的具体表现与论证

（1）老子在《道德经》第一章即提出："'无'，名天地之始；'有'，名万物之母。故常'无'，欲以观其妙；常'有'，欲以观其徼。此两者，同出而异名"（"无"是天地的起始；"有"是万物的根源）。这里，老子提出了"有"与"无"的辩证关系，即"有"与"无"互相转化："无"转化为"有"，"有"转化为"无"；"无"中能够生出"有"，"有"又能够变成"无"。这就是世界万事万物，都在不断地生生、死死；由"生"而死，又由"死"而"生"。老子在这里所描述的不能不使我们想起恩格斯在《自然辩证法》中所指出的："于是我们又回到了希腊哲学的伟大创立者的观点：整个自然界，从最小的东西到最大的东西，从沙粒到太阳，从原生生物到人，都处于永恒的产生和消逝中，处于不断的流动中，处于不息的运动和变化中。只有这样一个本质的差别：在希腊人那里是天才的直觉，在我们这里则是以实验为依据的严格科学的研究的结果。"[①]按恩格斯在这里所论，我们可以看到，老子那个时代，他所作出的结论和论述，自然不是恩格斯所说的"以实验为依据的严格科学的研究的结果"，而只能是似希腊人那样的"天才的直觉"。而且，老子在这里所论不仅涉及辩证的万物发展、演变、转化的规律，还涉及宇宙的和人世间的万事万物的发展规律，即不断生生死死地产生、发展、演变、转化。而且，这里涉及的是广阔视野中的"有"与"无"的关系。这是更广义、更宏阔视野的辩证思维。

在这段表述中，还蕴含着对立面（"生"与"死"）互相转化的规律和"否定之否定"的规律。

由此可见，老子在其《道德经》的首篇，就比较完整地显示了辩证思维的思想之光。

（2）紧接着，在第二章提出："天下皆知美之为美，斯恶已；皆知善之为善，斯不善已。"（天下都知道美之所以是美，丑的观念就产生了；都知道善为什么是善，恶的观念也就产生了。）这里提出了"美"与"丑"的辩证关系：既然知道美为什么是"美"，那么，什么是"丑"也就知道了。为什么会如此呢？因为假设知道了什么是"美"，那么，与之对立的"丑"就会从反面去思考，凡是与"美"对立、对称的形象、现象、事物，就是"丑"的。这就是互相对立的观念，也是对立面互相转化的表现与现象。对立的双方，从此方的反面就揭示了对方的正面，反之亦然，从正面也就揭示了反面。

对于这种辩证观念，老子接着列举了众多现象为例证。他指出："有无相生，难易相成，长短相形，高下相盈，音声相和，前后相随。"即在"有"和"无"之间、"难"和"易"之间、"长"与"短"之间、"高"与"下"之间、"音"和"声"之间、"前"和"后"之间，都是"互相生成""互相成就""互为显示""互为呈现""彼此应和""前后连接"的。这里提示和显现的都是一种对立性的互相关联，它们之间是一种"相对""相应""相成""相随"的关系。这就是对立统一的辩证关系。老子在这里揭示和例举的就是事物的对立统一关系。

老子在这里所揭示的事物的辩证关系，充分地显示了辩证法思维。

老子使用的是一种排比句的诗性语言，来揭示事物的辩证关系，这是他的辩证思维的特点，也是优点。这里，老子比黑格尔要高明，他不是从主观方面唯心地揭示事物之间的辩证关系，而是列举具体的事实、现象，来突出而又实际地显现了辩证思维、辩证法的规律。

这令人实际感受到、体察到、认识到事物的辩证关系，从而体认到辩证法思维及其规律。实际、具体、明确、生动，显示其辩证思维的灵动和活泼、具体而生动，促使人们感受辩证法的灵动与互动，从而树立辩证的认识能力和辩证思维的能量。

这里也显示了老子的辩证法，是从事物发展的事实中提取出来的，是实际现象提炼为抽象的观念，而不是黑格尔那样倒立着，从人的辩证观念到事物的辩证现象。

（3）在人事、为人处世以及社会事务方面，论证辩证法的存在和辩证思维的内蕴与效果。

他指出："天长地久。天地所以能长且久者，以其不自生，故能长生。"（天长地久。天地之所以能够长久，就因为它们的一切作为都不是为自己，所以能够长久。）"是以圣人后其身而身先；外其身而身存。非以其无私邪？故能成其私。"（自己退居后面反而能够占先位；把自身置之度外反而能够保全自身。不正是因为他不自私吗？所以能够保全自己。）这揭示、论证了诸种事物、人生处世等诸多方面的辩证关系：失与得、付出与收获、短暂与长久等之间的辩证关系。这就是一种辩证思维与社会生活中的鲜活的辩证法体现。在此，老子再次超越黑格尔的唯心主义辩证法。

（4）论"有"与"无"、"空"与"实"的辩证关系。

《道德经》第十一章又提出了"有"与"无"、"空"与"实"的辩证关系，其中论证说："三十幅，共一毂，当其无，有车之用。"（三十根车幅条汇集到一个车毂中，有了它形成的空间，才具有了车的作用。）"埏埴以为器，当其无，有器之用。"（抟揉陶土做成器皿，有了它中间的空隙，就有了器皿的作用。）

归纳言之，老子指出的这种现象，就是"空"与"实"、"有"与"无"的辩证关系：制造了"空"、出现"无"，但结果是"空间"可以利用，"无"中有了"有"。可见它们之间存在一种转化的机制，"空""实""有""无"，不但互相转化，而且互相生成。这就是"空"与"实"、"有"与"无"，互相生发、互相利用、互相转化的辩证现象。同时，还显示了"否定之否定"这种事物的生发与转化的辩证规律。

老子在此再一次显示了他的辩证思维，而且所举均非唯心的虚拟和倒置，而是人们日常生活中的现象和事实：独轮或双轮车、陶土器皿、房屋门窗等。这既是现实的事物与现象，又是日常可见事物之间的辩证法。

（5）论曲全、枉直、洼盈、敝新、少得、多惑之间的辩证关系。

老子在《道德经》第二十二章中，又提出这样的论断："曲则全，枉则直，洼则盈，敝则新，少则得，多则惑。"（委曲反而能够保全，弯曲反而能够质直，坑洼反而能够盈满，凋敝反而能够萌新，少取反而能够多得，贪多反而被蛊惑。）在这一系列的对比中，揭示了物质、事物、事务由正而反和由反而正的辩证关系。老子在此，再一次表现出他的辩证思维均来自自然界和社会人生，也再一次体现了他的辩证思维的唯物品格而非主观唯心主义的。

他提出：委曲能够保全、弯曲能够质直、坑洼能够盈满、凋敝能够萌新，少取能够多得，贪多反而会被蛊惑。这都是由正向反、由反向正转化。这里即体现了量变引起质变、质变引发量变的辩证现象。而再一次体现的是，老子所举例证，都是普遍的自然和社会现象或人类生活中能够遇到的事实，以此又表现了他的唯物辩证法的哲学思维。

陈鼓应指出："常人所见只是事物的表相，看不到事物的里层。老子以其丰富的生活经验所透出的智慧，来观照现实世界中种种事象的活动。他认为：一、事物常在对待关系中产生，我们必须对于事物的两端都能加以彻察。二、我们必须从正面去透视负面的意义，对于负面意义的把握，更能显现出正面的内涵。三、所谓正面与负面，并不是两种截然不同的东西，它们经常是一种依存的关系，甚至于经常是浮面与根底的关系。……由于事物的这种依存关系，所以老子认为：在'曲'里面存在着'全'的道理；在'枉'里面存在着'直'的道理；在'洼'里面存在着'盈'的道理；在'敝'里面存在着'新'的道理。因而，在'曲'和'全'，'枉'和'直'，'洼'和'盈'的两端中，把握了其中之底层的一面，自然可以得着显相的另一面。"[②]这段分析正确、准确而细致地论述了老子哲学在这一章里，揭示和论证了事物、人事中的正负相反两方面互相转变的辩证关系。

而且，我们必须指出，老子的这段论述，同样是以自然和社会生活中日常所见的现象为基础，提炼、抽象出辩证法思想。事实上，在中国人民的日常生活中，人们常常举类似的现象，即以老子所提到的事例与现象，来认识、分析和处理自然现象和社会生活中的事务，这反映了老子哲学深入民间、进入民族思维中的意义和作用。

（6）"将欲取之，必固与之"之类的辩证关系。

《道德经》第三十六章是辩证思维、老子辩证法的至为重要的篇章，也是对于中华民族的一般思维特别是哲学思维，具有广泛、深入影响的思想库藏；然而，长时期以来，它也是引发老子哲学和老子本人被误读、误解最多最深的方面。其中不乏名流学者、哲人士子，包括王国维这样的大师级学者。何以至于如此？下面在解析中细说之。

在这一章，老子说："将欲歙之，必固张之；将欲弱之，必固强之；将欲废之，必固举之；将欲取之，必固与之；是谓微明。柔弱胜刚强。鱼不可脱于渊。国之利器不可以示人。"

现在，先就误读、误解方面，来梳理一下历来对于此段关于辩证法的绝妙之文的阅读、诠释的历史。

陈鼓应在其所著《老子注译及评介（修订增补本）》的本章"注释"和"引述"中，录载诸多前人解说，兹转引如下，以便了解老子阅读史的状态。

在"注释"中"张舜徽说：'要之此数句，乃阐明促使事物转化之理。'""卢育三说：'这段话表明老子看到了歙张、弱强、废举、夺与之间的对立转化。……这里讲的则是促使事物发展到极端向对立方面转化的事例。'（《老子释义》）""范应元说：'张之、强之、兴之、与之之时，已有歙之、弱之、废之、取之之几，伏在其中矣。……或者以此数句为权谋之术，非也。'""高亨说：'此诸句言天道也。或据此斥老子为阴谋家，非也。'"③

在"引述"中，则指出："本章第一段乃是老子对于事态发展的一个分析，亦即是道家'物极必反'、'势强必弱'观念的一种说明。不幸这段文字普遍被误解为含有阴谋的思想，而韩非是造成曲解的第一个大罪人，后来的注释家也很少能把这段话解释得清楚。"④此段揭示了三点：第一，历来对此段文字多有误解；第二，首任"罪人"则是韩非；第三，后来人作正确解释者亦为鲜见。

接着便引述鲜见的正确解释者中重要的正读例证："董思靖说：'夫张极必歙，与甚必夺，理之必然。所谓"必固"云者，犹言物之将歙，必是本来已张，然后歙者随之。此消息盈虚相因之理也。其机虽甚微隐而理实明者。'（《道德真经集解》）"⑤

以上，摘录部分类似哲学史或曰老子阅读史的历史资料，以见对老子之阅读、理解与诠释的历史状态。看来老子并不孤独，不是一律被误读误解，与此相反的阅读诠释同样存在。这说明，老子在中国哲学史和中国思想史上是站立住了，是进入中国人的思想与哲学思维的境域之中了。

关于老子在本章所表述和论证的辩证法思想之被误读误解，还可以加以辨识和审析。误读误解者，以此为狡诈权术，亦不无道理，就看怎么理解和分析这种状况。老子所陈述论证的辩证法思想，固然可以被正确正当地理解和运用，但也可以被利用和起坏作用。就如现在的高科技可以也主要是为社会、人类服务，提高人类的生产、生活水平和生活质量，使人类享受和平与幸福；但是，也可以被那些胸怀坏心恶意的鬼魅人物利用，成为他们为非作歹、作恶使坏、犯罪肆虐的手段和利器。现在的电话、手机、电脑以至人工智能被犯罪分子用于"高智能犯罪"就是明证。

老子的辩证法思想，被看作狡诈权术，就是从这方面看问题、解读和诠释老子，以至误读错解老子宝贵的辩证法思想。阅读和理解，常常发生这种反其原意而读之的状况，尤其是阅读古籍，这种情况屡见不鲜，这是古今之别，难于避免，但可以在阅古时设身而思，"涉古体古"，以历史主义态度，体古人之意，庶几免于误读误解。

不过，从历史上看，老子的这一重要的辩证法思想，历来还是被正确地理解和诠释、运用的为多。

至此，可以参阅并依据以上所引的正解老子的历史文献，接着来具体诠释老子在本章所表达、论证的辩证法思想。

老子论述说："将欲歙之，必固张之"（将要收合的，必然先张开来）；"将欲弱之，必固强之"（将要削弱的，必然先强盛）；"将欲废之，必固举之"（将要废弃的，必先兴起）；"将欲取之，必固与之"（将要索取的，必先给予），"是谓微明"（这就是预先的征兆）。老子这一段辩证法思维的揭示与陈述，均是观察、了解自然现象和社会现象的概括，他所要揭示的是客观的现象和事实，以及这些现象和事实所体现出来的辩证关系及辩证法的规律。它们含有自然万事万物发展、转化、变异的规律，也有社会生活、人间世事的事实和现象。这里揭示的是辩证法三大规律之一的质量互变和正反异变的规律，事物的一定量的增长会引发、转变为质的变化；事物在一定条件下，也会正反互变。相反，质的变化，也会引发量的增长。它远不只局限于社会人事的变化，它所概括的是自然世界和社会人事的极为广阔的面，绝不是限于人事的交往，所以对此作"权诈狡狯"的解读，是使广阔的面缩小为仅仅是社会人事的局部。

还有，在语意上，也应分辨，所谓"将欲"是叙述事物发生的启动状态，而不是表达人的主观行动。"将欲"，老子原意是说"（事物自然地）将要如何如何"，而不是"（我们——人们）要如何如何"。因此，其本意是说："事物发生变异时，往往是将欲歙之，必固张之；将欲弱之，必固强之；将欲废之，必固举之；将欲取之，必固与之"。这里揭示的是自然事物发生变异时的"启动——进展——变异"的过程，而非主观意欲的实现。当然，当人们要处理社会事务时，也会有这种情况，这也是社会事理发生、演变的规律。

如果从广阔的面来看，就会发现和知道，自然事物和世间人事，都是体现出质量互变和否定之否定辩证的关系和规律的。如"将欲歙之，必固张之"（将要收合的，必然先张开来）：鸟翼要张开来，必是先收拢来才能张开起飞；世间人事也是如此，都是"先放后收"；工农业生产，也是如此：先放开（所谓"开张"、生产），然后收拢（收获）。要收拢就要先张开，集合队伍难道不是队伍先散开了，然后才收拢吗？"将欲弱之，必固强之"（将要削弱的，必然先强盛）"：事物只有强盛到了极致，才会有"使弱之"的可能和需要，如不强盛何须"弱之"？"将欲废之，必固举之"（将要废弃的，必先兴起）：事物将要废弃、死亡了，必然是它此前已经兴起很久达到极致、顶峰了，然后才会废弃。自然事物，包括动植物，甚至自然矿产，都是如此：先发展、发达，达到极致，于是由强转弱，直至死亡、废弃；社会人事亦复如此，先期兴盛发达，而后由强转弱，是一种"先强后废"的规律。"将欲取之，必固与之"（将要索取的，必先给予）：先给予，后索取，自然界的事物，包括动植物的生长发育、生老病死，都是这种规律。社会人事何尝不是如此？工农业生产，不都是先期投入资金、材料、人力等，然后才能投入生产吗？社会各项事业，也是先投入后收获。总之，这一切就是事物发展必然有其先兆——"是谓微明"（这就是预先的征兆）。事物发展、人事变迁，都是这样，有一个发展转化的先期预兆。

"是谓微明"，这个结语很好也很重要。它很明白地显示了老子在本章所揭示的是自然规律，也含有社会人事的发展规律。而他最后归结为"微明"，即先机、预兆，就是说，所有这些事物的辩证发展，均是有其先兆的。这就表明老子的哲学思辨，是总结、揭示自然和社会生活的发展、进行的客观规律，其中并没有丝毫以之为奸诈权谋的意涵。有阅读、诠释者，以为是如此，那是误读误释，老子无责更无罪也。

老子在这里所总结和揭示的，就是辩证的事物由盛极到衰亡的过程。这里体现的就是事物由量变到质变，以及否定之否定的辩证法的两条规律。最后言明值得注意的是事物如此发展、转化、变异的规律之先机（"是谓微明"）。这先机好像就是一种事先的通告，既知其先机，就好按已知的规律妥善地予以处理。任继愈释"微明"为"看不见的聪明，即深沉的聪明"⑥，据此，可以理解为上述种种变异的规律，掌握了就是一种深沉的聪明。掌握这样一些事物发展的规律，就是一种聪明、一种智慧。这是对于老子哲学的正确理解与诠释，可以完全排除所谓"狡诈权术"的误读误解。事实上，历史上中国人处理事务和问题时，经常自觉不自觉地使用、发挥这种智慧，运用这种辩证法思维。这是一种民族智慧。

（7）论诸种事物现象表里矛盾的辩证现象。

《道德经》第四十一章又提出另一种事物辩证发展的规律，老子说："明道若昧"（显明的道好像暗昧）；"进道若退"（前进的道好像后退）；"夷道若纇"（平坦的道好像崎岖）；"上道若谷"（崇高的德好像低洼的深谷）；"大白若辱"（最纯洁的好像含垢的模样）；"广德若不足"（广大的德好像不足）；"建德若偷"（刚健的德好像怠惰的模样）；"质真若渝"（纯真的好像庸俗）；"大方无隅"（最方正的好似没有棱角）；"大器晚成"（最尊贵的器物总是最后完成）；"大音希声"（博大的音响反而听不到声音）；"大象无形"（最大的形象反而没有行迹）；"道隐无名"（道隐匿而无名）。"夫唯道，善贷且成"（唯有道，善于辅助万物使之完成）。在这里，老子例举了几对事物与现象的正反相对互变的辩证现象与规律。其中，"质真若渝"（纯真的好像庸俗）、"大方无隅"（最方正的好似没有棱角）、"大器晚成"（最尊贵的器物总是最后完成）、"大音希声"（博大的音响反而听不到声音）、"大象无形"（最大的形象反而没有行迹），这几对矛盾、变异、正反转化的事物之辩证关系，最为突出鲜明，也是后世引用最多的辩证法事例与思维。

在这里，体现的是广大事物的外形与实质、外在与内在、所见与内蕴的深刻的辩证法。它们是现象与实质、外在与内在、可见与不可见、可听与不可听这样两者之间的变化与转换。它们所体现的就是辩证法的量质互变、外在内在异形以及否定之否定律。其中，"大器晚成"（最尊贵的器物总是最后完成）、"大音希声"（博大的音响反而听不到声音）、"大象无形"（最大的形象反而没有行迹）这几对的辩证转化互变关系，最为普遍地被接受和运用，广泛地作为认识与分析问题的辩证指导思想，其中包括美学思想与美的规律的运用，更为注重和普遍，成为中国美学的"铁的定律"，常常在理论上和创作实践上加以传授和运用，并且取得良好的效果。

这里还蕴含着日常看人议事的辩证观念与方法，它教导、引导人们遇事、看人，要辩证地看，从正窥见反，从反预测正。老子说，上士知此，"勤而行之"，中士闻知，却"若存若亡"，至于下士，闻知则"大笑之"。何以大笑？以其无知也，结果，大笑之人，应被大笑。

这是老子辩证思维的光亮篇章，至今闪耀在我国的思想文化领域，指导着文学艺术创作。更可贵的是，以此辩证思维，哺育着中华儿女。

在《道德经》第四十五章中，老子又提出："大成若缺，其用不弊。大盈若冲，其用不穷。大直若屈，大巧若拙，大辩若讷。"（最完满的事物好像存在欠缺，但它的作用不会衰竭。最充盈的事物好像虚空，但它的作用不会穷尽。最笔直的事物好像弯曲，最灵巧的事物好像笨拙，最卓越的辩才好像口讷一样。）

这里的"成"与"缺"、"盈"与"冲"、"直"与"屈"、"巧"与"拙"、"辩"与"讷"，构成了一组鲜明突出的相反相成的辩证关系。它们形象上对立，外在形象与实质内涵矛盾着，但实质却是统一的，体现出事物矛盾统一的辩证规律。世界万事万物中，往往存在这种现象：完满的东西，看起来好像有缺陷，而它的作用却不会衰竭。

老子在此处提出"大成若缺"与"其用不弊"的外在与内涵的矛盾，而这种矛盾在实质上却是统一的。就"大成"来说："大成"，本音乐用语，意为"完整的乐曲"。中国古乐一变为一成，九变而乐终，九成完毕，谓之"大成"⑦，但"大成"却不是"满盘满罐"充塞填满、不留余地。如杰出的交响乐、宏大的历史画卷、卷帙浩繁的长篇小说，均有静止音、空白和"漏洞"、"眩迷"、"哑谜"之类。此即"大成"中留有缺失。但这只是"若缺"，其义深邃、其意氤氲、其音透迤，此其为"大成"。所谓"缺陷美"是也。实际上，由于种种主客观原因，历史上诸多哲学、文学、诗歌、绘画的伟大杰作，存有缺陷、不足、瑕疵，所在多有。此皆"大成若缺"也。然而它们的伟大创造及创作，却永远放射智慧与艺术的光辉，照耀史册，此正"其用不弊"。

"大盈若冲，其用不穷。"（最充盈的事物好像虚空，但它的作用不会穷尽。）这种矛盾的形象的最宏大、最典型的表现，就是"道"（即宇宙）了。宇宙是万事万物的本根，是最恢宏的存在。天地空旷恢宏，无边无际，充满了世界万事万物，但是，外表上却是虚空无物，天空渺渺、地阔无垠，好似虚空。但它作为万事万物的本根，其用永不穷尽。一幅艺术杰作、一首空谷足音式的音乐佳构，均留有"空白"和"休止符"，这是虚空，但是作为佳构，却具有至关重要的意义和作用——"其用不穷"。

"大直若屈"（最笔直的事物好像弯曲）。笔直的通道，伸向天边，在极端之处，显现好似弯曲一般。这是笔直的"内涵"，却显现弯曲的面容。宇宙空间不存在纯粹的直，连时空都有曲线；所谓直、屈，都是相对的，而且是依客观条件的变异而变异，直而变屈、屈而变直。再有就是直至于极端，就会变屈；屈久而会变直。这里体现的就是表面现象与内里实质之不同和互变的辩证规律。

"大巧若拙，大辩若讷。"（最灵巧的事物好像笨拙，最卓越的辩才好像口讷一样。）最灵巧的事物、现象，表面上看来是一种"笨拙"的样子，这是外表和实质不同的辩证表现。在艺术创作上，文学的表现、艺术的再现，其杰作，初读、粗看，往往外表形象笨拙、粗劣、怪异，而其中却隐藏着高超的技艺和创造，印象派、抽象派画家的画作即是如此。文学创作上，也有这样的现象。至于"大辩若讷"，往往表现为，滔滔不绝、口若悬河的雄辩者，实质虚空无质，虚张声势而已；而讷讷而言者，却声气舒缓，而内涵充实深邃。这是人世间、生活中常常会有的事情。

不过，老子在此，仅仅是举例而言，形象化地表达，以例引证事物发展变化的辩证规律。如庄子所谓"得鱼忘筌"，我们"得鱼"即可，领会了老子以辩证思维陈述与论证事物的辩证发展和变异的规律即可，就可以"忘筌"了。

从这一章老子的论述中，我们还可以领略到，老子的辩证思维，不是逻辑思维的表述，不是理论形态的论证，而是例举事实现象，体现辩证法规律。他的辩证法思维，是鲜活的、实际的，充实着事物发展的实例和具体现象。这是他的辩证思维和整个哲学的特色与亮点，这同西方辩证法大师黑格尔完全不同。

这里，不妨引举一例，以窥东西方哲学、老子与黑格尔之轩轾两异。比如，老子在《道德经》开篇第一章就提出了"无"的概念，我国现代哲学家对此均给予高度评价。所谓提出仅见于这样一句话："'无'，名天地之始；'有'，名万物之'母'。"而黑格尔在一处提出"无"则如此陈述：

走向老子哲学世界

如果说，无是这种自身等同的直接性，那么反过来说，有正是同样的东西。因此"有"与"无"的真理，就是两者的统一，这种统一就是变易（Das Werden）。……

说"有"与"无"是同一的，与说"有"与"无"也是绝对不同的，一个不是另一个，都一样是对的。但是，既然有与无的区别在这里还没有确定，因为它们还同样是直接的东西，那么，它们的区别，真正讲来，是不可言说的，只是指谓上的区别。⑧

请看，老子的陈述与黑格尔的论述，繁简的区别是多么大。这充分显示了老子哲学的论述范型与黑格尔以及西方哲学的论证范型是多么不同。其中蕴含着重大的、原则性的思想—文化的区别。这是比较文化研究的很有意义的课题。

（8）论"祸"与"福"彼此潜隐对方因素的辩证关系。

老子在《道德经》第五十八章中，又提出："祸兮，福之所倚；福兮，祸之所伏。孰知其极？其无正也。正复为奇，善复为妖。人之迷，其日固久。"这是老子辩证思维的又一重要篇章，向来为人们所知，且为重要认知之内涵，成为中国人为人处世、处理世事、事务的思想指导、认知圭臬。

此段主要文字，译成白话文为："祸殃啊，福分就依傍在它里面；福分啊，祸殃就隐藏在它之中。谁能够知道它的究竟？它们并没有一个定准！正忽而转变成邪，善忽而转变为恶。人们的迷惑已经很悠久了。"

人世间永远是祸福同在，彼此相依；没有福哪来的祸，没有祸哪来的福，祸福相依存。由此，祸中潜存着福，福中潜存着祸；在一定条件下福能转化为祸，祸也能转化为福，祸福相互转化。这就是矛盾双方互相依存、相互转化的辩证规律。大自然的福利与灾害，同在而又互相转化；人间世事亦复如此：祸福同在，以一定条件而互相转化。这种自然现象和人世变迁，人所共见、人所历经，老子仰观天象、俯察世情，体察到这种现象，认识到这种规律，予以哲学的总结，揭示出这种自然与社会的辩证现象。这种关于祸福同在和互相转化的辩证规律的认识，为中国人所普遍认识、领会，并成为中华心性的一种"原质"与基底。人们常常以此教子劝友，要提防福中祸、预期祸后福。这是老子哲学深入民心的一例，至今未衰。

任继愈在绎读此章的缀前语中指出："这一章充分发挥了老子的辩证法智慧。老子认为有些事物表面看来是一种情况，实质上却又是一种情况。表面情况和实际情况有时完全相反。……这几句话闪耀出老子辩证法智慧的光芒。"⑨

还有论者论述此章时指出："'物极则反'是贯穿老子整个思想的一个原则。能否把握这个'极'呢？在老子看来，似乎没有一个有效的方法可以把握那开始走向反面的'极'。因为祸中有福，福中有祸，正中有奇，奇中有正，善中有妖，妖中有善，二者相互渗透，相互贯通。你认为还是'正'，但实际已经走向了'奇'；你觉得尚属'正常'，但实际已经变为'反常'了。那种认为福与祸、正与奇、善与妖两极对立，泾渭分明，只要能把握住'极'便可求福得福，为正即正的看法是一种迷误。所以，问题的关键不在于如何把福与祸、正与奇、善与妖辨别清楚，而在于尽量减少人为因素的干预，因为人无法确定其认为的干预究竟会促使矛盾向哪方面转化。或求福而得祸，或因祸而得福，'正复为奇，善复为妖'。可能从局部看是促使矛盾向'有利'的方面转化，而从全面看则是不利的；从短期看似乎'有利'，从长远看则或许是有害的。"

接着还指出："老子'祸兮福之所倚，福兮祸之所伏'思想的深刻之处，还在于它揭示了祸福总是一体的，没有纯粹的祸，也没有纯粹的福。'最好的东西不是独来的，它伴了所有的东西同来'（泰戈尔语）。这从根本上否定了'日臻完善'的可能，否定了获得纯粹幸福的企图。"⑩

这段论述越过一般哲学的解读诠释，而将老子所论的辩证法，引入人生世间、处理事务的生存哲学领域，而为存在哲学，引导人们从老子哲学中获取生活智慧与存在哲学。这应是理论联系实际、学以致用的路径。

（9）论"大"与"小"、"难"与"易"、"诺"与"信"之辩证关系。

老子在《道德经》第六十三章中，又揭示了另一种系列性的辩证关系，进一步揭示和论证了辩证思维的特征与显相。此章全文如下：

> 为无为，事无事，味无味。
>
> 大小多少，报怨以德。图难于其易，为大于其细；天下难事，必作于易，天下大事，必作于细。是以圣人终不为大，故能成其大。
>
> 夫轻诺必寡信，多易必多难。是以圣人犹难之，故终无难矣。

此章提出："天下难事，必作于易，天下大事，必作于细。"（天下的难事，一定从容易处做起，天下的大事，必定从细小处做起。）"夫轻诺必寡信，多易必多难。"（轻易的许诺必定会失信，把事情看得太容易必定会遭遇更多的困难。）

这里提出了"难"与"易"、"大"与"细"的辩证关系。对待困难的事情，从容易处下手，这就从"难"到"易"，"难"转变为"易"了；对待大的事情，从细小处下手，"积小为大"，"小"就变为"大"了。"大"与"小"、"难"与"易"，就这样由于量的增加而引起了质的变化。这就是量变引起质变的辩证发展规律。

这一章的辩证法思维，从前面的只是揭示事物的辩证规律，发展到此章的如何以辩证法的思维来处理现实的事务，即辩证法的运用。

任继愈在本章的前缀解题中指出："这一章前半讲'无为'和以德报怨的宽容思想。后半讲事物难和易、大和小的互相转化，看问题要看到它的正面和反面，只看到容易的一方面，而看不到困难的一方面，必然遇到更大的困难；只有对困难有足够的重视，才能避免困难。这些老谋深算的经验之谈发人深思。"[11]陈鼓应指出："难易问题，也和处事者态度有密切关系。老子提醒人处理艰难的事情，须先从细易处着手。面临细易的事情，却不可轻心。'难之'是一种慎重的态度，谨密周思，细心而为。本章格言，无论行事求学，都是不移的至理。"[12]任、陈二位老学专家明示了《老子》本章辩证法思维，在人世间、在日常生活中的运用。这是辩证法与人生哲学的结合，理论联系实际。

老子以辩证法与社会生活的结合及其实际应用，论述了他的辩证思维。

（10）论"主"与"客"、"进"与"退"、"有"与"无"之间的辩证关系。

老子在《道德经》第六十九章中，又提出了另一种辩证法的思维：

> 用兵有言："吾不敢为主，而为客；不敢进寸，而退尺。"是谓行无行；攘无臂；扔无敌；执无兵。
>
> 祸莫大于轻敌，轻敌几丧吾宝。
>
> 故抗兵相若，哀者胜矣。

这里，老子陈述了"主"与"客"、"进"与"退"、"有"与"无"之间一系列的辩证关系与变异规律。他首先说："用兵有言：'吾不敢为主，而为客；不敢进寸，而退尺。'是谓行无行；攘无臂；扔无敌；执无兵。"（用兵的人有这种说法："我不敢主动进攻，而采取守势；不敢前进一寸，而宁可后退一尺。"这就是说虽然有阵势却像没有阵势可摆；虽然要奋臂却像无臂膀可举；虽然面临敌人却像无敌可抗；虽然手持兵器却像无器可持。）

老子这一段描写，令人想起武侠小说中描写的武功大师的临场表现，他气静神慈，遇敌进击，却而不进，出而不凡。这是胸有成竹，不紧不慢，不惊不慌，从容迎敌，出手致胜。接着便说："祸莫大于轻敌，轻敌几丧吾宝。"（祸患没有比轻敌更大的，轻敌几乎丧失了我的"三宝"。）这里，解释了为何采取前述保守谨慎的迎战姿态，那就是要重视敌人、慎重迎战。最大的祸患就是轻敌，而轻敌几乎会丧失我的"三宝"。——所谓"三宝"，就是"慈、俭、不敢为天下先"（见《道德经》第六十七章）。三件"宝"的精神就是以退为进、谦谨内敛、视机进击。最后，总结道："故抗兵相若，哀者胜矣。"（所以当两军势均力敌的时候，蓄有哀情一方定会胜利。）

这里所说的"哀者"，并非指悲哀者，而是指有哀情者（即被欺负、被侵略、被进攻的一方）；"必胜"者，也是指必须胜、期望必定胜。说这是"必定""必然"的肯定词，不如说是祝福词。

此章以"用兵有言"开篇，并非言军事、战争，而是借兵家之言，以申处事、处世之道。盖言兵事，足以突出事理，时势紧迫，言辞尖锐。有以此为军事理论者，甚至以《道德经》为兵书、军事著作者，实属误会。老子在这里，借言兵事，突出地、尖锐地宣示了他的一贯主张，即"柔""弱""谦下""不争"的道学之理。苏东坡有言："匹夫见辱，拔剑而起，挺身而斗，此不足为勇也。天下有大勇者，卒然临之而不惊，无故加之而不怒。此其所挟持者甚大，而其志甚远也。"（苏轼：《留侯论》）苏东坡所言之"大勇者"的表现，正是老子所赞誉的"用兵有言"所说的状况。老子此处借兵事而言其一贯主张，以其尖锐、突出而又确然适合宣讲"柔弱""处下""不争""知其雄，守其雌"的志大、意坚、心胸宽、守柔而实力雄强之道学至理。

这里涉及"主"与"客"、"进"与"退"、"有"与"无"三者之间的辩证关系。它们在运行、发展的过程中，都会发生向对立面转化的变异。老子所言，既是辩证法的规律的揭示，又是人们认知与处世、办事的智慧与本领。老子的辩证法，就是这样鲜活而直接地与实践结合。这又是与西方哲学的原则性不同。

注释：

①恩格斯：《自然辩证法》，人民出版社，2018，第 18-19 页。

②陈鼓应：《老子注译及评介（修订增补本）》，第 2 版，中华书局，2009，第 151-152 页。

③同上书，第 199-200 页。

④同上书，第 201 页。

⑤同上。

⑥任继愈：《老子绎读（汉英对照）》，中华书局，2009，第 214 页。

⑦据黄朴民、林光华撰《老子解读》，中国人民大学出版社，2011，第 211 页。引者注：一般注译、诠释《道德经》此章之"大成"句，均以字面意解之，谓"最完满

第十二章 老子的辩证思维

的东西""最圆满"等。此意大致可以接受，然而以"大成"组词，表"完满、圆满的东西"似少见，亦不甚确切。愚意以为，黄、林二位以"音乐用语"解之，注为"完整的乐曲"，甚合老子原意。老子通乐律，以音乐用语入其哲学诗，很自然而符合实际。

⑧黑格尔：《小逻辑》，商务印书馆，2019，第 195 页。引者注：重点号是原有的。

⑨任继愈：《老子绎读（汉英对照）》，商务印书馆，2009，第 254 页。

⑩兰喜并：《老子解读》，中华书局，2005，第 211-212 页。

⑪任继愈：《老子绎读（汉英对照）》，商务印书馆，2009，第 344 页。

⑫陈鼓应：《老子注译及评介（修订增补本）》，第 2 版，中华书局，2009，第 295 页。

三、老子辩证法的精粹

综上所述，可以体会到，老子哲学的辩证法，具有许多特色，也是亮点，大不同于其他所有中外哲学家及其哲学著作的内蕴。归纳言之，大致有以下几个方面。

（1）老子的辩证法，表现为具体、鲜活、生动；这和其他哲学家的辩证法论述，比如被称为"辩证法大师"的黑格尔的辩证法论述，就大不相同。黑格尔是长篇巨著、逻辑论证，而老子则是具体例举种种自然的、社会的、人事的事实，揭示它们之中的辩证法体现。由此，老子的辩证法具体、鲜活、生动，具有启发意义、提示意义、象征意义、直接的实践价值。

（2）所举事例，均来自、取自自然事物、社会情事、生活事例，因此具体、生动、活泼，易于理解和感受。

（3）这些事例、现象，都显示鲜明的辩证法规律，易于为人们所领略、体会。

（4）老子的所有辩证法的例举，均非逻辑语言的抽象论述，而是以诗性语言表达，吟咏之、显示之、象征之、暗示之，简直可以视为一首首"辩证法咏叹调"。

（5）老子的诗性语言所构建的哲学诗篇、辩证法诗篇，富有启发性、灵动性、象征性，语已尽、意无穷、思绵延，可供人一叹三赞、回环婉转，尽领其意，又难尽其内蕴。这是所有其他中外哲学著述所不具备的，难与其匹的。

（6）老子的辩证法，是唯物的、客观的、具体的，非唯心的、抽象的、主观陈述的。其中，充实着鲜活的、具象的自然现象、社会事实、人间世事，这在根本上不同于黑格尔的唯心的辩证法，即颠倒的辩证法。

（7）老子的辩证法，不仅具体、实在、来自实际的社会生活、自然现象，并且，直接连接、结合、体察人生哲学—生存哲学的内蕴。因此可谓社会生活的辩证法、人生辩证法。它引导、指导人们在现实生活中，领略、体察、运用辩证法，因此，它是生活的辩证法、认知的辩证法、生命哲学的辩证法，是指导人生的辩证法。

（8）老子的辩证法是通向思想之路、心性之路、生活之路的引领、指导和人类心性在人间时势中航行之舵。

（9）恩格斯在论述黑格尔的辩证法时指出："在黑格尔的辩证法中，正像在他的体系的所有其他分支中一样，一切真实的联系都是颠倒的。但是，正如马克思所说的，'辩证法在黑格尔手中神秘化了，但这决没有妨碍他第一个全面地有意识地叙述了辩证法的一般运动形式。在他那里，辩证法是倒立着的。必须把它倒过来，以便发现神秘外壳中的合理内核。'"①老子在根本上与黑格尔不同，具有原则性区别。首先，老子也是全面地、有意识地叙述了辩证法的现象和事实，由此体现出辩证法的规律；他的辩证法首先不是倒立的，而是具有唯物性质的，其中充实着许多自然现象、社会现象、人生际遇等具体的事实。因此，他的辩证法一点也不神秘，而是很具体、很实在、很鲜活、很坦荡，没有任何神秘东西的立足之地。不过他并不是"叙述辩证法的一般运动形式"，他没有"叙述辩证法形式"，而是例举种种自然的、社会的、人生的事实和现象，从而体现出辩证法的三大规律。他没有设置"神秘的外壳"，而是具体、生动、鲜活地陈述、体现了自然、社会生活中辩证地存在与发展的事例，以此体现了辩证法的三大规律的精髓，他呈现的是辩证法规律的内核，而没有披上

"神秘的外壳"。这又是老子的辩证法大不同于其他哲学家的亮点和特点。

（10）老子之所举，均是如恩格斯所指出的：其辩证法的规律，均是"从自然界的历史和人类社会的历史中抽象出来的"，如"有无相生，难易相成，长短相形，高下相盈，音声相和，前后相随""将欲歙之，必固张之；将欲弱之，必固强之；将欲废之，必固举之；将欲取之，必固与之""祸兮，福之所倚；福兮，祸之所伏""天下难事，必作于易，天下大事，必作于细"等等，都是如此。

（11）老子的辩证法是以优美的、雅致的、协韵律的语言，娓娓地或缕缕地或铿锵地表达出来，可供人吟咏之、感受之、体验之、稽查之，而领略、体验辩证法的种种事项及其有趣而略具神秘性的现象。简直具有一种欣赏美好的文学篇章的审美愉悦，确实是"一首辩证法的诗"。此说，老子当之无愧。

（12）老子的辩证法在两千多年的传播、学习中，已经进入中华民族的小传统，为广大民众所习知，并在日常生活中运用，成为中国人的思想的指导和"模式"，成为中华民族的性格基因、文化-心理构造。这是老子哲学的贡献和荣耀。

注释：

①恩格斯：《自然辩证法》，人民出版社，2018，第47页。

第十三章　老子《道德经》的叙事架构、理论路径与叙事范型

　　老子的哲学叙事与论证，完全不同于中外所有哲学家及其著述。他的叙事与论证，不是确立一些独撰的名词、术语、概念，然后凭此展开论证，鸿篇巨制，洋洋洒洒，数十万言。他仅仅以短短五千言，而论证、描绘天地人社（会），而且运用美妙、形象化、音韵化的精粹语言，读之令人美不胜收，注入心灵，深刻脑际，含藏深思，咀嚼回味，思想与文采齐飞，启迪与深思共生。此为习读其他中外哲学著述所难能得者。

　　老子撰写其唯一的并且是诗性的哲学著作《道德经》，是在经年观察自然现象、社会人事、人生苦旅，又饱读从《易经》《诗经》到诸多古典文献，更汲取民间谚语、"建言"、口语，有所思、有所得，有所归结，察其内蕴、究其基底，综合梳理、条分缕析，而后经过深思熟虑、酝酿切磋、推敲琢磨，启动其文学才华，调动其故国楚地的文脉诗情，运用楚辞式的语言和艺术体式，发而为文，终成一部亘古未有、"唯我独具"、斯予独创的哲学诗、诗哲学。

　　兹试将其行文历程、文本架构、思想脉络、叙事范型，加以梳理，以见其哲思的表达与行迹，以助"深读"，理解其思想的发展与体现。

　　第一章，"道"的总体论，总体地论"道"。

　　开门见山，突兀而现：总体、高度概括、高屋建瓴地提出"道"这一独创的概念，确立其性质、范畴，阐明其本质属性与

重要意义。提出"道"的不同于任何事物的性质。

但他首先明言"道可道，非常'道'"，"道"是不可言说的，现在只是权且言之，以便人们"知其概"。也许，正是因此，他采取具有一定形象性、模糊性、象征性，甚至想象性的语言，即诗性语言来陈述、描绘、论证以至示意。这也许就是他何以要使用诗性语言来陈述他的博大深沉的哲思的原因。

这与任何中外哲学著述均不同。

令人具有哲思横空出世之感。

第二章，阐述天下万物的辩证关系，特别是运用辩证思维，指出万事万物均有其对立面；呈明"道法自然"的原则与"无为"的政治思想。"处无为之事，行不言之教"。

立足于自然哲学，进而入于人类应如何认识道，并顺应之。

以上二章，阐明"道"的总体概念及其根本性质；继而陈明天下万事万物的辩证关系，以及"道"在万物中的体现。

给"道"描述了一个总体轮廓，并指出了"道"的性质和在万事万物中的体现。

提出了"道法自然"的基本品性和运行的总规律；随即联系及于政治哲学，即"为无为"。厘定了"道"的基本秉性。

第三章，如何治理国家，使百姓安居乐业。

以上两章的阐述中，均联系及于政治哲学，即统治术，提出了老子的基本政治哲学概念，即"无为"。

这表现了中国哲学也是老子哲学思想的基本特点，即与现实社会生活密切联系。如张岱年所指出的："中国哲学乃以生活实践为基础，为归宿。行是知之始，亦是知之终。"[1]

第四章，进一步论述"道"的特点与作用。从另一角度、另一方面论"道"的无形无象、无可接触处。

前面论"道"的性质、作用、价值与意义，尚属初步涉及；此章则进一步，更详细地论述"道"的作用与意义。

这种叙述与论证的范型，表现出一种诗性的特征，而与逻辑论证式的哲学著述根本不同。这是老子哲学的特色也是亮点：它使人具有阅读兴趣，犹如吟诵诗篇；具有文艺性，具象征、隐喻、借喻、譬喻的艺术表征；读之引人深入思索，引发联想。

第五章，阐述治国安邦的基本原则。从政治视角论述"无为"的要义。论述"天道"与"人道"的不同；提出"守中"之道，亦是"无为之为"。

第六章，探讨"道"的永恒性与作用力。

第七章，提出"无为无己"的治国理念与人生哲学。反映"以退为进"哲思与处世哲理。据"天长地久"之"道"则，提出"后其身""外其身""无其私成其私"的原理。

第八章，以"水"喻"上善"之德，亦即"圣人之德"，借此描绘"上善"的处世方式。以水的性质与形象，隐喻"贵柔""处下""位卑"的原理原则。提出"以柔克刚""以退为进"的原则。

第九章，以诸多事物，论说"物极必反"的辩证规律，并以此为治国处世之道。

第十章，反映自身、家国、天下的递进关系，着重讲修身养性的功夫。

第十一章，从日常生活中的"意象"，说明虚空的作用；论述"有""无""利""用"之间的辩证关系。提出"无"的概念及其与"有"的辩证关系。这是老子哲学的一大亮点。

第十二章，对当时社会生活奢靡的反思，提出"清心寡欲，返朴归真"的原则与要义。

第十三章，精辟地论述荣辱得失背后潜存的哲理含义，并借此论"政"："爱天下如爱己身之人，可赋予天下。"

第十四章，继续阐释"道"，作非常抽象但生动的描绘。论"道"的没有相状、没有形象，却又是万事万物的主宰。何以于此处出现单独再论"道"的篇章？这一点，值得研究，尚需探讨。

第十五章，描述、论证得道者（即"古之善为士者"）高尚的境界。树立"古之善为道者"的形象及其顺应道之作为。

由此进入从论"道"到论"得道之人"的论域。

论"得道之人"的种种表现，以"比喻"手法形容之、描述之，形象生动而意境深刻。对"得道之人"进一步申说并诱导人们去得"道"。

由客观描述、论证"道"的种种方面，进到论述"道"与人的关系以及"得道之人"的表现与楷模意义。

第十六章，关于万物、人生与"道"之关系的探讨。强调"致虚极，守静笃"与"顺应自然"。由此进入教人如何"入道""得道"。总意旨为"顺应自然"。

"顺应自然"是老子哲学的基本观念、哲思要害。

第十七章，论治国之道，以"无为"达到"无不为"。此乃理想的政治境界。进一步论述"无为""贵言"的最佳统治境界。从此，由自然哲学、宇宙论，进入政治哲学的论域。

第十八章，揭发病态社会种种反常现象，批判乱世诸象；论证"道"在不合理社会才会出现，有"病"才有"医"。从反面论证"道"的性质。

第十九章，接续第十八章的意蕴，继续阐发。指出：勿太作为，提出"见素抱朴"主张。前章以破为主，此章则以立为主。"净其心、淡其欲、正其性"，才是治国的根本，也是人生修养的圭臬。

"见素抱朴"是老子又一个基本概念和重要理念。它与"顺应自然"是衔接的。

第二十章，以对比的手法，描绘"为道之人"与"世俗之人"的差异。此处未用"于""余""吾"等表"我"的文雅字眼，而直接使用口语"我"。其中以"贬自己"的叙事范型，正话反说，讥讽世人中的浅薄、庸俗，显示彼此价值观与人生态度的不同。以此进一步论述了"道"之要义。

本章以绚丽雅致的语言、诗性的陈述，既娓娓而言，又铿锵陈词，既并列又对比，思想深沉，语意妙敏，是一首语言别致、立意深刻、对比强烈的哲学诗。

此其为了老子也！

以上几章，表现老子论"道"的陈述序列，由论述宇宙论的"道"，而进入人世、世人对于"道"的不同态度，颂扬"得道之人"的高尚与人生哲学，批判俗人"熙熙""昏昏""察察""昭昭"之形相。

第二十一章，与第一、十四、二十五章同样，再次回到对

"道"的直接论述，也是"回归"既往式，描述形而上的"道"。所谓"离世""离事""离人"论"道"。仍然以诗性的陈述范型，辞章绚丽，音韵调谐，寓意深沉俊逸，"惚惚恍恍""恍恍惚惚"，意境渺远，形象突出，是一首哲学诗，又一次显示诗哲学的隽永美妙。

第二十二章，论证"正反相成"、以"反"求"正"，以此，论"不争之道"。其中，揭示了"曲"与"直"、"洼"与"盈"、"敝"与"新"、"少"与"多"之间的辩证关系。是一首辩证法的例举与颂词。显示老子辩证思维的娴熟深刻，而论述具体生动，皆为自然现象与人间世事。论不争反有所得。这也是针对当时（春秋时代）的社会现实而言，具现实批判意蕴。

第二十三章，此章意境与前述第十七章相对应。第十七章讲"贵言""无为"，本章则宣示"躁进自炫"不可恃，也预示急躁操作亦"为人所共弃"。继续以辩证思维，观察、指导社会生活，贯彻其贵柔、谦退、处下、位卑、不争的辩证思维与政治哲学以至人生哲学。

第二十四章，依据对人的洞察，而提出一些做人的道理；教人以辩证的观点观察社会人生，在生活中，奉行贵柔、谦退的人生哲学。

第二十五章，在此继续论"道"，提出其宇宙观的论述。提出"道、天、地、人为域中'四大'"，并单另提出"人亦大"的重要观点；又提出"人法地，地法天，天法道，道法自然"的宇宙、社会人生的总规律。

这是老子宇宙论、道论的极其重要的篇章。

从此章可以看出，老子从不一般性论"道"，而总是联系实际，即自然、社会、人生、政治，来论述道以及如何尊道行事。

第二十六章，将"轻""重""动""静"，引入政治领域；主张"静重"，评析"轻躁"。提出"君子"之执道，"燕处超然"。

自此章始，进入对执行"道"的阐述与论证。

第二十七章，引申"自然无为"思想，阐发"善"的含义、特征与价值。"善行""善言""善数""善闭""善结"，以及

"圣人常善救人""救物",故"无弃人""无弃物"。对"善"加以哲学视域的界定,使它不仅是一般的慈善而已,而是具有宏博、深邃的含义的哲思"因子"。

第二十八章,提出"谦下涵容""返璞归真"的原则,强调柔弱、退守,提出"知其雄,守其雌","复归于婴儿"。

"婴儿"是老子哲思中的重要概念和形象,以其象征、突出、形象化而又生活化、人性化地表征自然、纯真、质朴、无私无欲的境界。

第二十九章,继续陈述、论证"无为"的思想,提出"常德不离,复归于婴儿";要实行"去甚,去奢,去泰"三原则。

再次突出"婴儿"的形象和哲学概念。

第三十章,表达强烈的反战思想。提出"果而勿矜,果而勿伐,果而勿骄,果而不得已,果而勿强"。提出"其事好还",以为警示。提出重要的"勿矜""勿伐""勿骄""勿强"的"四勿"概念与戒律。

第三十一章,进一步阐述反战立场。兵者,"不得已而用之"。但不是军事论,非兵书,而是以兵事、军事、战争之强烈状态、突出性质,来比譬社会人事。

第三十二章,强调提出"道"的自然特性。以"朴"界定"道",谓"譬道之在天下,犹川谷之于江海"。以此示诫于统治者。提出"知止可以不殆"的重要思想,既是深沉的哲思,又是政治哲学、人生哲学之圭臬。

"知止不殆"是老子哲学的主要概念。它继承了《易经》之"文明以止"的文化理念。

第三十三章,论述个人修养的境域,提出"自知""自胜""自强""自足""强行"的原则,首次提出"死而不亡者寿"。

这是老子哲学思维的重要内涵。

第三十四章,又一论"道"之重要篇章,侧重于"道"之"大"(与第二十五章中论"道"之"小"对称),而主要意旨则是论述"道"的作用及其作用的既具伟力,而又不自恃其力与功,即"颂'道'"。谓"大道氾兮","万物恃之以生",却"不辞","功成而不有"。说明"道"的特性:"不辞""不有"

走向老子哲学世界

"不为主"。

此前论"道"之宇宙论与政治哲学、人生哲学，本章则论"道"之宏伟作用力，而又不居功自恃。此论"道"之伟力特性，并以之教人。

第三十五章，论"道"的作用、意义与形相："淡乎其无味，视之不足见，听之不足闻，用之不足既。"本章及以上诸章，多论"道"的伟力、作用、意义以及润物养生之价值。

这些论述均可视为宇宙论之内涵。

第三十六章，老子集中阐述其辩证思维的重要篇章。提出事物一系列的辩证关系：欲歙之必固张之、欲弱之必固强之、欲废之必固举之、欲取之必固与之。又提出"柔弱胜刚强"的道理，提出了"歙"与"张"、"弱"与"强"、"废"与"举"、"取"与"与"之间互相转化的辩证关系与势态。充分显示老子辩证法思想的光辉。

本章提出的"柔弱胜刚强"的哲学思维，具有重大的思想意义与认识价值。这是老子一再宣示的重要哲思。

第三十七章，"道经"之末章。通过"天道无为"，论证"人道归静"。提出"静""朴""不欲"，以释"无为"，即"道"之"无为而无不为"。

"天道无为"和"人道归静"，是老子哲学"从天道入人道"、连接社会人生的主要哲思。

作为"道经"的结尾，提出执道的途径与原则。老子提出"无欲"、"守'静'"的规劝和叮咛。这是老子"道经"的终结，他最后的嘱咐就是"无名之朴"与"不欲以静"。

第三十八章，进入"德经"的首篇。"德"是"道"的实现、落实。全面地、整体地论述"德"的意蕴和戒律。"上德不德，是以有德"；"下德不失德，是以无德"。执道的大丈夫"处其厚不居其薄"；"处其实，不居其华"。

论"德"的首篇，提出了由"道"到"德"的过程、义理及结果："道"是体，"德"是用。提出了"道""德""仁""义""礼"递进发展的层次。提出"上德"与"下德"的原则区别，即"上德"是无心的流露，"下德"是有心的作为。

老子在此论德之首篇，便提出了何为与实行"上德"（即真德）的理路与原则。

由此，引领人们进入体"德"、执"德"之路。

第三十九章，借"一"说"道"（"一"即"道"），引申到治国修身之道即"德"。"得一"以"清""宁""灵""盈""生"与"天下正"。"处下""居后""谦卑"乃执"道"之"德"。老子在此论"德"之处，提出也是规范了如何执"道"，以达"德"，就是要"处下""居后""谦卑"。这就是依"道"性来实现"德"。

第四十章，提出"反者道之动"的"道"的作用层面和"有生于无"的宇宙本体论层面这样两个重要命题。这是为后面论述"德"作论域准备。

第四十一章，提出体现正反相推的辩证规律：由"正"说"反"；以"反"显"正"。首先分别说明"上士""中士""下士"闻道之不同态度。而后论述道德的"深邃""内敛""冲虚""含藏"。引导学习者进入执道达德的界域。给由"道"到"德"的路径指明方向与道路，就是"深邃""内敛""冲虚""含藏"。

第四十二章，本章可理解为宇宙生成论，此其一；其二，讲侯王之道德教化。由宇宙论之"'道'论"，进入"道德"之教化。

提出"道生一，一生二，二生三，三生万物"的著名宇宙论，并首次提出"万物负阴抱阳"论，首次纳入"阴""阳"论域。

老子何以于"德经"，复论"道"之宇宙论？或为立于最高（宇宙）视域，以论"德"之深智伟意。借此而补充了前面有关宇宙论的内蕴。

第四十三章，论"以柔胜刚"，"至柔"可以驾驭"至坚"。论述"不言之教"与"无为之益"。此为以"道"致"德"之路径。

第四十四章，提出"贵身"思想，批判争名夺利，指出"甚爱必大费"，"多藏必厚亡"；"故知足不辱，知止不殆，可以长久"。鄙弃名利，知足知止。此为修"道"、"立德"之根本。以此建立了行"道"修"德"之圭臬。提出"知足""知止"的实现"德"的原则与道路。

第四十五章，以反向思维提出真正的德行是如何体现的。描述、论证崇高德行与完美人格之标准与体现："大成""大盈""大直""大巧""大辩""躁胜寒，静胜热。清净为天下正"等。

此为执"道"修"德"之本。

第四十六章，反战；批判"欲得""不知足"，提出"知足之足，常足矣"。背景为"春秋无义战"，不断地掀起争夺之战、大邦并小邦之侵略战争。此为最大的失德，故批之反之。并借此论由"道"达"德"的路径。

第四十七章，提倡内在、直观、自省，耐心视察，圣人"不行而知""不见而明""不为而成"。此为最高至深之道德修为。重视内在自省自悟之功。此为道家之重要理念。

第四十八章，强调"为道"与"为学"的不同，不注重知识的增加，而注重内心的修养。此非不重视"学"，而是在"为学"与"为道"二者相比中，内心为道的修养重于学道的知识，即所谓"为学日益，为道日损"；提防妄为，而达于"无为而无不为"的境界。此为道德修养之圭臬。

第四十九章，对理想统治者与理想社会秩序的勾画。力求达于"以百姓心为心""为天下浑其心""圣人皆孩之"。

描述了一种理想的政治哲学与道德境界。

第五十章，提出养生思想。批判"生生之厚"（奉养太过）；提出"善摄生者""以其无死地"。个人之养生，为道德之本、之根。修身养性，是为善摄生。

按：对此章内涵与意境的解读诠释，向来以养生论论定。

本书另有解读的识见，以为乃论志士贤人，以身求道、执道，视死如归、舍身求仁，故可"兽""兵"无为无伤其身，而达"无死地"。

第五十一章，以描述"道"滋生万物的过程起论，继以"道"之尊、"德"之贵的论述。尊崇"道"的自发性，以修身养性、为人处世。"道"生万物之后，"生而不有，为而不恃，长而不宰，是为'玄德'"，即最深厚完美的德。

"道"生万物、分化为万物，即是大德。

此章完美、深邃地论述了"道"与"德"的内在深沉关系，"道"赋予"德"，"德"实现"道"，"道"依靠"德"而实现，"德"不可离"道"而存。

第五十二章，从宇宙论开始，论述万物皆有始，为天地根，认识并持守这万物之"始"与"根"，即可"没身不殆"。故需"塞其兑，闭其门"，乃可"终身不勤"。即要塞住嗜欲的孔窍、关闭物欲的途径，"是为袭常"。以自然之理、"道"之规律，延伸而至"德"之至理。这是从最高、最尖端视域，以论"道"与"德"。

此乃对"德"的至高至深之论。

第五十三章，痛斥封建统治者的无德："朝甚除，田甚芜，食甚虚"，却仍然"服文彩，带利剑，厌饮食，财货有余"。批判甚深沉。而其反，即是"德"。从批判入手切题，以反面之丧德，而显示"德"的正面之义。

第五十四章，殚精竭虑，思绪纷繁，列举铺陈济世匡时之策。全面地论述"德"的意义与价值："修之于身，其德乃真；修之于家，其德乃余；修之于乡，其德乃长；修之于邦，其德乃丰；修之于天下，其德乃普。"提出身、家、乡、邦、天下的系列，论证了它们之间的利益、存在的休戚相关。

此论乃及于大德、高德、普德、邦德。论述了"德"的全面的意义与价值。

第五十五章，以婴儿为譬："含德之厚，比于赤子"（含德深厚者，可比喻赤子），"骨弱筋柔而握固"，以此阐明"德"之境界："益生曰祥，心使气曰强。"借此阐明含德之人，譬如婴儿，纯真坚强，无私无欲。

第五十六章，论述有"德"之人的表现："挫锐""解纷""和光""同尘"，以达"玄同"（玄妙齐同）的境界。这是德性的又一层境界。

第五十七章，提出"以正治国"，这是侯王应有的良好治国方略。亦即封建统治者的德政，也就是统治者之"德"。圣人之德为"无为""好静""无事""无欲"，达此德，即可"民自化""民自正""民自富""民自朴"。

第五十八章，批评封建统治者之苛政、严刑峻法："其政闷闷，其民淳淳"，而"其政察察，其民缺缺"。提出著名的格言诤语："祸兮，福之所倚；福兮，祸之所伏。"所以圣人是："方而不割，廉而不刿，直而不肆，光而不耀。"

第五十九章，提出"啬""早服"："治人事天，莫若啬"，"早服谓之重积德"。

"重积德则无不克"。"深根固柢"，乃"长生久视"之道。

第六十章，提出"治大国，若烹小鲜"的著名治国之道。指出"以道莅天下，其鬼不神""其神不伤人"。此两不相伤，"故德交归焉"。

第六十一章，提出"大邦者下流""以静为下""或下以取，或下而取"等邦交之规约。指出："大邦不过欲兼畜人，小邦不过欲入事人。"

第六十二章，论述"道"的地位与作用。谓"道者万物之奥"，它是"善人之宝，不善人之所保"。"虽有拱璧以先驷马，不如坐进此道。"因为"道"可以"求以得，有罪以免邪"，"故为天下贵"。

老子在《德经》中仍然论"道"，但不同于前面之论"道"，此处以执德为归结而论"道"，乃论"道"之用，而非一般地论"道"之义。但其内涵，仍然补充了对"道"的论述。

第六十三章，论述"难"与"易"的辩证关系。提出"为无为，事无事，味无味"之义理，辨析"难""易"："天下难事，必作于易，天下大事，必作于细"。又论"诺"与"信"的关系："轻诺必寡信"，"多易必多难"，"是以圣人犹难之，故终无难矣"。

列举了"难"与"易"、"大"与"细"、"诺"与"信"之间的辩证关系。

第六十四章，论述做事、执"道"之要义，即"德"之执行的导引与义理："为之于未有，治之于未乱"；析其理，因为"合抱之木，生于毫末；九层之台，起于累土；千里之行，始于足下"。而且"慎终如始，则无败事"。重要的是"辅万物之自然而不敢为"。

提出"慎终如始"哲理需求与执"道"要厄。

第六十五章，论证、探讨"治国安民"之道。"古之善为道者，非以明民，将以愚之"，论"以智治国"与"不以智治国"之异。论"愚"之"质朴""纯真"之义。"与物反矣，然后乃至大顺"。

第六十六章，以"江海"为喻，释"善下""以言下之""以身后之"之要义，"是以圣人处上而民不重，处前而民不害"，因此，"以其不争，故天下莫能与之争"。

第六十七章，提出"我有三宝"，即："一曰慈，二曰俭，三曰不敢为天下先。""慈"能勇、"俭"能广、"不敢为天下先"故"能成器长"。这是"德"之三种重要原则和表现。

第六十八章，提出"不武""不怒""不与""不争"，这，"是谓配天"，这，"古之极也"，这是"善为士者"的大德。

第六十九章，以"用兵"之事，论为人处世之"德"，指出"不敢为主，而为客""不敢进寸，而退尺""攘无臂；扔无敌；执无兵""祸莫大于轻敌""哀者胜"。

第七十章，感叹自己之诤言不为人知晓、不为人理解，慨叹曰："吾言甚易知，甚易行。"但是，"天下莫能知，莫能行。"这是何等的失望与感伤！继言：我本"言有宗，事有君"，但世人不知，"是以不我知"。"知我者希，则我者贵"，所以圣人只好"被褐怀玉"（穿粗衣而内怀美玉）。

第七十一章，从知与不知的角度，论述自我修养、自我认识。"知不知，尚矣"，"不知知，病也"；而圣人"病病"，"是以不病"。所以要"知不知""病病"。

第七十二章，立足人民视角，论君王治理，指出"民不畏威，则大威至"，因此要"无狎其所居，无厌其所生"。因此，圣人"自知不自见，自爱不自责"。

第七十三章，继续论述"不争"之"德"。指出："勇于敢则杀，勇于不敢则活。"又说："天之道，不争而善胜，不言而善应，不召而自来，繟然而善谋。"继续关于"不争""不言""不召"的"三不"之论，提出著名而悠久传诵的名句："天网恢恢，疏而不失。"

第七十四章，提出古今传诵的论断名句："民不畏死，奈何以死惧之？"又提出"夫代大匠斫者，希有不伤其手矣"的论断，以此反对统治者嗜杀。遵从天道，关怀生命。

第七十五章，探讨当时社会动乱、统治不稳、民不畏死之原因。指出："民之饥，以其上食税之多""民之难治，以其上之有为""民之轻死，以其上求生之厚"。

第七十六章，再次阐述"柔弱胜刚强"之理，指出："故坚强者死之徒，柔弱者生之徒""兵强则灭，木强则折"。指出："强大处下，柔弱处上。"

第七十七章，就"天道""人道"立论，指出"天之道"与"人之道"的区别："天之道"犹如"张弓"："高者抑之，下者举之；有余者损之，不足者补之。"提出著名的流传久远的名言："天之道，损有余而补不足。"人之道则"损不足以奉有余"。故此圣人之道德是"为而不恃，功成而不处，其不欲见贤"。

第七十八章，以"水"喻"道"，主张统治者效法自然，如水之利万物，达到"无为"而"大治"的善果。水本是柔弱的，但是，"天下莫柔弱于水，而攻坚强者莫之能胜"，为什么呢？"以其无以易之。"但是，"弱之胜强，柔之胜刚"这个至理，却是"天下莫不知，莫能行"。所以君王之道应是"受国之垢，是谓社稷主；受国不祥，是为天下王"。

第七十九章，言"圣人执左契，而不责于人""天道无亲，常与善人"。这就是"天道"与"圣人"之大德。

"天道无亲"出自古谚，老子借此阐释自然界的规律：它无亲、无偏爱，常与善人一起。圣人执道，"执左契，而不责于人"，"有德司契，无得司彻"。

第八十章，提出著名的也是引起众多误解的乌托邦理想国："小国寡民"。对这种政治理想作了比较细的描述：百姓"甘其食，美其服，安其居，乐其俗。邻国相望，鸡犬之声相闻，民至老死，不相往来"。

这是对"道"的人间化的玄想与设计，"道"在政治哲学层面的"落实"。这是一位伟大的哲学家的玄思与理想，却非政治家的政治学说的具体化，更不是国家体制、政治制度的设计。他的设想就是人民安居乐业、生活温饱安定。

第八十一章，《道德经》的终结章。

语意沉稳深邃，有语重心长之意，具感叹叮咛之心。

开篇即言"信言不美，美言不信"，更说"善者不辩，辩者不善"。述说止于此，不言不辩。语重心长，人其思之。

以上，八十一章终。

为何是八十一章，不多不少？臆测之：盖中国素有"九九归一"之语和寓意。九，数之大者；九九，更大数也；九九，归于一矣；九九，时势变异，应对精心；九九，语已尽、意未穷。

《道德经》开篇即言"信言不美，美言不信"，好似叮咛嘱托：人们，请你们注意甚至小心，真诚的话语不华美；华美的言辞不真实啊！我以上所言，虽不华美，但是真实可信，于世有用。上言天地寰宇，下嘱政事人生，其言真诚，其义可信。又申说："善者不辩，辩者不善""知者不博，博者不知""圣人不积，既以为人己愈有，既以与人己愈多"。总之，"天之道，利而不害；人之道，为而不争"。不予人以害，不与人相争。总之，"不辩""不博""不争"，不美信言，具见前言。

此是《道德经》的结束语，却非哲学论著的终结语，实是对人世的忠诚言、规劝语。诚哉斯言，重也此言，诗一般的语言，深沉的哲学归结，诚心诚意的嘱托。

读此终结辞，首先自然想起现代最早撰写《中国哲学简史》的胡适，他说："最初的哲学思想，全是当时社会政治的现状所唤起的反动。……老子观察政治社会的状态，从根本上着想，要求一个根本的解决。遂为中国哲学的始祖。他的政治上的主张，也只是他的根本观念的应用。"②

而后，张岱年亦论及中国哲学之特色："中国哲学在本质上是知行合一的。思想学说与生活实践，融成一片。中国哲人研究宇宙人生的大问题，常从生活实践出发，以反省自己的身心实践为入手处；最后又归于实践，将理论在实践上加以验证。"③

总而言之，《道德经》的要厄重心，即纳入历史境域，纳入中国思想文化的"个性"中，对宇宙、人生的大问题、根本性问

走向老子哲学世界

题，作唯物辩证的解读与诠释。

以上，按章简介了《道德经》文本的内涵及其顺序与结构。通过它，我们可以看到老子哲学的著述特点与亮色，为其他所有中外哲学著述所无。兹分述数端如下。

（一）老子文本以诗性语言陈述、论列、表达，海德格尔干脆称之为"诗哲学"，我们也可以赞为哲学诗。这是所有中外哲学著述所没有的特色与亮点。中外哲学著述均是逻辑地叙述与论列，创辟一系列专用术语、概念，逻辑陈述，表达清晰、固定、稳态，著者尽量使之准确、无歧义、无想象余地，也用不着读者去玄想、思拟、猜度以至想象。但老子之著与此完全不同，他写的是诗，是以诗表述、呈现、虚拟哲学思想。这里，不妨略微引证三位德国杰出哲学家的哲学文本，以作比较。

（1）黑格尔："宇宙论研究的对象，不仅限于自然，而且包括精神、它的外在的错综复杂的关系。精神的现象一般说来，宇宙论以一切定在、一切有限事物的总体为其研究的对象。但是宇宙论并不把它的对象看成是一个具体的全体，而是只按照抽象的规定去看对象。因此它只研究这类的问题，例如，究竟是偶然性抑或必然性支配这世界？这世界是永恒的抑或是被创造的？这种宇宙论的主要兴趣只在于揭示出所谓普遍的宇宙规律，例如说，自然界中没有飞跃（Sprung）。飞跃在这里是指没有经过中介性而出现的质的差别及质的变化而言，与此相反，量的逐渐变化显然是有中介性的。"④

"说'有'与'无'是同一的，与说'有'与'无'也是绝对不同的，一个不是另一个，都一样是对的。但是，既然有与无的区别在这里还没有确定，因为它们还同样是直接的东西，那么，它们的区别，真正讲来，是不可言说的，只是指谓上的区别。"⑤

（2）尼采："有德者啊，今天我的美笑你们了。它的声音传到我这里；'他们还——索取代价呢！'"⑥

（3）海德格尔："如果我们追问语言，追问语言的本质和它的存在，那么显然，语言本身必须是已经授予我们的了。同样，如果我们要探究语言的存在，那么那称为本质或存在的东西，一定也已经被授予给我们了……任何一种提问都发生在那置入问题的授予之中。"⑦

以上所引，涉及"'无'与'有'"、"宇宙"、"语言"之类的内容，在此，且回顾一下老子所述类似内容的片段所言，以为对比：

道德经·第十一章

三十辐，共一毂，当其无，有车之用。

埏埴以为器，当其无，有器之用。

凿户牖以为室，当其无，有室之用。

故有之以为利，无之以为用。

道德经·第二十八章

知其雄，守其雌，为天下谿。为天下谿，常德不离，复归于婴儿。

知其白，守其黑，为天下式。为天下式，常德不忒，复归于无极。

知其荣，守其辱，为天下谷。为天下谷，常德乃足，复归于朴。

朴散则为器，圣人用之，则为官长，故大制不割。

老子在这里只以"车""室"两个具体事物，比譬式论证了"有"与"无"以及它们之间的辩证关系；也只以"复归于婴儿"一句为结，至于"婴儿"一语，在此处内蕴如何，悉凭阅读者领会、发挥、补充、想象，这个理解与诠释的空间实在广阔、丰富、深邃。正如海德格尔所说："语言是存在的家"，而"我们欧洲人和东方人也许居于完全不同的家中"⑧。的确如此，前引西方哲学家的论述与老子哲学语言的差异、叙述的繁简、陈述与论证的差异，多么明显，多么巨大，简繁之间不仅是字数、语句之差，还有意蕴、含藏之差。西方哲学家的论著，把思想、认知，逻辑严密、条理分明、缕缕行行、语言细密地陈述、论证、解析得清清楚楚、明明白白。但是，老子的哲学，却是以诗性语言与形式、格调，几乎吟咏式地诉说，甚至吟咏而出，含蓄蕴藏，任人猜度、推论、想象甚至发挥、玄想。

（二）正因为老子是使用诗性的语言，呈现了一部诗哲学、一部哲学诗，因此，他的哲学思想，是以一种非逻辑的语言及其构造述说出来，是使用形象化的语言，以"非呈述"、非纯逻辑语言，带着吟哦性表现出来，他不直言，他不逻辑化，而是潜蕴着内在的逻辑，而又诗歌式地表达出来，有想象、有比喻、有假设、有隐喻、有借喻、有暗示、有正话反说与反话正说，他调动阅读者的想象、猜测、联想、追索、探究；他给予阅读者的不是现成的，逻辑化、理论化的学说论述，而是比喻、构设、想象、连类、引发，启动阅读者的思考、想象、默念、追索和意会，从而进入他的哲学世界，进行一番思想训练，走进他的哲学世界去留恋、寻觅、思考、求索，得出明确的理念、清晰的哲思，也引发疑问与追思，期待再一轮的阅读与思考。

总之，老子以哲学诗的语言与陈述形式，让人们去理解、探索和领会他的丰富的哲思内蕴。正如海德格尔所说："领会中隐含着解释的可能性。"⑨读者在阅读老子的哲学篇章时，不是阅读之、领会之、理解之即可；而是要想象、推测、猜度，要于引经据典中，去窥视探解真义深意，在领会中去寻求和获得解释的可能性。这不是猜谜，而是思索、索解，在字里行间去寻觅真意，去领略意蕴。这种读老的进程就是一种运思的进程，一种领略的进益，一种哲思的提升。

（三）老子的哲学篇章，充实着种种自然、社会、生活、历史的事实、现象及其表现，这些事实都是提炼过的，又被思想"提纯"、凝练并辅植着要被表达的哲思，而且，是使用诗的语言来陈述和显现的。"语言是人口开出的花朵"⑩，"的确，诗人甚至可以走到某一点，在那一点上，他被催逼着以他自己的方式即诗的方式，把他经受的语言之体验形诸语言"⑪。老子的《道德经》正是以诗的方式、以他经受的语言体验，形诸语言，而挥洒成文。他把长时期对于自然现象、社会事实、人生的体验，都化为诗的语言，表达出来，呈现出来，从而成为从他口中开出的语言而至哲思的花朵，以此，催逼着我们，以诗的方式去体察、体验它形诸语言的哲思。而这语言之花所陈述的哲学之深思，永恒地散发着思想的芳香，以至文学的氤氲至今未衰，依然馨香，引人深思，启迪玄想。

（四）很重要的一点，老子哲学，也是最早、最充分地创造了、体现了中国哲学之特点的哲学诗篇。

哲学幽思的出发点与归宿：王侯统治的正确亲民、社会的安宁稳定、人民的安居乐业、人生的修养进益、存在的逆袭反思，在在蕴藏于他的深邃哲思之中。

（五）老子的哲学，不是纯理论性、逻辑思维与陈述型的哲学著述。在其中，充实着历史、现实、社会、生活的鲜活的事实，王侯统治与人民生活均在心中，希求王侯统治顺民心民意，为人民吁求温饱安稳的生活。从现实出发，以现实为依归，充实着现实性、民心民意性。这也是一般哲学著述所没有的。如"是以圣人之治，虚其心，实其腹，弱其志，强其骨""居善地，心善渊，与善仁，言善信，政善治，事善能，动善时""故贵以身为天下，若可寄天下；爱以身为天下，若可托天下"。尤其第十七章，有比较完全而恳切的陈述与向往："太上，下知有之；其次，亲而誉之；其次，畏之；其次，侮之。信不足焉，有不信焉。悠兮其贵言。功成事遂，百姓皆谓：'我自然。'"等等，皆为民呼吁，为民请命，向帝王侯爵劝阻。

（六）其叙事策略，非平铺直叙、理论阐述、逻辑铺陈，以义理之揭示与阐述为宗旨与圭臬；相反，而是娓娓絮絮、缕缕行行、比譬连连、想象丰富且瑰异，又以诗性语言、形象铺陈，以描绘、呈现，以启动阅读者的联想、想象、推测、探索为依归。这是一种诗性的陈述，形象的描绘，以启动阅读者自身的主观臆想与推测、探索为手段和目的。因此，读之令人爽与喜，感动和思考、领略而深思，得意犹记言，"得鱼而不忘筌"。

（七）老子所有文本的寓意、意蕴与魅力，均得益于其所运用的语言，在于其文本的构造特性，系于其语言的诗性。他的语言，不是直接的陈述、明晰的告知、浅白的言说，而是惚兮恍兮、恍兮惚兮，比譬源源，连类熙熙，可供连类而及、想象推测、由形象而哲理、由想象而推理，以至他的哲思的内蕴。

（八）纵观《道德经》八十一章，由宇宙及人间世事，涉及宇宙论、知识论、政治哲学、人生－生命哲学，涉及"道、天、地、人"这"四大"，涉及自然、社会、制度、生活，以及人的存在，等等，广博而深邃，宏大又细密，有鲜明真实，也有惚惚恍恍，有言之凿凿，也有模糊隐隐，是诗的哲学，是哲学的诗，前无古人，后无来者，独居中国，世界皆无。这是标准的中国哲学，这是独创的老子哲学。

注释:

①张岱年:《中国哲学大纲》，商务印书馆，2015，第 27 页。

②胡适:《中国哲学简史》，台海出版社，2017，第 40 页。

③张岱年:《中国哲学大纲》，商务印书馆，2015，第 25-27 页。

④黑格尔:《小逻辑》，贺麟译，商务印书馆，2019，第 104-105 页。

⑤同上书，第 195 页。

⑥尼采:《查拉斯图拉如是说》，第 2 版，文化艺术出版社，2003，第 100 页。

⑦海德格尔:《人，诗意地安居——海德格尔语要》，郜元宝译，张汝伦校，上海远东出版社，1995，第 66 页。

⑧同上书，第 76 页。

⑨同上书，第 59 页。

⑩同上书，第 68 页。

⑪同上书，第 66 页。

第十四章　首尾衔接，从古代到现代、从东方到西方、从"道"到"存在"

——老子与海德格尔

从老子到海德格尔，从古老东方到现代西方，"首尾衔接""东西接榫"，这是古今中外哲学思维的汇合，一种令人初识顿觉"哲学奇观"的景象。但细察深思，便可感受到一种人类认识和解释自然与世界以及人的存在的东西思想汇流、人类思维交合，从而推进人类思想–文化进展与深化的迹象。

海德格尔（Martin Heidegger，1889—1976），著名的德国现代哲学家，20世纪存在主义哲学创始人和代表之一。有论者说："哲学的景观由于海德格尔的出现而完全改变了。""如果说勒内·笛卡儿力图做的是为哲学寻找一个不可动摇的基础，那么，海德格尔所做的恰恰是对这个基础提出疑问。"①西方哲学在几千年的发展过程中，形成了一个完整而严密的西方思想方式与思想体系；这个体系就是"形而上学–哲学"体系。而海德格尔却认识到进入20世纪，这个体系已经"日落西山""穷途末路"了，这种思维体系失去了一切发展的可能。处此时势，面对这种哲学危机，海德格尔出现在欧洲、西方的思想文化的高台上，走上哲学的高端论坛。"海德格尔毫无疑问的是当代西方最重要的哲学家之一，他是当代少有的几个能配得上笛卡儿、康德、谢林这些大家具有独创见解的思想家。看得出来，他力图在思想穿透力的层次上超过他的前人，甚至超出欧洲一般哲学传统范围之外，特别是近代传统之外（或之上）吸取东方的思想方法，直接最远古的希腊宗绪。""的确，海德格尔在哲学上的'变革'，不是枝节性的，而是向某种传统发动的一次总体性的进攻，也就是说，他是对整个西方哲学思想发起的一次挑战，对柏拉图（苏格拉底）以来西方传统哲学作了一次总清算，统统都作为'形而上学'加以否定。就西方传统范围来说，他努力跳过（穿透）这漫长的岁月，直追远古（或前苏格拉底）原始思维的本意，以求得'真'和'本'。从上溯的方向来说，前苏格拉底是海德格尔的宠儿，从前面的远景来说，则是向东方的思维方式靠拢。"[②]正是处此时机，海德格尔"遇见"了老子、"结识"了老子。于是他以老子的"道"之"矛"，攻西方"形而上学–哲学"之盾。于此导致一种思想–文化的奇观与异象，即东方老子哲学援西方哲学之"穷"，引发海德格尔这位西方现代哲学大师之"转向"。

老子哲学之世界意义与现实价值，于此光亮显现。

海德格尔对老子的重视、理解、诠释，甚至引发他的哲学思想的"转向"，这种东方哲学，向西方的"输出"并深受青睐，引发哲学思想的转向，并进入新境界，这是很值得我们作为老子的故国和后人感到欣喜和深思的，并且，足可启发我们对老子哲学作进一步、深一层的理解与诠释。

海德格尔如此陈述也是论证老子的"道"及其哲学思想："道路"（Weg）很可能是一个语言中古老和原初的词，它向深思着的人发话。在老子的诗化的思想之中，主导的词在原文里是"道"（Tao）。它的"真正切身的"含义就是"道路"。……此道（Tao）能够是那为一切开出道路之道路。[③]

这是海德格尔对于老子《道德经》的最初步的简易理解与陈述。他还有不少详细、具体的论述，表明他对老子的"道"及其哲学，在学术思想上的理解、认知与重视以至运用。这表现了一种令人欣喜的远古思想、东方哲学思想与学术，同西方的、现代的存在主义哲学的交流、渗入与发挥，甚至连接！从而引发我们多方面的深思与探索，并进一步理解老子的哲学思想。

据研究，海德格尔瞩目道家并与之交流，不会晚于 20 世纪 20 年代末。而在 30 年代，他就能够在学术研讨会上引用《庄子》中所讲述的故事，来论述、支撑自己的论点了。

"这样一个事实表明了什么？"张祥龙在论及此"学术事件"时，提出这一问题，同时作出具有深意的解答和评论。他这样解答和分析："这样一个事实表明了什么？《庄子》绝不是一本易读的书，要能贴切地引用其中的寓言来阐释思想更要求长期的、反复的阅读和思考。而且，一般读道家著作的顺序是先《老子》后《庄子》，或起码在读庄子时要'解老'。再者，海德格尔的治学从来都是厚积而薄发，除非有大量的阅读和思想上的对话做后盾，他绝不轻易提到某位思想家及其言论。所以，从比采特的这个回忆可以推断，海德格尔起码在 1930 年之前的一段时间内，就已认真阅读过《庄子》《老子》，并与之产生了思想上的共鸣和交流。"④

张祥龙接着分析、评论说："这对于一位受过天主教神学训练、以重现西方思想的本原为己任的大思想家来说，是极不寻常的事情。他必定是在道家学说中找到了某种与他最关切的思路相关的东西，才会有这种令当时的德国人先是'惊呆……沉默'、继而'惊喜和如释重负'的非常之举。而且，更具体地说来，阅读老庄很可能与他思想的转向有某种内在关系。"⑤

在 20 世纪 30 年代的多数时间里和 40 年代前半期，海德格尔生活在纳粹统治下，他依然在依凭自己的哲思，研读老子、汲取老子"道"的哲学思维和观念。在 1943 年，他撰写了《诗人的独特性》一文，其中，引用并翻译《道德经》第十一章，借此助益理解诗人荷尔德林的独特性之所在。老子《道德经》第十一章的内容是：

> 三十辐，共一毂，当其无，有车之用。
> 埏埴以为器，当其无，有器之用。
> 凿户牖以为室，当其无，有室之用。
> 故有之以为利，无之以为用。

海德格尔为何此时如此瞩目老子的论述？可能是本章的论旨涉及"存在论的区分""存在""时间""历史"等重大问题。其中，可能涉及"无"与"有"的互为转化的辩证关系。这或可供海德格尔借鉴。

特别是，"当40年代中期，天翻地覆的人世和个人遭遇使海德格尔进一步脱却了'人们'（das Man），退隐于思想最深处时，让他得到安慰的是中国古人的智慧，而他第一个愿望就是要到老子的五千言中去寻求一个新境界"⑥。

1946年春，海德格尔在弗赖堡的一个木材集市广场与中国留德学者萧师毅相遇，他们进行了一次涉及思想甚至灵魂深处之疑惑的交谈。海德格尔向萧师毅提问："你看这是怎么搞的，纳粹挑出我的《存在与时间》中的一段话：'海德格尔先生，从你书中这一段话看来，你不是一个雅利安人。'但现在，你们的盟友法国人在我面前指出同一段话，说：'海德格尔先生，从你书中这一段话看来，你是一个纳粹。'你看，萧先生，同一本书的同一段落居然能够产生如此不同的结果。你对此有何评论？"萧师毅没有正面作答，而是说："海德格尔教授，您问我对纳粹和盟军这些论断的看法，我只能给您一个中国式的回答。"然后，他给海德格尔讲述了孟子所讲的那段为中国人所普遍熟悉的著名的言说，即"故天将降大任于是人也，必先苦其心志，劳其筋骨，饿其体肤，空乏其身，行拂乱其所为，所以动心忍性，曾益其所不能。……然后知生于忧患而死于安乐也"。这段孟子的名言，很使海德格尔感动，他从此不再提起那个困扰自己的问题，却因此萌生了亲自参与翻译《道德经》的念头，并约请萧师毅与他合作。

这是海德格尔第一次感受到与西方文化迥然不同的东方文化——中国文化的思想魅力和文化的内在质素。

这可以说是中德文化交流和《道德经》在德国流传的一段极为感人的佳话，并引人深思。从此，海德格尔瞩目中国文化，并和萧师毅两人开始了合译《道德经》的学术工程。

在海德格尔的书房中，还挂着萧师毅手书的条幅，上面书写的是老子《道德经》第十五章中的隽语，萧师毅还在上面加上了"天道"二字，以概括其中的精义：

孰能浊以静之徐清，孰能安以动之徐生。

（谁能在动荡中安静下来而慢慢地澄清？谁能在长久安定中行动而慢慢趋进？）

这反映了海德格尔是何等钟情于老子及其思想。这不就是中国文人学士常常应用的，将喜爱之格言名句书于壁上，以为座右铭的做法吗？海德格尔不仅属意于老子哲学的内容，而且表现于行为方式上钟情老子。

这些海德格尔与老庄的"阅读—影响—运用"的故事，深刻反映了海德格尔对老子的浓厚兴趣和受其影响的深度，此即思想的深度交流、文化与哲学思维的沟通。

值得深思和研究的是，海德格尔为何如此属意、钟情老子？

叶秀山在他的著作《思·史·诗——现象学和存在哲学研究》中，作出中肯分析。他首先对海德格尔在西方哲学世界中的位置和地位作出判断，然后指出：海德格尔在《在通向语言的途中》中，"流露出他对'非概念性语言和思维'的一种偏好，以为在这种诗的语言中可以得到归宿"。并且指出："据说他晚年对我国老子思想感觉到兴趣，这是不奇怪的"，"所以我们觉得他是从西方文化传统中脱颖而出的一个怪杰，在'本源性思维'的高度上接近东方"[⑦]。

接着，就海德格尔在哲学上的"变革"，眼光转向东方一事，指出："的确，海德格尔在哲学上的'变革'，不是枝节性的，而是向某种传统发动的一次总体性的进攻，也就是说，他是对整个西方哲学思想发起的一次挑战，对柏拉图（苏格拉底）以来西方传统哲学作了一次总清算，统统都作为'形而上学'加以否定。就西方传统范围来说，他努力跳过（穿透）这漫长岁月，直追远古（或前苏格拉底）原始思维的本意，以求得'真'和'本'。"[⑧]

从这些关于海德格尔与老子之"道"的关系的重要论述中，

我们可以了解和理解，海德格尔何以会在自己思想转变的时期，特别关注甚至转向老子。他是在西方哲学走到穷途末路的时期，是在他需要新的思想利器，以"摧枯拉朽"，否弃自己所属而又要背叛的西方哲学的这个关键时刻，遇见、发现了《道德经》，如同窥见一缕思想的光亮。他甚至不满足于研读既有的《道德经》译本，而要自己动手、动脑来翻译《道德经》，以亲炙其诗性语言意蕴的"无限风光"。与他共同翻译《道德经》的萧师毅说，他们不参照已有的其他人的译本，而是"直接与《道德经》的原文打交道"，而且，也不按照原文的章节顺序翻译，而是先着手翻译直接涉及"道"的章节。这说明，海德格尔意在追索老子"道"的真义深意。在翻译过程中，海德格尔认真考察，"深入地、不知疲倦地、无情地询问，他追究原文中的符号关系，这些关系之间的隐秘的相互引发，以及在这种相互引发中所产生的每一种可想象得出的意义的上下文"⑨。从这种严肃认真、追根究底的翻译过程中，海德格尔认真深入地领会、考察、探索、体认老子的深邃的原意、语言的奥秘及其哲学思想的底蕴，而且，借此东方哲学之"矛"，攻濒临末路终程的西方形而上哲学。

这确实是"西方哲学的源头与伟大的东方传统中的一个源头"相遭遇的哲学世界的大事。

它体现了老子的"道"与海德格尔的"存在"的"首尾衔接"。其时，正是西方哲学走到"尽头"，需要转向的关键时期，而作为西方哲学划时代的杰出代表的海德格尔，在此时期，发现了、接受了、研究了老子的"道"论。中国哲学的源头，越过两千多年的历史时期，与西方哲学"改弦易辙"的时期"相遇"，成为后者革新重建的源头。从这一世界性哲学事件中，我们看到了老子哲学的辉煌与潜力，它给了走到尽头的西方哲学以"源头活水"的支援。

张祥龙指出："海德格尔思想与中国天道观之间确有一个极重要的相通之处，即双方最基本的思想方式都是一种源于（或缘于）人生的原初体验视野的、纯境域构成的思维方式。这种方式就是海德格尔后期常讲的那条不断地为自己开出新路的'道路'（Weg），也正是他理解老子的'诗思之道''湍急之道'的方式。在世界思想史上，这种不离人生世间而又能构成尽性尽命、诗意盎然的澄明境域的思想方式是极为罕见的。"⑩

他接着还指出："在《同一的原理》（1957 年）中，海德格尔将中国的主导词'道'（Tao）与古希腊的'逻各斯'以及他自己思想中的主导词'自身的缘构发生'（Ereignis）相提并论，认为它们所显示的乃是思想最原发的体验境域，因而是'难于［被现成的概念词汇］翻译'的。……《语言的本性（Wesen）》这篇文章……收入《在通向语言的道路上》。在这里，海德格尔直接讨论'老子的诗化思想'中的'道'的含义。"⑪

海德格尔很看重老子诗性语言的表达。他认为"诗"与"思"是紧密相联的，是"二位一体"的构成。

海德格尔在深入领会老子哲学内蕴之后，对"道"作了重要的概括与论说："此'道'（Tao）能够是为一些开出道路（alles beweegende）的道域。在它那里，我才第一次能够思索什么是理性、精神、意义、逻各斯这些词所真正切身地要说出的东西。很可能，在'道路'（Weg）即'道'（Tao）这个词中隐藏着思想着的说（Sagen）的全部秘密之所在……此湍流驱动和造成一切（alles be-weegenden），并作为那次湍急之道（rissenden Weg）为一切开出它们的路径。一切都是道（Weg）为一切开出它们的路径。一切都是道（Weg，道路）。（原注：海德格尔：《在通向语言的道路上》（Unterwegs zur Srache），第 197－198 页。）"⑫这就是海德格尔接受老子哲学的总结和对"道"的意蕴的表达，他将运用这一新的哲学体认，去进行西方哲学的改造与重建。

"语言是存在的家"，这是海德格尔著名的对于语言的重视及其意义的哲学规定。他重视老子，与老子的哲学叙事取用诗性的语言来表达有很大的关系。他称老子的哲学叙事是"哲学诗""诗哲学"，就显示了他对老子哲学文本是诗性文本的格外重视。海德格尔钟情"非概念性语言和思维"，而这正是老子《道德经》语言的突出特征与优势。他对诗的言说能量与寓意蕴涵，具有突出的敏感和好感。他运用荷尔德林的诗作，进行了深刻的哲学解读与解析。他在与萧师毅合作翻译《道德经》时，对语言的重视，就表现了这一特点。他说："的确，诗人甚至可以走到某一点，在那一点上，他被催逼着以他自己的方式即诗的方式，把他经受的语言之体验形诸语言。"⑬海德格尔认为，本源性的语言不是后来主客分化的概念式、科学式、逻辑式的语言，而是诗的语言。老子的语言正是这种本源性的诗的语言，因而得到海德格尔的激赏。在海德格尔看来，"'诗'也是最原始的语言。在这种语言中，语词的抽象意义与感性的意义没有什么裂痕，语言的'意义''声调''韵律'是结合在一起的"⑭。

当然，老子在《道德经》中，并不是属意写诗，他是在著述哲学著作，但是，他的阐述哲学思维的散文，却充满诗意，语言也蕴含浓浓的诗意。正如海德格尔所说："纯粹的散文从来就不是'无诗意的'。它和诗篇一样充满诗意，因而也和诗一样罕见。"⑮老子的诗意的哲学中，的确是"词语的抽象意义与感性的意义没有什么裂痕"，也是"词语的意义、声调、韵律是结合在一起的"。他做到了这一切，成功书写了一部诗性的哲学。这种诗哲学，"在言说中为人所知，并在语言中通过声调、顿挫、语速，'说话方式'宣示出来"。⑯

老子撰写《道德经》，本无意写诗，他是在写哲学内容的散文，但他写出来的确实是"纯粹的散文"，既充满了诗意，也和诗一样罕见。

老子这样的诗性的"纯粹的散文"，自然被十分重视诗与诗意的海德格尔所欣赏和看重，并从对它的解读中，去探索、追寻诗意的氤氲。

"卡西尔的'神话'和海德格尔的 Dasein 面对的都是'人'的一种'原始性、本源性'的状态，在这种状态中，主体与客体、思维与存在尚未得到分化，而处于本源性地同一之中。海德格尔因此得出一个看法，本源性的语言不是后来主客分化以后的概念式、科学式、逻辑式的语言，而是诗的语言。"⑰老子著《道德经》，本无意吟诗作赋，但他所处的时代，主体与客体、思维与存在尚未得到分化，或者说还没有进到明确分化的程度，而是仍然处于本源性的同一之中，或者说处于这种状况的转化前夕，这就决定了他要表达思想、哲学的意蕴，只能运用非概念式、科学式、逻辑式的语言，而只能是诗的语言。这成就了老子、成就了老子哲学，因而也就成就了海德格尔对老子的激赏与接受。这一对老子哲学及其语言的认知与厘定，对于我们理解、解读老子哲学具有重要的意义。这就是：我们不能以概念式、科学式、逻辑式的语言去要求以至解读老子的哲学思想和他的"诗的语言"。因为这种诗性语言，具有非概念、非科学、非逻辑的品性，具有象征性、涵盖性、意会性、多义性和模糊性。说这种语言有其一定的缺点，不如赞许它具有丰富的蕴涵，言有尽却意无穷。海德格尔欣赏的正是这种语言，他从中读到了语言深处与语言之外的意涵。

"海德格尔的思想方式是一种总是追究到问题的终极处，从而暴露出纯构成的缘发境域或理解视域的方式或道路（Weg）。他在晚年一再强调他所写的一切只是'道路，而非著作'。"⑱这表现了多么深刻的老子对于西方现代最杰出哲学大家海德格尔的影响，这是老子对于中外思想文化交流的巨大贡献。

海德格尔在其所著《语言的本质》中，多处论述了"'道'—道路"的含义及其深层意蕴。他首先指出："相反，对于审慎的运思而言，道路乃属于我们称之为地带的那个东西。约略说来，地带作为地带化的东西乃是有所开放的澄明，在其中被照明者与自行遮蔽者同时进入敞开的自由之中。地带之开放和庇护是那种开辟道路的运动，这种开辟道路的运动产生出那些归属于地带的道路。"⑲

而后总结性地说道："老子的诗意运思的引导词语叫作'道'（Tao），'根本上'就意味着道路。但由于人们太容易仅仅从表面上把道路设想为连接两个位置的路段，所以，人们就仓促地认为我们的'道路'一词是不适合于命名'道'所道说的东西的。因此，人们把'道'翻译为理性、精神、理由、意义、逻各斯等。然而，'道'或许就是为一切开辟道路的道路，由之而来，我们才能去思理性、精神、意义、逻各斯等根本上也即凭它们的本质所要道说的东西。也许在'道路''道'这个词中隐藏着运思之道说的一切神秘的神秘，如果我们让这一名称回复到它的未被说出状态之中而且能够这样做的话。"⑳

从这段描述中，可以领略到，海德格尔对老子的"道"这一词语的深沉意蕴，是颇为准确地掌握到了，他们的哲学运思是相通的、"内联"的。这是中西、古今哲学沟通、交汇的佳话。其中，蕴藏着深厚的并予人深思的思想、文化的意蕴；潜蕴着中国传统文化、古代哲学对西方思想文化、现代哲学的"济穷更新"的重要作用。

这里，不免令我们想起季羡林先生一再提出的，现在西方文化正在走向没落，"西方文化没落了有中国文化"的论证。斯时，虽有论者不同意这一见解，并嘲笑此乃不懂西方文化的谬论，但季先生一再坚持此说。现在，从海德格尔对老子的钟情与重视，甚至以其为"济西方哲学之穷的东方哲学"，正是表现了西方文化没落中的中国文化的生命力。

"海德格尔主张以德文的'道路'来译老子的'道'，显然很好地领悟了汉语思想中的'道'与'道路'的意义联系。'道'就是'道路'。'道'这种'道路'高于理性、精神、意义等形而上学的规定性。'道'产生出一切道路。海德格尔专门讨论了'大道'的'开路'或'铺设道路'（Be-wegen，Be-we-gung）。'大道'实即给予一切以道路的那个东西，或干脆就可以说是'开路者'（das Be-wegende）。'大道'开启一切道路。在这一开启道路的过程中，世界诸因素（海德格尔归纳为天、地、神、人'四方'）得以进入光亮之中，得以敞开出来；同时也即'居有'自身了，各各获得'成就'了。此即'大道'的'成道'、居有（ereignen），相类于老子所谓'道'的'成功遂事'了。"

这里，指出了海德格尔对"道"的深度解读，即其具有"开辟道路"之意和内蕴力量。总而言之，从语言到内蕴、从诗的表达到终极性的追索与探究，老子之所言所论，均为海德格尔所接纳，并注入自己的哲学思维，而且引发他，也因他而影响及于西方哲学世界的转向与转型。从这里，我们可以体会到，老子对于海德格尔思想影响之深，那是在思想的根底上的触动、撼动，使他借助老子的哲学思维，来改革自己的思路，引向新的方向。

由此，可以推断，探讨海德格尔和老子的关系，远不仅仅是中西两种哲学异同而又相吸的研究，而是涉及更深沉的思想文化的意蕴。张祥龙指出："讨论海德格尔思想与中国古代天道观的关系，并通过这种讨论去揭示一条领会终极问题的古老而又新鲜的思路。作者深刻地意识到这项工作的艰难乃至危险，因为它涉及两种极为不同的思想传统及其关系，其间的跨度之大、旋涡之多，足以使任何现成的对比方法失效，使得绝大多数的对话企图流于肤浅的'格义'功夫。'然而'，就如海德格尔所引荷尔德林的诗句所说，'危险所在之处，也生成着解救'。……而寻求一种更根本的、具有语境和史境构成力的探讨方式；这恰恰与海德格尔及中国天道观的基本思路相通，也是任何关于终极问题的对话之所以能有意义的关键所在。"[21]

这里指出了三点值得注意。第一，老子和海德格尔有"极为重要的相通之处"，这就是：双方的基本思想方式，都是源于"人生原初体验视野的、纯境域构成的思维方式"；第二，这种思维方式，是海德格尔后期为自己开出新路的"道路"（Weg），而同时，这也是老子"诗思之道"的方式：二者是相通的；第三，这种思维方式，"不离人世间而能构成尽性尽命、诗意盎然的澄明境域"，是"极为罕见"的。这样三点思想评点，揭示了老子与海德格尔之相通之处何在，其重要的意义何在，以及中西两位伟大哲人的相通，意义何在。而其中，值得我们更加注意的则是，老子作为两千多年前、中国古老的哲学家，他的哲学思想为西方哲学大家所赞赏并接受，而至引发其思想的转向。以此，我们在比较研究中，更深入地认识到老子哲学之可贵，它达到了人类认识宇宙、世界、人生的崇高、深邃的境界。

正是在这样的思想沟通、思想方向趋于一致的基础上，老子的"哲学诗"引发了西方哲学大师海德格尔的"转向"。

海德格尔翻译《道德经》，远不只是一次中译德的普通翻译工作。实际上是海德格尔与老子的一次精神对话，"古与今""中与西"的珍重的思想对话与对接。这是中西思想－文化的高层与深层的对话。"海德格尔与萧师毅合作翻译《道德经》的过程和结尾也是富有含义的"，首先着手于那些涉及"道"的章次。海德格尔不只是要从文字上翻译出《道德经》，他更要与这本书进行直接的对话，并首先获得"他最需要的乃是一种摆动于两个语言之间的思想上的实际交流，通过这种没完没了的'自身缘构发生式的'（ereignend）询问，海德格尔想获得对于'道'的……直接语言经验。"[22]

可以理解，所谓"直接语言经验"，就是要进入对中国语言，特别是老子的哲学语言的深沉的精髓部分，涉及这种语言的象征奥秘、潜隐意蕴以及可供推测、想象的丰厚的意义层。老子提供的"原意"是深沉而又丰厚的，要想挖掘其中的"奥义秘意"，就必须深入其所引用的语言的深沉的底蕴；而要这样做并取得期望中的效果，就必须"揭开"老子语言上面遮盖着的"语言外壳"，那就是中国语言尤其是老子所使用的诗性语言，必须这样下功夫，才能奏效。海德格尔之所以如此深究谨慎地翻译《道德经》，其意即在此。

张祥龙指出："波格勒这样讲：'虽然这次对老子的翻译没有进行很久，它却是一个要使西方哲学的源头与伟大的东方传统中的一个源头相遭遇的努力。这次经历在一个关键的形势中改变了海德格尔的语言，并给了他的思想一个新的方向。'"[23]他说："作为一个整体的海德格尔思想与中国天道观从来就不是隔阂的。但是，说这个经历'在一个关键形势中改变了海德格尔的语言'，却有几分道理。从 1947 年的《出自思想的体验》和《关于人道主义的信》开始，海德格尔的作品中的语言有了越来越多的道家痕迹。更重要的是，通过这次合作所提供的'中文经历'，海德格尔对于自己的'道性'信心大增，以至在 50 年代和 60 年代初几次在正式出版的著作中言及'道'和老庄，形成了他与'道'相沟通的高潮期。在公开出版的海德格尔的著作中，已发现五处与道家有关的文字。两处直接说到'道'，三处引用《道德经》和《庄子》的原话来阐发自己的思想。"[25]其实，我们还不能止步于此，还不能把这种情形只放在老子和海德格尔两位哲学家之间的思想学术关系来看待，而是必须要将之纳入西方哲学的总体状况中来看待和对待，近几年前，我国有两位哲学家就提出过这样的问题，并加以论述，这个问题是："西方哲学'终结'了、'没落'了，该中国哲学登场了？"对于这个"哲学-历史"之间，两位哲学家都有详细的论证，我们在这里只想说，"终结"

之论，海德格尔早就提出来了，并且已经研读、深思以至接受中国古老哲学中的老子的"道"学了，并且因此"凭老"转向了；这是不是就意味着"西方哲学的终结"和"中国哲学的登场"了？

这一问题的解答，还需待哲学家博大精深的研究才能作出。这里只想说，老子被海德格尔热诚接受，并"心领神会"，引导转向，是不是就应该说是"西方哲学的终结"与"中国哲学某种程度上的登场"了？

这里，只凭这样一个问题的产生，就足可回应：西方哲学已经被海德格尔宣布"终结"了，同时，他也已经用行动让中国哲学之老子，登场了。

注释：

①比梅尔：《海德格尔》，刘鑫、刘英译，商务印书馆，1996，第3页。

②叶秀山：《思·史·诗——现象学和存在哲学研究》，人民出版社，1988，第136-137页。

③转引自张祥龙：《张祥龙文集（第1卷）·海德格尔思想与中国天道》，商务印书馆，2022，第Ⅺ页。

④同上书，第37页。

⑤同上。

⑥同上书，第38页。

⑦叶秀山：《思·史·诗——现象学和存在哲学研究》，人民出版社，1988，第136-137页。

⑧同上书，第40页。

⑨转引自张祥龙：《张祥龙文集（第1卷）·海德格尔思想与中国天道》，商务印书馆，2022，第15-16页。

⑩同上书，第43-44页。

⑪同上书，第43页。

⑫海德格尔：《人，诗意地安居——海德格尔语要》，郜元宝译，张汝伦校，上海远东出版社，1995，第66页。

⑬转引自叶秀山：《思·史·诗——现象学和存在哲学研究》，人民出版社，1988，第180页。原注："海德格尔：《存在与时间》，第162页；《对荷尔德林诗的解释》，第38-40页"。

⑭海德格尔：《人，诗意地安居——海德格尔语要》，郜元宝译，张汝伦校，上海远东出版社，1995，第 75 页。

⑮同上书，第 60 页。

⑯转引自叶秀山：《思·史·诗——现象学和存在哲学研究》，人民出版社，1988，第 47 页。

⑰叶秀山著：思·史·诗《现象学和存在哲学研究》，人民出版社，1988 年 12 月第 1 版，第 47 页。

⑱海德格尔：《在通向语言的途中（修订译本）》，孙周兴译，商务印书馆，2004，第 189-190 页。

⑲海德格尔：《在通向语言的途中》，孙周兴译，商务印书馆，1997，第 191 页。

⑳海德格尔：《在通向语言的途中（修订译本）》，孙周兴译，商务印书馆，2004，第 280-281 页。

㉑张祥龙：《张祥龙文集（第 1 卷）·海德格尔思想与中国天道》，商务印书馆，2022，第 2 页。

㉒同上书，第 1 页。

㉓同上书，第 41 页。

㉔同上书，第 42 页。

第十五章 老子哲学的当代意义与现实价值

老子距今两千多年矣，其思想在当代仍然具有生命力与现实意义吗？猛然思之，会自然产生这种问题和疑惑。这有一定的合理性。但是，只要略加思索，或随便拣取老子的某几段论述，甚至只言片语，就可以明白，老子哲学的"当代意义"与"现实价值"，确实是存在的，是鲜活地摆在我们面前的。

人类在 20 世纪末进入 21 世纪之前，对自身文明进行了三大反思。起初、平时，这种世纪性的反思，盈满、充塞于世间，酝酿与蕴藏在人们的心间，不明确，无条理，所谓"惚兮恍兮""恍兮惚兮"，在私心内蕴中存在甚至堵塞，弥漫于人间世事之中，然而无以表达、难于陈说，其势蕴积久之，乃生发这些蕴存积累拥堆的思想—心理—情绪之纠结、困惑、苦痛，积聚"成型"，为文人学者所感知，并予以凝聚、总结，予以条理化、理性化和理论化，于是，聚结形成理论性的表述与论说。我在 20 世纪 80—90 年代将之归纳、总结为"三大反思"与"三个适度回归"，并在多次讲学、授课中予以论说。

这 20 世纪末的"三大反思"，就是：其一，对西方现代化模式的反思；其二，对科技双刃剑的秉性的反思；其三，对人类最佳生活与幸福感的反思。

所谓"对西方现代化模式的反思"，就是对欧洲、西方式的现代化道路、"模式"的反思，有人提出"此路不通"，即认为西方式现代化的道路已经行不通了，它的弊病与后遗症多而沉重。这就是对西方现代化"模式"的反思。"对科技的反思"，就是人们体察、认识到科技是一柄双刃剑，在与它的对生产、生活、文化、文明的积极的、有益的、具有重大作用与深远意义的认同和继续运用它发挥其作用的同时，也感受到"利弊同在"，它也对地球、人类社会，以及人类的生活、思想、心理、情绪以至健康等，造成负面的、破坏性的影响。总结其弊，存在对人类三大家园（自然家园、社会家园、心理家园）的破坏。

所谓对"自然家园"的破坏，就是人类在开发利用自然资源时，将大自然，山和水、大地和草原，都毁坏性地破坏了，有的甚至永远无法恢复。在这种破坏中，生物多样性遭到严重的甚至是毁灭性的破坏，极地上空空洞的出现、热带雨林的严重破坏、山林水源地的污染、荒野与湿地的减少与毁灭，如此等等，大自然这个人类唯一的自然家园，已经破损毁坏，疮痍满目了。人类不能不觉醒，不能不挽救自己的自然家园了。

所谓对"社会家园"的破坏，就是人类的生产、生活，人类社会已经在西方资产阶级现代化进程中，被生产开发、商贸交往及其利益驱动等破坏了；经济挂帅、利益首选，破坏了人际关系，人与人之间以利欲为润滑剂和黏合剂，人情淡漠以至阙如，亲情也淡漠疏离，至亲相伤、父子兄弟争利背弃。正如马克思、恩格斯在《共产党宣言》中所描述的："人和人之间除了赤裸裸的利害关系，除了冷酷无情的'现金交易'，就再也没有任何别的联系了。""一切等级的和固定的东西都烟消云散了，一切神圣的东西都被亵渎了。""资产阶级撕下了罩在家庭关系上的温情脉脉的面纱，把这种关系变成了纯粹的金钱关系。""社会"，这个人类共同生活的"宏大家庭"，已经被资产阶级破坏了。

所谓"对人类最佳生活与幸福感的反思"，就是一方面，感受到上述种种人间冷暖，又感受到金钱物欲、豪华享受，所谓灯红酒绿、纸醉金迷、狂嫖滥赌、超级享受，等等这些，都填不满"幸福感"的空洞，反而戕害了人的生活、心理与生命。这是一种"反'存在'"的存在，反人性的生活与生存。人类感其乐、享其乐，却又伤其乐、悔其乐、毁于乐。这是一种生活的、存在的悖论。

在此基础上，针对"三大反思"，提出了"三个适度回归"，即对自然的适度回归、对"人性地使用科技和使科技具有人性"的回归，以及对"相对朴素的生活"的适度回归。

这样的"三大反思"与"三个适度回归"的思想方向、社会设计、生活安置，从老子的哲学中，都可以寻觅到并获得思想路线与实际的启迪与指导。人类可以从老子的"古老的智慧"中获得改变、改善生存境遇的"现代灵感"。老子哲学是改善人类现代生活的古老智慧，它完全可以启发人类的现代灵感，从而在现代知识、现代科技以至高科技的基础上，改善自身的生活和心灵，改善自身的存在。

老子的"道"指出：道生万物；万物则各按自身的"自然"——自然而然、自己如此、自身的生命规律生存。大自然的一切物种，包括自然山水、动物植物，都各自在自己的生存范围内，"自然"生存、运行。其间，也自然会发生与其他事物的关联，包括生存斗争在内。人类出现在自然界之后，向它做出了日益增多的活动，即为了自身的生存发展，而作出的对其他自然物的掠取、利用与改造。其中，包括对山水森林的利用；而为了服务于自身的需要做出利用行为，不得不按照需要，向自然开战，改变、破坏以至摧毁其原来的生存状态。其中包括对山水的改变、改造和破坏。这种人类行为，在西方日益进步直至实现现代化的过程中达到了"顶峰"。尤其利用科技特别是高科技，来实现这种目的时，其破坏、改变达到惊人的程度，使自然山水面貌，与原样迥然不同。尤其在西方现代化过程中，在人类中心主义的支持下，提出了"向自然开战""向自然索取""征服自然"之类的口号并切实实行了。尤其在西方"开物成务"的文化方向指导下，这种"开物"、破坏、摧毁的程度，越来越严重，直至人们开始觉醒，要拯救自然，因而展开了环保运动。

老子的哲学命题中，就含有广泛深沉的自然保护的命题和智慧。他提出："故道大，天大，地大，人亦大。域中有四大，而人居其一焉。"这就是说，道、天、地和人一样，也居"大"，人类与它们之间是平等的关系，是利益相关的关系。而不是一个是主宰、是居上者；另一个却是被利用者、付出一切以服务于人类者。但是，人类为了自身的利益，在西方人类中心主义思想的支配下，却致力于利用自然、开发自然、征服自然，因而不得不、不免于破坏自然、毁坏以至毁灭自然。而老子的"四'大'思想"，其中就蕴含着珍重自然、保护自然的深沉意蕴，所以自然地被西方世界视为现代"绿色圣经"。老子提出："人法地，地法天，天法道，道法自然。""道法自然"就是"道""自然而然"地存在，"纯任自然，自己如此"，道以自然为归。人类不应该，也没有权利，来任意破坏自然、利用自然。

老子还提出："去甚，去奢，去泰。"用之于自然保护，就是利用自然也可以，但是要去除极端、奢侈、过度。而几个世纪以来，在西方现代化过程中，在工业化过程中，却是大量地"甚""奢""泰"，几乎无所不用其极。

老子还指出："知止可以不殆"，"知止不殆，可以长久"，意即止于所当止，就可以不失败，可以长久运行。人类开发利用自然，也要懂得"知止不殆'的道理和具有这种智慧。老子还指出"天得一以清，地得一以宁"，就是说，天、地能以"道"的理论、精神去处理，就可以"清明宁静"。这就是今天所说的保护自然，在保护的前提下，去开发、利用大自然，人类的自然家园，乃可得以安宁，与人类共同繁荣昌盛。

在改善深遭破坏的人类社会家园、人的心理家园方面，以及"三个适度回归"方面，老子哲学均有启发今人的哲学思维。他提出"上善若水"的命题与论旨，指出"水利万物而不争"，"夫唯不争，故无尤"，更提出："居善地，心善渊，与善仁，言善信，政善治，事善能，动善时。"（居于善于行善之地，心地善于保持沉静，待人善于善心仁爱，言语善于遵守信用，为政善于精到治理，做事善于发挥长处，行动善于掌握时机。）这是处理人际关系、使社会和谐安稳的至理名言，为现世中国人所普遍认同、多所倡导、私心期盼，也欲为己身行为规范。这是老子遗训的现实作用与意义。

这大有益于改善社会家园与人们的心理家园。

"五色令人目盲；五音令人耳聋；五味令人口爽；驰骋畋猎，令人心发狂；难得之货，令人行妨。"这是甚为精到的对花天酒地、纸醉金迷、色淫吸毒的最好的警醒与批判。值得现代人接受其思想智慧，在自己的生活中，身体力行。

老子有言："豫兮若冬涉川；犹兮若畏四邻；俨兮其若客；涣兮其若释；敦兮其若朴；旷兮其若谷；混兮其若浊；孰能浊以静之徐清，孰能安以动之徐生。"对此，陈鼓应写道：它"写出了体道者的容态和心境：慎重、戒惕、威仪、融和、敦厚、空豁、浑朴、恬静、飘逸等人格修养的精神面貌"[①]。这种人格修养，是中国人所说仁人君子之风，其为个人，是修养有素的具有高尚道德之人，是个体，又是社会成员，为自己与为社会统一起来。这种个人的存在，不仅仅是他个人以及家庭的纯真的存在，而且是社会的有益成分、和谐的精英。这便是回归自然、回归社会、回归传统的具体表现。

在《道德经》第十六章中老子写道：

> 致虚极，守静笃。万物并作，吾以观复。夫物芸芸，各复归其根。归根曰静，静曰复命。复命曰常，知常曰明。不知常，妄作凶。知常容，容乃公，公乃全，全乃天，天乃道，道乃久，没身不殆。

这一章的完整内容，译文如下："致虚和守静的修养，做到笃实的境地。万物蓬勃生长，我看出循环往复的道理。万物纷纷芸芸，各自返回到它的本根。返回本根叫作静，静叫作回归本原。回归本原是永恒的规律，认识永恒的规律叫作明。不认识永恒的规律，轻举妄动就会出乱子。认识常道的人是能包容一切的，无所不包容就能坦然大公，坦然大公才能无不周全，无不周全才能符合自然，符合自然才能符合于道，道体而行才能长久，终身可免于危殆。"

老子的这番回环周旋的委婉论述，从根本意义上阐明了人的生存的意义与规范，其要旨就是去嗜欲，复归人性的根本、自然的本根，使人从嗜欲的沉迷中苏醒，过自然而然的、顺乎人性的、相对朴素的生活，建设自然、祥和的生活。这些对于现代人的生活，具有去魅促醒的作用。

马克思说现代人是"社会—个人"、本质上是"社会关系的总和"。所以个人如何与人相处、社会人际关系应该处于一种什么样的状况，这是社会和谐、社会家园宁静温馨，而个人也是人际关系谐和的关键所在。老子就此，有一系列的论说与提示。

老子提出"虚静""处下""后其身""外其身""致虚极，守静笃""我独泊兮，其未兆，如婴儿之未孩"等。归纳这些警句诤言，广大人众、每个社会成员如能守之行之，就个人来说，是去除了一切物欲、私欲的诱惑与戕害，对社会来说，便是社会安宁和谐，人生世间是和平宁静的世界，能够充实人们内心的幸福感。老子几千年前的谆谆垂教，仍是今世人们生活的准则、人生的指导。这便鲜明显示了老子哲学的当代意义与现实价值。这一切，正是 21 世纪人们普遍的寄望与向往。

"不自见，故明；不自是，故彰；不自伐，故有功；不自矜，故能长。"（《道德经》第二十二章）这是教人不要自我表扬、自以为是、自我夸耀、自我矜持，就是温文、谦逊、质朴、沉稳的人品，是能够与人为善、为友的君子之风，这对人、对己、对社群都是有益的人、合群的人、善与人处的人，对社会来说就是一个稳定团结的"粒子"。

老子还提出："重为轻根，静为躁君"，"轻则失根，躁则失君"（《道德经》第二十六章），"知其雄，守其雌"（深知雄强，却安于雌柔）（《道德经》第二十八章），"果而勿矜，果而勿伐，果而勿骄，果而不得已，果而勿强"（《道德经》第三十章）。这里提倡与教诲的是，为人要稳重、尊重，不急躁、轻浮；又教人虽然懂得雄强，但却能守住雌柔；完成了事体，达到了目的，却仍然能够不矜持、不夸耀、不骄傲、不逞强。这就是为人处世的古君子之风。凭此风，足可为善，能够成为团结人、帮助人、使群体安详稳定的社会因子。

老子还提出这样的劝诫和警示："知足者富""不失其所者久"（《道德经》第三十三章），"甚爱必大费；多藏必厚亡。故知足不辱，知止不殆，可以长久"（《道德经》第四十四章），"咎莫大于欲得；祸莫大于不知足。故知足之足，常足矣"（《道德经》第四十六章）。这里列出了知足者富、不辱，而知止则更可以不失败、涉险而长久。这都是对"物欲""私欲"而说的。

这一教诲，很适用于当今社会。现在，物欲的诱惑，可谓空前增长和丰富多样，甚至是层出不穷、花样翻新，具有强烈的诱惑力和"迷你性"。"甚爱必大费""多藏必厚亡"，这种反面的印证，不是在当今的贪腐人员身上体现了吗？这很值得人们警觉、警醒。"知止不殆，可以长久"，老子的警示语，至今保持其新鲜的意义。在私欲、物欲面前，知止，可以不殆，这是当今的警示语，值得人们注意和思索并践行不怠。

老子在《道德经》第五十二章中还指出："塞其兑，闭其门，终身不勤""用其光，复归其明，无遗身殃"。这是说，要"塞住私欲的孔窍""闭起嗜欲的门径"，这样就"终身没有搅扰的事"，而"运用智慧的光，返照内在的明，就可以不给自己带来灾殃"。

这确实是叮咛嘱咐、谆谆劝教。要塞住私欲的孔窍、闭起嗜欲的门径，把私欲、物欲都堵在思想、心灵的门厅之外，做一个心灵纯净、行为端庄的洁身自好、清净纯正的人。

在《道德经》第五十四章中，又进一步、高一层地提出："修之于身，其德乃真；修之于家，其德乃余；修之于乡，其德乃长；修之于邦，其德乃丰；修之于天下，其德乃普。""故以身观身，以家观家，以乡观乡，以邦观邦，以天下观天下。"这里，把个人的修养纳入"家—乡—邦"系列，就把个人的行为纳入从家到邦国的系列来要求和评价了。这一点，也是很适合今天的。现代公民，就应该具有这样的"公民意识"，把自身的利益、行为纳入家国系列来要求，纳入平常素日的生活、工作、行为举止之中。其现实意义与社会价值，是很明显的。

在《道德经》第八十一章中，又有这样的论述：

信言不美，美言不信。
善者不辩，辩者不善。
知者不博，博者不知。
圣人不积，既以为人己愈有，既以与人己愈多。
天之道，利而不害；人之道，为而不争。

在最后一章发此论，可谓"临别赠言"。首先言明"信言不美，美言不信"，劝君仔细听：可信忠言的话语不美、不中听；中听的花言巧语好听却不可信。促君倾心听，分辨好坏言。再说，"善者不辩，辩者不善。知者不博，博者不知。"接着便是："为人己愈有""与人己愈多"。结论为："为而不争。"总其意就是付出、给予、"不积"、"不害"、"不争"。这是博大胸怀、施予不取、乐善好施、为而不争。心中有天道人道，有他人群体，有社会家国。这是一种爱国爱家爱他人的博大宽宏的胸怀。这正符合现代社会要求人们的公民意识，现代人应该具备这种公民意识、现代观念。

这些，应视为老子哲学的现代意义与时代价值的重要表现。

综上所述，可以领会到老子的哲学不是学术殿堂里的高头讲章、书本知识，也非纯粹概念确立与论证、逻辑推论的纯学术著述，他的哲学是"人间哲学""生活哲学""人的存在哲学"。老子哲学的现代意义与现实价值，于此充分体现了。

还需要特别指出的是，老子哲学的现实意义与当代价值，还表现在它的世界性和科学性的意义上。如卡普拉（美国）、李约瑟（英国）、汤川秀树（日本），以及美籍华人李政道等自然科学家，均崇拜老子，研读《道德经》，并汲取其思想观点与智慧的启迪，而用以总结科研成果以至突破科学难题。正如爱因斯坦所说："哲学是其他一切学科的母亲，它生育并抚养了其他学科。因此人们不应该因为哲学的赤身露体和贫困而对她进行嘲弄，而是应该希望她那种堂吉诃德式的理想会有一部分遗传给她的子孙，这样它们就不至于流于庸俗了。"[②]爱因斯坦这一语重心长的论断，至今仍然保持着它的鲜活生命力。他所说的哲学，其中自然包括老子的哲学在内。

老子哲学仍然保持着它的"其他一切科学的母亲的力量和作用"。

还有前面陈述老子与海德格尔的"古代—现代""中国哲学—西方哲学"的"首尾衔接""以古济今"的意义，当然是老子哲学的现代意义与现实价值的重要表现。

张祥龙论说："当我们进入中国思想的领域，就进入了一个独特的天地。它既没有埃及金字塔和希腊神殿的几何'形式'，又没有像喜马拉雅山一样高耸入云、超越现世的'梵我'界，它有的只是在苍天和黄土地之间的一个世界。这'天'是自远古以来就与华夏人息息相通的更深远者和更智慧者，却又不是耶和华那样的人格神；这'地'是滋养化生的阴柔之母，却又不是指物质实体。人生天与地之间，也就是生存于天地境界、自然境界和人世境界之中。……中国文化和思想的主流中没有人格神的至高无上的地位，也缺少概念和逻辑的体系。……中国思想从根本上讲来只运作于一个世界之中，但这并不妨碍它开启出终极的或真正终极的思想灵境。与西方的和印度的正统终极观不同，它有一个不离世间的终极思想视域。在人格神'死了'（尼采）和形而上学'终结'的今天，中国思想难道不正是'任重道远'而'不可以不弘毅'者吗？③从这一分析与论证中，我们再一次体认到老子哲学的深层意义和现实价值。的确如此，中国哲学，尤其老子哲学，立足于"苍天和黄土地之间"，充满了人性、人民性，而去除了神性，人立于天地之间，与其共生共存，敬天（宇宙）而不侍鬼神。

尼采说，"上帝死了"，即西方的人格神死了；海德格尔说西方形而上学哲学"终结"了，而老子济其思想资源之穷，引发他的"转向"，这一哲学思想史上的重大事件，更加进一步地体现了老子哲学的现实意义及其世界意义–人类价值。

有论者指出，雅斯贝斯通过对中国哲学的研究，使他意识到："我们正从欧洲哲学的暮色走向世界哲学的晨光。"④意思是在"欧洲哲学的暮色"中，显现出中国哲学的"晨光"，正映照世界哲学的天空。尤其是老子哲学，是其中的一颗耀眼的亮星：它被西方思想界称为当今世界"来自东方的'绿色圣经'"，因为老子哲学中，蕴含着非西方奉行了数百年的"人类中心主义"的观点，它与当代深层生态学具有互通之处。这显示出，在西方哲学的暮色中，显露出老子哲学的晨光，这是对老子哲学的现代意义与现实价值的最好、最高的评价与赞誉。

季羡林先生曾经多次论证"西方文化已经没落了"，"西方文化没落了，有中国文化"。季羡林先生所说的"中国文化"之中，就包含着老子哲学，并且是其中最重要的部分。

注释：

①陈鼓应：《老子注译及评介（修订增补本）》，第 2 版，中华书局，2009，第 119 页。

②海伦·杜卡斯、巴纳希·霍夫曼：《爱因斯坦谈人生》，高志凯译，刘蘅芳校，世界知识出版社，1984，第 93 页。

③张祥龙：《张祥龙文集（第 1 卷）·海德格尔思想与中国天道》，商务印书馆，2022，第 285 页。

④转引自卡尔·雅斯贝斯：《历史的起源与目标》，李夏菲译，漓江出版社，2019，第 8 页。原注："《哲学自传》，第 386 页。"

第十六章　老子哲学构成中华民族思想文化基因的成分

——《道德经》进入民族小传统的词语

　　进到书写这一章时，思想顿觉开朗兴奋，因为感觉到、体察到老子思想，鲜活地存在于我们民族的思想文化之中，鲜活地生存于人民的思想—性格之中。它是民族思想的基础、民族性格的基因。我们今天的生活中，时时在运用老子之言与思。广大人众，并不研习老子的《道德经》，但是，亿万中国人，也包括海外华人，连目不识丁的人，每天都在使用老子之言，或不自觉地运用老子的思想，来思维并认识世界或处理人生世事。在这方面，应该说，老子为孔老夫子所不及。哲学家的思想，进入本民族的小传统、生活于民众的日常生活之中、活跃于人民的口语之中，这是最高的成就、最高的荣誉。

　　老子《道德经》中，有为数不少的词语，以老子之语、老子之哲思，以其高度、深邃的思想性，以及思想性与艺术性的结合，在长期的研习、使用和传播过程中，进入中华民族的小传统之中，成为人们习用的、表达思想与情感的成语、谚语，被广泛地运用，进入日常思想与情感交流的语境之中，进入中华民族的文化性格基因之中，成为中华性格、中华文化心性的特色与基底，成为中国人文化—心理结构的基本因素与重要"因子"。这是孔子的学术思维和语录所未曾有的。而且，老子的这些成语均易记、易理解，具有现实的价值与现代意义。西方学术界有议者谓，《道德经》是当代人类的"绿色圣经"。老子不涉宗教，其所谓"圣经"者，神圣经典之谓也。

这里计22条，分别列举如下，并稍作解读、诠释。

一、天长地久

《道德经》第七章："天长地久。天地所以能长且久者，以其不自生，故能长生。"

其中，"天长地久"被广为应用，意为天地长久存在，事情、人情也能够久长，有如天地。此意常用于对正确、美好事物的赞颂；人们也常常在互相交流感情时，以此表示友情常在，永不沉灭；也有亲属、友朋之间，以此表白，或互相交心。

二、上善若水

《道德经》第八章："上善若水。水善利万物而不争，处众人之所恶，故几于道。居善地，心善渊，与善仁，言善信，政善治，事善能，动善时。夫唯不争，故无尤。"

其中，"上善若水"，常常被引用为引导人们向善向上、积极做为人民服务的事情，做有益于社会的公益事业，以及积极向上，为社会、为国家奉献己心己力的激励语、赞颂词。亦常常为题词、献词、祝贺语所引用。

三、金玉满堂

《道德经》第九章："持而盈之，不如其已；揣而锐之，不可长保。金玉满堂，莫之能守；富贵而骄，自遗其咎。功遂身退，天之道也。"

其中，"金玉满堂"一词，常常被用来形容家境富有的状况，或用为祝福语。此词或为自古以来的民间习用语，老子引用，更广为流行。

四、功成身退

"功遂身退"亦见于《道德经》第九章。

在传播、使用中，略微演变为更通俗的"功成身退"。意蕴为事情、事业成功了，不居功、无希求，更不索取报酬与奖励。在社会人生的层面上，它成为对仁人志士的赞誉和他们的自许之言。也以一种仁人志士的高洁志向教育广泛人众，培养一种高洁品性。这成为中华心性的一种文化积淀和文化心理结构。

五、宠辱若惊

《道德经》第十三章："宠辱若惊，贵大患若身。何谓宠辱若惊？宠为下，得之若惊，失之若惊，是谓宠辱若惊。"

其中"宠辱若惊"，意为受宠受辱，都感到惊慌、惶恐，而引发自身的警觉、戒惕。它在日常语境中，成为人们立身处世的警策语，经久濡化，简略为"受宠若惊"，进入人们修身养性的成语群中，常被引用，也是师长、长辈训诫学生、子女的重点训词。作为个人修养的警策，也是人们日常注意恪守的心性修养的规约。

这是中华民族性格的一个重要方面，遭辱时如此，受宠时也这样，表现了一种大器、沉稳、警策的性格和修养。

六、少私寡欲

《道德经》第十九章有句："见素抱朴，少私寡欲。"

这样两句八字相连，构成一个朴素少欲的人格规范。为人处世，各个方面，从衣着到行为、从思想到人格，均属素雅简朴、少私欲寡，是一种高洁品性的凝练。它常常用来教育、规劝人们减少私心、节制欲望，或以此赞誉具有这种品性的人。它成为一种高尚品德的标志之一，也是中国人对高尚品性的追求目标。凡人意欲有所作为，就需思想、生活均胸怀素朴，少私寡欲，这样才能专注事业学问，不旁骛，无奢侈欲望，专心致志，而成就事业学问。

七、惚兮恍兮，其中有象

《道德经》第二十一章中有句："道之为物，惟恍惟惚。惚兮恍兮，其中有象；恍兮惚兮，其中有物。窈兮冥兮，其中有精；其精甚真，其中有信。"

其中，"惚兮恍兮，其中有象"一句，现被用作诠释文学艺术作品的评论语与审美特征的形容词。它形象而准确地揭示了文艺作品中的深层意蕴。其惚兮恍兮的现象，与生活的真实比照，似真似幻、亦真亦假，有无限的意蕴存于其中，但含蓄蕴藉，不显山露水，却能引发阅读者、欣赏者的美感和思绪，从而得到审美愉悦和心灵感应，并得到思想的启发和心灵的启迪。

八、知足者富

《道德经》第三十三章："知足者富。强行者有志。不失其所者久。死而不亡者寿。"

"知足者富"，后转化为"知足常乐"勘勉人们在生活中，止于自足，不要不知足而去求多得、多收、多进益。凡不知足，常会走向反面，不但没有继续增益，反而会失去已经获得的利益、成果或某种收获。这是一种生活态度和智慧，免得不知足而失去已得的。"知足"是一种深沉稳健的人格修养。俗话说"人心不足蛇吞象"，是与之对比的话语。两者对比之下，显现"知足"是一种思想与精神上的富足。在茫茫人生道路上，不知足而失足者并不鲜见，故老子训教之："知足"才是真正永恒的"富有"，是一种思想上、精神上的"富"，因此也就是人生的富足。

九、死而不亡者寿

《道德经》第三十三章中的"死而不亡者寿"，还成为人们对于生命、寿命的深沉认识与豁达态度，体现了对于人寿的一种深刻的体认与超拔的心态。也体现了一种深沉人生哲学，激励人们追求生命的质量、对社会的贡献；而不是无意义地活得长久。常常被人们用来赞誉那些对社会、对世界有贡献的志士贤人，或者勉励劝喻人们对生活的豁达态度和对生命质量的追求。孔子批评原壤"老而不死是为贼"，以其向来不讲孝悌，不争气、没出息，所以这样呵斥他。与此处老子之所言，适成对比呼应。老子说的则是，有作为、有奉献的人，不仅不是"老而不死是为贼"，反而是死后人们对他记忆犹新，还常常念及，好似他依旧活着，此即"死而不亡者寿"。

十、将欲取之，必固与之

《道德经》第三十六章："将欲歙之，必固张之；将欲弱之，必固强之；将欲废之，必固举之；将欲取之，必固与之，是谓微明。"

文中"将欲取之，必固与之"，为处理事务、为人处世的格言与圭臬，甚至是决策的指导思想。它总结了一种定律：凡事必付出应付的一定代价，才能取得预期的目的与成就。这是一个自然的和顺理成章的规律。对于大的决策与处理日常事务，工商业、农业种种社会生产以及社会活动、人事往来，以至为人处世，它都是应予注意、恪守为之的。凡事无付出、无代价、无投入，即难有收获、不能得到回报。所谓"空手套白狼"，适与此相反，是"将欲取之，不先与之"。

十一、大器晚成

《道德经》第四十一章有一段名言："大方无隅；大器晚成；大音希声；大象无形。"

其中，"大器晚成"常用来形容年岁较大而终获成功、取得成就的人士，表扬其艰苦卓绝、坚持不懈，终有所成的精神和业绩。既有赞誉他们的意思，也可以作为对上进的年轻人的鼓励之词。它激励了无数有志者，坚持不懈、刻苦努力、不计年岁，而终有所成。

十二、大音希声，大象无形

《道德经》第四十一章还有"大音希声；大象无形"。这被视为对文学艺术美学规律的概括，成为文学艺术创作的启迪与指导。作家、艺术家，每以此为创作的圭臬，掌握其精神实质，以求高水平的作品，达到创作的成功。

十三、不言之教

《道德经》第四十三章有句："不言之教，无为之益，天下希及之。"

此章对不言之教予以崇高的评价，称之为"天下希及之"。

"不言之教"成为对"以实际行动施教"的重视和力行。"身教重于言教"即秉此而成，表示对"不言之教"的重视，成为师长和家长教育学生和子弟的重要教育思想和规范。

十四、大巧若拙

《道德经》第四十五章："大成若缺，其用不弊。大盈若冲，其用不穷。大直若屈，大巧若拙，大辩若讷。"

其中，"大巧若拙"往往用来诠释文学艺术大家的文艺作品，谓其艺术表现，看似拙而欠美，实际却具有一种深层的技巧，是寓笨拙的笔触于美的形象之中。文学作品如古典诗词的大家之作，以及手工艺品，也常常是深层的技巧寓藏于浅白的词句或外表的稚拙中。

"大巧若拙"，也常为评论艺术大家作品审美价值的美学规范，也可为评议手工艺品以及其他意识形态作品的"审美指标"之一。

十五、知足之足常足矣

《道德经》第四十六章："咎莫大于欲得；祸莫大于不知足。故知足之足，常足矣。"

老子"祸莫大于不知足"和"知足之足常足矣"的思想，在后世传播中，被浓缩为"知足常乐"的成语。它成为人们安贫乐道的生存意念，进而为一种存在哲学。所谓"足"与"不足"，都是指私欲和物欲方面的需求与索求；在这方面，应该知足。这种知足，是一种人生觉悟、生存意愿。知足常乐，表现了一种生活态度、生存原则。这是中华民族的一种民族意识，艰苦朴素是民族美德。

十六、祸兮福所倚，福兮祸所伏

《道德经》第五十八章："祸兮，福之所倚；福兮，祸之所伏。"

这句话经常被引用。往往被用来劝慰遭遇不幸者，或警醒获得幸运者，要同时考虑到祸或福的另一面。体察到在"祸"中潜存着"福"的因子；而在"福"中，却又隐蔽着"祸"之隐患。这已经成为中国人对待祸福的辩证态度。这是一种具有哲理性的生活智慧，它使人能够处祸不乱、获福不骄；也使人能够在任何情况下，都镇静自若，胸怀不乱。

十七、深根固柢

《道德经》第五十九章中有句："是谓深根固柢，长生久视之道。"

"深根固柢"已演变为更通俗的"根深蒂固"而广为应用。形容事情、事物、事业发展的稳定、坚固，如大树之根基很深。这句成语，被广泛应用于社会生活的各个方面，用以形容人们的事务、事业之巩固的成就，或叮嘱人们使事物、事业达到如此状态。

429

第十六章 老子哲学构成中华民族思想文化基因的成分——《道德经》进入民族小传统的词语

十八、治大国若烹小鲜

《道德经》第六十章中的"治大国，若烹小鲜"，已经成为治国之道，被广为接受；还延伸其意为做大事情，就像煎小鱼一样，不可不停地煎炒翻动。这既是政治哲学，也是办事的指导原则。还被作为一种广泛使用的思想行为的指导原则。它形象而深刻，易明其意，细加品察，意蕴颇深。

十九、报怨以德、轻诺寡信

《道德经》第六十三章中指出："报怨以德。图难于其易，为大于其细；天下难事，必作于易，天下大事，必作于细。""夫轻诺必寡信，多易必多难。"

（1）"报怨以德"，传播中演变为"以德报怨"，更通俗易懂。意为以好心回报曾经以坏意恶行对待自己的人和行为，成为具有道德修养、绅士风度的思想行为的表现。常常被用来劝勉他人，不要对以语言和行为有伤自己的人及其言行，报之以"以牙还牙"的思想行为，而是以和好以至优雅的态度和行为予以回应。这成为人们人格、心性修养的一个重要方面。

（2）"夫轻诺必寡信"一句，也缩减为"轻诺寡信"四字成语。意为"轻易许诺就会缺少信用"。常被用来批评有这种行为的人，或者劝勉人们注意避免这种行为。

二十、被褐怀玉

《道德经》第七十章首言："吾言甚易知，甚易行。天下莫能知，莫能行。"表现一种良言美语不为人所接受，更不去执行的遗憾。次表感叹："知我者希，则我者贵。"了解我的人稀少，效法我的更难能可贵，虽然如此，我还是要向世人敬献好心美意。然后说："是以圣人被褐怀玉。"意为所以圣人外在虽然粗衣烂衫，但胸中却怀抱美玉。

这里，以"吾言甚易知，甚易行。天下莫能知，莫能行"起句，感叹无限，而以"被褐怀玉"作结，表示了一种坚持不懈，以良言美意益人救世的决心与意志。

"被褐怀玉"作为成语，赞誉衣着朴素、行为温婉，而待人处世、处理事务，却高尚优雅，好似身披粗布衣裳，而胸揣美玉。并且，扩大增义而为象征地表达，对那种为人处世、说话、办事、行文，均简洁、朴素、自然而不事雕饰的表现，予以称赞和表敬意。

二十一、天网恢恢，疏而不失

《道德经》第七十三章中有句："天之道，不争而善胜，不言而善应，不召而自来，繟然而善谋。天网恢恢，疏而不失。"

"天网恢恢，疏而不失"一句，有时略易一字，成为"天网恢恢，疏而不漏"。用以形容法律对犯罪行为绝不会宽恕，更不至于疏漏放过。也常常被用来预言、预测，罪大恶极或多重犯罪的人及其行为，必定会遭到人们的谴责、法律的惩罚。这是中国特有的对于正义必胜、罪恶定遭惩罚信念的表达，也是中国人内心对于正义必胜、罪恶准遭惩罚的信心和人生态度。

二十二、民不畏死，奈何以死惧之

《道德经》第七十四章："民不畏死，奈何以死惧之？若使民常畏死，而为奇者，吾将得而杀之，孰敢？"

本章首句"民不畏死，奈何以死惧之？"长时期以来，这是对勇于反抗反动统治者的革命者、正义人士，勇于斗争、不畏强权、视死如归的英雄气概和勇毅形象的赞颂词，以及形容淡定面对敌人屠杀的英勇坚毅形象之词；也是革命者、正义人士投身革命洪流，视死如归的自许壮词。

以上 22 条成语、谚语，涉及人生哲学、生活圭臬、志向追求等方面，其深沉意涵，广涉宇宙、社会、人生以及人们面对的事业、学问、日常事务、人际关系等。这些名言警句，在《道德经》中，都是被纳入宇宙、社会、人生、世事与时势的大语境中来陈述和论证的，其思想道德的背景，可谓"天地境界"，其蕴含的意义层次，博大精深、意义深邃，所言者浅近易懂，所示者却深厚邈远。人们常用，倘"浅尝辄止"，意味一般；倘若深思细究，意蕴深潜丰厚，值得咀嚼，足可提高思想修养、道德品位与人生境界。

第十六章 老子哲学构成中华民族思想文化基因的成分——《道德经》进入民族小传统的词语

第十七章　关于老子哲学的认知与抒情

这是本书作者的一番"私心话"、内心语，是在不断研习老子时产生的感悟、感想与思想的碎片，时或零碎记录下来。这里，且选录若干条，纳入书中，与同好交流。

在研习《道德经》的进程中，不断引发思绪的萌动，禁不住草写下心灵的感悟，不顾深浅，随笔记下感想和"心得"，陆陆续续，积以时日，得数十条，记而录之。

1.《道德经》中的语言，不少几乎相同于现代使用的口头语。其在当时或即是时用的口头语，比如"我"字的运用，多处说"我"如何如何，而非"吾""于""余"之类，读之令人感到直白而亲切。

其语言是一大特点，为其他中外哲学著作所无。独一无二，独步中外哲学论著论坛，闪耀中外思想文化领域，为中国文化争光。

2. 爱因斯坦有言："任何一位认真从事科学研究的人都深信，在宇宙的种种规律中间明显地存在着一种精神，这种精神远远地超越于人类的精神，能力有限的人类在这一精神面前应该感到渺小。"又说："我在大自然里所发现的只是一种宏伟壮观的结构，对于这种结构现在人们的了解还很不完善，这种结构会使任何一个勤于思考的人感到'谦卑'。这是一种地道的宗教情感，而同神秘主义毫不相干。"①此语用来解读和诠释老子，很适用。老子确实以敬畏之心，申说、论证宇宙，认为它远远超越人类的精神，人虽亦被老子称为道、天、地、人四大之一，但他叮嘱再叮嘱，人必慕道、信道、执道，方能成其大。

3. 老子从"古之道术"中，继承了"求本""知足""淡然"的精神。——老子的承继关系：含《诗经》《易经》《尚书》等。

4. 老子的思想渊源：

（1）自古以来流传的古老智慧、格言、谚语。

（2）《易经》《诗经》等著述。

"这是民族的原始观念，是老子的思想来源（主要来源）之一"，应该是基础来源、是思想文化基因。此意即：这就是老子思想，是民族原始思想、神话思想的继承、总结、提高，逻辑化、理论化、哲学化。刘笑敢释"无为"："是一种方法。是反世俗、反惯例的方法性原则。""是一种方法，是反世俗的、反惯例，不是什么都不干。是一种'反无为'之'为'，是高级的为，符合'道'之为。"

（3）老子的思想渊源：春秋时的社会状况、知识发展水平、《诗经》《易经》《尚书》等著作的知识积累。……

5. 老子的核心要旨是："求弱谦下""虚空无藏""对万物宽容不毁"。（《老子通识》）

6. "道"与"德"的关系：行道即是德。

"道之用"就是"德"。

"自然无为""返璞归真"即是"德"。

7. 老子与自然："自然"之为词，老子是首倡。

"自然"是"道"的本质。但老子之"自然"，却不是现代大自然的物理概念，其词组之含义是非物理的，而是指"自然而然""自己如此""按自身的本然而然""按自身的生存规律而生存"。这是老子哲学的重要蕴含。

8. 不能用今天的理论思维与知识体系来释"老"；而要以其从"神话思维"向逻辑思维转变之后不久，或转变之中的思维模式来诠释。这种思维，带有形象性、某种程度的神话思维的遗迹。——可以考虑序言或第一章述此：今天应该以什么思维心态来"释老"？

9. 神话思维中“水”的原型及其含义。

10. 神话的叙事有几个模式？

英雄（神）回归：起发→遇敌→危殆→死亡或获救新生→循环。

11. 神话思维是老子的思维基础、前思维模式，但不局限于此，只是带着神话思维的痕迹、色彩，有其优长之处，而无其消极影响。有论者认为，老子仍然处于“神话思维阶段”，此论不确。最多只能说，仍然保留着神话思维的痕迹或遗迹。

老子的思维有继承、有发展、有变异。其立场、出发点与归宿，都是人民的生活——“安居乐业”，平安、安定、温饱的生活。

其立场是人的认识和行为规范——尤其是统治者的治术和规范——“无为”。

12. “道”——宇宙本原与宇宙规律（《〈道德经〉四十讲》）

13. 林语堂说：“孔子是‘一大肯定’；老子是‘一大否定’”；“孔子学说，‘太投机’‘太近人情’‘太正确’”。

“孔子是‘都市哲学’；老子是‘田野哲学’。”——大概应该说，老子的哲学是“自然哲学”、人民哲学；孔子是替统治者出主意，“治术”——统治术。

“道”是中国人揭露自然界秘密的一种尝试。老子提出的几个重要概念：“道”、“无”、“水”、婴儿、牝等。

14. 老子所说的“小国寡民”中的“国”，是“邦”的同义词；而“邦”是周王室的分封地。当时的“国”是地域、区域的概念，老子主张分封地（即诸侯封国）要小。

“小国寡民”，非政治制度的概念，当时尚无现代国家概念。

15. 周王朝把“上帝”与“祖先”分开，炮制出“天命”说。老子否定了“天命”。“道”无命令。——“自然”！

周王朝首先提出了“德”概念。其意为：“从天命，劝人事。”老子的“德”则是“‘道’之行”，是“道”的自然实现；人类“顺道而行”是为“德”。他否定了传统的、统治者的“德”。

这说明，老子之解说"德"，是"道"的自然实现；人类顺道而行，是为"德"。

老子之解说"德"，提出了新的"德"的概念，是对传统的、统治者的"德"之否定。它注入小传统，增强了人民的天然、自然观。此可论也。

16. 老子取自《易经》的主要思想：

（1）易——变动；

（2）阴阳——老子多用"牝""牡"的概念；

（3）日月及其运行；

（4）象。

17. 老子的"无为之治"积极作用的实例：战国末期、汉之"文景之治"。

18. 老子以"水"喻"道"，主要体现"水"的柔弱之躯所蕴藏的无限力量。所以，其意不在"柔弱"，而在以柔弱的形态，蕴藏强大的力量。柔弱其表，力量其实。

19. 老子的"守藏室史"职务是世袭的，此其一；其二，此职务之作为掌握天文与文书的职业，老子可观、须观天文，亦可广泛阅读文书、古籍。故可推断：老子家学渊源，广猎诗书，知识丰富，上知天文、下知地理。

20. 黑格尔对"道"的含义的解释很对。他说："道在中文就是道路、方向、事物的进程"，因此也就是"世界事物的内在逻辑"（内在逻辑及自身的逻辑，不是外在给予的逻辑）。

21. 老子对"德"的解释："外得于人，内得于己"，"是谓有德"。即："'得'即'德'。"

22.《道经》是老子的自然哲学和方法论，《德经》则是历史哲学和战争论。

23. 阐释老子，可分如下几项：

（1）宇宙论，独创、首创，居雅斯贝斯所说"轴心时代"的独有、尖端；

（2）历史哲学；

（3）政治哲学；

（4）人生哲学。

也可用胡适的"六个方面"：

天地万物怎样来的。（宇宙论）

知识、思想的范围、作用及方法。（名学及知识论）

人生在世应该如何行为。（人生哲学，旧称"伦理学"）

怎样才可使人有知识，能思想，行善去恶呢。（教育哲学）

社会国家应该如何组织、如何管理。（政治哲学）

人生究竟有何归宿。（宗教哲学）

（胡适：《中国哲学简史》，台海出版社版）

24. 老子的哲学，即南方哲学，浪漫主义精神的哲学；孔子哲学即北方哲学，现实主义哲学。此可论也。

25. 黑格尔认为孔子长于务实，拙于思辨。

26. "老子长期被边缘化"（相对边缘化），这是中国自孔、老出现后，长期积累、养成并加以主观（主要是统治者、帝王）利用儒学（汉，独尊儒术），扶此压彼形成的。这对中国文化不利的一面，值得探讨、议论；对今之国内、国际现实，对人类文化今日之发展，更具重要性。

27. 司马迁的《史记》明显地、突出地表现了尊孔抑老的倾向和态度。老子传被纳入《老庄申韩列传》，合四人为一传，涉老全文仅仅561字。而孔子则列入《孔子世家》，单列，居"世家"之尊位，全文9383字，数倍于老子。且以高度赞誉之词结尾："太史公曰：《诗》有之：'高山仰止，景行行止。'……"何其尊与轻分明，轻与重悬殊。

28. 不妨推断，司马迁当时所知老子身世、学术之资料，未必就那么一点点，殆有而不用也，非阙如也。即使已经形成的缺少，找一找，也会多一些的。

29. 老子故乡——鹿邑，地处河南省东部偏南，安徽省西北突出而伸进河南部分，鹿邑与之紧靠，如不从行政区划看，而以自然地理环境观之，鹿邑可视为安徽境地。故从自然环境观之，老子是楚国人，即是中国南方人。楚——南方。

老子哲学可视为中国南方哲学，楚哲学，带有浓重的南国色彩、南国蕴涵。此可论也。

30. 雅斯贝斯这段论述，可用于释老："他可以放弃世上所有的财富，深入荒漠，去往森林，走入深山，作为隐士发现孤独所具有的创造性力量，然后以知者、智者、先知的身份重入世间。在轴心时代，后来被称作理性（Vernunft）和人格（Personlichkeit）的东西显现出来。"

31. 《道德经》的三个方面的主要内容：

（1）"道"为万物本原的宇宙本体论，以"先""始""母"为标志词；

（2）知雄守雌、以退为进、以反彰正的思想；

（3）以反彰正的方法。

32. 雅斯贝斯的可用论述："每个哲学家都有自己生活的时代和文化空间，哲学史作为一个整体，就成了一部关于文化空间、时代和时期的历史。"（《历史的起源与目标》，第10页）

33. "无"的概念的确立，是老子哲学进入概念思维、逻辑思维的突出标志，它标志着老子哲学迈进了完全脱离原始思维、神话思维的界域，而进入逻辑思维的高度。思考空无的对象，完全是空无的、思想的、非实体的。

34. （1）海德格尔与老子：从古代到现代——首尾衔接。

（2）老子的思想，符合当代人类文化发展大趋势。——"三大反思"与"三个适度回归"：向自然—向传统—向朴素、自然生活回归。

（3）"楚辞哲学"——"楚辞"是楚国的一种文体，其中蕴含民歌成分、民间传说成分。南国多幻想、玄想、浪漫遐想。

《道德经》用楚辞文体写成（抒写）的哲学文本，堪称"诗性哲学"——"哲学抒情"。

35. 神话思维没有向主宰一切的人格神——上帝转化。

自然神、自然崇拜。——神话思维、神话世界终止。

中华思维："日头爷"——自然崇拜。

36. 老子并不一般地、一律地、绝对地反对知识、反对"知"，而是反对破坏性、违反自然而然的"知"。

37. 老子的"乌托邦王国"，是反周王国的统治，反对对民众的压制、管束和"治理"。反映了小农（自耕农）的生活理想：期望平安、安静地劳动、生活。

是早期"桃花源理想",是陶渊明的"桃花源理想"的源头。是超脱的生活理想。

38. 老子哲学是楚国—南方的浪漫哲学–诗性哲学。孔子哲学是北方哲学—现实主义哲学与生活哲学,执着生活的人生哲学。

两者的"人生哲学"是分置的、对立的。

39. 此文可用:

"'轴心时代'的人类文明的黄金时段,那绝对是一个大动荡、大沉沦、大崛起的时代,多少动人心魄的历史妙闻,多少让后人恨不起死从之游的先贤,中国各种经典的传统文化、思想与学术均在此期间喷射而出。"(林家骊译注《楚辞》)

40. 老子哲学及老子哲学的语言与中国汉字的关系。

41. "道"提出来的意义——为"中国古代理性精神培育与发展开辟了道路"。

超越"轴心时代"所有四大文明的其他三大文明。——彻底排除了宗教思维。

42. 老子思想的产生,有其时代与社会背景:春秋时代生产力提高、经济发展,生活享受水平提高,故出现骄奢淫靡、暴殄天物的现象,故产生批评、规劝的思想。

43. "老子谈'道',是为了谈人。"(《老子解读》,中国人民大学出版社)其谈政治,也是为了谈人,即为了人的"存在"。——与海德格尔通?

44. 老子与海德格尔:"存在"与老子通。——其室内悬老子语录译文:"孰能浊以静之徐静,孰能安以动之徐生。"

45. "老子以出世之心,做入世之事。"(同上,第十六章)

46. 为了老百姓安居乐业的生活——"存在",老子讲"道",苦口婆心,举例言事,劝说王侯,由此产生其政治哲学、治世方略。——惜乎历代王侯,无一听之。

47. "道"提出的意义,为中国古代理性精神培育与发展开辟了道路。超越"轴心时代"所有四大文明中其他三大文明——彻底排除了神话思维。

48. 《道德经》定为八十一章,亦非偶然。是有意为之。事实上，增一减一，或增减更多，均非不可行。而八十一，即九九之乘数，俗谚"九九归一"，达到极限，为"利"数，为读者考虑。

49. 老子思想的针对性，即面对的问题、求生的企望，其所著，即是回答这些问题。

50. 老子以诗性语言论"道"，绝非偶然，带有抒情性。他是与读者谈心、对话，这是诗的"楚辞"，充满比喻、隐喻、暗示、象征、反语、谚语、故事。孔子是论述、教诲，"诲人不倦"；老子是抒情与谈心，心灵沟通。

51.《道德经》与《离骚》一前一后，诗哲学与诗文学，前后辉映。一晓之以理，一动之以情。

52.《道德经》中的"知""智"，是指"机巧""机心""心机"，非正常的文化、知识。其非反智主义。而"愚"，则是质朴、自然、木讷、淳朴，绝不是"傻"。他自己就自称"我愚"，故其意非愚民思想。

53.《道德经》第六十八、六十九章，论兵事，非军事之论，更非战争策，而是比喻之言。人生如战场，统治术亦如战争策，故以兵事言之。以兵事言政事，亦如此。有人指为"兵书"，非也。

54.《道德经》第六十九章中所谓"哀兵"，以"悲哀"释之，太直，非老子之意。"哀"者，非悲哀也。只是比喻"被侵略"、"被欺侮"、有哀情，以及取守势。

55.《道德经》第七十章，老子慨叹自己的寂寞，"世莫我知"。由此可见，他书写至此，感到曾经向世人宣讲、传道，但遭冷遇，现在，他写到第七十章了，感到寂寞：我写了这些，世人有多少了解的？有多少接受的？唉！长吁短叹！

56.《道德经》第七十一章论知与不知，承前章言之，好似对世人慨而言之："世人皆不我知，吾去也，愿世人好自为之！"

57. 关于"小国寡民"之义，大可一议：放到当时历史和社会条件下和人的思想受制于它的情况下来讨论。

58. 老子在《道德经》第八十一章，即《道德经》的最末一章，怀着一种内在的深情写道："信言不美，美言不信。"为一总结语，为一最终交代，说："世人请听着，可信的话，不中听；中听的话，却不可信啊。"这是谆谆乎言之，做一总交代：世人啊，你们要小心，信言不美，而美言不可信啊！"我爱你们，你们要警惕！"

59. 老子的"自然"含义有二：

自然而然，按自身条件、自身需要，自在地生活、存在。

一是"存在"。这已经近乎现代存在主义哲学。是故为海德格尔所接受、看重，进而研究之。

二是"道"所指的世界。这已经接近现代意义的"自然界"了。它包括大自然的万物，也蕴含人文内涵。刘笑敢用"人文自然"界定，有一定道理。然而老子的"自然"，虽然具有人文性，但不仅仅是人文自然。其中，也隐含着万物的"自然而然"，具有一定的物理性，故隐含着现代的"自然界""大自然"的含义。

60. 老子论"道"，是"直觉"，是"猜谜"，也是以此为人类解谜。解什么"谜"？解释在人类面前呈现的，人类受到它的影响、掌控，摆脱不了它的掌控、它的影响、它的威力的"茫茫天宇"——宇宙。他感觉到，他知道这个"天"的存在，它有它的生存之道、运行之道、运作之道，对人类掌控其命运之道。他感觉到、深知其存在、其力量、其决定人类运命之道。但他不明确这是什么力量，乃名之为"道"、为"大"。这"道"既是唯物的，又是唯心的，时而唯物，时而唯心，唯物之中含唯心，唯心之中含唯物。他超乎唯物与唯心的两分法。

61. 老子思考与研究的是人如何活得更好，能顺生安平。它的立足点是人众，是芸芸众生（孔子更多的是对王侯、士大夫、上层人士，他给予统治术）。他实际上是研究了、设想了人的存在。由此，他与现代主义哲学、存在哲学，与海德格尔、萨特相通。古→今！

62.《道德经》是一部诗性著作，贯穿全书的是象征、借喻、隐喻、比喻，借物言事；是一种以诗吟咏天、地、人的诗篇；要以解诗的诠释方式来解读老子，不可太实在、太拘泥、太逻辑化。

63. 老子文本，可以吟咏，可以吟诵！那是对宇宙、对世界、对人、对社会、对人生、对人的存在的一种吟诵、一种抒情、一种叮嘱，思在、情在、意在，逻各斯、思想、意见、情怀、建议、谆谆祝福与叮咛，均蕴乎诗的吟诵之中，可领会、可意会、可猜测、可吟诵会心，但不能也不可能完全作理性的、理论的、逻辑的理解、接受和诠释。

这是一部另一种形式与内容的"楚辞"，哲学"楚辞"、"'楚辞'哲学"。充满浪漫主义精神与气质，引领人们神游太空，巡视社会，领略人生，教授人们处世之道，即"无为""处下""居卑""示弱"，如水若谷。

64. 如斯哲学文本，殆非众人所凑集而能成，非逻辑的陈述，注入深情倾述，岂能众人为之乎？乃为一人吟之诵之，倾情而抒泄，哲思蕴其中。如此文本，应属一人所拟，可以想见，老子是如何于休息之时、运思之余，将胸中块垒、情愫、哲思，倾泻而下，集而成文。《道德经》于是诞生。

由此亦可知，《道德经》既非众人集纳成文，也不可能是关邑既令又逼而成的急就章。

65. 老子之"圣人"定位：有高智慧、高能量、高道德水平的人。由此可知，老子不是一般地反对知识，绝不是反智主义者。他反对的是多余的、邪恶的、损人利己的知识，即他所说的"机心"。

66. 老子提出了众多的"自"，即人之主体，如："自宾""自均""自化""自定""自正"。此可究也。"自"即人的主动性、自动性，亦即"自然而然"的表现。

67. 老子的"道"，即中国的"上帝"，它一切都是"自然而然"，顺其自然本性，顺其"存在方式—存在定规"，不是像西方宗教的上帝，善则给人赐福，怒则惩罚。正如恩格斯所论："一切宗教都不过是支配着人们日常生活的外部力量在人们头脑中的幻想的反映，在这种反映中，人间的力量采取了超人间的力量的形式。""在更进一步的发展阶段上，许多神的全部自然属性和社会属性都转移到一个万能的神身上，而这个神本身又只是抽象的人的反映。"②

68. 老子的"为无为"与孔子的"知其不可为而为之"：顺自然而为之与按主观需求、意愿（即所谓"仁""恕"）而为之。

69. 老子辩证法主体：正反相依、正反相生、正反互转。

70. 关于老子的"直觉"，可予论述。

恩格斯曾经论证过"希腊人的天才的直觉"，指出："现代自然科学——它同希腊人的天才的直觉和阿拉伯人的零散的无联系的研究比较起来，是唯一可以称得上科学的自然科学——发端于市民等级摧毁封建主义的那个伟大时代。"[③]

老子的宇宙论，即是一种"天才的直觉"，它发生在约公元前500年，人类文明的"轴心时代"的中国。

71. 老子的"天才的直觉"，在《道德经》的宇宙论中表现出来；其思绪认识的路径、进程，体现为、可表述为：

经验→知识（守藏室观察天文、阅读古籍、积累知识）→思考→直觉→认知→灵感思维→形象思维—逻辑思维：《道德经》。（钱学森曾提出思维的几种形态：直觉思维、灵感思维、形象思维、逻辑思维）

72. 老子的辩证法，是活的辩证法。日常生活的辩证法、世用的辩证法、大小辩证法均有。老子的辩证法今日之实用意义。

73. 老子的依据（接受、引用等）中，有《家语·金人铭》，此外还有《易经》《诗经》等。

74. 老子不反对科技，反对的是由科技引发的"机心"。此种对科技的进步反映的负面效应，是需要警惕和设置预防的。现代科技的负面影响，很明显，必须考虑，并认真对待。人工智能、机器人，已经威胁人类的生命与安全；现代人离不开的智能手机，也已经具有不可忽视的负面效应了。人类如不订法律、设窒碍，可能毁灭于高科技，至少受害于高科技。

75. 王国维肯定老子哲学是"真正的哲学"，且说"中国真正之哲学，不可云不始于老子也"[④]。

76. 从司马迁到王国维，均尊孔轻老，甚或批老。王国维只肯定老子的宇宙论，其余则斥为"权诈"。钱锺书亦不免入于其中。故自古至今老子不受待见，批之者甚众。一般中国哲学史，均是先孔后老，这是违反历史时间顺序的，也有违历史人物的按年齿长幼次序排列的惯例。大家均认同老子长孔子20岁许，为何要老的在后少的在前？在篇幅上，自然也是"孔"大"老"小。

唯一见到胡适早年的《中国哲学简史》是先老后孔。

77. 任继愈先生在其《老子绎读（汉英对照）》中指出：老子之学有三个来源：（1）荆楚文化；（2）古代文化遗产；（3）春秋混乱社会现实。此论甚确。

但仍可补充：（4）民间文化，小传统中的民谚、民歌、民俗以及民间智慧、民间生活体验等。

78. 老子第一个提出哲学的全局观点。老子第一个提出"无"的概念——"无"是空的，没有实物的，没有物质的。因此，完全是一个抽象概念，是逻辑思维的产物，也是逻辑思维方能理解和接受的。理解"无"，思考"无"，就进入哲学思维范畴。

79. 老子哲学之诞生。

孔子：齐鲁大地——北方；现实主义精神。

老子：荆楚南方哲学，富于浪漫主义精神。

《论语》是现实主义的；《道德经》是浪漫主义的。

80. 解老、释老需要阐明老子诞生的地域环境、时代背景、社会状况、文化语境。

81. 在论"道"中，可以也应该纳入我所提出的"三大反思"与"三个适度回归"，即对西方现代化、科技、豪华生活的反思和对自然、对传统、对相对朴素的生活的反思。

"回归"老子哲学。

82. 老子向来不受历代统治者青睐，因为老子谆谆言之，皆"为无为之为"，而孔子则是奔走诸侯国，汲汲乎求其受用、求其接纳——我都是向您出的主意啊！故历代统治者，对老子不待见，对孔子顶礼膜拜，奉之为至圣先师。这是政治选择的结果。但文化学界，也是尊孔轻老，或亲孔远老，则是文化选择的表现。这一从古至今的文化选择，影响了中国人文化性格的质地、心性、民族文化的基因。

83. 现在，越来越多的事实，明显的人类文化的弊病以及纠正之道，显示老子哲学的现代意义与现实价值。人类应该如何对待大自然，应该如何积极偿还对大自然的欠债，悔改对大自然的罪责，修补对大自然的破坏？气候问题、生物灭绝问题、人工智能的负面效应问题、高科技对人类身体与心灵的负面影响问题，等等，不一而足，施策之灵感、决策之选择、前路之安排，现代人都能在老子的哲思中，取得认知的指导、灵感的启发、实施的决策。

注释：

①海伦·杜卡斯、巴纳希·霍夫曼：《爱因斯坦谈人生》，高志凯译，刘蘅芳校，世界知识出版社，1984，第41页。

②恩格斯：《反杜林论》，人民出版社，2018，第340-341页。

③恩格斯：《自然辩证法》，人民出版社，2018，第5页。

④王国维：《王国维文集（第三卷）》，中国文史出版社，1997，第102页。

走向老子哲学世界

第十八章 纳入"轴心时代"看老子

卡尔·雅斯贝斯提出人类思想-文化的"轴心时代",并将老子纳入其所举东西方创辟人类思想源流的哲学家群体之中。他怎样论证其"轴心时代"的宏论大议?老子在其中居于什么地位、具有什么性质?这里作一初步探讨,以便在一种"思想语境"中,在"哲学世界的天空"中,在比较研究中,来加深认识老子哲学在人类哲学世界中的地位与作用,以及在人类思想-文化的空宇中的地位与作用及其深厚意义。

雅斯贝斯在他的《历史的起源与目标》中,提出了一个历史哲学命题,即世界史上的"轴心时代"。他对这个重要命题提出论述。首先,他指出这样特定时代之存在的课题:"如果确实存在世界历史的轴心,那它就应该能够作为事实,从经验上得到发现,并且适用于所有人类,包括基督徒。""现在看来,这个世界历史的轴心位于公元前 500 年左右,它存在于公元前 800 年到公元前 200 年间发生的精神进程之中。那里有最深刻的历史转折。我们今天所了解的人从那时产生。这段时间简称为轴心时代。"①

在提出存在"轴心时代"这个总论之后,他接着指出:"这个时代挤满了不寻常的事件。在中国生活着孔子和老子,产生了中国哲学的所有流派,包括墨子、庄子、列子和其他数不清的哲学家。在印度产生了《奥义书》,生活着释迦牟尼,就像在中国一样,哲学的所有可能性不断发展,形成了怀疑主义、唯物主义、诡辩派、虚无主义。在伊朗,琐罗亚斯德(Zarathustra)传播着一幅具有挑战性的世界图景，它描绘了善与恶的斗争。在巴勒斯坦，以利亚（Elias）、以赛亚（Jesaias）、耶利米（Jeremias）、第二以赛亚（Deutero-jesaias）等先知纷纷出现。在希腊，有荷马，有哲学家巴门尼德、赫拉克利特、柏拉图，许多悲剧作家以及修昔底德、阿基米德。这些名字所代表的一切，都在这短短几个世纪中几乎是同时地在中国、印度和西方形成，且他们并不知道彼此的存在。"②

更重要和值得注意的是，在提出关于轴心时代的存在及其存在的世界主要地区的分布状况之后，他进一步论述了轴心时代的哲学思想的特征。他指出："在上述三个地区中，全都出现了这个时代的新特点：人意识到存在整体、自身和自身的界限（Grenze）。他体会到世界的可怕和自身的无力。他提出根本性的问题。在深渊之前，他力求解脱和救赎。通过意识到自身的界限，他为自己树立了最崇高的目标。在自我存在（Selbstsein）的深处和超越（Transzendenz）的清晰性中，他体会到绝对性。"

"这些均发生在反思（Reflexion）之中。有觉性（Bewusstheit）使人再一次意识到意识的存在。思考开始以思考本身为对象。"③

在这些关于"轴心时代"的高屋建瓴、总体论述中，中国的孔子和老子赫然名列其中。

值得我们注意的是，老子不仅是名列其中，而且我们可以看到，在历史长河的发展过程中，老子和与他同列为轴心时代的其他三个文明地区的哲学先驱相比，具有几个突出和优长的方面。

他的《道德经》不像其他诸文明的首义哲学论著，那都是洋洋大观、条分缕析的长篇巨著；唯独老子的《道德经》，仅仅短短五千言，而且以优美韵文之姿问世。更为重要的是，其所论，涉及天、地、人三才，以宇宙论的宏观视角，纵观"地"与"人"，其中蕴含宇宙论、政治哲学、知识学、伦理学，其广大而又浓缩、其恢宏而又细密，均为其他文明的哲学所不及。

老子之论，为现代存在哲学的代表、德国哲学家海德格尔所赏识，并在思理上与之"接轨""接续"。中国古老哲学与德国—欧洲现代哲学"接轨""接榫"，这是其他任何文明的哲学所未曾有的。

纵论老子的哲学，有重要的几点，可以申说。

第一，《道德经》虽然仅有五千多字的短小篇幅，其数字远远落后于其他同时代的哲学先驱们的皇皇巨著，但是，其涉及的方面却包括宇宙论、知识论、政治哲学和伦理学；而且其所涉及的方面，都具有广阔、深邃、独到的内涵和意蕴，这远为其他文明地区的先驱们的哲学所不及。

第二，老子的哲学思想和"哲学运思"与"哲学诗语"，有不少成为流行成语和典故，在中华民族的历史中长期流传，为大众所运用，活在他们的日常生活中，经常出现在人们的日常生活的交流中，沉淀于他们的思想意识中，成为他们的思想-性格的基因。这也是其他文明地区的哲学家们所不曾具有的。

第三，老子的《道德经》及其所蕴藏的哲思，在西方获得多种版本的翻译和传播（有的统计为 31 种译本，甚至百余种），其广泛和深入的程度，也是其他文明地区的哲学家的著述所没有的。

第四，老子的哲学，与西方现代哲学，即与德国哲学家海德格尔的现代哲学，竟出现了一种哲思上的历史性、时代性的"远古"与"现代"的"首尾衔接""古今接榫"，这体现了老子哲学的现代意义（这方面的表现，本书有专章论述）。而且，特别是现在，21 世纪，老子再次受到世界性的现实重视，西方学界提出"《老子》是现代的'绿色圣经'"。老子的哲思，成为环境保护的根本性的论证与依据。这些状况，也是其他轴心时代的东西方哲学家（包括孔子在内）所没有的。

第五，其他文明地区哲学先驱们的哲思，均趋向宗教性质的皈依，有的则产生了宗教，如犹太教、基督教、印度佛教等。但是老子却以他简略而深邃的"诗语"，彻底否定了宗教产生的根源，"堵塞"了通向宗教的路途。——中国的道教，与老子有关，但那是后人利用老子的学说，加以别样的发展并据以为"理论依凭"，其实与《道德经》没有血缘关系。

老子不是像同时代的其他哲学家那样，以科学的立场和态度，去追索自然、天地、万物的根源、构造和运行的规律，而是立足于社会-政治-人生的现实，特别是人的存在，尤其是庶民的生存，而去探讨自然的规律及其对于万物尤其是人的存在的影响。他贴近人的生活，很抽象又很实际，很概括又很具体，以实际的事物言说，很具体，但具象征性、隐喻性，又是抽象的意蕴，而非逻辑的。在进行论证的过程中，他运用的不是逻辑的语言，而是诗性的语言。这也是与他同时代的其他哲学先驱所没有的。他的哲思与文本、思想与语言都是唯一的、独创的。他的哲学思想具有广泛的和永恒的底气和力量。以至西方也能接受，现代人也能运用，直至 21 世纪，仍然能够实际运用，指导人类的思想与生活。这些特点，在轴心时代的先哲中，他是唯一的、独特的，永在地闪耀着思想的光辉。

《道德经》中的语言，不少几乎同于现代使用的口头语。在当时或即是时用的口头语？这种语言是一大特点，其他中外哲学著作没有。独一无二，独步中外哲学论著丛，闪耀中外思想文化领域，为中国文化争光。

最后，老子的《道德经》仅以远不足半部书的篇幅，又以诗性的语言，优美地、具有韵律性地传达、表现甚至吟咏而出，具有审美感，这也是独一无二的。借用尼采的赞语来说：老子思想的集大成之著——《道德经》，"像一个永不枯竭的井泉，满载宝藏，放下汲桶，唾手可得"④。

雅斯贝斯在上述对于"轴心时代"细致、确定的论述之后，还特别指出了一点——这一点补充很重要，特别是对于我们在这里试图诠释老子更为重要。他指出："在这个时代里，基本的范畴产生了——我们直至今天仍然在这些范畴中思考；各个世界宗教的开端产生了——人们的生活直至今天仍然依赖它们。"⑤

雅斯贝斯在此只是如此总括性地论述而已，但是，老子却是"部分地在其内，部分地在其外（不在其内）"。老子之思，完全、彻底地排除了宗教产生的根源。他的"道"是大自然性的，是非世俗性的主宰，没有人格神式的主宰。他的"道"，是万物的本根，它生育万物，但是它"云行雨施"、生养万物，却"功遂身退"，不矜持功成、不索取回报，无喜怒哀乐，任自然而然，它不是神灵，而是"道"。这就是老子的宇宙论、政治哲学、伦理学汇融一体，包容万事万物的哲学。

但是，老子所确立的诸多范畴，我们确实"仍然在这些范畴中思考"，如"道""德""有""无""虚静""柔弱""自然""知止"等。这些既有的范畴，在与现实生活、客观实际联系起来时，我们仍然可以从老子的遗教中得到启迪，获得灵感。

雅斯贝斯还指出："神话时代在它的安宁和理所当然中走到了尽头。希腊、印度及中国的哲学家们和释迦牟尼的洞见是非神话的，先知们关于上帝的思想也是非神话的。合理性（Rationalitat）及合乎理性地阐明的经验发动了一场反对神话的斗争（逻格斯对神话）。"⑥的确，在老子那里，神话已经"理所当然地走到了尽头"，在《道德经》中，中国传统思想中的"天"、"帝"以及诸多神话，都已经被消解了，他们已经为"道"所取代。

雅斯贝斯说："人们的生活直至今天仍然依赖于它们"。他指的是东西方的各种宗教，但老子被依赖的不是宗教，而是哲学思维，是生活、生存的智慧与心性。

雅斯贝斯还指出："而轴心时代一旦出现，它就奠定了整个人类的精神基础，'人类依靠当时发生的、创造的、思考的事物生活至今'。'每一次人类的新飞跃都回顾轴心时代，从中获取新的火花。'"⑦

老子的哲学正是如此，他在几千年前横空出世的原创性哲学思维，一经问世，就成为奠定中华思维的基础与渊源；而在而后的两千年间，每到时代变迁、社会转型的时期，推动历史巨变的先行者们，均需要并实际上也是从老子之思中寻求和获取思想之源与现实灵感。老子的经典语言，成为他们手中的思想武器、睿智的源泉，老子陪伴着他们进取、战斗，并成为他们建立新的思想与社会改革的理想的、取之不尽的思想库。

注释：

①卡尔·雅斯贝斯：《历史的起源与目标》，李夏菲译，漓江出版社，2019，第8-9页。

②同上书，第9-10页。

③同上书，第 10 页。

④转引自陈鼓应：《老子注译与评介（修订增补本）》，第 2 版，中华书局，2009，第 48 页。

⑤卡尔·雅斯贝斯：《历史的起源与目标》，李夏菲译，漓江出版社，2019，第 10 页。

⑥同上书，第 11 页。

⑦同上书，第 17 页。

终结语 "中国先秦诸子中，老子最对得起老百姓"

张岱年强调中国哲学的现实性和实践性，他说："中国哲学……研究的目的在行，研究的方法亦在行。过去中国之所谓学，本不专指知识的研究，而实亦兼指身心的修养。所谓学，是兼赅知行的。"①此评深沉切实，揭示了老子的思想—文化的理论与实践的意义。

在结束老子哲学的当代意义与现实价值分析时，我们自然想起老子哲学的根本精神。它与中外众多哲学大家不同，在其哲学论著中，始终贯穿着一个基本精神，就是"为老百姓说话，为老百姓请命"，即他所说的"以百姓心为心"；而他的论述，并不专指知识研究，并及身心修养，"兼赅知行"。

精研老子并有卓著成效的学者陈鼓应先生有言："在中国先秦诸子中，老子最深刻，最对得起老百姓。"②诚哉斯言！这句很朴实的赞誉，内涵却具千金重。好一个"对得起老百姓"！古今中外，无数思想、哲学的著述和学者，几人能当得起这句话？就拿与老子同时代，而后世均是"尊孔抑老叙事"中的孔子来说，他能当得起这句赞语吗？正如鲁迅所说，孔子为统治者出了不少治国理政之策，但都是为统治者着想的，为老百姓的一句也没有。而老子的《道德经》中，不断为统治者"出谋划策"，但其出发点和归宿，却都是治国理政以予民以利、轻负减劳，使百姓安居乐业、生活温饱安定为重为要。他的总意旨就是："处无为之事""为无为""不尚贤，使民不争；不贵难得之货，使民不为盗；不见可欲，使民心不乱"；而且，"虚其心，实其腹，弱其志，强其骨。常使民无知无欲。使夫智者不敢为也。为无为，则无不治""多言数穷，不如守中（政令烦苛反会加速败亡）""政善治""爱民治国，能无为乎？""故贵以身为天下，若可寄天下；爱以身为天下，若可托天下"，等等，兹不赘述。从上引诸段论述，已可明见老子为统治者所出的主意、所呈的治国理政之道，无一不是为老百姓着想，是真正对得起老百姓的。

李约瑟说："中国人性格中有许多最吸引人的因素都来源于道家思想。中国如果没有道家思想，就会像一棵某些深根已经烂掉的大树。这些树根今天仍然生机勃勃。"③

老子就是这样一位伟大的哲学家。他的哲学思想，养育了中华民族一代又一代志士仁人、一代又一代"民族脊梁"、一代又一代学士哲人，以至一代又一代中华儿女。直至现代，他的宏伟深邃的哲学，仍然在哺育着一代代中国人。而且，他还进一步走向世界，对人类发挥他的哲思的威力，被尊为当代人类的"绿色圣经"，延续着他的哲学的思想–文化的内力与世界影响。

注释：

①张岱年：《中国哲学大纲》，商务印书馆，2015，第27页。

②转引自杨鹏：《老子详解——成就盛世的执政治国之道》，陕西师范大学出版总社有限公司，2012，第12页。

③转引自牟钟鉴：《老子新说》，金城出版社，2009，第96页。